# ROCKY – MEINE 15 RUNDEN

Graciano Rocchigiani

# ROCKY – MEINE 15 RUNDEN

*Die Autobiographie*

*Mit Ralf Grengel und René Hiepen*

Schwarzkopf & Schwarzkopf

»Wer einstecken muss, darf auch austeilen!«
Graciano Rocchigiani

# Inhalt

| | |
|---|---|
| Der Walk-in | 7 |
| Runde 1 – Meine Kindheit | 9 |
| Runde 2 – Meine Familie | 23 |
| Runde 3 – Meine Frauen | 41 |
| Runde 4 – Meine Trainer | 65 |
| Runde 5 – Meine Kämpfe | 89 |
| Runde 6 – Meine Siege | 117 |
| Runde 7 – Meine Niederlagen | 139 |
| Runde 8 – Meine Börsen | 167 |
| Runde 9 – Meine Promoter | 181 |
| Runde 10 – Meine Gegner | 209 |
| Runde 11 – Meine Freunde | 231 |
| Runde 12 – Meine Skandale | 261 |
| Runde 13 – Meine Prozesse | 297 |
| Runde 14 – Meine Haftzeit | 325 |
| Runde 15 – Meine Zukunft | 351 |
| Das Urteil | 359 |
| Die Kampfstatistik | 361 |

# Der Walk-in

Mein Name ist Graciano Rocchigiani. Für Boxfans: Rocky. Für meine Freunde: Grace. Geboren am 29. Dezember 1963 in Duisburg-Rheinhausen, als Sohn eines sardischen Eisenbiegers. Aufgewachsen in der damals noch geteilten Stadt Berlin, wurde ich im Alter von 24 Jahren jüngster deutscher Profibox-Weltmeister aller Zeiten. Mein Leben war geprägt von großen Kämpfen, fetten Gagen, Frauengeschichten, Drogen, Skandalen und Betrügereien.

Ich bin auf der Straße groß geworden und im Ring zu einem streitbaren deutschen Boxidol gereift. In der Boxhistorie bin ich der letzte Weltmeister, der seinen Titel über die Distanz von 15 Runden verteidigte.

Ich habe nie beschissen, bin aber oft beschissen worden. Meine freche Berliner Schnauze hätte ich besser manchmal halten sollen. Es wäre mir viel Ärger erspart geblieben.

Ich habe Menschen enttäuscht und 'ne Menge große Fehler gemacht. Ich habe viel Scheiße gebaut und dafür bitter bezahlen müssen. In den längsten 15 Runden meiner Karriere lasse ich nun mein Leben noch mal Revue passieren.

Der Kampf mit dem Ruhm und gegen die Sucht, der Fight um die Kohle und gegen die Justiz, die Schlachten im Ring und der schwere Gang in den Knast haben mich zu dem gemacht, was ich heute bin: Graciano Rocchigiani – ein Mann mit einer ungewöhnlichen Lebensgeschichte.

RUNDE 1

# MEINE KINDHEIT

*Jegner am Boden, jutet Jefühl!* So habe ich es Anfang 1989, vor meinem WM-Kampf gegen Thulane Malinga, mal in den Notizblock eines Journalisten berlinert. Gegner am Boden, gutes Gefühl: Das versteht jeder, der sich schon mal geprügelt hat. Egal ob auf der Straße, auf dem Schulhof oder im Boxring. Das erste Mal fühle ich so, als ich gerade sieben Jahre alt bin. Wir kommen vom Einkaufen, sind auf dem Heimweg. Meine Mama, mein Papa und ich. Meine Eltern schleppen in jeder Hand ein paar Tüten. Ich freue mich, dass ich mir etwas zum Naschen aussuchen durfte, und habe den Mund voller Gummibärchen.

»Hey, du blöde Fotze«, pöbelt der eine von den zwei Punks meine Mutter von der Seite an, als sie uns überholen. Der andere hat noch nicht zu Ende gegrinst, da macht er schon 'ne Rolle rückwärts über die Motorhaube des blauen Ford Mustang, der am Straßenrand parkt. Die Linke meines Vaters kommt so schnell, dass dem schrillen Typen mit den bunten Haaren nicht mal Zeit zum Staunen bleibt. Die Backpfeife hat gesessen.

Die Bilka-Tüten liegen rechts und links neben meinem Vater auf dem Bordstein. Die Apfelsinen, die obenauf lagen, sind auf die Straße gekullert. Papas Hände haben sich in die schmuddelige Jeansweste des Punks gekrallt, der vor drei Sekunden meine Mutter beleidigt hat. Der Punk wird gegen die graue Wand unseres Nachbarhauses in Berlin-Schöneberg gepresst. Seine Füße schweben circa dreißig Zentimeter über dem Boden.

»Beim nächsten Mal«, raunzt mein Vater, »will ich hören, wie du freundlich Guten Tag sagst. Oder du hältst besser die Klappe. Haben wir uns verstanden?«

Ich habe den Eindruck, er hat verstanden. Als mein Vater ihn runterlässt, knicken dem Punk die Knie ein. Das hat er dem kleinen Italiener, der brav mit Frau und Kind den Einkauf nach Hause trägt, nicht zugetraut. Auch ich bin sprachlos. Aber vor allem bin ich stolz. Klasse, wie mein Vater den zwei Kotzbrocken Manieren beigebracht hat.

»Komm, Graciano. Wir gehen weiter«, gibt mir Mama einen kleinen Schubs, als ich immer noch wie versteinert dastehe und mir anschaue, wie die beiden Rüpel versuchen, auf die Beine zu kommen.

Ich habe zwar nicht selbst gekämpft, aber trotzdem sind die beiden gerade meine ersten echten Gegner gewesen. Die Arschgeigen haben meine Mama beleidigt, die beschauliche Welt unserer Familie bedroht und dafür die gerechte Strafe erhalten. Jegner am Boden, jutet Jefühl.

An jenem Tag im Sommer 1971 ist mir das erste Mal klar geworden, über welche Bärenkräfte mein Vater verfügt. Zanubio Rocchigiani trägt nicht nur den Titel »Eisenbieger aus Sardinien«, weil es gut ins Klischee der boxenden Söhne passt. Zanubio Rocchigiani biegt wirklich Eisen. Und zwar tagtäglich. Sein ganzes Berufsleben lang. Für diesen Knochenjob auf dem Bau mit schweren Eisen- und Baumaterialien ist körperliche Belastbarkeit ein Muss. Papa hat Arme wie Stahl. Wenn die zupacken, gibt's kein Entkommen. Wenn die zuschlagen, dann knallt es. Zu Hause knallt es nur selten. Wenn doch mal, trifft es meistens meinen Hintern. Und dann auch zu Recht. Ich bin ein echtes Horrorkind für meine Eltern. Immer auf Achse, nur Flausen und Streiche im Kopf. Ohne die manchmal harte Hand meines Vaters wäre ich wohl im Jugendknast gelandet. Mein großer Bruder Ralf, knapp ein Jahr älter als ich, ist im Vergleich zu mir ein braves Bürschchen. Ganz zu schweigen von meiner Schwester Claudia. Sie ist das liebe Nesthäkchen, kommt allerdings auch erst zur Welt, als ich schon zum siebten Mal Geburtstag gefeiert habe und mein erster Vollrausch schon drei Jahre zurückliegt.

Meine Eltern sind nebenan eingeladen, es steht eine kleine Nachbarschaftsparty auf dem Programm. Um in Stimmung zu kommen, köpfen sie eine Flasche Sekt, trinken ein Gläschen Asti Spumante.

»Wir gehen jetzt rüber, Ralf«, sagt Mama zu meinem Bruder. »Pass ein bisschen auf Graciano auf, damit er keinen Blödsinn macht. Wenn ihr uns braucht, dann klingelt einfach gegenüber.«

Wer braucht schon Mama und Papa, wenn man auch alleine viel Spaß haben kann? Erst wird 'ne Runde rumgetobt, dann Verstecken gespielt. Und zwischendurch gibt's eine kleine Erfrischung. Das schmeckt lecker, prickelt schön und ist auch noch richtig süß.

Als meine Mutter ein Stündchen später rüberkommt, um nachzuschauen, was wir so treiben, sitze ich mucksmäuschenstill auf dem Sofa im Wohnzimmer. Mein Kopf leuchtet wie ein rotes Glühlämpchen.

»Was ist denn mit dir los?«, fragt sie erschrocken, als sie in meine glasigen Augen schaut.

Eine Sekunde später ist ihr alles klar. Neben mir kullert gerade die Flasche Asti vom Sofa auf den Teppichboden runter. Leer.

Meine Mutter hat nie wieder so leichtes Spiel, mich ins Bett zu bekommen. Ich schlafe meinen ersten Vollrausch aus. Und Ralfs Hintern hat ausnahmsweise eine Verabredung mit der rechten Hand des sardischen Eisenbiegers.

Kurz darauf liegt auch mein Bruder im Bett. Über mir. Später, im Knast, liege ich oben. Allerdings ist Ralf da nicht dabei. Unser Etagenbett steht am Ende des langen Flurs unserer Zwei-Zimmer-Wohnung in Berlin-Schöneberg. Wenn der Vorhang zugezogen wird, ist Nachtruhe angesagt. Jetzt ist er zu. Es gibt keine Widerworte mehr.

Meine ersten zwei Lebensjahre verbringe ich in meinem Geburtsort Duisburg-Rheinhausen, ehe mein Vater ein Jobangebot aus Berlin erhält. Wir beziehen die Parterre-Wohnung des Seitenflügels im Hinterhaus. Hauptstraße 4 heißt unsere neue Adresse. Mit meinem kleinen Kinderkoffer in der Hand gehe ich die paar Stufen hoch, die in unser neues Zuhause im Bezirk Schöneberg führen. Es ist ein heißer Sommertag. Draußen im Hof spielen eine Menge Kinder. Und ich schwitze – die erste Erinnerung an meine Kindheit. Später sorge ich eher für Schweißausbrüche bei meinen Eltern.

Vor allem meine Mutter ist nicht zu beneiden. Während ihr Mann den ganzen Tag außer Haus ist und malocht, dass sich die Eisen biegen, muss sie mit Ralf und mir klarkommen. Ich bin heute noch erstaunt, mit welcher Geduld und welcher Bravour sie diese Aufgabe meistert. Erst mit unserer Einschulung findet sie endlich auch mal Zeit für sich. Mittlerweile wohnen wir in einer größeren, helleren Wohnung in der Merseburger Straße. Unserem Kiez sind wir treu geblieben, sind nur ein paar Meter weiter gezogen.

### Auge in Auge in acht Metern Höhe

Im Hof steht ein großer Baum, der sich am Haus entlang in den Himmel rankt. Mama steht in der Küche und wäscht ab. Als sie aus dem Fenster schaut, lässt sie vor Schreck Trockentuch und Teller fallen. Ich höre es klirren und wundere mich, kann aber gerade nicht auf den Küchenboden schauen. Die Augen meiner Mutter gucken mich fassungslos an. Der Schrecken steht ihr ins Gesicht geschrieben. Wir sind auf Augenhöhe. Sie schaut raus aus dem Fenster, ich rein. Sie steht in der dritten Etage unserer Altbauwohnung, also in ungefähr acht Metern Höhe. Ich bin draußen spielen. Sie schüttelt ungläubig den Kopf, tritt ganz dicht an die Scheibe und blickt nach unten. Etwa einen Meter unter mir hängt auch Ralf in den Ästen des Baumes. Ich gebe zu, das Ganze macht sicherlich nicht den stabilsten Eindruck. Der anschließende markerschütternde Schrei meiner Mutter überrascht mich dann aber doch ein bisschen: »Runter da, seid ihr wahnsinnig? Runter, aber ganz schnell!«

Verrückt, wie mutig wir damals sind. Man könnte auch sagen übermütig oder gar lebensmüde. Möchte im Nachhinein nicht darüber nachdenken, was passiert wäre, wenn einer von uns aus sieben oder acht Metern Höhe auf die Steine unseres Innenhofs geknallt wäre. Doch damals mache ich mir überhaupt keinen

Kopf darüber. Im Gegenteil: Ich liebe den Kitzel. Je mehr es kribbelt im Bauch, desto größer der Kick.

Einem, dem es genauso geht wie mir, ist mein Kumpel Renold. Von der ersten bis zur sechsten Klasse auf der Teltow-Grundschule sind wir unzertrennlich. Renold sitzt immer neben mir. Auch als ich das erste Mal auf der Rückbank eines Bullen-Taxis Platz nehmen darf. Die Polizei rückt an, weil wir in einer Freistunde mit gezielten Steinwürfen ein paar Blumentöpfe zerdeppern, die auf dem Balkon des Nachbarhauses unserer Schule stehen. Dummerweise werden wir beobachtet und die Grünen alarmiert. Zurück auf den Schulhof im Streifenwagen – Mann, ist das peinlich.

### Einbruch für eine Tafel Schokolade

Noch beschissener fühle ich mich allerdings nach meinem ersten und gleichzeitig letzten Einbruch. Unser Opfer ist ausgerechnet Frau Weidner, die liebe, nette Omi, die bei uns ums Eck wohnt. Renold und ich gehen für sie öfter mal einkaufen. Als Belohnung bekommen wir meist was Süßes. Wir müssen nur klingeln und schon rückt sie ein paar Leckereien raus. Diesmal allerdings nicht. Wir klingeln, aber sie ist nicht da.

»Hey, Renold. Schau mal da, das Küchenfenster steht offen.«

»Quatsch nicht lange rum, klettere lieber rein.«

Gesagt, getan. Das geht ruckzuck. Schon als kleiner Knirps bin ich flink und beweglich. Ist echt interessant, was bei alten Damen so alles zu Hause herumliegt: Ringe, Ketten, Uhren und sogar richtig Kohle. Aber ich habe nur eines im Sinn: die Tafel Schokolade im Küchenschrank. Schließlich will ich Oma Weidner nicht schädigen, sondern nur unseren Heißhunger auf etwas Süßes stillen. Und trotzdem: Nachher schäme ich mich. Ich schäme mich bis über beide Ohren. Wegen einer Tafel Schokolade heimlich in eine fremde Wohnung zu schleichen – das beschäftigt mich noch wochenlang, ehe ich es meiner Mutter beichte. Doch das passiert auch nicht so ganz freiwillig.

## Auf frischer Tat ertappt

Das Geklimper ist nicht zu überhören. Pfennige, Groschen, Fuffziger und Markstücke purzeln auf den Holzboden unseres Flurs. Ich habe versucht, aus Mamas Portemonnaie ein bisschen Kleingeld zu stibitzen. Jetzt glaube ich, mein Herz bleibt stehen. Die Geldbörse, die normalerweise in Mamas Handtasche steckt, ist mir aus der Hand gerutscht und zu Boden gefallen. Unüberhörbar.

»Was soll das denn werden?«, fragt sie mit scharfem Ton, als sie aus der Küche heraus um die Ecke linst.

So etwas nennt man wohl auf frischer Tat ertappt. Ich möchte am liebsten im Erdboden versinken. Zum zweiten Mal hat mich meine Vorliebe für Süßigkeiten auf die schiefe Bahn gebracht. Erst Einbruch, jetzt Diebstahl. Und dann noch von der eigenen Mutter erwischt. Schlimmer geht's nimmer!

Ich fange an zu flennen: »Mama, es tut mir leid. Tschuldigung.«

Meine Scham und meine Reue lassen sie nicht mal richtig sauer werden. Mama merkt, dass ich es ehrlich meine. Sie schließt mich in die Arme. Drückt mich und streichelt mir über den Kopf.

»Ich hoffe, das war das erste und letzte Mal, dass du gestohlen hast«, sagt meine Mutter und blickt mir tief in die Augen.

Ich nicke.

»Ja«, flüstere ich kleinlaut.

Ich bin überrascht. Am Abendbrottisch gibt's weder ein paar scharfe Töne noch einen Klaps auf meinen Arsch. Papa ist wie immer, hat keinen Schimmer von meinem Griff an die Geldbörse. Mama ist halt doch die Beste.

Kurz darauf liege ich im Bett. Aber an Schlaf ist nicht zu denken. Ich wälze mich von einer Seite auf die andere. Ralf ist schon lange weggeratzt. Ich stehe noch mal auf, winke meine Mutter heran.

»Mama, ich habe vorhin geschwindelt. Es war doch nicht das erste Mal, dass ich geklaut habe. Bei Oma Weidner habe ich vor ein paar Wochen 'ne Tafel Schokolade mitgehen lassen.«

Mama muss schmunzeln. »Das habe ich dir doch an der Nasenspitze angesehen. Zum Glück bist du jetzt selbst mit der Sprache rausgerückt. Sonst wäre ich noch richtig sauer geworden.«

Ich muss wieder heulen. Diesmal auch aus Erleichterung. Puh, jetzt ist es raus. Ich fühle mich besser. Noch einen Gutenachtkuss auf die Stirn und einmal ganz fest drücken. Dann kann ich endlich einschlummern.

Ein paar Tage lang bin ich ein echtes Vorzeigekind. Aber eben nur ein paar Tage. Lieb sein ist auf Dauer langweilig. Renold und der Rest unserer neuen Clique, vier, fünf Jungs und Mädels aus der Schule, machen sich schon echte Sorgen. Und auch bei mir fängt es wieder an zu kribbeln. Mittlerweile bin ich bereits elf und habe in der Hofpause das erste Mal an einer Zigarette gezogen.

Ich finde es cool, wenn die Erwachsenen rauchen und der Qualm über ihren Köpfen aufsteigt. Renold und der Rest der Truppe sind auch dabei. Nur die Glimmstengel sind Mangelware. Das Taschengeld, zwei Mark pro Woche, reicht hinten und vorne nicht. Und noch mal an Mamas Portemonnaie? Eher hacke ich mir die Hand ab.

### Klauen kann ich besser als schwindeln

»Macht 98 Pfennige«, sagt die etwas gelangweilt wirkende Verkäuferin im Bilka-Laden. Ich drücke ihr 'ne Mark in die Hand. Renold grinst mich an. Scheint zu klappen. Der Tussi fällt nicht auf, dass wir im Schritt heute etwas besser ausgestattet sind als sonst. Wir schnappen uns die zwei Cola-Dosen, die vor der Kasse stehen, und kassieren in aller Ruhe die zwei Pfennig Wechselgeld. Nur nicht auffallen. Und jetzt nichts wie raus. Draußen greifen wir uns laut lachend in die Hose und holen die Schachteln HB zwischen unseren Beinen hervor. Die Pafferration für die nächsten Tage ist gesichert.

Bilka muss harte Umsatzeinbußen verzeichnen. Es bleibt nicht beim Mopsen von Zigaretten. Reingehen, einpacken, rauskommen! Das ist der neueste Schrei für uns. Natürlich ohne zu bezahlen. Eine Tür weiter warten die anderen. Ganz aufgeregt, ob's klappt und was man mitbringt. Je größer, desto besser. Übung macht den Meister, das alte Sprichwort gilt wirklich. Im Klauen bin ich echt gut. Und manchmal ist das Diebesgut sogar ganz praktisch. Mein neuer Taschenrechner ist mir bei den Hausaufgaben eine echte Hilfe. Allerdings wird er mir auch zum Verhängnis.

»Sag mal, Graciano. Wo hast du den denn her?«, fragt meine Mutter freundlich, aber durchaus bestimmt.

»Äh, den, den habe ich mir von äh, von Renold geliehen«, stammele ich verlegen, den Blick nach unten gerichtet.

Scheiße, klauen kannste besser als schwindeln, schießt es mir durch den Kopf. Lügen ist irgendwie nicht mein Ding. Schon gar nicht, wenn meine Mama mich mit fragenden Blicken durchbohrt. Ich merke, wie ich rot anlaufe. Mein schlechtes Gewissen meldet sich. Ich muss schon wieder heulen.

Diesmal, weil ich meine Mama enttäuscht habe. Eigentlich ist sie viel zu gut für mich. Denn als Papa mit uns zu Abend isst, gibt's wieder keinen Stress. Und für mich ist klar: Mit dem Klauen ist jetzt Schluss.

## Lebensmüde den Weibern imponiert

Bei Renold und Co. hält sich die Trauer in Grenzen. Irgendwie sind alle froh, dass der Spuk vorbei ist, ohne dass einer von uns erwischt worden ist. Außerdem wartet schon der nächste Kick: über den Dächern von Berlin. Wir ziehen durch die Straßen, schlüpfen durch offene Hauseingänge und suchen nach unverschlossenen Dachböden. Von dort gibt's eigentlich auch immer einen Weg ganz nach oben. Meistens klettern wir durch eine Luke nach draußen und flitzen übers Dach. Richtig kribbelig wird's, wenn Renold mal wieder eine von seinen total schrägen Ideen hat. Meistens dann, wenn wir nicht alleine unterwegs sind, sondern noch die Mädels im Schlepptau haben.

»Los, Graciano, wir schmeißen dieses Ende des Brettes auf die andere Seite. Dann balancieren wir auf dem schmalen Ding rüber auf das gegenüberliegende Hausdach.«

Wir haben zusammen ja schon viel Mist gebaut, aber das geht echt zu weit. Ich zeige ihm einen Vogel.

»Wenn wir da runterfallen, sind wir Matsche!«

Die Weiber aus der Nachbarschaft gucken enttäuscht. Renold legt Hand an, kurz darauf steht die schmale Bretterbrücke von Dach zu Dach. Ich muss verrückt sein. Aber kneifen gilt nicht. Mein Herz schlägt mir bis zum Hals. Jetzt bloß nicht nach unten schauen. Der Adrenalinausstoß ist sogar höher als bei meinen späteren WM-Kämpfen. Es wackelt und wippt. Aber was die in den Hollywoodfilmen können, können wir schon lange. Geschafft.

Ich genieße die bewundernden Blicke der Mädels. Ein völlig neues Gefühl. Denn ansonsten passiert da nichts dergleichen. Liegt wohl daran, dass ich äußerlich ein richtiger Milchbubi bin und selber eher wie ein Mädchen aussehe.

### Erste Keilerei nimmt ein böses Ende

In der Schule läuft nicht viel. Hier bin ich vor allem eines: faul. Es ist nicht so, dass ich blöd wäre, aber das meiste interessiert mich einfach nicht. So bin ich in den ersten sechs Jahren das, was man einen Durchschnittsschüler nennt. Mein Ehrgeiz hält sich in Grenzen. Außer es will mir einer an die Wäsche. Ich bin keiner, der provoziert, gehe aber auch keinem Streit aus dem Weg. Wenn einer vor mir den Affen macht, lange ich schon mal hin. Wie man eine richtige Backpfeife verteilt, weiß ich spätestens, seitdem mein Vater die beiden Punks durchgerüttelt hat. Und so macht es auch ganz schnell patsch, als mir der Türke aus der Parallelklasse dumm kommt. Kurz darauf stelle ich fest, dass er mit mir eines gemeinsam hat: einen großen Bruder.

Als der mir in der nächsten Hofpause einen Besuch abstattet, ist es so weit. Meine erste echte Keilerei. Ohne Handschuhe, aber nicht schlecht besucht. Hier geht es so zur Sache, dass eine Traube von Kids uns schnell einen eigenen Boxring absteckt. Nix mit schubsen oder Schwitzkasten. Es fliegen die Fäuste. Zu Beginn gilt es noch ein paar Hemmungen zu überwinden. Dann knallt es richtig. Mann, was bin ich gut drauf. Schnell auf den Beinen und präzise mit den Fäusten. Zack, zack, immer wieder haue ich dem Türken voll in die Fresse. Das habe ich mir im Kino abgeschaut. Die Karate-Streifen mit Bruce Lee sind der absolute Hit. Auch bei mir läuft alles wie im Film. Nur mit einem kleinen Unterschied. Der Türke will einfach nicht umfallen. Egal wie oft ich ihn treffe. Egal wie hart ich zuschlage. Mich beschleicht ein ungutes Gefühl. Das kann noch böse enden. Leider behalte ich recht.

»So, Jungs, jetzt reicht es aber«, höre ich Herrn Hochstedt rufen. Der große, dicke Pauker macht dem Drama ein Ende. Der Türke hat mich plattgemacht, jetzt wird er in seine Ringecke, besser gesagt in seine Klasse, zurückgeschickt. Hochstedt ist echt in Ordnung, macht nicht gleich 'ne Welle. Der wartet erst mal ab, lässt uns Jungs das untereinander klären, verteilt anschließend nicht mal einen Tadel. Selbst das Telefon der Eltern klingelt nicht. Gut so. Wäre mir echt peinlich, wenn Papa erfährt, dass ich meinen ersten Kampf verloren habe.

### Schwere Entscheidung: Fussball oder Boxen?

Das Clubgelände ist nur einen Steinwurf von uns zu Hause entfernt. Merseburger, Ecke Belziger Straße. Hier in der Riesengebirgs-Oberschule fliegen die Fäuste ganz offiziell. Immer montags von 19 bis 21 Uhr und donnerstags von 17 bis 20 Uhr. Ralf und ich sind neugierig. Gemeinsam schauen wir uns ein Training an. Beim nächsten Mal schnuppern wir schon rein. Der erste Boxring, der erste Sandsack, die ersten Handschuhe. Alles ist neu. Alles ist aufregend. Und scheinbar schlagen wir uns ganz gut.

»Jungs, ihr habt Talent, kommt beim nächsten Mal wieder«, ruft uns der Trainer hinterher, als wir uns wieder auf den Heimweg machen.

Für mich ist das eine schwere Entscheidung. Boxen oder Fußball? Eigentlich jage ich lieber dem runden Leder hinterher. Wenn ich gemeinsam mit mehr als 80.000 Fans im Berliner Olympiastadion sitze, um mir Anfang der 70er Jahre die Heimspiele meines damaligen Bundesliga-Lieblingsclubs Hertha BSC gegen Köln oder Gladbach anzuschauen, stelle ich mir vor, wie es sein muss, da unten zu stehen und vor so vielen Leuten spielen zu können. Mein fußballerisches Talent reicht zwar nicht für den ganz großen Wurf. Aber träumen wird man ja wohl mal dürfen. Ich selbst kicke in der Jugend des SV Schöneberg, spiele im linken Mittelfeld. Als wir 2:0 gegen Viktoria 98 gewinnen, ist der Jubel riesengroß. Endlich der erste Saisonsieg. Es bleibt unser einziger. Wir sind eine echte Gurkentruppe.

Während mein Bruder vor ein paar hundert Zuschauern seine ersten Boxkämpfe bestreitet und von meinen Eltern einen Fünfer für jeden Sieg zugesteckt bekommt, läuft's bei mir eher trostlos. Aufgeschürfte Beine durch den schwarzen Schotter und wieder die Hütte voll bekommen. Keine Zaungäste am Spielfeldrand, höchstens mal die Eltern meiner Kumpels. Mama und Papa haben keinen Bock, sich das ärmliche Gebolze unserer Loser-Truppe anzuschauen.

Ich bin neidisch. Neidisch auf die Erfolge meines Bruders. Neidisch auf die Anerkennung durch die vielen Boxfans am Ring. Neidisch auf den Stolz, den seine Siege bei unseren Eltern auslösen. Okay, also doch Boxen.

Eine ganze Zeit lang versuche ich, beides unter einen Hut zu bringen. Aber so komme ich nicht weiter. Wennschon, dennschon, sage ich mir. Nach den anfänglich zwei Trainingstagen geht's nun sogar viermal pro Woche mit Ralf in die Boxhalle. Wahnsinn, was man nach der Maloche im Ring für einen Hunger hat. Wenn wir abends nach Hause kommen, verdrückt jeder von uns locker zehn, zwölf Stullen. Im Hintergrund dudelt das Radio. Besonders aufmerksam hören wir hin, wenn auf RIAS 1 die aktuellen Top Ten laufen. Mama muss jeden Tag ein frisches Brot kaufen. Ganz zu schweigen von den Unmengen an Wurst und Käse.

## Ein Punktsieg zum Auftakt

»Ihr fresst mir ja noch die Haare vom Kopf«, staunt sie, wenn wir uns die Bäuche vollschlagen. Was meine Mama nicht ahnt: Abends habe ich manchmal einen gewissen Nachholbedarf. Wenn Ralf und ich morgens mal wieder besonders trödeln und meine Mutter alle Mühe hat, uns pünktlich zur Schule zu schicken, bleibt das Stullenschmieren gelegentlich auf der Strecke. Dann drückt sie mir zwei Mark in die Hand, damit ich mir beim Bäcker etwas Ordentliches für die Hofpause kaufen kann. Zwei Mark sind eine Menge Kohle. Genauso viel wie ich sonst als Taschengeld für die gesamte Woche bekomme. Leider kann ich schon als Kind nicht wirklich gut mit Geld umgehen. Statt belegter Brötchen oder einer leckeren Streuselschnecke gehen die zwei Mark für Süßigkeiten drauf, die ich dann meist schon auf dem Weg zur Schule wegnasche. Das hungrige Magenknurren, das sich dann bereits in der großen Pause am Vormittag einstellt, kann so erst am Abend wirkungsvoll bekämpft werden.

Trotz aller Mampferei bei Muttern bleibe ich ein schmächtiges Kerlchen. Aber ich bin auch schnell. Und flink. Dazu kommt ein präziser Schlag. Dass ich mit diesen Eigenschaften gegen größere und stärkere Gegner bestehen kann, muss ich erstmals ein paar Monate nach meinem zwölften Geburtstag beweisen. Mein erster Boxkampf. Was bin ich aufgeregt! Das Zelt auf dem deutsch-französischen Volksfest ist rappelvoll. Der Rummel hat echt Tradition in Berlin, zieht die Massen aus allen Bezirken an. Da kommt der Berliner mal raus aus seinem Kiez.

Mein Gegner heißt Becker. Der Vorname spielt keine Rolle, will ja keine Freundschaft schließen. Er boxt für die Reinickendorfer Füchse, keilt aber eher aus wie ein Ochse. In der ersten von drei Runden bin ich echt beeindruckt. Becker schüttelt mich ein paar Mal richtig durch. Die Runde ist weg. In der kurzen Verschnaufpause schaue ich in besorgte Gesichter am Seilgeviert. Bei vielen macht sich Mitleid breit. Als wollten sie sagen, der arme Kleine, warum müssen sie ihn auch gleich zur Premiere mit so einem Schläger in den Ring stellen?

Nach dem Gong zur zweiten Runde weichen die besorgten Blicke. Erstaunen macht sich breit. Der Kleine haut dem Großen ganz schön auf die Glocke. Ein tolles Gefühl. Mein Selbstvertrauen wächst, ich fühle mich gleich zwei, drei Zentimeter größer. In Runde drei das gleiche Bild. Ich habe den Becker echt im Sack. Am Ende entscheiden die drei Punktrichter 2:1 für mich. Sieg! Meine Boxkarriere kann beginnen. Wer will mich jetzt noch aufhalten? Fünf Mark Startgeld vom Veranstalter und noch einen Fünfer als Siegprämie von meinen Eltern. Mein Papa streichelt mir voller Stolz über den Kopf. Ich bin in der Welt der Erwachsenen angekommen.

Runde 2

# MEINE FAMILIE

Schon von draußen höre ich meine Mutter toben. Ich will nur mal kurz Hallo sagen, bin von meinem Bruder, der mittlerweile genau wie ich in der Nachbarschaft wohnt, auf einen Sprung vorbeigekommen. Als ich unsere Wohnungstür aufschließe, klingeln mir die Ohren. Renate Rocchigiani, geborene Bürger, ist außer sich vor Wut.

»Was fällt diesem Pressefuzzi ein?«, brüllt sie durch die Küche meinem Vater entgegen. Der zuckt gelangweilt mit den Schultern.

Auf dem Tisch liegt eine Zeitung: »Der Boxer, der aus der Gosse kam«, titelt die Schlagzeile im Sportteil. Der Text beschäftigt sich mit einem Boxer, der als neue Profi-Hoffnung Deutschlands gilt. Mit mir.

Ich kann Mamas Zorn verstehen. Am liebsten würde sie diesem Schreiberling die Ohren lang ziehen und ihn durch die Wohnung schleifen. Hier ist nichts zu sehen von Gosse.

Es ist wohl eines der weit verbreiteten Klischees, die es über mich gibt: »Der Rocchigiani muss doch 'ne beschissene Kindheit gehabt haben.« Ich weiß nicht, wie oft ich mir diesen Schwachsinn noch anhören darf. Das ist echt 'ne Beleidigung. Vor allem für meine Eltern. Nur weil ich in meinem Leben viel Mist gebaut habe, soll ich aus asozialen Verhältnissen stammen? Würde zwar zu der Schublade passen, in die ich häufig gesteckt werde. Ist aber komplett an der Realität vorbei.

Ich hätte mir keine bessere Kindheit vorstellen können: Mein Vater reißt sich den Arsch auf für uns, buckelt sein Leben lang, nur damit es uns an nichts fehlt. Eine einzige Krankschreibung in fünfzig Jahren sagt eigentlich alles über den Willen und die Einsatzbereitschaft von Zanubio Rocchigiani. Und dass man mit einem abgesägten und wieder angenähten Daumen besser ein paar Tage aufs Eisenbiegen verzichtet, kann sicherlich jeder verstehen. Selbst mein Vater. Auch wenn es ihm schwerfällt.

Geboren in Nuo, einem kleinen Bergdorf auf Sardinien, zieht es ihn 1960 nach Deutschland. Hier will er sein Glück versuchen. Damals ist das Wortspiel »multikulti« noch keinem ein Begriff. Zanubio Rocchigiani ist einer der ersten Gastarbeiter hierzulande. Die haben in Duisburg-Rheinhausen nicht gerade einen leichten Stand. Respekt und Anerkennung müssen erst noch verdient werden. Diese Erfahrung muss auch mein Vater machen. Sowohl bei den Kollegen auf der Maloche als auch bei Else und Ernst Bürger. Die beiden begegnen dem »Itaker« nicht unbedingt herzlich, als Tochter Renate den smarten dunkelhaarigen Typen zu Hause vorstellt. Doch das ändert sich bald. Spätestens als nach der Hochzeit schnell zwei stramme Enkel namens Ralf und Graciano für frischen Wind sorgen, sind Oma Else und Opa Ernst endgültig von den Qualitäten ihres Schwiegersohnes überzeugt.

Ganz nebenbei sorgt der noch für eine echte Rarität im Familienstammbaum. Denn als Papa kurz nach meiner Geburt die Behördengänge erledigt, um mich als neuen Erdenbürger anzumelden, achtet er nicht darauf, was die Beamtin zu Papier bringt. Seitdem bin ich einer der wenigen Gracianos mit c statt mit z!

## Mustersöhne als Treppenputzer

Ralf und ich werden nicht verwöhnt und verhätschelt. Auch nicht an unseren Geburtstagen. Die spielen in der italienischen Tradition im Gegensatz zu den Namenstagen keine große Rolle. Wir finden uns schnell damit ab, dass wir nicht mit großen Geschenken rechnen können. Selbst der Weihnachtsmann hat nicht besonders viel im Sack, wenn er bei uns klingelt. Mal liegt ein Fußball unterm Baum, mal ein Trikot oder ein Springseil. Mama und Papa schwimmen nicht in Geld. Aber für uns ist das kein Problem. Wir haben alles, was wir brauchen. Wärme, Liebe,

Geborgenheit. Und zu essen steht auch immer genug auf dem Tisch. Was will man mehr? Mama ist rund um die Uhr für uns da. Natürlich hat sie es nicht immer leicht, vor allem nicht mit so einem Rabauken wie mir. Aber sie weiß auch: Sie kann immer auf uns zählen. Ist sie mal nicht ganz auf dem Damm, stehen ihre Mustersöhne sogar mit Wischmopp und Eimer im Hausflur und übernehmen ihre Schicht als Treppenputzer, die zu ihrer Hauswartsstelle dazugehört. Als Dankeschön gibt's am Abend unser Lieblingsessen: Spaghetti Bolognese. Die macht Mama so gut, als wäre sie der italienische Teil in der Ehe mit Papa.

Wenn der am Abend nach Hause kommt, ist er von der Maloche so kaputt, dass er sich im Anschluss ans Essen im Wohnzimmer auf dem Sofa langmacht. Was aber noch lange nicht heißt, dass er zur Ruhe kommt. Seine beiden Jungs beturnen ihn mit Vorliebe, freuen sich, wenn er sie wie zwei Hanteln in die Luft stemmt und sie beim Armdrücken gewinnen lässt. Denn ein Erfolg über den italienischen Juniorenmeister im Boxen ist allemal gut fürs Selbstbewusstsein.

Mein Vater ist mein Vorbild. Ich weiß, ich breche meiner Mutter nicht das Herz, wenn ich sage, ich war nie ein Mamakind. Sie weiß ganz genau, dass ich immer zu meinem Vater aufschaue. Ich will so stark sein wie er, ich will so erfolgreich sein wie er. Als ich mit dem Boxen beginne, kenne ich nur ein Ziel: So gut fighten können wie mein Papa früher. Von ihm lerne ich fürs Leben. Disziplin, Ehrgeiz, Einsatz. Und dass ein Mann weinen darf.

Was hat er geflennt an jenem 25. März 1971. Wir drei Rocchigiani-Männer stehen zu Hause auf unserem Balkon. Mein Papa hält Ralf links im Arm und mich rechts, während ihm die Tränen über die Wangen kullern. Es sind Tränen des Glücks. Es ist ein Mädchen. Beim dritten Versuch endlich eine Tochter. Er hat sie sich so sehr gewünscht. Jetzt ist sie da. Claudia Rocchigiani. Als ich an Mamas Bett in der Klinik stehe, traue ich mich kaum, mein Schwesterchen zu berühren. So klein, so zerbrechlich und so süß. Ich bin erstaunt, wie glatt sie ist. Als ich sie erstmals auf den Arm nehmen darf, quält mich nur ein Gedanke: Bloß nicht fallen lassen.

## Mein Schwesterherz in Gefahr

»Bloß nicht runterfallen, Claudia. Jetzt bloß nicht die Felsen runterstürzen.« Im Sommerurlaub drei Jahre später kann ich mir nur mit der flachen Hand gegen die Stirn schlagen.

»Graciano, was hast du dir dabei nur wieder gedacht?«

Ich habe unsere Kleene zu einem Strandspaziergang mitgenommen. Der Rest der Familie liegt auf der faulen Haut, lauscht dem Meeresrauschen. Wir sind mal wieder die 70 Kilometer aus den Bergen zum Strand gefahren. Sardinien hat wirklich allerhand zu bieten. Leider auch die Klippen, auf denen mein Schwesterherz jetzt herumturnt.

»Komm, wir gehen klettern.« Bei dieser Aufforderung von mir hat sie sich nicht zweimal bitten lassen. Sie vertraut mir, bislang habe ich noch immer gut auf sie aufgepasst. Doch irgendwie ist sie flinker, als ich dachte. Einmal nicht hingeschaut, und plötzlich ist sie nicht mehr in Greifnähe, dafür aber in Absturzgefahr.

»Claudia, nicht bewegen«, rufe ich ihr zu.

Nicht zu laut, denn wenn sie sich erschrickt, ist sie womöglich weg.

»Nicht bewegen, hock dich hin. Sofort.«

Ich bin nie wieder glücklicher darüber, dass mir jemand aufs Wort gehorcht. Zwei schnelle Schritte von mir. Dann habe ich sie sicher. Auf dem Arm.

»Komm, nix wie runter hier«, flüstere ich ihr ins Ohr, als ich sie erleichtert an mich drücke.

Verantwortung lernen ist eine wichtige Erfahrung. Ich habe sie gerade gemacht und muss mich an den Blick meiner Mutter erinnern. An jenem Tag, als ich in der Baumkrone hing und sie mir aus dem Küchenfenster heraus in die Augen geschaut hat.

Mein Beschützerinstinkt ist ausgeprägt. Der ältere Bruder einer kleineren Schwester zu sein bringt das mit sich. Schon als Siebenjähriger bin ich stets wachen Auges, wenn sich jemand Claudias Kinderwagen nähert. Ganz automatisch. Obwohl ich weiß, dass ich mir keine Sorgen machen muss, weil Papa ja dabei ist, bin ich stets auf dem Sprung. Selbst nur ein kleines Kerlchen, fühle ich mich bärenstark und bin bereit, mein Schwesterchen mit Haut und Haaren zu verteidigen, falls ihm jemand zu nahe kommt.

Liegt das an dem italienischen Blut, das durch meine Adern fließt?

### Es gibt nichts Grösseres als die Familie

Ich weiß es nicht. Ich weiß nur, dass Familie für mich das Größte ist, was es gibt. Sicher, ich bin ja nicht blöde, mir ist klar, dass es jeden von uns mal erwischt. Aber ich möchte gar nicht darüber nachdenken, wie es wäre, wenn Mama oder Papa, Claudia oder Ralf plötzlich nicht mehr da sind. Bei ihnen finde ich immer Zuflucht. Mit ihnen kann ich über alles reden.

Wenn ich mal wieder der Liebeskasper bin, der nicht zum Zuge kommt, werde ich getröstet. Wenn ich Scheiße gebaut habe, muss ich mir keine Vorwürfe anhören, und wenn ich einfach nur mal traurig bin, kann ich zu Hause die Seele baumeln lassen. Und das Wichtigste: Keiner quatscht dem anderen rein. Jeder ist für sein Leben selbst verantwortlich.

Das ist eine der Regeln, die mir meine Eltern früh mit auf den Weg geben. Und daran halte ich mich. Auch wenn es manchmal schwerfällt. Zum Beispiel wenn Claudia in der Disco von einem Typen angequatscht wird, den sie besser nicht mal mit der Kneifzange anfassen sollte. Sie muss selbst wissen, was sie tut. Ich fände es auch nicht lustig, wenn Ralf sich in meine Weibergeschichten einmischen würde. Obwohl ich auf diesem Gebiet einiges von ihm lernen könnte.

### Der Frauentyp und der Milchbubi

Ralf und ich. Das ist eine besondere Beziehung. Mein großer Bruder ist nur zehneinhalb Monate älter als ich. Viel knapper kann man kaum auseinander liegen. Es sei denn als Zwillinge. Und so fühlen wir dann auch. Keinem von uns kann es gut gehen, wenn er weiß, dass der andere sich beschissen fühlt. Von klein auf hocken wir auf engstem Raum zusammen, teilen uns bis zu meinem siebten Geburtstag ein Etagenbett, anschließend ein Zimmer. Wir teilen unser Essen, unsere Spielsachen. Wir teilen unser Leid, auch wenn nur einer von uns was auf die Nase bekommt. Wir teilen unsere Freude, selbst wenn nur einer von uns gerade einen Erfolg zu feiern hat. Nur eins, das teilen wir uns nie: eine Frau!

Ralf ist ein echter Frauentyp. Er sieht gut aus. Groß, dunkelhaarig, kräftig. Ich bin der Prototyp des Gegenteils. Schmal, schmächtig. Kein Bartwuchs, keine Haare auf der Brust. Alles Attribute der Marke Milchbubi. So gegensätzlich unsere Entwicklung verläuft, so unterschiedlich sind auch unsere Erfahrungen mit dem Sex. Lange Zeit habe ich keine Erklärung dafür, warum mein Bruder mich abends noch mal ins Bad schickt, obwohl meine Zähne schon geputzt, das Gesicht schon gewaschen und die Finger schon geschrubbt sind. Und so poppt Ralf auch schon fleißig durch die Gegend, während ich mich wie ein kleiner Schneekönig über meinen ersten Abschiedskuss von Jannette vor der Haustür ihrer Eltern freue.

Ralf ist halt ein echter großer Bruder, auch wenn er nicht mal ein Jahr älter ist als ich. Und noch eines ist Ralf: clever! Er lässt sich vor keinen Karren spannen. Auch nicht von mir. Wenn ich mir in der Schulpause mal eine Backpfeife einfange, keine Lust habe, mich zu prügeln, mit roter Wange und Dackelblick zu ihm eile, bekomme ich nur eine Antwort: »Das musst du selber klären!«

Und das ist nicht immer ganz so einfach. Da ich leicht zu provozieren bin und meine Klappe nicht halten kann, haben halt ab und an die Fäuste das letzte Wort. Und die Gesetze der Straße sind andere als die im Ring. Hier schreitet keiner ein, wenn es unfair zur Sache geht. Und so ist es rückblickend nicht verwunderlich, dass ich als Jugendlicher mehr Kämpfe verliere als später in meinen Profijahren. Daran ändert auch mein großer Bruder nichts. Es sei denn, wir werden ungerecht behandelt und dazu noch bedroht. Dann kennt Ralf kein Pardon. Egal, wie viele und wie groß die anderen sind. Seine Taktik ist so einfach wie gewinnbringend: Als Erster zuschlagen! Und zwar so hart, dass keiner mehr Lust auf eine Zugabe verspürt. Das funktioniert. Meistens jedenfalls. Aber wie bei allem im Leben gibt's auch hier die berühmte Ausnahme von der Regel.

## Todesangst um meinen Bruder

Plötzlich stehen sie da. Mitten auf unserem Bolzplatz. Der Größte von ihnen ganz vorne. Er hat unseren Ball kassiert, hält ihn provozierend in beiden Händen vor seiner Brust. Die Türkenclique haben wir hier noch nie gesehen. Keine Ahnung, wo die plötzlich herkommt. Aber die sechs sehen nicht so aus, als wären sie nur zum Spielen hier. Ralf juckt das wenig.

»Komm, lass den Scheiß, rück unseren Ball wieder raus.«

Der Türke setzt seinen abfälligsten Blick auf, wirft die Kugel mit einer Hand lässig in die Höhe. Die anderen hinter ihm grinsen dämlich. Im nächsten Moment sind ihre Mundwinkel eingefroren. Ralf hat ihren Anführer mit einem Schlag niedergestreckt. Eine solche Bombe habe ich in natura noch nie gesehen. Höchstens im Kino. Mann, war das ein Schlag! Wir staunen selbst nicht schlecht. Vielleicht einen Moment zu lange. Als Ralf sich den Ball schnappt, wir auf den Hacken kehrtmachen und losrennen, ist unser Vorsprung nicht besonders groß. Und die Türken sind schnell. Verdammt schnell. Zu schnell. Und zu viele.

Keilereien sind für uns keine neue Erfahrung. Aber die hier hat eine andere Qualität. Eine schreckliche, eine blutige.

»Hört auf, hört auf!«, schreie ich. Meine Halsschlagader droht zu platzen, so verzweifelt brülle ich meine Bitte heraus. Zwei der Bande halten mich an der Schulter untergehakt fest, während der Rest meinen Bruder verdrischt. Als Ralf zusammensackt und sich am Boden krümmt, treten sie auf ihn ein.

»Hört auf, hört auf! Ihr bringt ihn noch um!« Das Adrenalin schießt mir in den Kopf. Ich versuche mich loszureißen. Doch ich habe keine Chance. Mein Bruder auch nicht.

Ralfs Körper zuckt nur noch, wenn er von einem der Tritte getroffen wird. Ansonsten liegt er regungslos auf dem staubigen Boden im Park.

»Hört auf! Hört doch endlich auf!«, schluchze ich. Als der Klammergriff sich löst, sinke ich auf die Knie, beuge mich über den leblos wirkenden Körper meines Bruders. Als ich ein leises Stöhnen höre, bin ich erleichtert.

Zu Hause können wir den Vorfall ganz gut verheimlichen. Mama und Papa wären nur krank vor Sorge. Und an der Situation würde sich trotzdem nichts ändern. Ralf und ich sind uns einig: kein Wort darüber. Zum Glück ist sein Gesicht fast unbeschadet geblieben.

»Habe beim Training nicht aufgepasst und mir zwei, drei schöne Dinger eingefangen«, erklärt Ralf am Abendbrottisch mit einem gequälten Lächeln die kleinen Risse an Auge und Nase.

Anders sieht's da schon mit den Blessuren an Rücken, Bauch und Brust aus. Die nächsten zwei Wochen läuft er nicht mit freiem Oberkörper durch die Wohnung. Selbst das samstägliche Baden fällt aus. Ralf schläft lieber bei einem Kumpel.

So hart und brutal die ganze Nummer auch ist: Wir können froh sein, dass wir unsere wilde Zeit in den 70er Jahren hatten. Dreißig Jahre später hätte Ralf wahrscheinlich ein Messer zwischen den Rippen gehabt.

## Ein teurer Schlag aufs Maul

Was uns nicht tötet, macht uns härter. Getreu diesem Motto trainieren wir nach solchen Erfahrungen noch leidenschaftlicher, noch verbissener. Irgendwoher muss er ja kommen, der Begriff Streetfighter, der uns Rocky-Brüder durch die ganze Boxerlaufbahn begleitet. Die Prioritäten in unserem Leben verschieben sich endgültig. Finde ich die Schule jahrelang bestenfalls langweilig, spielt sie jetzt überhaupt keine Rolle mehr. Boxen heißt die Erfüllung. 1979 sind Ralf und ich stolz wie Bolle. Er ist Deutscher Jugendmeister im Halbmittelgewicht, ich im Federgewicht. Für

Ralle und mich ist klar: Wir wollen unser Geld mit dem Boxen verdienen. Wieder einmal ist mein Bruder mir dabei einen Schritt voraus. Und zwar auf eine ganz eigene Art.

*

Aua, das Ding hat gesessen. Ralf hat den Treffer kassiert. Allerdings nicht im Ring, sondern in der Disco. An unseren kampffreien Wochenenden scheint Ralf die abgedrehten, streitlustigen Kerle nur so anzuziehen. Mein Bruder ist nun mal ein Typ, der gerne flirtet. Und dass die zurücklächelnden Mädels in den Zappelbuden bereits vergeben sind, steht ihnen schließlich nicht auf der Stirn geschrieben. Die dazugehörigen Macker fühlen sich dann meist dermaßen provoziert, dass sie Ralf eine aufs Maul hauen wollen. Irgendwann bleibt's nicht mehr beim Wollen. Dann schlagen sie zu.

Da die Hiebe meist völlig unvermittelt und hinterhältig kommen, hat Ralf selten ein Chance auszuweichen. Doch wer glaubt, jetzt gibt's Keile, täuscht sich. Wenn er den Treffer kassiert hat, wischt sich Ralf einmal kurz übers Gesicht. Dann geht er zu seiner Jacke, holt einen zerknitterten Zeitungsausschnitt heraus und drückt ihn dem Schläger in die Hand.

»Ralf Rocchigiani erneut Deutscher Jugendmeister«, lautet die Schlagzeile.

»Schau mal aufs Foto«, sagt mein Bruder grinsend. »Das bin ich. Und jetzt bleiben dir genau zwei Möglichkeiten. Möglichkeit eins, du gibst mir 'nen Hunderter. Möglichkeit zwei, ich hau dich weg!«

Mein Bruder muss nicht oft zuschlagen.

Mir kann's recht sein. Denn Ralf ist nicht knauserig. Der Abend ist gerettet, mit 100 Mark wird's eine feucht-fröhliche Nacht.

Und dennoch: Uns sind die Wochenenden lieber, an denen wir uns nicht in der Disco vergnügen müssen. Schon zum ersten Training in der Woche, am Montagnachmittag, gehen wir voller Vorfreude, voller Anspannung.

## Pfiffe als besondere Motivation

»Am Wochenende geht's ab ins Festzelt nach Bayern.« Das ist der Satz, den wir uns wünschen. Wenn unserem Trainer vom VSB Schöneberg, Werner Haller, diese Worte über die Lippen kommen, ist die Woche gerettet. Es gibt in der Anfangszeit unserer Boxkarrieren nichts Schöneres, als auf Reisen zu gehen und in vollbesetzten Zelten auf Festplätzen unter dem Gegröle und Gejohle der Massen die Fäuste zu schwingen. Zwar sind die Berliner auswärts nicht besonders beliebt, doch auf mich wirkt das eher stimulierend.

Nichts kann mich mehr motivieren, als ein pfeifendes Publikum durch ein echtes Kämpferherz zu überzeugen und auf meine Seite zu ziehen. Das ist in meiner Jugend nicht anders als 15 Jahre später, als ich in der Dortmunder Westfalenhalle gegen einen gewissen Henry Maske boxe. Und noch etwas ist vergleichbar: die Sehstärke der Punktrichter. Schon Ende der 70er Jahre kommen bei uns Knirpsen Urteile zustande, über die man nur den Kopf schütteln kann. Besonders Ralf trifft es ein ums andere Mal ganz schön hart. Die Rückfahrt im Bus ist dementsprechend stimmungsvoll. Wenn die DDR-Vopos uns dann bei der innerdeutschen Grenzkontrolle auch noch aussteigen und stundenlang stehen lassen, habe ich die Befürchtung, dass Ralf gleich der Kragen platzt. Aber das ganze Szenario ist wohl doch zu respekteinflößend. Selbst für meinen großen Bruder.

## Mein Fussballherz schlägt grün-weiss-rot

Von einer solchen Anspannung ist beim Passieren der deutsch-italienischen Grenze wenig zu spüren. Im Gegenteil: Urlaub auf Sardinien gehört zu den traditionellen Höhepunkten der Familie Rocchigiani. Baden im Meer, sich am Strand die Sonne auf den Pelz brennen lassen und am Abend von Tante Pepina kulinarisch verwöhnt werden: Pasta, Suppe, Fleisch und dazu einen Salat. Schon nach den drei Gängen könnte ich platzen. Aber dann zaubert das Tantchen zum Abschluss noch eine süße Leckerei auf den Tisch. Das Leben kann so herrlich sein!

Die Tage und Wochen bei der Familie – hier tankt mein Vater Jahr für Jahr aufs Neue die Kraft für seine harte Eisenbiegermaloche. Und auch Mama kann mal so richtig abschalten, denn hier kümmern sich andere um den Haushalt und darum, dass die gefräßigen Kindermäuler satt werden.

Neben der Erholung gibt es in Papas Heimat nur ein Thema: Fußball. Das Fieber ergreift auch mich. Ich stehe immer dazu, halb deutsch, halb italienisch zu sein. Ich könnte und möchte mich nicht für eine Seite entscheiden. Meine Heimat ist Berlin, aber in Italien, speziell auf Sardinien, fühle ich mich genauso wohl. Nur in einem Punkt gibt's keine Kompromisse: Mein Fußballherz schlägt grün-weiß-rot. Damit hat nicht mal der rein deutsche Part in unserer Familie ein Problem. »Schließlich«, so findet Mama, »sehen die Spieler der Squadra Azzurra auch eindeutig besser aus als die deutschen Kicker.«

Mein Vater freut sich natürlich, wenn bei mir seine italienischen Wurzeln durchschlagen. Nur auf einem Gebiet ist davon – bereits in meiner Kindheit – ganz und gar nichts zu spüren. Für die italienische Sprache kann ich mich nicht erwärmen. Bei diesem Thema gewinnt eher etwas die Oberhand, was auch meinen Schulalltag bestimmt: die Faulheit. Und ohne Vokabeln zu lernen ist es schwer möglich, eine andere Sprache zu beherrschen. Zum Glück versucht mein Vater erst gar nicht, seine Kinder davon zu überzeugen, wie wichtig es ist, Italienisch zu können. Ralf und ich sind echte Sturköppe, wenn wir nicht wollen, dann wollen wir nicht. So einfach ist das. Doch es gibt auch Momente, in denen wir der verpassten Chance nachtrauern. Zum Beispiel während der Sommerferien, wenn wir unseren Urlaub auf Sardinien verbringen.

\*

»Hey...!« Mist, jetzt fehlen Ralf und mir die richtigen Worte. Was wir sehen, macht uns mächtig wütend. Doch leider können wir unsere Wut nicht artikulieren. Zumindest nicht sprachlich. Die Jungs aus der Nachbarschaft von Tante Pepina haben einen streunenden Hund in eine enge Gasse getrieben. Jetzt steht der kleine Vierbeiner im wahrsten Sinne des Wortes mit dem Rücken zur Wand und blickt ängstlich in die Augen seiner feixenden Angreifer. Die feigen Jungs haben sich ein paar Steine geschnappt, bewerfen ihn grölend und lachend damit.

»Hey, stopp!« Unser fordernder Zwischenruf wird lauter. Das Brüllen klingelt den Peinigern in den Ohren. Sie drehen sich um, schauen uns fragend an. So als erwarteten sie eine Erklärung für unsere Störung. Die können sie haben. Allerdings nur bedingt auf Italienisch. Ralf und ich verständigen uns mit Händen und Füßen. Diese Sprache ist international, sogar der kleine Hund versteht sie, der sich freudig kläffend seinen Weg durch den Tumult bahnt.

### Schule und Lehre: Raus ohne Applaus

Meine Liebe fürs Boxen fordert endgültig ihren Preis: die Schule. Bis zur sechsten Klasse habe ich alles noch ganz gut im Griff. Doch nach meinem Wechsel auf die durch und durch konservative Georg-von-Giesche-Oberschule ist Schluss mit lustig. Die Ansprüche der Pauker sind hoch. Zu hoch für mich. Vielleicht hätte ich eine Chance, wenn ich meine Einstellung ändern würde. Ich versuche es, melde mich sogar für die Abteilung »Freiwillige Hausaufgaben«. Doch am nächsten Morgen, kurz vor der ersten Stunde, muss ich sogar die normalen Aufgaben noch schnell abschreiben. Von meiner großmäulig angekündigten freiwilligen Leistung ist mal wieder nichts zu sehen. Das bringt Punkte. Am Ende des Jahres haben mich die Pauker richtig ins Herz geschlossen. Und weil mich keiner von ihnen wirklich ziehen lassen will, verlängern sie meinen Vertrag für die siebte Klasse um ein weiteres Jahr.

Die Schule ist eine echte Last. Nachmittags nach Hause, eine Stunde Busfahrt zum Boxtraining, das mittlerweile im Leistungszentrum an der Deutschlandhalle im Bezirk Charlottenburg steigt. Danach wieder eine Stunde zurück. Abends bin ich völlig platt. Kein Bock mehr auf Schule. Als in der neunten Klasse die nächste Ehrenrunde droht, ist Schluss. Ich habe eine Lehrstelle als Glas- und Gebäudereiniger in der Tasche. Das lässt meine Motivation fürs Pauken endgültig auf den Nullpunkt sinken. Das letzte halbe Jahr auf der Realschule wird fast nur noch geschwänzt. Da nutzt auch alles Reden meiner Eltern nichts.

»Ich will Boxer werden«, mache ich unmissverständlich klar und ernte keinen ernsthaften Widerspruch.

Raus ohne Applaus: Der Schlussstrich unter meiner schulischen Laufbahn ist trostlos. Kein Abschluss. Das Gleiche gilt rund zwei Jahre später für meine Lehre. Ich schmeiße auch hier die Brocken hin und setze alles auf eine Karte. Auf das Boxen.

Unsere Fortschritte sind unverkennbar. Ralf und ich entwickeln uns zu beachteten Berliner Talenten. Er ist physisch stärker. Ich bin ehrgeiziger. Er verfügt über das größere Schlagrepertoire. Ich bin schneller. Und so müssen unsere Sparringsduelle nicht immer das gleiche Ende finden wie unsere Zankereien zu Hause. In den vier Wänden unseres Zimmers habe ich keine Chance. Meistens läuft es nach dem gleichen Muster ab. Ich reize Ralf bis aufs Blut. Irgendwann erwischt er mich. Ich rufe nach Mama!

Im Ring sieht das schon etwas anders aus. Hier gibt es Regeln, sind auch seinen stürmischen Attacken Grenzen gesetzt. Und so kriegt der Große von dem Kleinen im Seilgeviert, ganz anders als zu Hause, auch ab und an was auf die Nase. Das gefällt Ralf natürlich überhaupt nicht. Zu Hause ist der Qualm aber schnell wieder verzogen. Zum einen, weil wir unseren Eltern verheimlichen, dass sich ihre Söhne im Training gegenseitig was auf die Ohren geben. Zum anderen, weil mein couragiertes Auftreten im Ring meinem Bruder durchaus Respekt abringt. Das macht mich stolz. Fast so stolz, als wenn mein Vater mir anerkennend auf die Schulter klopft. Papa weiß genau, er ist mein Vorbild. Selbst als ich das Gleiche erreicht habe wie er und über meinen ersten Titel als Juniorenmeister jubele, ändert sich daran nichts. Die tägliche Disziplin, die mein Vater in seinem Job an den Tag legt, treibt

auch mich immer wieder zu meiner Arbeitsstelle. In den Boxring. Wenn ich vor einem wichtigen Kampf eine Einheit auslasse, nur den Waldlauf vom Trainingsplan streiche, reicht ein Gedanke an meinen Vater, und das schlechte Gewissen steigt in mir hoch.
Frühzeitig lehrt er uns, was Disziplin bedeutet. Durch seinen Arbeitsfleiß führt er es uns tagtäglich vor Augen, ohne Druck auf uns auszuüben. Wenn wir etwas nicht wollen und ihm dies auch nicht unbedingt lebensnotwendig erscheint, dann müssen wir auch nicht. Klar würde er es gerne sehen, wenn wir regelmäßig in die Kirche gehen würden. Seine römisch-katholische Erziehung hat ihn geprägt. Doch er weiß auch, dass der Glaube von innen kommen muss und nicht erzwungen werden kann. Meine Neugierde auf die Kirche ist bereits gestillt, als ich beim Abendmahl erstmals das Brot und den Wein kosten darf. Danach hat sich die Sache mit dem morgendlichen Kirchgang für mich erledigt. Ich glaube zwar, dass es irgendeine höhere Macht gibt, doch der Glaube an den sogenannten lieben Gott, der die Geschicke auf unserer Welt im weiten Gewand, grauhaarig und mit einem weißen Bart aus der Ferne regelt, will nicht in meinen Kopf. Wenn's so wäre, müsste er ein Arschloch sein, bei so viel Elend, Gewalt und vor allem bei so vielen verhungernden Kindern auf der Welt.

### Angst, die zu enttäuschen, die mich mögen

Damit es bei uns zu Hause keine hungrigen Mäuler gibt, klingelt jeden Morgen pünktlich um vier Uhr der Wecker meines Vaters. Jahrein, jahraus. Tagtäglich bewegt er 15 Tonnen Eisen. In einer Beständigkeit, die mir gelegentlich mächtig zusetzt. Es gibt nichts Schlimmeres für mich, als die Gewissenhaftigkeit meines Vaters vor Augen geführt zu bekommen, während ich gerade mächtig über die Stränge geschlagen habe. Wenn ich nach einer durchzechten Nacht frühmorgens nach Hause komme und mein alter Herr auf der anderen Straßenseite gerade das Haus verlässt, um seine Schicht anzutreten, könnte ich kotzen. Kotzen vor Wut auf mich selbst. Das ist einer der Momente im Leben, in denen ich am liebsten vor Scham im Boden versinken würde. Zum Glück bleibt meinem Vater der Anblick seines betrunkenen Sohnes erspart. Vielleicht ist es aber auch eher so, dass er mich vor dem höchsten Grad der Demütigung bewahrt. Vor dem Gefühl, von meinem Idol als versoffener Idiot ertappt zu werden.

Nicht immer geht es für mich so glimpflich aus, wenn ich in meiner Berufsauffassung die nötige Ernsthaftigkeit vermissen lasse. Im Boxen kann man niemanden täuschen. Schon gar nicht den eigenen Vater. Im Ring, im Duell Mann gegen Mann, musst du mit dem überzeugen, was du kannst. Und das, was du kannst, ist nicht nur Talent, sondern das Ergebnis harten Trainings.

»Was sollte das denn sein? Boxen willst du das ja wohl nicht nennen?«

Papa ist mein heftigster Kritiker. Er trifft mich am härtesten, wenn er mir seine Anerkennung entzieht. Das weiß er ganz genau. Und so setzt er diese Strafe ein, wann immer ich sie verdiene. Nie trifft sie mich härter, als wenn ich unter der Woche schlampig trainiere und sich am Samstag alle davon überzeugen können. Niederlagen gehören im Sport dazu. Ich habe keine Angst, eine in die Fresse zu bekommen. Ich habe auch keine Angst, einen Kampf zu verlieren. Ich habe Angst, die zu enttäuschen, die ich liebe, oder die, die mich gerne mögen. Vor allem habe ich Angst, meinen Vater zu enttäuschen.

Diese Angst treibt mich an. Kann ich meinem Vater das Gefühl der Enttäuschung einmal nicht ersparen, besinne ich mich wieder auf das Wesentliche. Hartes Training. Ich laufe nie Gefahr, nach einer Niederlage die Hoffnung oder den Antrieb zu verlieren. Im Gegenteil. Jetzt beiße ich mich erst recht fest. Ich weiß, dass ich es besser kann, dass ich es schaffen kann. Ganz nach oben. Und ich werde es meinem Vater beweisen.

»Mein Junge, jetzt hast du mehr erreicht als ich«, raunt Papa mir ins Ohr, als er mich umarmt. Seine Worte gehen runter wie Öl: »Mann, was bin ich stolz auf dich!«

Noch nicht einmal zwanzig Jahre alt und schon am Ziel meiner Träume. Soeben bin ich Deutscher Meister im Halbmittelgewicht geworden und erhalte den Ritterschlag meines Vaters. Klar, als ich meinen Juniorentitel gewinne, ist die Freude auch groß. Boxerisch stehe ich schon damals mit ihm auf einer Stufe. Er bringt es in Italien bis zum Junioren-Champ, mir gelingt hierzulande das Gleiche. Aber jetzt, an jenem 14. April 1982, ziehe ich an ihm vorbei. Ein Meistertitel bei den Männern, bei den sogenannten Senioren. Mein Vater könnte platzen vor Stolz. Und ich auch. Später setze ich dem Ganzen noch einen drauf, schnalle mir den Weltmeistergürtel bei den Profis um. Sogar mehrmals.

Auf einem anderen Gebiet gelingt es mir allerdings nicht, meinem Vater das Wasser zu reichen. Als Vater.

## Ein schlechter Vater

Mein allabendlicher Anruf bei Susanne nimmt einen unerwarteten Verlauf: »Graciano, ich war beim Arzt.«

»Wieso denn, bist du krank?«

Ich bin gerade mal zwanzig und habe seit Kurzem einen Profivertrag in der Tasche. Genauso wie mein Bruder Ralf, der an diesem Wochenende im nordrhein-westfälischen Hagen boxt.

»Nee, schwanger!«

Jetzt bin ich platt. Eh nicht gerade als großer Redner bekannt, fehlen mir in diesem Moment völlig die Worte.

»Freust du dich denn gar nicht?« Die Frage am anderen Ende der Leitung klingt verständnislos.

»Äh, puh. Na klar. Na klar freue ich mich.«

Es ist eine Mischung aus Freude und Verwunderung. Freude ist schon da, beim Gedanken daran, etwas Richtiges geschaffen, ein Menschenleben gezeugt zu haben. Verwunderung aber auch. Susanne nimmt schließlich die Pille. Damit wir uns beim Poppen keinen Kopf machen müssen. Hat prima geklappt.

Ich wusste nicht, dass 3.900 Gramm eigentlich nichts wiegen. Mir geht voll die Pumpe. Als ich Janina am 22. Januar 1985 in den Armen halte, fühle ich mich in meine Kindheit zurückversetzt.

»Hoffentlich rutscht sie dir nicht aus den Händen«, ist mein erster Gedanke. Wie damals, als ich mit sieben mein Schwesterchen auf der Welt begrüße.

14 Jahre sind in der Zwischenzeit vergangen. Ich stelle mich mit dem 54 Zentimeter kleinen Menschlein immer noch etwas unbeholfen an. Doch bei aller Angst, etwas falsch zu machen, ihr weh zu tun oder sie zu erschrecken, ist da noch etwas. Es kriecht ganz langsam in mir hoch und berieselt mich von innen. Da stehe ich nun in der Charlottenburger Klinik mit Janina auf dem Arm. Meiner Janina. Meiner Tochter. Ich hätte nicht gedacht, dass das ein so erhebendes Gefühl ist. So ein Gefühl habe ich noch nie erlebt.

Ich bin ein schlechter Vater. Ein halbes Jahr nach der Geburt bin ich weg. Zwischen Susanne und mir läuft es nicht mehr. Ich weiß schon vor der Schwangerschaft, sie ist nicht die Liebe meines Lebens. Nach der Geburt von Janina wird alles noch komplizierter. Selbst noch ein Kind in vielen Dingen, fühle ich mich echt überfordert.

Ich flüchte. In die nächste Beziehung. Katrin* habe ich in der Disco kennengelernt. Mit meiner neuen Flamme ist alles so, wie ich es brauche. Unkompliziert und unverbindlich. Es ist eine Flucht vor der Verantwortung. Ich habe viel zu viel mit mir selbst zu tun, als dass ich mich um jemand anders kümmern könnte. Ich bin jung und kindisch. Ein Kind zu erziehen kostet viel Mühe und Geduld. Begriffe, deren Bedeutung ich damals nur aus dem Sport kenne, wenn es gilt, in der eigenen Profikarriere Schritt für Schritt voranzukommen.

Als Vater komme ich nicht vorwärts. Keine Besuchszeiten, kein Kontakt. Die Regeln, die die von mir Verlassene aufstellt, sind härter als die, die ich später im Knast kennenlerne. Das Einzige, was mir die Erinnerung an meine Tochter erhält, sind die Liebe und die Zuneigung, die für immer in meinem Herzen sein werden.

Und meine Alimentezahlungen. Keine Ahnung, was Susanne mit der Kohle macht. Kommt sie Janina zugute oder wird sie einfach nur verprasst? »Können wir die Hälfte des Geldes nicht auf einem Sparkonto anlegen, das die Kleene bekommt, wenn sie groß ist?«, will ich wissen, als ich dem Jugendamt einen Besuch abstatte.

»Das müssen Sie mit der Mutter des Kindes klären.« Die Antwort ist kurz und knapp. Und ernüchternd. Ich bin hier echt der letzte Arsch. Nur weil ich Susanne nicht geheiratet habe. Das kann's doch nicht sein. Was soll ich für ein Vater sein, wenn ich keine Wärme und Nähe geben darf, sondern nur meine Kohle?

Ich will aber auch keinen Stress machen. Irgendwann gebe ich auf, konzentriere mich voll aufs Boxen.

Als Janina 14 Jahre alt ist, sitzt sie am Ring. Sie drückt ihrem Vater die Daumen. Ein schönes Gefühl. Anschließend folgt die längst überfällige Aussprache. Doch uns beiden wird schnell klar: Die verlorenen Jahre sind weg. Niemand kann die Uhr zurückdrehen, auch wenn man es vielleicht möchte.

Die Zeit rennt. Im Sommer 2007 macht mich Janina zum Großvater. Bereits zum dritten Mal. »Opa Rocky«, daran habe ich mich immer noch nicht gewöhnt.

Janina, falls du das hier irgendwann lesen solltest, ich wünschte, ich hätte dir so ein guter Vater sein können, wie Zanubio Rocchigiani es für mich war und immer noch ist.

RUNDE 3

# MEINE FRAUEN

»Komm, Kleiner, geh runter von mir. Du bist mir zu knochig.«
Die erste Nummer meines Lebens habe ich mir anders vorgestellt. Gemeinsam mit meinem Kumpel aus der deutschen Box-Nationalstaffel der Junioren, Dieter Weinand, den ich 25 Jahre später als Co-Trainer von Manfred Burgsmüller in der Serie »Helden der Kreisklasse« im Fernsehen wiedersehe, mache ich mich auf den Weg nach Bonn.

So ein Amateurlehrgang kann einem ganz schön auf die Nüsse gehen. Da kommt 'ne Abwechslung gerade recht. Wenn es dazu noch eine richtig geile wird, umso besser. Dieter hat einen Bekannten mit einem schicken Cabriolet. Mit dem fahren wir direkt vor die Tür des Puffs und machen einen auf dicke Hose. Ich sehe so 'ne Lasterhöhle das erste Mal von innen. Nur nichts anmerken lassen, heißt meine Devise. Mit 16 Jahren weiß ich, wie es funktioniert. Theoretisch zumindest. Praktiziert habe ich noch nicht. Das soll sich heute ändern. Das wird sich heute ändern.

Die Auswahl ist beeindruckend. Egal ob blond, brünett oder dunkel, hier ist für jeden Geschmack etwas dabei. Auch für mich. Ich bin überrascht, die Mädels sehen richtig gut aus. Die meisten jedenfalls. Ich halte mich lieber an eine, die nicht ganz so hübsch ist. Dann ist die Gefahr nicht so groß, mich zu blamieren. Denke ich mir jedenfalls. Ein Trugschluss.

Mittendrin schmeißt sie mich runter.

»An dir ist ja nichts dran. Deine Knochen und Kanten tun mir richtig weh.«

Zumindest an der richtigen Stelle kann sie dann doch was mit mir anfangen. Allerdings nur mit der Hand. Da hätte ich es mir auch selbst machen können. Und das hätte keine fünfzig Mäuse gekostet. Aber ich traue mich nicht, ihr zu widersprechen. Der erste Fick meines Lebens: Mann, Graciano, das war schwach!

Als ich das erste Mal für eine Frau schwärme, kann ich mit Sex noch nichts anfangen. Ich bin gerade mal zehn und schmachte sie an. Sie, das ist Frau Döhring. Ungefähr zwanzig Jahre älter als ich und jeden Tag mit mir zusammen. Außer am Wochenende. Doch darüber komme ich hinweg, schließlich wartet sie montags schon wieder auf mich. Frau Döhring ist meine Klassenlehrerin. Schwarze Haare, ganz heller Teint. Für mich sieht sie aus wie Schneewittchen. Leider sind meine schulischen Leistungen ganz und gar nicht märchenhaft. Ich habe es nicht leicht. Mein unscheinbares Äußeres und mein zaghafter schulischer Ehrgeiz lenken die Aufmerksamkeit nicht gerade auf mich. In Sachen Sex muss ich ziemlich lange auf ein Happy End warten. Erst im Dezember 1981 hat das Warten ein Ende. Ausgerechnet zum Fest der Liebe. Wie passend.

### Erfahrene Lehrmeisterin

In der Ecke leuchtet der Weihnachtsbaum, ein paar Geschenke sind auch schon verteilt. Meins hat einen knackigen Hintern, schöne Beine, einen wohlgeformten Busen und schmiegt sich auf der Tanzfläche ganz eng an mich. Ich bin begeistert, habe vor Aufregung wahrscheinlich schon ganz rote Ohren. Ich kann es kaum glauben. Steffi* ist eine richtige Frau, sechs, sieben Jahre älter als ich, steht mitten im Leben und ist scharf auf mich. Ausgerechnet auf mich, den Milchbubi. Ihr Interesse ist offenkundig, sie lässt sich auch nicht davon irritieren, dass uns ihr Vater genau im Blick hat.

Kurz darauf ist die Weihnachtsfeier der Neuköllner Sportfreunde für mich beendet. Wirklich sauer darüber bin ich nicht. In Steffis schicker Eineinhalb-Zimmer-Wohnung darf ich anschließend Knecht Ruprecht spielen und ihr meine Rute zeigen. Ich fühle mich wie im siebten Himmel. Meine Lehrmeisterin ist genau mein Typ: sehr gepflegt, nicht mit Reizen geizend. Trotzdem nicht aufgetakelt, sondern sehr natürlich. Ungefähr sechs Monate lang zieht es mich immer wieder in das kleine, schmucke Reich der gelernten Friseurin. Ich werde bekocht und verwöhnt. Steffi ist meine erste echte Eroberung. Glaube ich jedenfalls. Vielleicht bin ich aber auch ihre, denn mittlerweile habe ich mir meinen ersten Meistertitel bei den Senioren erboxt!

Erfolg macht sexy! Ich weiß, wovon ich rede. Mit den wachsenden sportlichen Lorbeeren steigt auch die Zahl meiner sexuellen Erfahrungen. Ich bin zwar kein Typ, der es darauf anlegt, ständig eine Frau abzuschleppen. Andererseits lasse ich auch nichts anbrennen, wenn sich etwas ergibt. In diesem Punkt lege ich ein klassisches Machogehabe an den Tag. Von meinen Mädels erwarte ich hingegen absolute Treue. Erwische ich eine beim Parallelslalom, gehen bei mir die Klappen runter. Dann ist sofort Schluss. Läuft mir ein kleines Seitenstößchen über den Weg, finde ich nichts Besonderes dabei. Wir Männer sind nun einmal als Jäger geboren.

In meiner Teeniezeit weiß ich allerdings gerade mal, wie Jäger geschrieben wird. Meine ersten Erfahrungen sind sehr zaghaft. Berlins Amateurboxer Peter Suckrow hat insgesamt neun Geschwister, aber keine seiner vier Schwestern ist so süß wie Jannette. Sie ist genau wie ich 13 Jahre jung und genauso schüchtern. Nicht nur deshalb verknalle ich mich bis über beide Ohren in sie. Im Jugendheim an der Soorstraße im Bezirk Charlottenburg nähern wir uns auf der Tanzfläche langsam an. Songs von den Bay City Rollers, Abba, Sweet oder Smokie sind der Renner. Mein absolutes Lieblingslied kommt aber von Sailor: »Girls, Girls, Girls«. Da ist der Wunsch wohl Vater des Gedankens. Händchen halten, verliebte Blicke zuwerfen, tanzen. Ich bin kein großer Zappler auf der Tanzfläche. Wenn doch, soll es bitte schön ein Klammerblues sein. Es sei denn, ich habe mir ein wenig Mut angetrunken. Ein, zwei Bierchen oder ein Fuji, ein Mixgetränk aus Weinbrand und Cola, machen mich lockerer in der Hüfte und auch mit dem Mundwerk. Aber fröhlich-freche Anmachsprüche spielen mit 13 noch keine große Rolle, gewinnen erst später zunehmend an Bedeutung.

Den ersten Kuss, so richtig mit Zunge, gibt's vor Jannettes Haustür. Selbstverständlich bringe ich sie jeden Abend nach Hause. Bei dem Gesindel, was abends zum Teil auf Berlins Straßen unterwegs ist, darf sie das wohl auch erwarten. Das macht Eindruck und ich darf erstmals die Brüste eines Mädchens streicheln. Mehr läuft noch nicht.

Erst mit 15 verspüre ich Lust auf größere Taten. Sabine heißt das Objekt meiner Begierde. Gleiche Schule, Riesenmöpse – doch sie hat kein Interesse. Es bleibt bei meiner Schwärmerei und Träumerei. Ich habe es wirklich nicht leicht, einen Treffer zu landen. Meine weichen Gesichtszüge, der immer noch auf sich warten lassende Bartwuchs und die blanke Brust machen mir weiterhin zu schaffen. Ich sehe nach wie vor eher aus wie ein Mädchen, außer dass zwischen meinen Beinen noch ein kleiner Zipfel hängt. Während bei meinem Bruder schon richtig die Post abgeht, erlebe ich 'ne echte Scheißzeit. Noch Jahre später ernte ich für mein Aussehen fragende Blicke. Während meines ersten USA-Trips muss ich am Eingang der Disco meinen Ausweis zücken, um zu beweisen, dass ich auch ohne meine Eltern um die Häuser ziehen darf. Niemand will mir glauben, dass ich schon 24 Jahre alt und eine Woche zuvor Box-Weltmeister geworden bin.

Als ich das erste Mal das wohlige Gefühl eines Samenergusses kennenlerne, bin ich bereits 16. Selbst ist der Mann. Und endlich lüftet sich für mich das Geheimnis meines zweiten abendlichen Toilettenbesuchs, den ich in den Jahren zuvor regelmäßig auf Befehl meines Bruders Ralfs erledigen durfte.

Zwei Jahre später habe ich meine Lehrzeit bei Steffi erfolgreich abgeschlossen und bin das erste Mal als Mann so richtig verliebt. Susanne hat mir den Kopf verdreht. Anfangs habe ich das Gefühl, es passt. Gleiches Alter, gleiche Interessen, beide harmoniebedürftig. Doch leider hat sie auch den gleichen Sturkopf wie ich. Wir rasseln oft wegen Kleinigkeiten aneinander, machen aus der berühmten Mücke den berüchtigten Elefanten. Gedanklich bin ich schon auf Abschied eingestellt, da überrascht sie mich mit ihrer Schwangerschaft. Ralfs Freundin Bianca, genannt Bifi, ist gerade kurz zuvor in andere Umstände geraten. Wahrscheinlich hat sich Susanne das zum Vorbild genommen. Sollte das wirklich ihr Versuch sein, mich an sich zu binden, geht der Plan nicht auf. Das Gegenteil ist der Fall.

## Eiskalt ausgeknockt

Im Big Eden, einer Disco am Ku'damm, dem Prachtboulevard meiner damals noch geteilten Heimatstadt, mache ich mich an Katrin ran. Groß, blond, schlank. Die Flucht aus der Verantwortung bringt gleichzeitig Spannung und Ruhe in mein Leben. Die neue Eroberung lässt es kribbeln, die Flugzeuge im Bauch lenken mich ab von Susannes Nervereien. Der vorübergehende Unterschlupf bei Katrin wird zu meiner ständigen Bleibe. Ich fühle mich wohl. Mein Leben verläuft wieder in geordneten Bahnen. Kein Chaos, keine Nörgeleien. Solange es so läuft, ist alles wunderbar. Ich konzentriere mich aufs Training und die nächsten Kämpfe. Katrin lässt mich sportlich mein Ding machen, bis hin zum ersten WM-Titel. Das Dumme ist nur: Aus der anfänglichen Liebesflamme wird kein loderndes Feuer, sondern nur eine ständig glimmende Glut. Mir wird klar, die neue Beziehung ist nichts Halbes und nichts Ganzes. Insgesamt lavieren wir uns trotzdem fast dreieinhalb Jahre lang gemeinsam durchs Leben. Mein Unbehagen wird größer. Da ich ein Typ der Extreme bin, bekommt Katrin meine Launen immer heftiger zu spüren. Doch siehe da, in diesem Punkte steht sie mir in nichts nach. Wir steuern auf den großen Knall zu. Meine ersten Drogenerfahrungen tragen sicherlich nicht zur Entspannung der Situation bei. Ich lege meinen Titel nieder. Habe keinen Bock auf nichts mehr.

Zehn Monate sind seit meinem vorerst letzten Titelkampf verstrichen, ehe ich am 1. Dezember 1989 wieder in den Ring klettere. In der Vorbereitung besinne ich mich trotz des Rummels um den Mauerfall auf das Wesentliche. Wie immer, wenn es ums Boxen geht. Der Gedanke an einen Sieg gegen den US-Amerikaner John Keys frisst meine gesamte Aufmerksamkeit. Eigentlich kennt Katrin das Prozedere vor einem Auftritt im Ring ganz genau: »No sex, no fun.« Alles, was ich will, ist meine Ruhe. Doch überraschenderweise bekomme ich die ausgerechnet am Vorabend des Kampfes nicht. Katrin fläzt sich neben mich aufs Bett und schaltet den kleinen Schwarz-Weiß-Fernseher im Schlafzimmer an.

»Eh, was soll der Scheiß«, raunze ich sie an.

Ich schüttele ungläubig den Kopf. Schließlich habe ich gerade eine neue große Farbglotze fürs Wohnzimmer gekauft. Doch die ist im Moment völlig uninteressant.

»Will noch ein bisschen im Liegen gucken, kannst ruhig schon schlafen«, gibt sie als Antwort zum Besten.

Ich glaube, ich bin im falschen Film. Morgen Abend stehe ich mit einem Typen im Ring, der mir die Birne weich klopfen will, und die feine Dame neben mir möchte noch ein bisschen im Liegen fernsehen. Ich schnappe mir die Fernbedienung und bereite dem Spuk ein Ende. Ist zwar nicht gerade förderlich für die zwischenmenschliche Stimmung, das geht mir aber für den Moment am Arsch vorbei.

Auch am nächsten Morgen herrscht noch Funkstille. Bitte sehr, ich habe nichts dagegen. Vor dem Kampf ist mir sowieso nicht groß nach Quatscherei. Ich durchbreche die Mauer des Schweigens erst, als ich schon auf dem Weg zur Halle bin.

»Habe dir wie immer deine Karte an der Kasse hinterlegt«, teile ich ihr telefonisch mit. Bei allem Zoff, es wäre ja albern, wenn sie sich wegen unseres TV-Streits den Kampf entgehen lassen würde. Zumal Veranstalter Willy Zeller zum Dinnerboxen geladen hat. Ist zwar ein bisschen pervers, dass die Zuschauer sich ein Drei-Gänge-Menü hinter die Kiemen drücken, während wir uns im Ring die Kiefer malträtieren. Aber solange die Halle voll ist, ist mir auch das recht. Habe meinen Eltern einen guten Tisch besorgt und Katrin an ihrer Seite platziert. Als ich in die Halle marschiere, fällt mir sofort der leere Stuhl neben den Eheleuten Rocchigiani ins Auge.

»Keine Ahnung, wo sie steckt«, ruft mir meine Mutter achselzuckend in den Ring nach oben zu, als ich fragend zu ihr herunterblicke.

Nach dem Kampf bietet sich mir das gleiche Bild. Mama strahlt zwar übers ganze Gesicht, weil ihrem Sohnemann nichts passiert und der Kampfrekord um einen weiteren Sieg reicher ist. Doch der Platz neben ihr ist nach wie vor leer. Ich bin überrascht. So weit ist Katrin noch nie gegangen. Doch wenn sie glaubt, ich gebe klein bei, hat sie sich geirrt. Der Kampf Mann gegen Mann ist gewonnen, da werde ich im Duell Mann gegen Frau nicht den Schwanz einziehen. Im Gegenteil. Das Nummerngirl hat von der ersten Runde an ein Auge auf mich geworfen. Dass sie als Box-Groupie gilt, ist mir egal. Ich will feiern. Und ich will poppen.

Am nächsten Morgen plagt mich nicht einmal das schlechte Gewissen. Die Nacht war geil, ich bin gut drauf und habe keine Lust auf die Nörgeleien zu Hause. Ich hänge noch einen Tag dran und mache aus dem One-Night- einen Two-Nights-Stand. Auf dem Weg nach Hause male ich mir aus, wie meine Freundin die letzten 36 Stunden erlebt hat. Anfangs noch stinksauer, wird sie jetzt schon krank vor Sorge sein. Normalerweise ist es nicht meine Art, zwei Nächte einfach so um die Häuser zu ziehen. Mein Schlachtplan sieht vor, sie erst mal arrogant auflaufen zu lassen. Ist ja schließlich keine Art, einfach meinen Kampf sausen zu lassen. Was wäre passiert, wenn sie meine Konzentration damit so durcheinandergebracht hätte, dass ich meine erste Niederlage hätte einstecken müssen? Ich schüttele den Kopf. Ein echter Fauxpas von ihr. Ich bin wild entschlossen, sie vor der Versöhnung erst mal ein wenig zappeln zu lassen.

Schon als ich den Schlüssel umdrehe, beschleicht mich ein ungutes Gefühl. Klingt irgendwie anders. Ich stecke den Kopf in den Flur. Leergeräumt. Die Küche. Leergeräumt. Das Wohnzimmer. Auch leer. Das Schlafzimmer. Auch. Bis auf das Bett. Keine Kissen, keine Bezüge. Ich lasse mich auf die Matratze fallen. Selbst der kleine Schwarz-Weiß-Fernseher fehlt.

Der nächste Tiefschlag lässt nicht lange auf sich warten: Katrin hat die Wohnung nicht nur komplett ausgeräumt, sondern auch gekündigt. Frau weg, Wohnung weg, Klamotten weg. Kaum bin ich mal eineinhalb Tage nicht zu Hause, kassiere ich meinen ersten Knockout. Eiskalt erwischt.

## Christine tritt in mein Leben

Jedes Ende bietet auch eine neue Chance. Diese Lebensweisheit habe ich mir früh zu eigen gemacht. Meine nächste Chance heißt Christine. Hoffe ich jedenfalls. Nach dem Arschtritt von Katrin bin ich bei ein paar Kumpels untergetaucht, lecke meine Wunden. Wenn ich mich auf ein Bierchen treffe, zieht es mich meist ins Café Journal am Savignyplatz. Hier zapft Christine. Mittellange braune Haare, sportliche Figur und eine Ausstrahlung, die mich in ihren Bann zieht. Doch so einfach, wie ich mir das vorgestellt habe, wird die Sache nicht. Statt gewohnt lockerer Sprüche lässt mich meine Aufregung in längst vergessene Schüchternheit zurückfallen. Ein Trainingslager in den USA scheint der Schlüssel zum Erfolg zu werden.

»Willst du mich begleiten?«, frage ich sie mehr aus Jux, als ich von meinen US-Plänen berichte.

»Na klar, warum nicht.«

Ihre Spontanität raubt mir den Atem. Ich bin am Ziel meiner Träume. Denke ich jedenfalls. Doch leider entpuppt sich das Angebot aus Übersee als Seifenblase. Ich sehe meine Felle davonschwimmen, traue mich ein paar Tage nicht ins Café Journal. Aber es hilft ja nichts, durch Dünnemachen ist noch niemand ans Ziel gekommen. Ihr Geburtstag scheint eine passende Gelegenheit zu sein. Mit einer weißen Orchidee in der Hand stehe ich vor dem Tresen. Sie lächelt mich an: »Ja, ich gehe mit dir essen.«

Meine Sorgen waren unbegründet. Christine hat wirklich Interesse an mir, ist nicht nur scharf auf die Reise. Und langsam wird ihr mein Zaudern zu bunt, sie nimmt das Heft in die Hand. Ich lasse mich gerne mitreißen. Wow, nach unserer ersten gemeinsamen Nacht ist für mich klar: Ich habe eine neue Freundin. Da gibt's nur noch eine Sache zu klären: Christine muss meinem Vorgänger noch klarmachen, dass er ab sofort ihr Ex ist. Sie hat ein bisschen Bammel, denn er ist ein Typ, dem ab und an mal die Hand ausrutscht.

»Okay, das klären wir am besten gleich«, dränge ich darauf, Fakten zu schaffen. Ich begleite sie nach Hause, warte allerdings unten im Wagen. Ist wahrscheinlich besser so, sonst wird es schwierig, mich zusammenzureißen. Zur Not stehe ich aber auf Abruf bereit. Doch die Sache läuft ganz anders als erwartet. Der Kerl bekommt einen Heulkrampf, als Christine ihre Sachen packt. Ob sein Zusammenbruch dadurch begründet ist, dass Christine ihm erzählt, wer vor dem Haus auf sie wartet, bleibt sein Geheimnis. Uns kann es recht sein. Wir starten durch. Keine Bleibe, keine Möbel, keine Ahnung, was als Nächstes kommt. Scheißegal, wir sind jung und verliebt.

### Bedrohung für das frische Liebesglück

Auf meinen Trainer ist Verlass. Wolfgang Wilkes Gästezimmer wird unser erstes gemeinsames Zuhause. Natürlich nur vorläufig. Mein zweites sieht ganz anders aus, als ich es mir vorgestellt habe. Gerade mal acht Quadratmeter klein, ein schmales Bett und an Frauenbesuch ist nicht zu denken. Meine Vergangenheit wirft dunkle Schatten auf mein frisches Liebesglück. »Zweieinhalb Jahre Haft wegen versuchten Menschenhandels« lautet der vernichtende Urteilsspruch. Mich schüttelt es durch bis auf die Knochen.

Ich bin unschuldig. Das weiß ich. Der Richter ist allerdings anderer Meinung, glaubt sogar an Fluchtgefahr und lässt mich direkt aus dem Gerichtssaal wegschließen. Ich muss heulen, als ich mich von Christine verabschiede. Sie glaubt mir, das weiß ich auch. Sie will auf mich warten, das kann ich schwer glauben. Zweieinhalb Jahre sind eine lange Zeit. Erst recht für eine 24 Jahre junge Frau. Trotzdem geben mir ihre Beteuerungen ein gutes Gefühl.

Im Knast greift plötzlich Katrin wieder an. Und zwar gleich von zwei Fronten. Zunächst per Post. Sie möchte mich unheimlich gerne wiedersehen, schreibt sie mir in die Zelle der Strafanstalt von Moabit. Ich reagiere nicht.

»Hey, meine Freundin ist eine gute Bekannte von Katrin«, säuselt mir der Knacki aus der Nachbarzelle ins Ohr. »Du weißt schon, von deiner Ex. Die würde dich gerne besuchen kommen. Was für eine Antwort soll ich ihr übermitteln?«

»Sie soll bleiben, wo sie ist!« Ich bin voll verknallt in Christine. Da ist kein Platz für Gedanken an eine andere. Wenn ich doch bloß hier raus könnte! Zwei Haftverschonungstermine sind schon verstrichen. Abgelehnt. Den dritten habe ich gedanklich auch abgehakt. Doch dann sehe ich in das strahlende Gesicht meines Anwaltes. Nach 42 Tagen kann ich Christine wieder in die Arme schließen. In Freiheit. Ich bekomme Haftverschonung bis zur Revision. Ein Dreivierteljahr später ist der Spuk endgültig vorbei. Freispruch. Erst jetzt beginnt der wirklich unbeschwerte Genuss.

Unser erstes eigenes Reich, direkt am Winterfeldtplatz im Bezirk Schöneberg, ist zwar nur 34 Quadratmeter groß, aber urgemütlich, wie wir Berliner sagen. Christines Kochkünste sind großartig, die im Bett stehen denen am Herd in nichts nach. Das Leben mit ihr kennt viele Attribute, nur eines nicht: Langeweile. Wenn es das Wort »temperamentvoll« noch nicht gäbe, für Christine müsste es erfunden werden. Manchmal habe ich das Gefühl, sie ist geboren worden, um mich auf die Palme zu bringen. Sie Schütze, ich Steinbock. Zwei Dickköpfe, bei denen schon mal die Fetzen fliegen. Und nicht nur die. Wenn wir zur Hochform auflaufen, hebt es sogar die Türen in unserer Bude aus den Angeln. So kommt es, dass wir neuerdings von unserem Bett aus einen freien Blick in die Küche genießen, obwohl das vom Architekten nicht unbedingt so vorgesehen war.

## Freie Sicht auf den Täter

»Hey, Graciano, aufwachen.« Der etwas panische Schrei von Christine reißt mich aus meinen Träumen. Sie rüttelt an mir und ich weiß nicht, was sie will. Es ist mitten in der Nacht, das erkenne ich daran, dass noch keine Lichtstrahlen durch die Vorhänge in unser Schlafzimmer blinzeln. Doch die aufgeregte Stimmlage neben mir versetzt mir sofort einen Adrenalinschub.

»Da, schau mal nach vorne. Siehst du das denn nicht?« Ich richte meinen Oberkörper auf und nutze die freie Sicht in die Küche. Dem unangemeldeten Besucher steht die Verblüffung ins Gesicht geschrieben. Er hat unser Küchenfenster geknackt, hat aber nicht mit unserer eigenwilligen Türenkonstruktion gerechnet. Anstatt sich erst mal in Ruhe umsehen zu können, blickt er dank des Lichtkegels seiner Taschenlampe gleich in die Augen des Hausherren. Und offenbar scheint ihm nicht zu gefallen, was er zu sehen bekommt. Ich kann gar nicht so schnell aus dem Bett hüpfen, wie der Einbrecher wieder zum Fenster raus ist. Als ich in der Küche bin und ihm hinterherschaue, winkt er mir frech zu und schenkt mir ein Lächeln zum Abschied.

Christine und ich sind konsterniert, müssen uns erst mal sammeln. Jetzt ist man nicht mal mehr in seinen eigenen vier Wänden sicher. Wer weiß, was passiert wäre, wenn unsere Türen unbeschadet und geschlossen gewesen wären? Wie reagiert so ein Typ, wenn er mitten in der Wohnung steht und erst dann bemerkt, dass er nicht alleine ist? Ist er bewaffnet? Hat er eine Knarre? Fragen über Fragen, die Christine und mir durch den Kopf schießen. Erleichtert und lachend stellen wir fest, dass es auch seine Vorteile haben kann, wenn wir es zu Hause mal so richtig krachen lassen.

Was natürlich nicht heißen soll, dass das zur Gewohnheit wird. Schon unsere nächste Wohnung im Steglitzer Dalandweg wird viel sorgfältiger behandelt. Ganz zu schweigen von unserer 135 Quadratmeter großen Bude am Ostpreußendamm im gleichen Bezirk.

Die Wohnung mit eigenem Billardzimmer ist ein Traum und genau das passende Zuhause für die Eheleute Rocchigiani. Unsere Hochzeit ist eine ganz spontane Entscheidung. Kaum hat Christine nach meiner Frage aller Fragen ihr »Ja« gehaucht, tauschen wir auch schon die Ringe. Am 6. Januar 1995 stehen wir im schmucklosen Standesamt des Rathauses Schöneberg. Als wir am Ende der kurzen Zeremonie zu Mann und Frau erklärt werden, steigt ein wunderbares Glücksgefühl in mir hoch, das ich am liebsten mit der ganzen Welt teilen möchte.

Christine und Graciano Rocchigiani. Klingt super. Leider ist die Hochzeitsgesellschaft etwas klein geraten. Keine Familie, keine Freunde, keine Presse. Die Trauung ist bis zum Schluss geheime Kommandosache.

»Mama, trommele mal bitte die Familie zusammen. Wir treffen uns um 18 Uhr im Millennium am Kottbusser Damm«, stelle ich meiner Mutter telefonisch eine Aufgabe, die sie mit Sicherheit erledigen wird. Sie hat schon an meiner aufgeregten Stimme erkannt, dass es etwas Wichtiges zu besprechen gibt.

»Nein, Mama. Mehr kann ich dir jetzt noch nicht verraten.«

Wie nicht anders zu erwarten, trifft die Familie Rocchigiani pünktlich bei ihrem Lieblingsitaliener Loutfi ein. Alle hängen gebannt an meinen Lippen, als ich aufstehe und die Bombe platzen lasse.

»Darf ich vorstellen, Christine Rocchigiani«, sage ich, den Blick auf meine Ehefrau gerichtet.

»Wir haben heute standesamtlich geheiratet.«

Es dauert einen Moment, bis wir die ersten Glückwünsche empfangen dürfen. Die Verblüffung ist groß. Besonders bei meinen Eltern. Der jüngste Sohn ist unter der Haube und sie sind bei der Trauung nicht dabei gewesen. In ihren Augen erkenne ich bei aller Freude auch einen kleinen Ausdruck von Enttäuschung. Verständlich. Ich strahle trotzdem bis über beide Ohren. Mit 28 Jahren fühle ich mich gerade noch einmal wie der kleine Graciano, der seinen Eltern einen Streich gespielt hat.

## Schlagfertig und schlagstark

Christine trägt den Namen Rocchigiani mit Stolz und zu Recht. Sie ist direkt, ehrlich, schlagfertig und – schlagstark. Als wir Silvester 1997 als Gäste von Stefan Effenberg feiern und ich daran erinnert werde, dass wir Männer als Jäger geboren sind, wird die Beute nicht von meinem Spieß, sondern von den Fäusten meiner Frau erlegt.

Unterschätze nie den achten und den neunten Sinn von Christine, ich hätte es wissen müssen. Sie wittert die Gefahr selbst dann, wenn sie draußen böllern und ich drinnen knallen will. Eine der aufreizenden Frauen unter den Gästen hat mich um kurz nach Mitternacht auf das Gäste-WC gezogen.

»Graciano, was ist hier los? Mach sofort die Tür auf!«

Christines Stimme klingt unmissverständlich. Noch nicht einmal richtig ausgepackt, kann ich schon wieder einpacken. Ich versuche noch zu retten, was längst nicht mehr zu retten ist.

»Was soll der Wirbel, kann man nicht mal in Ruhe pinkeln gehen?«, möchte ich betont lässig klingen, als ich herauskomme und die Tür hinter mir ins Schloss ziehe.

Ein prüfender Blick von Christine, schon hat sie die Klinke in der Hand und drückt sie herunter. Ein Blick hinein. Ihre Reaktion macht deutlich, dass ihr nicht gefällt, was sie zu sehen bekommt. Zack, klatsch, bums. Eine Dreierkombination vom Feinsten. Leber, Auge, Kinn.

Zum Glück ist Christine nicht nachtragend. Am nächsten Morgen beim Frühstück erinnern nur noch die Schwellung am Auge und die aufgeplatzte Lippe ihrer kurzzeitigen Nebenbuhlerin an meinen im Keim erstickten Jagdausflug der vergangenen Nacht.

Christine und ich sind uns sehr ähnlich. Nicht nur wegen unserer Dickschädel. Leidenschaftlich verteidigen wir unser Revier, kämpfen um unser Recht. Was das bedeutet, davon können sich Millionen von TV-Zuschauern im Anschluss an meinen ersten Kampf gegen Henry Maske ein Bild machen. Verteidigungs- und kampfunfähig ist der sogenannte Gentleman in der zwölften Runde durch den Ring getaumelt. Nach dem Schlussgong muss er gestützt werden, ist kaum fähig, im anschließenden Interview einen klaren Satz zu formulieren.

Und was dann? Nicht ein einziges Wort darüber, dass sein Sieg vielleicht mit etwas Glück zustande gekommen ist. Um es vorsichtig auszudrücken.

Christine rotzt ihm ins Gesicht. Zwar nicht persönlich. Aber auf den TV-Schirm, auf dem sie das Interview in den Katakomben der Dortmunder Westfalenhalle verfolgt. Ein Kamerateam von RTL hat meine Frau den ganzen Abend über begleitet, um ihre Reaktionen vor, während und nach dem Kampf festzuhalten. Der anschließend gefertigte Film, der in der Nachberichterstattung gesendet wird, zeigt auch die Spuckattacke auf Maske.

»Henry kann froh sein, dass Christine ihm nicht persönlich gegenüberstand«, ist mein erster Gedanke, als ich die Bilder von ihrem Gefühlsausbruch sehe.

Der erste Kampf gegen Maske: Volle Halle, riesige Stimmung, super Kampf und Christine hat den Gentleman-Boxer angespuckt. Ein toller Abend!

Abgesehen davon, dass ich von den Punktrichtern verschaukelt werde. Aber das ist eine andere Geschichte!

### Ein Hoteldirektor mit Sinn für Humor

Die »NDR Talk Show« ist eine lustige Runde. Am 18. April 1997, knapp zwei Jahre nach dem Duell mit Maske und vier Wochen nach meinem Punktsieg gegen John Scully in der Berliner Max-Schmeling-Halle, sind Christine und ich in Hamburg zu Gast in der TV-Sendung. Gemeinsam mit Hella von Sinnen und Cornelia Scheel. In der »Rizze« auf der Reeperbahn geht unsere Quatscherei mit den zwei lesbischen Frauen in die Verlängerung. Die Stimmung im Kiez ist gelöst und locker. Das Ambiente tut sein Übriges. Die Nacht wird lang und länger. Wir plaudern über Gott und die Welt, sind schon hundemüde, als wir uns mit dem Taxi auf den Rückweg ins Hotel machen. Im »Intercontinental« angekommen, ist Christine einmal mehr für eine echte Überraschung gut. In der Lobby des 5-Sterne-Hotels direkt an der Alster läuft sie zwei Typen in die Arme, die sie mir nichts, dir nichts auf ein Gläschen Schampus einladen. Und siehe da, plötzlich ist ihre Müdigkeit verflogen.

»Komm Schatz, wir trinken noch ein Glas«, wirft sie mir zu, als ich den Taxifahrer bezahlt habe und ihr an die Bar folge. Ich schüttele staunend und ungläubig den Kopf.

»Hey Schatz, wir sind doch total kaputt, lass uns hochgehen. Und zwar sofort.«

Von mir gibt's eine ganz klare Ansage. Ich habe nicht den geringsten Bock, mit den zwei Pappnasen, die ihr zufällig begegnet sind, auf die ersten Sonnenstrahlen zu warten. Von den zwei Typen, die kurz zuvor noch die Spendierhosen anhatten, darf sie keinen Beistand erwarten. Ein Blick von mir genügt, und die Lippen der Jungs sind versiegelt. Also trottet Christine genervt mit mir nach oben. Die Stimmung ist dahin, es ist einer von jenen Momenten, in denen aus der berühmten Mücke der berüchtigte Elefant wird.

Ich weiß nicht mal mehr, warum oder wie: Aber plötzlich hat Christine es einmal mehr geschafft. Sie hat es tatsächlich wieder geschafft. Mir platzt der Kragen und das Adrenalin aus mir heraus. Ich kann mich nicht erinnern, was ich als erstes zerdeppere. Den Spiegel, den Stuhl, den Schrank, den Tisch oder die Kommode? Es geht alles rasend schnell. In null Komma nix habe ich das Zimmer zerlegt. Außer das Bett. In dem hat es sich Christine mittlerweile bequem gemacht. Ganz so, als könne sie mein Wutausbruch in keinster Weise beeindrucken.

»Schlaf schön«, sind meine letzten Worte, als ich das Zimmer verlasse und die Tür hinter mir zuschlage. Ich muss mich abreagieren, eine rauchen. Ich trete raus auf den Flur und schaue direkt in das Gesicht des völlig verdutzten Zimmermädchens. Das Nächste, was ich wahrnehme, sind ihre Hacken, die am Ende des Ganges um die Ecke flitzen.

Als kurz darauf der Security-Chef mit zwei seiner Kollegen auftaucht, habe ich mich abreagiert und bin wieder handzahm.

»Setzen Sie es mit auf die Rechnung«, lautet mein knapper Kommentar. 7.000 Mark kostet mich der kleine Wutausbruch! Ein stolzer Preis. Aber immerhin: Der InterConti-Direktor macht keine große Welle. Zwar gibt es, wie fast immer in solchen Fällen, eine Hotel-Plaudertasche, die der Presse ein paar Infos steckt, doch der Chef des Hauses tritt nicht nach, sondern spielt meinen Wutausbruch zu einer Lappalie herunter: »Frau Rocchigiani schlief schon. Ihr Mann wollte sie nicht wecken, knipste deshalb

das Licht nicht an. Im Dunkeln ist er dann über den Tisch gestürzt und hat die Anrichte umgestoßen.«
 So kann man es natürlich auch sagen. Kompliment an den Hotelier. Ich muss grinsen, letztlich sind die sieben Riesen doch noch ganz gut angelegt.

## Weiter, immer weiter

Auch wenn's zwischen mir und Christine manchmal hoch hergeht: Sie ist längst mehr als meine Frau. Sie managt mich, besser gesagt, mein Leben. Sie kümmert sich um alles, macht den Haushalt, organisiert die Trainingslager, regelt die Finanzen. Und das nicht erst, seit wir einen Trauschein in der Tasche haben. Als ich im Drogensumpf zu versinken drohe, verdient sie sogar das Geld, um uns über Wasser zu halten.
 Keine leichte Zeit für sie, für mich und für uns beide. Aber sie steht mir immer noch zur Seite, als ich mich am eigenen Schopf herausziehe und verbissen an meinem Comeback arbeite. Sie weicht nicht zurück, wenn ich versuche, vor den Boxgerichten dieser Welt mein Recht zu bekommen. Sei es nach den ersten Kämpfen gegen Maske und Michalczewski oder im Prozess gegen den Weltverband WBC. 31 Millionen Dollar bekomme ich am Ende von den Geschworenen zugesprochen. Es ist ein langer, zäher Kampf. Christine ermutigt mich weiterzumachen, wenn ich ans Aufgeben denke.
 »Zwei Millionen hat uns der ganze Scheiß bereits gekostet, das macht doch alles keinen Sinn«, grummele ich in mich hinein.
 »Spinnst du, aufgeben gilt nicht«, erwidert sie. Und wir machen weiter. Immer weiter. Bayern-Torhüter Oliver Kahn, deutsches Sinnbild für den Kampf um den sportlichen Erfolg, müsste seine Freude an uns haben. Anfang Oktober 2002 zwingen wir den WBC endgültig in die Knie. Die Fachwelt staunt. Es ist die große Schlacht von Christine und Graciano Rocchigiani. Die letzte. Sie wird zum Triumph. Zum letzten. Als die Geschwo-

renen ihr Urteil verlesen, sind Christine und ich bereits ein Jahr getrennt.

Zwölf Jahre sind eine lange Zeit. Als die Liebe geht, kommt die Freundschaft. Das macht mich stolz.

Ich werde oft gefragt, ob Christine die außergewöhnlichste Frau in meinem Leben war. Schwer zu sagen. Ich weiß, dass ich mich bei ihr wohlgefühlt habe und umgekehrt. Ich weiß, dass ich es zwölf Jahre mit ihr ausgehalten habe und umgekehrt. Und das ist wahrhaft außergewöhnlich.

Die Trennung von Christine ist ein tiefer Einschnitt in mein Leben. Zwar habe ich es selbst so gewollt, dennoch hinterlässt das Ganze Spuren. In dieser Phase ist es gut für mein Seelenleben, mit Marlene* eine neue Partnerin an meiner Seite zu wissen. Zum zweiten Mal lerne ich eine Frau zu einer Zeit kennen, kurz bevor ich hinter Gitter muss. Kommt die Sache beim ersten Mal noch völlig überraschend, da man mich direkt nach der Urteilsverkündung wegschließt, kann ich mich diesmal vom Kopf her wenigstens ein bisschen auf die Zeit im Knast vorbereiten. Zum Verhängnis wird mir der Verstoß gegen laufende Bewährungsauflagen, so dass ich eine einjährige Haftstrafe antreten muss.

Während dieser Zeit ist Marlene die wichtigste Bezugsperson für mich. Zunächst, im offenen Vollzug, kommt sie jeden Tag kurz vorbei und bringt mir einige frische Leckereien zu essen. Später, im geschlossenen Vollzug, verpasst sie keine der halbstündigen Besuchszeiten, die jedem Knacki alle 14 Tage gewährt werden. Als mir im Herbst 2002, kurz vor Ende der Haftzeit, eine dreiwöchige Knastunterbrechung gestattet wird, um mein Recht in dem US-Prozess gegen den WBC einzufordern, begleitet sie mich in die Staaten. Einige Tage sind wir beide sogar gemeinsam mit Christine vor Ort. Meine Ex, meine Neue und ich – ein komisches Gefühl.

Hört es sich für jeden Außenstehenden traumhaft an, drei Wochen Hafturlaub zu bekommen und mit der Freundin in die USA reisen zu dürfen, ist die Realität eher ernüchternd. Jeden Tag hänge ich zehn, zwölf Stunden vor Gericht. Am Ende des Tages scheint mir der Kopf von dem vielen englischen Gequatsche zu platzen. Marlene allein in New York. Tagsüber tut sie mir fast leid, muss sie doch irgendwie die Zeit totschlagen. Und auch die Nächte sind nicht unbedingt das Paradies. Erstens bin ich viel zu geschlaucht und zweitens sind meine Gedanken ganz woanders. Es steht viel auf dem Spiel. Das Urteil der Geschworenen wird meine Zukunft nachhaltig mitbestimmen. Am Prozessende ist die Erleichterung groß. Und ich bin fast froh, in den Knast zurückzudürfen. Schließlich sind es nur noch wenige Wochen, dann bin ich wieder ein freier Mann. Und draußen wartet scheinbar ein ganzer Batzen Geld auf mich.

Marlene wartet auch. Wir ziehen zusammen und wieder auseinander. Die Entwöhnung läuft schleichend. Am Ende gibt's kaum noch vernünftige Gespräche, keine Zärtlichkeiten und keinen Sex. Zum Glück ist Letzteres auch käuflich. Allerdings kann die Sache mit dem Poppen gegen Bezahlung schnell mal teurer werden, als man in den kühnsten Träumen befürchtet hat. Leider kann auch ich ein Lied davon singen.

## Das teuerste Nümmerchen meines Lebens

Ich kann es mal wieder nicht lassen. Zwar bin ich längst viel ruhiger geworden. Aber ab und an fühlt sich der Esel einfach zu gut und dann geht er bekanntlich aufs Eis. Vor allem dann, wenn das Fest der Liebe naht und man ein leichtes Pulsieren in der Leistengegend verspürt. Gerade eben hat sich mein Bankkonto durch eine satte Kampfbörse gut aufgefüllt, sodass meine Vorfreude aufs Weihnachtsfest nicht durch ein unbehagliches Gefühl des Knauserns getrübt werden muss.

Zwei Tage vor Heiligabend lasse ich mir von meinem Konto 10.000 cash auszahlen. So macht das Geschenkekaufen für meine Familie und Freunde besonders Spaß. Die Taschen voller Geld, treffe ich aber zunächst meinen Kumpel Hartmut, der von allen nur »Kulle« gerufen wird, in Harry's New-York Bar des Hotel Esplanade. Wir haben uns lange nicht gesehen und dementsprechend viel zu erzählen. Wir plaudern über die wilden alten Zeiten und plötzlich sind wir zu viert. Zwei geile Typen, zwei willige Mädels, 'ne Menge Drinks. Und die Suite ist auch noch frei. Herrlich.

Zwar bekommt Kulle aus unerfindlichen Gründen kalte Füße, doch was soll's. Dann gehe ich halt mit beiden hoch. Ist doch der heißeste Traum aller Männer. Und ich werde ihn mir jetzt erfüllen.

Die erste Nummer ist noch ganz auf die Schnelle. Die Brünette ist so professionell, dass sich das Thema schon nach ein paar rhythmischen Bewegungen erledigt hat. Ich bin so entspannt, dass ich erst mal ein kleines Nickerchen mache, bevor wir richtig zur Sache kommen werden. Als ich ausgeruht und vor Kraft strotzend die zweite Runde einläuten möchte, fällt mein Blick sofort auf die offene Zimmertür.

Oh nein, bitte nicht! Ich springe aus dem Bett. Renne instinktiv zu meiner Hose. Linke Hosentasche – nichts. Rechte – nichts. Hinten – nichts. Mit jedem Griff wird meine Gewissheit größer. Mir läuft der Schweiß den Rücken hinunter. Mädels weg, Kohle weg. Graciano, du bist ein Vollidiot.

Jetzt gilt es, einen klaren Kopf zu bekommen. Ich mache mich auf den Weg nach Hause. Zu Fuß. Zehn Kilometer in der Morgendämmerung und das mit ganz normalen Straßenschuhen. Keine schlechte Trainingseinheit. In der heimischen Wohnung wird mir vor allem eines klar: Sex gegen Kohle bietet nicht mehr als den kurzfristigen Kick, ist bestenfalls dazu geeignet, den Hormonhaushalt zu regulieren. Und manchmal bringt er ihn sogar erst richtig durcheinander. So wie in diesem Fall. Ich kann einfach nicht begreifen, dass ich so dämlich war, für ein kurzes Nümmerchen 9000 Mark auf den Kopf zu hauen. Okay, das ist zwar nicht ganz freiwillig geschehen, ändert aber nichts an den Fakten: Das Geschenkekaufen wird in diesem Jahr doppelt so teuer. Was Nutten anbelangt, bin ich fürs Erste kuriert. Der Jäger ist wieder auf der Pirsch. Aber diesmal in Revieren, in denen Charme und Humor gefragt sind und nicht winkende Geldscheine.

## Hübsche Überraschung auf dem Sofa

Eine neue Beute läuft mir fast von ganz allein vor die Flinte: »Graciano, ich habe da eine echt süße Bekannte in Berlin, die möchte dich unbedingt näher kennenlernen. Die würde sogar extra herkommen.« Klingt nicht schlecht, was mir mein Kumpel Gustav da offeriert. Schließlich vergnügen wir uns gerade in einer Zappelbude in Frankfurt an der Oder. Und wenn sich das Mädel jetzt noch auf den Weg hierher machen möchte, ist sie wohl wirklich an mir interessiert.

»Na los, ruf sie an. Ich kann sie mir ja mal anschauen.«

Ganz so einfach, wie Gustav sich das vorstellt, wird es dann aber doch nicht. Anscheinend hat er den Mund etwas zu voll genommen. Er quasselt, bis das Telefon glüht, und erst das Angebot einer Taxifreifahrt überzeugt mein abendliches Date. Als Sonia drei Stunden später eintrifft, gebe ich allerdings ein denkbar schwaches Bild ab. Während sie unterwegs zu unserem ersten Rendezvous ist, habe ich eindeutig zu tief ins Glas geschaut. Doch Sonia entpuppt sich als Frau der Tat. Besoffen wie ich bin, packt sie mich in ein Taxi, fährt mit mir ins Hotel, verfrachtet mich ins Bett. Anschließend fährt sie zurück und tanzt in den Morgen hinein.

Ich reibe mir ungläubig die Augen. Was liegt denn da Hübsches auf der Couch in meinem Zimmer? Attraktiv, wohlgeformt und tief schlummernd. Es ist gegen Mittag und ich habe Probleme, die vergangene Nacht zu rekonstruieren. Eine kalte Dusche hilft zwar, die Gedanken zu ordnen, mein Körper hat aber immer noch die richtige Bettschwere. Also packe ich mich noch mal in die Federn.

»Graciano, mir ist ganz schön kalt«, höre ich plötzlich eine entzückende Stimme säuseln.

Was für eine direkte Anmache. Ich schmunzele in mich hinein. »Na, dann komm doch ins Bett. Hier ist es schön warm.«

Als mein Überraschungsgast aufsteht und seine Kurven in meine Richtung lenkt, weiß ich, dass warm gleich gar kein Ausdruck mehr sein wird.

Mit Sonia habe ich mal wieder ein echtes Temperamentsbündel erwischt. Ich weiß selbst sehr genau, dass ich kein einfacher Typ bin. Vor allem dann, wenn mir die Justiz zu Leibe rückt und mir deutlich macht, dass mir nicht mehr viel Zeit bleibt, ehe ich wieder die harte Knastpritsche drücken muss. Dann bin ich schnell gereizt, reagiere selbst bei Kleinigkeiten manchmal über. Sonia schreckt das nicht, sie hält dagegen, was ihr angesichts ihres losen Mundwerks nicht schwerfällt. Wenn sie mir Paroli bietet und selbst darüber erschrickt, dass ich sie ab und an dazu bringe, ihre gute Kinderstube zu vergessen, müssen wir anschließend nicht selten herzhaft über unseren Schlagabtausch lachen. Doch es gibt auch Situationen, da gefriert uns beiden das Lachen im Gesicht.

*

»Du, das ist heute nicht dein Tag. Die Kleine gehört zu mir.« Die Ansage ist höflich, aber direkt. Und sie musste sein.

Schon seit wir den Laden im Ku'damm Karree betreten haben, hat der Marokkaner ein Auge auf Sonia geworfen. Von der Tanzfläche aus habe ich ihn genau im Blick, wenn er sie mit seinen stechenden Augen vom Scheitel bis zur Sohle taxiert. Geschmack hat er also und Sonia trägt ja kein Schild um den Hals, auf dem geschrieben steht, dass sie zu mir gehört. Also muss ich meine Ansage loswerden. Der Typ scheint einsichtig, lächelt höflich und trinkt ein Bierchen mit mir. Es geht doch, nicht immer muss es gleich Stress geben.

Zurück auf der Tanzfläche erstarrt mein Blick. Der Typ hat sich Sonia geschnappt und hält ihr seine leere Biertulpe direkt an die Kehle. Doch scheinbar hat er unterschätzt, wie schnell ich bin. Und auch ich bin erstaunt, was alles noch machbar ist, wenn das Adrenalin hochschießt. Mit einem Schlag strecke ich ihn nieder. Aber anstatt Erleichterung erkenne ich in Sonias Augen das blanke Entsetzen.

»Lauf!«, brüllt sie mich an. »Lauf, los, hau ab!«

Ein kurzer Blick über meine Schulter reicht aus und ich verstehe ihre Panik. Drei finster dreinblickende Typen stürzen auf mich zu, allesamt mit einem Messer in der Hand.

»Raus, nur raus hier«, schießt es mir durch den Kopf. So schnell war ich seit meiner Weltmeisterzeit nicht mehr. Auf der Straße springe ich ins erste Taxi.

»Losfahren, einfach losfahren«, pruste ich dem verdutzten Fahrer entgegen. Als wir die erste Kurve genommen haben und außer Reichweite sind, verwirre ich ihn vollends.

»Danke, du hast mir gerade das Leben gerettet!«

Aber schon im nächsten Moment gilt meine ganze Sorge nur noch Sonia. Zum Glück völlig unbegründet. Als die drei Messerträger hinter mir her sind, hat sie sozusagen freies Geleit. Der Typ, der ihr kurz zuvor an die Wäsche, genauer gesagt an den Hals wollte, liegt immer noch wie von der Axt gefällt im Kneipenstaub.

Es gibt nun einmal Situationen, in denen kann man als Mann seiner Beschützerrolle einfach nicht anders gerecht werden als durch Zuschlagen. Dann wiederum gibt's aber auch Momente, in denen plötzlich die Frau nicht nur selbst eine Beschützermentalität entwickelt, sondern diese auch unter Einsatz von Haut und Haaren unter Beweis stellt.

## Schlagstark wie Christine

»Du bist also die neue Boxerschlampe?« Die Frage klingt eher wie ein Vorwurf. Ich kann mir das Lachen nicht verkneifen. Die aufgetakelte Tussi, von der mein Mädel gerade blöde von der Seite angemacht wird, hat wohl länger nicht mehr in den Spiegel geschaut.

»Geh und quatsch den Schrank voll«, reagiert Sonia gewohnt trocken. Doch die geschätzte Endvierzigerin, die einen auf Mitte zwanzig macht, zieht einen Barhocker weiter und macht mir schöne Augen. Und das, obwohl sie in männlicher Begleitung im Evas Inn in der Düsseldorfer Straße angerückt ist.

»Du bist ein toller Typ. Ich habe mir fast alle deine Kämpfe angeschaut«, eröffnet sie die Plauderei. Drei, vier Bierchen später klingt es doch schon ganz anders.
»Du Penner hast deine ganze Karriere versaut, dein Leben verschenkt.«
Ich habe einen meiner gemütlichen Tage und überhaupt keinen Bock auf Stress.
»Du musst dich ja nicht mit mir unterhalten«, sage ich gelassen, drehe eine Halbrunde auf dem Hocker und ihr somit den Rücken zu. Noch soeben kann ich im Augenwinkel erhaschen, dass sie die Hand gegen mich erhebt. Das Nächste, was ich wahrnehme, ist ein lauter Schrei. Als ich mich wieder umdrehe, sehe ich, wie Sonias rechte Hand in den Haaren meiner »Verehrerin« krallt. Sie zieht die pöbelnde Alte rücklings zum Ausgang und schmeißt sie raus.
»Und jetzt lass dich hier nicht mehr blicken«, gibt sie ihr noch als kleinen Tipp mit auf den Weg. Zeitgleich greift mir plötzlich der anfangs unscheinbare, aber jetzt auch schon vollgetankte Begleiter der Verrückten mit einer Hand an den Hals.
»Ich glaube, das ist keine gute Idee. Lass das mal lieber«, gurgele ich ihm entgegen, während ich ihn taxiere. Und siehe da, ab und an gerät man an einen Typen, der hört noch auf einen gut gemeinten Rat. Ganz im Gegensatz zu seiner Freundin, die sich als beratungsresistent erweist. Etwa eine halbe Stunde später reißt sie erneut die Bartür auf und schlägt Sonia, die mit dem Rücken zum Eingangsbereich am Tresen sitzt, ohne Vorwarnung mit voller Wucht auf den Hinterkopf. Das Echo ist verheerend. Mit einer wunderbaren Kombination, aus der Drehung geschlagen, schickt meine Kleine die Angreiferin zu Boden. Einmal kurz nachgesetzt und die Sache ist erledigt. Ich sitze immer noch auf meinem Barhocker und staune. Respekt!
Keine Ahnung, ob die Beziehung zu Sonia zu etwas ähnlich Dauerhaftem wird wie meine zwölf gemeinsamen Jahre mit Christine. Aber eines weiß ich: Sie ist zumindest genauso schlagfertig wie Frau Rocchigiani. Und so schlagstark.

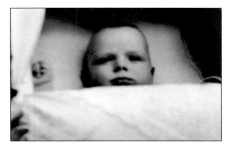

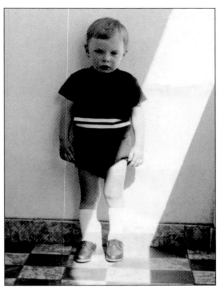

So klein und so brav: Als Baby kann ich noch kein Wässerchen trüben. Meinen ersten Sommer erlebe ich 1964 noch in meiner Geburtsstadt Duisburg-Rheinhausen.

Na dann eben nicht: Mit 18 Monaten kann ich schon ganz gut schmollen. Kurz vor unserem Umzug nach Berlin zeige ich ab und an, wie es aussieht, wenn ich bockig werde.

Die Brüder mit Papa: Unseren ersten Familienurlaub verbringen wir im Sommer 1965 natürlich in Italien. Erste Station: Genua. Danach geht's weiter nach Sardinien.

Die Brüder mit Mama: »Auf Bildern saht ihr immer so brav aus«, wundert sich meine Mutter heute noch, wenn sie sich alte Fotos von Ralf (6 Jahre, rechts) und mir (5) anschaut.

Familienausflug: Im Sommer 1967 ist im Berliner Zoo an das Eisbärenjunge Knut zwar noch nicht zu denken, ein schickes Erinnerungsfoto mit Bär und Igel springt aber trotzdem heraus.

Stolz wie Bolle: Im August 1969 wird Ralf eingeschult. Auch für mich haben meine Eltern eine schöne Überraschung parat: Nicht nur mein großer Bruder darf sich über ein neues Fahrrad freuen, sondern auch ich.

Mein erster Schultag: Ein ABC-Schütze, wie er im Buche steht – oder? Im August 1970 kann niemand ahnen, dass meine Beziehung zur Schule kein glückliches Ende findet!

Das erste Mal mit 'nem Mädel im Bett: Zu Besuch bei meiner Tante, kann ich nicht nur mit meiner Cousine Rosi spielen, sondern schlafe auch unter einer Decke mit ihr ein.

Konzentriert zum ersten Titel: Unter Anleitung von Trainer Werner Haller (links) boxe ich mich von Sieg zu Sieg und werde mit 13 Jahren erstmals Berliner Meister. Stolz zeige ich neben meinen Eltern die Medaille.

Tolles Gefühl: Wenn der Ringrichter deinen Arm hochhebt und dich als Sieger präsentiert, hat sich aller Einsatz gelohnt. Ganz automatisch geht auch noch der linke Arm zum Jubel mit in die Höhe.

Augen zu und durch: Man mag kaum glauben, dass ich als kleiner Knirps schon so viel Power in meinen dünnen Ärmchen habe, dass mein Gegner sich hinter seiner Doppeldeckung in der Ringecke verkriecht. Bereits im Alter von zwölf, dreizehn Jahren konnte ich die meisten Kämpfe für mich entscheiden.

Meisterehren: Bevor mein Vater sein Glück in Deutschland sucht, wird er Italienischer Weltergewichtsmeister (bis 67 Kilo) der Junioren. Rechts: sein Sportlehrer Piedro.

Mein Vorbild: Auch in Duisburg bleibt mein Vater dem Boxen zunächst treu. Im Training bearbeitet er 1962 in der Rheinhausener Sporthalle den Sandsack.

Geschwisterglück: Gemeinsam mit unserer Schwester Claudia strahlen Ralf (links) und ich um die Wette. Das Nesthäkchen der Familie Rocchigiani ist mächtig stolz auf seine zwei großen Brüder, nachdem wir die Titel im Halbschwer- und Mittelgewicht bei der deutschen Juniorenmeisterschaft 1981 gewonnen haben. Stolz legt sie ihre Ellbogen auf unsere Schultern, um sich nach der Siegerehrung mit uns fotografieren zu lassen.

Garde der Titelträger: Ralf und ich (Dritter und Vierter von links) in Reih und Glied mit den anderen neun deutschen Juniorenmeistern des Jahres 1981. Zweiter von rechts: unser Kumpel Klaus Niketta. Der Typ ist eine echte Rarität, eine wirklich treue Seele, mit der Ralf und ich auch heute noch freundschaftlich verbunden sind.

Gute Schule: Sowohl in der Nationalmannschaft (oben, vorne rechts) als auch in der Berliner Staffel von Landestrainer Hanne Hoth (unten, links) erlerne ich (stehend, Zweiter von rechts) wichtige Grundlagen für die Profilaufbahn.

Erfolge als Motivation: Dem deutschen Juniorentitel 1981 (oben, links) folgt der Gewinn der Berliner Seniorenmeisterschaft 1982. Mein Bruder Ralf (rechts) siegt im Halbschwer-, ich (Dritter von rechts) im Halbmittelgewicht.

Milchbubi: Als ich 1983 ins Profilager wechsle, sehe ich nicht unbedingt so aus, als müssten sich die Gegner vor mir in Acht nehmen. Doch man sollte sich nie von Äußerlichkeiten täuschen lassen.

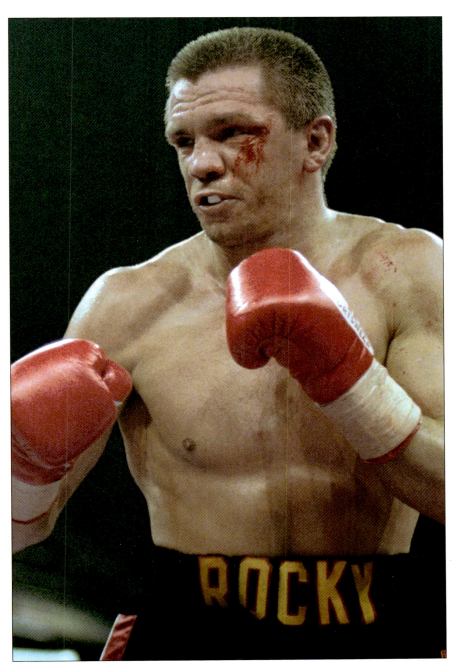

Weltmeister: 15 Jahre später bin ich kaum wiederzuerkennen. In meinem letzten WM-Kampf gegen Michael Nunn ist aus dem Milchbubi ein erfahrener und entschlossener Ringprofi geworden.

Wie im Film: Ähnlich wie Sylvester Stallone in »Rocky IV« bereite ich mich auf meinen WM-Kampf gegen Chris Eubank zumindest für einen Tag in der wilden Natur vor – auf Wunsch eines einzelnen Herren.

Was man nicht alles macht: Bei dem Sauwetter jagt man normalerweise nicht mal einen Hund vor die Tür. Aber für den Fotografen Jürgen Engler ziehe ich mir die Kapuze über die Ohren und kämpfe mich durch den Regen.

Schwungvoll: In den ersten Jahren meiner Profikarriere sind Bilder von mir als Naturbursche keine Seltenheit. Ich mache das Spielchen gerne mit, denn Werbung in eigener Sache gehört zum Geschäft.

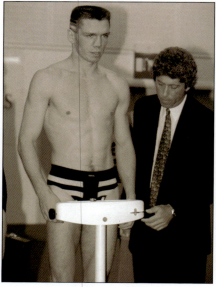

Ohne Probleme: Nachdem ich zweimal im Halbschwergewicht um die EM geboxt habe, gilt es abzukochen. Am Vorabend des WM-Kampfes gegen Chris Eubank bleibe ich unter dem Supermittel-Limit von 76,203 Kilo.

Verschiedene Gesichter: Auf meinen Pressekonferenzen gebe ich schon mal den coolen Bad Boy, im Anschluss an das Training hülle ich mich zum Nachschwitzen in warme Decken.

Es geht auch anders: Mit Ohrring, Kopftuch und Brille präsentiere ich mich freundlich lächelnd für meinen damaligen Sponsor, mit Irokesenschnitt eher brummig als Beobachter am Ring.

Brillante Technik: Während meines Einsatzes bei einem Benefizturnier in der Berliner Sömmeringhalle wird sofort deutlich, welch brillante Technik einen italienischen Weltmeister auszeichnet.

Ungewohntes Outfit: Um zu demonstrieren, dass ich nicht nur der wilde Rocky bin, sondern auch ein lammfrommer Junge sein kann, lasse ich mich vom Fotografen Bernd Wende in eine Mönchskutte stecken.

Auf dem Weg zum Weltmeister: Meine Linke an den Kopf von Vince Boulware hinterlässt Wirkung. In meinem ersten WM-Kampf spüre ich bereits in der ersten Runde, dass der favorisierte Amerikaner keineswegs eine Nummer zu groß für mich ist. Im Gegenteil: Mit jedem Treffer, den ich ihm verpassen kann, wächst mein Selbstvertrauen.

Ein verbissen geführter Fight: Unser Duell um die IBF-Krone ist ein würdiger WM-Kampf. Acht Runden lang stehen wir Fuß an Fuß und teilen mächtig aus. Dann streckt er die Waffen.

Erinnerungsfoto mit dem Champ: Nach dem offiziellen Urteil darf Boulware auch mal ausprobieren, wie sich der Siegerkranz anfühlt. Der WM-Gürtel gehört allerdings mir ganz allein.

Da ist das Ding: Voller Stolz präsentiere ich als dritter Deutscher nach Max Schmeling und Eckhard Dagge den Gürtel eines Profibox-Weltmeisters. Noch kann ich nicht ahnen, dass ich mit meiner ersten erfolgreichen Titelverteidigung gegen den Ami Nicky Walker, nur knapp drei Monate später, erneut ein Stückchen Boxgeschichte schreiben werde.

Die Titelseite des Programmheftes für einen historischen Boxkampf: Letztmalig wird ein 15-Runden-Kampf angekündigt. Nach der Ringschlacht gegen Walker wird die Zahl der Runden für Titelkämpfe von 15 auf 12 reduziert.

Walker hat einen Eisenschädel: Egal wie hart und wie oft ich ihm was gegen die Birne haue, der Herausforderer ist immer wieder auf dem Weg in den Infight. Als mir selbst Blut übers Gesicht rinnt, bin ich müde und nah dran, aufzugeben.

Volles Risiko: Im EM-Kampf gegen Alex Blanchard muss ich alles auf eine Karte setzen. Nachdem mein rechtes Auge komplett zugeschwollen ist, habe ich keinen Bock darauf, dass der Ringrichter mich aus dem Kampf nimmt. Also bleibt mir nichts anderes übrig, als selbst die Entscheidung zu suchen. Mit Erfolg.

Arm in Arm mit meinem Vater: Nach dem Kampf wartet mein Papa in der Kabine auf mich, um mir zur erfolgreichen Titelverteidigung zu gratulieren. Fast scheint es so, als hätte ihn das Geschehen im Ring genauso mitgenommen wie mich. Abgesehen von dem geschlossenen Auge natürlich.

Sorgenvolle Mutter (oben): Bereits nach der zweiten Runde hatte sie die Halle verlassen, nach meinem Sieg ist sie ruck, zuck wieder da, um sich davon zu überzeugen, dass es mir gut geht. Da war das Erinnerungsfoto (unten) mit Siegeskranz und Trainer Wilke schon lange im Kasten.

# Eine Frage der Ehre

Der Kampftitel heizt ein: Das Duell mit Henry Maske wird vom TV-Sender RTL zur »Frage der Ehre« erklärt. Für mich ist es eher ein Duell Ost gegen West. Daraus mache ich auch im Vorfeld des Kampfes keinen Hehl. Wie dem auch sei: Die Auseinandersetzung im Ring hält, was sie verspricht.

Wirkungstreffer: Vor allem in Runde neun unseres ersten Duells klingele ich Maske an. Der Weltmeister wankt, und in Runde zwölf ist es so weit: Er krabbelt über den Ringboden. Doch Ringrichter Robert Ferrara hält es nicht für nötig, ihn anzuzählen.

Auf der Flucht: Zum Schluss gibt es für Maske nur noch ein Ziel – stehen bleiben. Er wankt, doch leider gelingt es mir nicht, den K.o.-Schlag zu setzen. So muss ich mich auf die Punktrichter verlassen. Und bin einmal mehr der Verarschte.

Einmalige Kulisse: Das Open-Air-Spektakel auf St. Pauli am 10. August 1996 ist das größte Boxevent meiner Karriere. 25.000 Zuschauer am Millerntor veranstalten einen Höllenlärm. »Rocky! Rocky!«-Rufe machen mir schon vor dem ersten Gong klar, dass des Tigers Käfig in Hamburg fest in den Händen meiner Fans ist.

Klare Sache: Das Geschehen im Ring habe ich von der ersten Runde an voll unter Kontrolle. Ich treffe aus der Distanz mit meiner Schlaghand (oben) oder immer wieder im Infight mit meinen Aufwärtshaken.

Das Drama nimmt seinen Lauf: Meine besten Treffer sind nichts mehr wert, als sich Dariusz nach einem weiteren Haken zum Kopf abdreht und der Kampf auf sein unrühmliches Ende zusteuert.

Bizarres Szenario: Zunächst liegt mein Gegner hilflos auf dem Rücken und wird vom überforderten Ringrichter O'Neill angezählt, ein paar Minuten später hat Dariusz die Schampusflasche eines Sponsors geköpft und lässt das edle Gesöff durch den Ring spritzen, als gäbe es für ihn etwas zu feiern.

Ich tobe vor Wut: Als der Ringrichter bei acht aufhört zu zählen und stattdessen lieber in meine Ecke kommt, um mir zu verklickern, ich hätte gefoult, brülle ich meinen Frust raus. Mir wird klar, hier läuft ein ganz linkes Ding.

Eigentlich ohne Worte: Der zuvor scheinbar noch saft- und kraftlose Tiger trägt mich, den vermeintlichen Sieger, durch den Ring (oben). Doch die WBO-Funktionäre haben einen anderen Plan – Technisches Unentschieden!

Eingespielte Duos als Gegner: Je zweimal ziehe ich gegen Henry Maske und seinen Promoter Wilfried Sauerland (oben) sowie gegen Dariusz Michalczewski und dessen Promoter Klaus-Peter Kohl in den Kampf.

Mein Startrainer aus den USA: Mit Emanuel Steward bereite ich mich auf die Kämpfe gegen Michalczewski und Nunn vor. Besonders die Arbeit in Stewards Kronk-Gym (oben) ist eine außergewöhnliche Erfahrung.

Gute Zeiten, schlechte Zeiten: Mit meinem langjährigen Trainer Wolfgang Wilke konnte ich nicht nur hart arbeiten, sondern auch ein Bierchen trinken. Nach dem zweiten Kampf gegen Maske (unten) habe ich ihm allerdings nichts mehr zu sagen.

Aushilfstrainer für einen Kampf: Mit Ex-Profi Kalle Heistermann (oben) bereite ich mich auf den EM-Kampf gegen Crawford Ashley vor, mit dem ehemaligen Weltmeister im Kickboxen, Michael Kuhr, auf den Kampf gegen Pietro Pellizzaro.

Hoher Besuch: Vor meinem WM-Kampf gegen »Sugar Boy« Malinga mache die Bekanntschaft mit einer echten Ringlegende. Ich darf die Hand von Floyd Patterson schütteln. Der US-Amerikaner konnte als erster Schwergewichtler der Boxhistorie seinen verlorenen WM-Titel zurückerobern. Am 20. Juni 1960 bezwang er den Schweden Ingemar Johansson, der ihm ein Jahr zuvor den Titel entrissen hatte. Patterson starb am 11. Mai 2006 im Alter von 71 Jahren.

Zwei Dressmänner unter sich: Chris Eubank kann nicht nur boxen. Der Weltmeister wird in seiner Heimat Großbritannien auch zum bestangezogenen Mann des Jahres gewählt. Bleibt die Frage: Wieso wird mir diese Ehre nicht in Deutschland zuteil?

Rocky meets Rocky: Im Anschluss an meine 15-Runden-Schlacht gegen Nicky Walker bestimme ich die Schlagzeilen der Berliner Sportpresse. So komme ich sogar zum Shakehands mit Sylvester Stallone, der auf Promo-Tour in Deutschland ist.

Durch dick und dünn: Zwölf Jahre lang ist Christine die Frau an meiner Seite. Zunächst Freundin, später auch Ehefrau und Managerin.

Stets leidenschaftlich: Egal ob am Ring bei meinen Kämpfen oder auf Pressekonferenzen, Christine meldet sich gerne lautstark zu Wort.

Partys und Business: Christine und ich beim fünfzigsten Geburtstag von Matchmaker Jean-Marcel Nartz (oben) und bei Verhandlungen mit Promoter Wilfried Sauerland.

Gut lachen: Nachdem ich gegen 50.000 Mark Kaution am 29. April 1990 aus dem Knast darf, genieße ich die Freiheit mit meiner Mutter (links) und Christine.

Stolzer Vater: Am 22. Januar 1985 kommt Janina zur Welt. Meine eigene Tochter im Arm zu halten ist ein unglaublich erhebendes Gefühl.

Kleiner Fanclub: Wenn ich bei meinem Düsseldorfer Kumpel Erwin zu Gast bin, belagern mich schnell die Knirpse aus der Nachbarschaft.

Mein treuester Freund ist ein Hund: Mit dem Husky Blue verstehe ich mich vom ersten Moment an prächtig – auch ganz ohne Worte.

Verspielt: Auch mit Kätzchen kann ich meinen Spaß haben. Frazier und Clay wohnen sogar einige Zeit mit Blue unter einem Dach.

Zwei Brüder als Jungprofis: Nach unserem Abschied aus dem Lager der Amateure rücken Ralf und ich mehr und mehr in den Fokus der Öffentlichkeit – und der Fotografen. Gerne werden wir beide gemeinsam als Deutschlands neue, chancenreiche Boxhoffnungen porträtiert. Je mehr Erfolge, desto größer der Medienrummel. Das ZDF dreht 1989 sogar eine Dokumentation über uns Rocchigiani-Brüder. Titel: »Vier Fäuste in Berlin«.

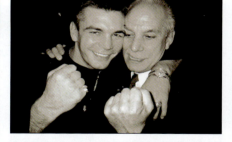

Stets Seite an Seite: Ob sportlich oder privat, Ralf und ich ziehen an einem Strang. Das ist so während unserer Aktivenzeit (oben) und hat sich auch, nachdem wir beide bereits etwas ergraut sind, nicht geändert.

Der »wahre« Rocky: Im Kreise unserer Familie wird nur einer Rocky gerufen – und zwar unser Vater. Sowohl für Ralf (oben in Rocky's Inn) als auch für mich (nach dem WM-Sieg gegen Reid) ist er der ideale Papa.

Weltmeister-Brüder: Am 11. März 1989 freut sich Ralf mit mir über meinen WM-Sieg gegen Vincent Boulware (oben). Von Juni 1995 bis Oktober 1997 ist er dann selbst im Besitz des WM-Gürtels der WBO.

Mein erster Ausflug ins Halbschwergewicht: Am 3. Oktober 1986 lasse ich mich für meinen Erfolg über Manfred Jassmann feiern. Den Routinier bezwinge ich deutlich im Titelfight um die Deutsche Meisterschaft.

Mit Argusaugen: Mein Vater Zanubio hat meine Karriere von Anfang an im Blick. Während meiner Kämpfe als Amateur und Profi sitzt er am Ring und auch bei meiner Arbeit als Trainer in meinem Duisburger Gym schaut er mir gerne und durchaus amüsiert über die Schulter. Genau wie früher lege ich auch heute noch Wert auf seinen Rat und seine boxerischen Erfahrungen. Er weiß, wovon er spricht, schließlich stand er selbst mit Boxhandschuhen seinen Mann.

Stolzer Besitzer: Mit Rocky's Gym habe ich mir in meiner Geburtstadt Duisburg nach der aktiven Karriere ein neues berufliches Standbein geschaffen. Hier will ich neue Talente ans Boxen heranführen.

Leuchtende Kulisse: Die Fassade der Laaker Straße 22 ist besonders bei Nacht ein echter Hingucker (oben). Im Büro hinter den Kulissen sorgt meine Freundin Sonia für Glanz in der Hütte.

Selbst ist der Mann: Wenn ich nicht als Trainer gefordert bin, tue ich was für meine eigene Fitness (oben). Ralf unterstützt mich, sofern es ihm sein Job als Ulrich-Coach erlaubt, bei der täglichen Arbeit.

Ein Blick ins Gym: An der Bar im Eingangsbereich gibt's eine große Auswahl an Fitnessgetränken. Die sind auch nötig, damit die Jungs beim Training am Sandsack nicht abbauen.

Jegner am Boden, jutet Jefühl: Im WM-Ausscheidungskampf schicke ich Hamsho bereits in Runde eins entscheidend auf die Bretter (oben). Den EM-Kampf gegen Ashley (unten) gewinne ich knapp nach Punkten.

Meine letzten WM-Siege: Nach dem Triumph gegen Malinga (oben) im Januar 1989 muss ich nach meiner Titelniederlegung länger als neun Jahre warten, bis ich im März 1998 gegen Nunn (unten) nochmals Weltmeister werde.

Zwei Revanchen, zwei Niederlagen: Im zweiten Duell mit Maske (oben) geht der Punktsieg für den Titelverteidiger in Ordnung. Gegen Michalczewski (unten) muss ich in Runde neun das einzige Mal in meiner Profilaufbahn zu Boden.

Zwei Niederlagen, die unterschiedlicher nicht sein könnten: Gegen Eubank (oben) werde ich böse verarscht und verliere damit den Nimbus der Unbesiegbarkeit. Gegen Ulrich (unten) gelingt mir ein ordentlicher Abschied als Profi.

Letzter Weltmeisterjubel: Nach dem Sieg gegen Michael Nunn am 21. März 1998 reiße ich vor den Fans in der ausverkauften Berliner Max-Schmeling-Halle die Arme hoch. Noch habe ich keinen blassen Schimmer, dass dieser Triumph ein gerichtliches Nachspiel haben wird, das die Boxszene beben lässt.

Runde 4

# MEINE TRAINER

»Okay, so machen wir es.« Das Essen beim Jugoslawen ist lecker. Und der Typ scheint auch ganz in Ordnung zu sein. Per Handschlag besiegele ich die Zusammenarbeit mit Wolfgang Wilke. Gerade mal 19½ Jahre jung, habe ich meinen ersten Trainer bei den Profis. Den Kontakt hat Bruno Paulenz vermittelt. Ein Zeitungsreporter, der schon seit einigen Jahren meine Karriere bei den Amateuren verfolgt. Wilke ist der einzige ernstzunehmende Berliner Profi-Trainer und besitzt zudem ein eigenes Sportstudio direkt am Kottbusser Damm in Kreuzberg. Zwei unschlagbare Argumente. Ich bin froh, dass er mich unter seine Fittiche nimmt. Auch wenn seine Begrüßungsworte in der Presse nicht gerade verlockend klingen: »Auf das Greenhorn wartet jeden Morgen ein hartes Waldlaufprogramm. Nachmittags gibt's in meiner Boxschule noch mal zwei bis drei Stunden Trainingsnachschlag, frei ist nur der Sonntag. Der Junge wird sich noch wundern.«

Wilke behält recht. Schon am nächsten Vormittag habe ich ein echtes Aha-Erlebnis. Im Grunewald schickt er mich auf meine erste Waldrunde. 2,5 Kilometer. Eine solche Strecke ist für mich kein Problem. Da bin ich flott unterwegs. Auch diesmal gebe ich Gas. Schließlich will man dem neuen Coach möglichst gleich zu Beginn ein wenig imponieren. Als ich tief durchschnaufend an den Ausgangspunkt zurückkehre, schaut er mich fragend an.

»Was ist los? Habe ich etwa gesagt, es ist schon Schluss?«

Wilke drückt erneut auf den Auslöser seiner Stoppuhr. Auf geht's in die zweite Runde. Danach bittet er noch zu ein paar Steigerungsläufen die Treppen rauf und runter. Das Wort »Profi« scheint wirklich etwas mit professionell zu tun zu haben. Bereits im Ausdauertraining sind die Ansprüche ungleich höher. Bei den

Amateuren spielt die Rennerei eine völlig untergeordnete Rolle. Manchmal lassen sich die Übungsleiter sogar mit dem alten Bauerntrick überrumpeln. Nach dem Start einmal kurz ums Eck. Hände unter den Wasserhahn, Haare und Stirn befeuchten und sich im Schlussspurt wieder im vorderen Drittel einreihen.

Das kann ich mir von nun an abschminken. Einerseits ärgerlich, andererseits genau das, was ich mir vorgestellt habe. Mein Wechsel zu den Profis kommt schließlich nicht von ungefähr. Ich habe die Schnauze voll davon, einmal am Tag wie ein Volltrottel zu trainieren und mir, wenn's drauf ankommt, von einem Ostblock-Profi die Fresse polieren zu lassen.

Meine nationale Bilanz bei den Amateuren ist nicht von schlechten Eltern. Deutscher Schüler-, Jugend- und Juniorenmeister. Im Vorjahr dann auch der DM-Titel bei den Senioren im Halbmittelgewicht. Doch wenn es um internationale Ehren geht, gibt's meist was auf die Ohren. Zuletzt werde ich bei der Europameisterschaft im Viertelfinale auch noch disqualifiziert. Mann, was bin ich sauer. So geht's nicht weiter, also ab zu den Profis. Der größte Unterschied wird schon bei meiner Trainingspremiere mit Wilke deutlich: die individuelle Betreuung. Ich weiß zwar noch nicht, ob mein neuer Coach wirklich was draufhat, aber zumindest ist er ganz alleine für mich da. Und das ist eine völlig neue Erfahrung.

## Kameradschaft, Fairness und Disziplin

Bei den Amateuren bin ich noch einer unter vielen. Zehn bis zwanzig Jungs sind keine Seltenheit, wenn die Trainer Werner Haller und der Ur-Berliner Heinz Schnabel erklären, worauf es ankommt. Zu Beginn wird fast nur auf Fußstellungen geachtet. Gerade als ich denke, ich bin vielleicht im Tanzkurs gelandet, steht das erste Sparring auf dem Programm. Ich merke gleich, hier geht was. Als Newcomer habe ich die Sache voll im Griff. Und das, obwohl mein Gegner schon 'ne ganze Weile länger dabei ist als ich. Trotzdem mache ich nicht durch Trainingsfleiß oder Talent auf mich aufmerksam, sondern durch Erfolge. Für mich stellt sich die Sache ganz einfach dar: Solange ich mich ständig verbessere, habe ich keinen Grund, meinen Trainern zu misstrauen. Im Gegenteil: Besonders Werner Haller macht einen guten Job. Der Coach hat zwar in seiner Jugend nie selbst die Fäuste geschwungen. Er ist es aber, der mich lehrt, Werte wie Kameradschaft und Fairness zu schätzen. Dritter Eckpfeiler seiner Trainingsarbeit ist das, was mir mein Vater tagtäglich zu Hause vorlebt – die Disziplin. Werner Haller wird die Person meines Vertrauens, der wichtigste Coach in den Anfängen meiner Karriere.

Es geht voran. Der Sprung ins Berliner Leistungszentrum zu Landestrainer Hanne Hoth ist die logische Konsequenz meiner kontinuierlichen Entwicklung. Ich komme in Städtevergleichskämpfen zum Einsatz, bei den Berliner Meisterschaften und den Norddeutschen Titelkämpfen.

Hoth ist ein gutmütiger, aber zugleich strenger Charakter. Das Training läuft meist nach dem gleichen Schema ab. Seilspringen und Gymnastik zum Aufwärmen. Gerne wird auch eine Runde Fußball gespielt, mit Kästen als kleine Tore. Danach geht's zur Sache. Sandsack, Pratze oder Sparring. Insgesamt acht Runden à drei Minuten, unterbrochen von je 60 Sekunden Pause. Anschließend noch mal Gymnastik, duschen, ab nach Hause.

Hoths Landestrainerkollege, Bubi Dieter, ist einer von der listigen Sorte, hat taktisch oft das richtige Näschen. Doch er will manchmal zu viel. Wer nicht aufpasst, boxt zu oft und dann auch noch zu früh gegen zu starke Gegner.

\*

»Nicht mit mir, Trainer. Ich habe in diesem Jahr alles geboxt, was geboxt werden musste.«

Mein Entschluss steht fest. Ich fahre genauso wenig zum Akropolis-Turnier nach Athen wie mein Bruder Ralf. Selbst als die Funktionäre des Berliner Box-Verbandes (BBV) Druck aufbauen und uns mit Streichung der Sporthilfe drohen, geben wir nicht klein bei. Die Rocchigiani-Brüder lassen sich nicht erpressen. Das müssten diese Funktionärsfuzzis doch eigentlich wissen. »Wir haben von Anfang an gesagt, dass wir nach der EM in den Urlaub fahren. Daran gibt es nichts zu rütteln. Wir haben die Erholung dringend nötig.«

Die BBV-Bosse müssen einsehen, dass wir nicht umzustimmen sind, machen ihre Drohung wahr und streichen uns die Sporthilfe. Was für Arschlöcher. Ein knappes Vierteljahr später drehe ich meine ersten Waldrunden unter der Beobachtung Wilkes. Das Klicken seiner Stoppuhr läutet den wichtigsten Abschnitt meiner Karriere ein. Ich bin tatsächlich Profi.

### Vertrauensperson und Prophet

»Junge, du musst ruhiger werden, bist viel zu zappelig.« Wilke hat schnell erkannt, wo er bei mir den Hebel ansetzen muss. Vor unserer Zusammenarbeit weiß ich nicht das Geringste über ihn. Außer dass er den Berliner Bernd August zum deutschen Titel im Schwergewicht geführt hat. Doch das beeindruckt mich nicht allzu sehr. Deutscher Meister bin ich auch schon. Wenn auch bei den Amateuren. Ich will mehr. Ich will es bei den Profis schaffen. Ich will Weltmeister werden. Das posaune ich zwar nicht lauthals aus. Aber deshalb bin ich Boxer geworden.

Unter dem rauen, manchmal etwas nörgelig wirkenden Wilke komme ich meinem Ziel näher. Das spüre ich. Schritt für Schritt. Er ist direkt und geradeaus. Das imponiert mir. Wilke schult mich, Wilke drillt mich. Ich folge ihm.

Erstes Schlüsselerlebnis ist ohne Frage mein Profidebüt. Nur gut vier Wochen sind seit dem Trainingsauftakt vergangen und das Gespann Wilke/Rocchigiani verbucht das erste Erfolgserlebnis. Zwar ist mir schon vorher klar, dass der Österreicher Esperno Postl als handverlesener Auftaktgegner für mein Selbstvertrauen herhalten darf. Aber das ist mir egal. Für mich zählen andere Dinge. Obwohl innerlich völlig aufgewühlt und nervös, erledige ich meinen Job im Ring mit kühlem Kopf. Ich stehe breitbeiniger und fester als noch vor einem Monat, fixiere meinen Gegner, ohne groß rumzuzappeln. Bereits in Runde zwei ist meine Premiere als Profi Geschichte. Ein Lob vom Trainer und die Anspannung fällt ab. Mehr noch. Ich beginne zu glauben, dass der große, nicht gerade unterernährte Wilke der richtige Mann für mich ist. Er erklärt mir, warum wir was machen und was wir damit bezwecken. Ich setze es um und es funktioniert. Mit jedem weiteren Sieg wird der Glaube größer. Ich kann nicht mehr genau sagen, wann es so weit ist, aber irgendwann hat er es geschafft. Wolfgang Wilke, der Mann mit dem fast quadratischen Schädel auf dem Hals, hat mein Vertrauen gewonnen. Und ohne dieses Vertrauen hätte meine Karriere vielleicht frühzeitig ein jähes Ende gefunden.

*

»Graciano, glaube nicht an den Blödsinn, den die Ärzte dir erzählen. In einem halben Jahr stehst du wieder im Ring!«

Ich glaube meinem Trainer jedes Wort. Ich will ihm einfach glauben. Zu jämmerlich stellt sich mir im Moment mein eigener Anblick dar. Zu niederschmetternd klingt die Diagnose der Ärzte. Wie kannst du nur so dämlich sein? Immer wieder schießt mir die gleiche Frage durch den Kopf. Immer wieder spielt sich das Drama noch einmal vor meinem geistigen Auge ab.

Die Rechte zischt durch die Luft und findet ihr Ziel in der Vitrine. Katrin zuckt zusammen, das Türglas zersplittert und die Scherben verteilen sich explosionsartig in unserem Wohnzimmer. Ich weiß nicht einmal mehr, womit sie mich so bis aufs Blut reizen konnte. Ich ziehe meinen Arm zurück und sehe rot. Allerdings mit Verspätung. Zunächst bin ich noch so voller Adrenalin, dass ich nichts spüre. Der Alkohol tut sein Übriges. Ich taumele ins Schlafzimmer, merke erst Sekunden später, wie plötzlich ein taubes Gefühl den Arm hochschleicht. Ich schaue nach unten, das Blut spritzt auf meine Klamotten und den Teppich. Ich schnappe mir ein Handtuch, wickle es um den Arm und versuche die Blutung zu stoppen. »Katrin, ruf mal schnell einen Krankenwagen.«

Jetzt liege ich hier in Zehlendorf in der Klinik und schaue auf das Garn, das meine Fingernägel mit der Innenseite des Handgelenks verbindet. Die Ärzte haben mich so vernäht, um mir wenigstens theoretisch die Chance zu erhalten, wieder ein Spannungsgefühl in die Finger zu bekommen. Vielleicht stünden meine Chancen besser, wenn ich nicht voll wie ein Eimer gewesen wäre. Sechs Stunden muss ich auf die Operation warten. Zu viel Alkohol im Blut.

»Ich will Ihnen keine falschen Hoffnungen machen. Sie werden nie wieder boxen können.«

Mein behandelnder Arzt spricht eine ganz andere Sprache als mein Trainer. Aber mein Trainer genießt mein Vertrauen.

Genau sechs Monate später stehe ich wieder im Ring. Ein Jahr darauf bin ich Weltmeister.

## Schnaps ist Schnaps und Job ist Job

Mit Wilke kann man nicht nur trainieren und siegen, sondern auch richtig feiern. Der Coach besitzt neben seinem Sportstudio noch ein Restaurant. Der »Seestern« ist Teil einer Hallen- und Sommerbadanlage an der Weddinger Seestraße und wird zum Anlaufpunkt für mich und meine Kumpels. Wilke immer mittendrin. Der trinkt gerne einen mit, ist richtig aus dem Leben. Das gefällt mir. Trotzdem verliert er nicht den Blick für das Wesentliche: das Training. Als ich den Ami Vincent Boulware zermürbe und mir meinen Traum vom WM-Titel erfülle, bin ich so fit wie nie zuvor. Ich nehme die Treppen im Grunewald, als wären sie gar nicht da. 10 Kilometer lang ist meine Runde. Wenn's 11, 15 oder 20 wären, ich hätte kein Problem damit. Wilke bekommt selbst auf dem Rad Probleme, mit mir mitzuhalten. Mein Bruder Ralf, der gelegentlich mitläuft, muss bei meinem Tempo passen. Im Ring habe ich das Gefühl, ich könnte 20, 25 oder gar 30 Runden boxen, ohne nachzulassen. Wilke ist »stolz wie Bolle«, wie wir Berliner sagen. Er ist fast 44 Jahre alt und würde mich wohl am liebsten adoptieren. Gerne betont er die väterliche Rolle, die er meint einzunehmen. Doch damit habe ich ein Problem. Ich brauche keinen Ersatzvater. Ich habe einen Vater.

Trotzdem gibt es Situationen, in denen ich manchmal ganz froh darüber bin, dass Wilke in mir mehr sieht als nur den Boxer.

»Na klar könnt ihr erst mal bei uns pennen.«
Nachdem Katrin mich ausgebootet und meine neue Flamme Christine bei ihrem Ex ihre Siebensachen gepackt hat, gewährt mein Trainer uns ohne zu murren Unterschlupf. Auch wenn ich spüre, dass seine Freundin nicht gerade erfreut ist über die neuen Untermieter. Sie ist es auch, die die ersten kleinen Risse in meiner Beziehung zu Wilke rigoros ausnutzt. Ich fühle mich im Training nicht ausgelastet, es fehlen die richtigen Sparringspartner. Unser Erfolg bringt keine Sogwirkung für sein Sportstudio mit sich. Zu häufig stehe ich alleine im Gym, werde im Sparring nicht ausreichend gefordert. Also schaue ich mich um, absolviere die eine oder andere Runde in der Trainingshalle von Boxtrainer Werner Papke. Der kommt zwar als Coach für mich nicht in Frage, verfügt aber über ein paar Kämpfer, die mir im Ring das abverlangen, was ich von einem vernünftigen Sparringspartner erwarte. Irgendwie bekommt Wilkes Freundin Wind davon, erzählt plötzlich was von Vertrauensbruch und setzt uns vor die Tür. Von Wilke ist weit und breit nichts zu sehen.

Unglaublich. Da gehst du fast sieben Jahre lang mit deinem Trainer durch dick und dünn. Und dann hat er nicht mal den Arsch in der Hose, dir persönlich zu sagen, dass du deine Koffer packen sollst.

Christine und ich schlagen unsere Zelte in der ersten gemeinsamen Butze am Winterfeldtplatz auf. Auch sportlich mache ich einen großen Bogen um Wilke. Beim nächsten Titelkampf verzichte ich auf seine Dienste, ziehe mir Karl-Heinz »Kalle« Heistermann als Trainer an Land. Trainer ist vielleicht zu viel gesagt, Betreuer trifft es besser. Denn vor dem EM-Kampf gegen den Briten Crawford Ashley bin ich mir sicher, dass ich weiß, worauf es ankommt. Viermal habe ich mich bereits durch eine knochenharte sechswöchige Vorbereitung auf einen WM-Kampf gequält.

Mit Erfolg. Viermal verlasse ich den Ring als Sieger, ehe ich meinen Titel freiwillig niederlege. Da wird das Pensum auf europäischer Bühne wohl allemal reichen.

Sieben Uhr klingelt der Wecker, dann geht's raus in den Wald. 10.000 Meter, pro Kilometer brauche ich durchschnittlich vier Minuten. Damit bin ich schon ganz gut unterwegs. Mit Gymnastik zur Vor- und Nachbereitung ist die erste Trainingseinheit von 90 Minuten absolviert. Danach gibt's was zu essen, ein wenig Regeneration und ein Mittagsschläfchen. Anschließend beginnt die eigentliche Arbeit am Sandsack und mit der Pratze. Dann steht das Duell Mann gegen Mann auf dem Plan: Gutes Sparring ist genauso wichtig wie Übungen für die Schnellkraft und die Bauchmuskeln. Das ganze Programm wird straff durchgezogen, ohne größere Pausen. Maximal gibt's 60 Sekunden zum Verschnaufen, um die Wettkampfbedingungen am Kampfabend möglichst perfekt zu simulieren.

Ist die Belastung während eines Titelfights mittlerweile auf eine gute Dreiviertelstunde begrenzt, packe ich im Training anfangs noch einmal das Doppelte drauf. In der heißen Phase der Vorbereitung wird nochmals um 30 Minuten verlängert, sodass ich zwei Stunden unter Strom stehe. In der letzten Woche vor dem Kampftermin ist es ratsam, die Belastung spürbar zurückzufahren, Sparring wird komplett vom Trainingsplan gestrichen. Erstens ist die Verletzungsgefahr zu groß, zweitens soll die Frische für den Ernstfall nicht verloren gehen.

Die wichtigste Aufgabe von Kalle Heistermann ist die, mich anzutreiben. Ich brauche jemanden, der mich aus dem Bett schmeißt, der mich in den Wald fährt und zum Gym chauffiert. Der mein Pensum und mein Tempo überwacht. Kurzum: Ich brauche jemanden, der mir in den Arsch tritt. Das macht Kalle perfekt. Der Weg zum Titel wird trotzdem beschwerlicher als erwartet. Der Mann mit den Rastazöpfen schlägt viel und hart. Das meiste landet zwar auf meiner Doppeldeckung, doch das Tempo ist hoch, und hinten raus werde ich plötzlich ein wenig unsicher.

»Wer gewinnt hier eigentlich?«, will ich wissen, als ich mich nach der elften Runde auf den Hocker sacken lasse.

Karl-Heinz Heistermann packt mich bei den Schultern und brüllt mich an.

»Du, Rocky, du. Wer sonst?«

Die Antwort rüttelt mich wach. Nicht schlecht. Ich fühle mich wie Filmheld Rocky Balboa alias Sylvester Stallone. Kalle ist ein feiner Kerl, ein guter Betreuer und ein echter Motivator, wie ich überraschend feststelle. Doch noch im Ring, den EBU-Gürtel um die Hüfte geschnallt, setzt sich bei mir eine Erkenntnis durch: Ich brauche einen Trainer.

Meine Wahl fällt auf Wolfgang Wilke. Es gibt keinen anderen, von daher auch keinen besseren. Viele, die mich nicht richtig kennen, glauben, ich könne nicht über meinen Schatten springen. Blödsinn. Wenn ich weiß, ich habe überreagiert, kann ich auch zurückrudern. Ich finde es immer noch scheiße, dass er mir nicht persönlich gesagt hat, wir sollen ausziehen. Doch das ist sein privates Ding. Ab jetzt wird getrennt: Schnaps ist Schnaps. Und Job ist Job.

»Trainer, wollen wir es noch einmal versuchen?«, lautet meine direkte Frage. Rumeiern war noch nie mein Ding. Macht auch wenig Sinn. Ein Blick von Wilke genügt. Ich habe wieder einen Trainer.

### Zwischen Zweifel und Vertrauen

Das ist auch bitter nötig. Die Schlachten werden härter. Erst haue ich den Holländer Blanchard trotz zugeschwollenem Auge weg, dann steht mir ein besonders zäher Hund im Weg: Graciano Rocchigiani.

»Junge, lass das Kiffen. Das macht müde Beine und blöd im Kopf.«

Der Trainer hat recht, doch ich brauche lange, um von dem Zeug endgültig loszukommen. Fast zwei Jahre bin ich von der Bühne verschwunden. Wilke ist da, als ich abtauche. Und er ist da, als ich wieder auftauche. Wir beide sind bereit für den größten Namen, der sich bislang in meinen Boxerweg stellt:

Chris Eubank. Der Engländer ist die heißeste Nummer, die Box-Europa Anfang der 90er Jahre im Supermittelgewicht zu bieten hat. Dressman, Showman, ungeschlagen. Leider auch nach dem Kampf gegen mich. 0:3 Richterstimmen.

Die Halle tobt, »Schiebung«-Sprechchöre. Ich kann die Leute verstehen, denn eigentlich habe ich das Ding gewonnen. Nur eben nicht auf den Punktzetteln. Ich merke frühzeitig, dass was nicht stimmt. Von daher hält sich meine Enttäuschung in Grenzen. Zumindest über das Urteil, nicht aber über meinen Trainer.

»Du liegst fünf Punkte hinten.«

Der »Halbzeitstand«, den Wilke mir nach der sechsten Runde steckt, muss ein schlechter Witz sein. Du triffst und triffst und triffst, hast deinen Gegner im Griff, und dein eigener Trainer erzählt dir so eine Scheiße.

»Hey, hier läuft was schief, du musst ihn weghauen.«

So oder so ähnlich hätte er eigentlich klingen müssen. Doch mein Trainer bleibt stumm. Auch während unserer nachträglichen Analyse scheint ihn etwas zu bedrücken. Ich werde das Gefühl nicht los, dass Wilke schon am Vortag des Kampfes, nach der technischen Besprechung mit den WBO-Offiziellen, so eine Ahnung hatte, was mich erwartet.

»Trainer, wenn ich gewusst hätte, dass ich nur durch k.o. gewinnen kann, hätte ich nicht geboxt.« Wilkes Verhalten hat die gleiche Intensität wie ein Körperhaken von Chris Eubank. Ich muss kräftig durchpusten, weiß nicht, was mit ihm geschehen ist. Wolfgang Wilke ist nicht mehr der Gleiche. Wo ist sie hin, seine offene und ehrliche Art? Ich wüsste es gern. Wieder komme ich ins Zweifeln: Ist er noch der Richtige?

Vorsichtshalber orientiere ich mich mal in eine ganz andere Richtung. Während eines vierwöchigen Arbeitsurlaubes mit Christine in Florida lasse ich mich im Camp von Trainerlegende Angelo Dundee trimmen. Die Philosophie des ehemaligen Coaches von Muhammad Ali ist eine ganz simple: Sparring, Sparring und nochmals Sparring. Krafttraining ist für den Altmeister ein Fremdwort. Seine Begründung: »Dadurch büßt man an Schnelligkeit ein.« Ich bin ja bereit, dazuzulernen. Aber das scheint mir nicht logisch. Zumal der Chef selbst nur ganz selten vorbeischaut, stattdessen seine Co-Trainer das tägliche Pensum überwachen lässt. Ich absolviere eigenständig morgens am Strand noch ein zusätzliches Lauftraining und am späten Nachmittag geht's ab in den Kraftraum. Heimlich. Mir wird schnell klar, das kann es nicht sein. Nach zwei Wochen habe ich genug gesehen. Der siebzigjährige Dundee kann mir außer wirklich starken Sparringspartnern und besserem Wetter nichts bieten, was ich nicht auch in Berlin bekomme. Also stehe ich wieder bei Wilke auf der Matte. Und der zeigt mir am Ende des Jahres, dass tief in ihm drin noch immer das Feuer brennt, das ich von ihm sehen will. Als es mir am 10. Dezember 1994 nicht gelingt, dem Franzosen Frederic Seillier den EM-Titel zu entreißen, platzt Wilke der Kragen. Diesmal nicht etwa, weil die Punktrichter falsch addiert haben, sondern weil in der Ringecke meines Gegners unlauter gearbeitet wird. Obwohl mich der Titelverteidiger nicht hart trifft, vernebeln sich in der neunten Runde meine Sinne, als die Handschuhe Seilliers durch mein Gesicht wischen. Ich bin froh, die letzten Minuten unbeschadet zu überstehen. So gleitet mir der sicher geglaubte Punktsieg noch aus den Händen. Dank des Unentschiedens darf Seillier seinen Titel behalten. Mir ist sofort klar, dass da irgendwas nicht ganz koscher ist. Nur was, bleibt mir ein Rätsel. Mein Trainer dagegen ist sich sicher, die Antwort zu kennen.

»Mein Boxer stank wie ein Chloroform-Wattebausch«, ereifert sich Wilke. Keine Spur von Zurückhaltung oder falscher Bescheidenheit. Da ist er wieder, mein Trainer, so wie ich ihn kenne. Rau, offen und direkt. Meine Zweifel sind verflogen.

Drei Wochen später darf sich Wilke in seinen Vermutungen bestätigt fühlen. »Rockys Gegner benutzte verbotenes Mittel«, berichtet die »Bild am Sonntag« in ihrer Neujahrsausgabe vom 1. Januar 1995. Ein nach dem Fight in Seilliers Ecke sichergestelltes Fläschchen enthält nachweislich das Mittel Collodom. So das Ergebnis der Untersuchung im Labor des Doping-Fahnders Professor Manfred Donike. Zur Behandlung der Kämpfer sind nach den Regeln der Europäischen Box Union aber lediglich Wasser,

Vaseline und verdünntes Adrenalin erlaubt. Als Wilke das Wort »Collodom« hört, legt er öffentlich noch mal nach. »Da ist das Betäubungsmittel Äther drin. Wenn Graciano davon was abbekommen hat, erklärt das, warum er am Schluss so abgebaut hat.« Mit dem Untersuchungsergebnis des Donike-Labors ist für Wilke endgültig klar, was er schon am Kampfabend vermutet und geäußert hat. Wir sind betrogen worden. Für die EBU ist dieser Regelverstoß aber noch lange kein Grund, das Remis-Urteil zu annullieren, den Titel für vakant zu erklären und mir eine neue EM-Chance zu geben.

Im Gegenteil: Seillier darf seinen Titel behalten. Im Prinzip ist ein solches Vorgehen eine Frechheit. In diesem speziellen Fall allerdings aber eher ein Glücksmoment meiner Karriere. Denn hätte ich erneut um die Europameisterschaft boxen können, wäre meine erste Millionenbörse vielleicht auf den Sankt-Nimmerleins-Tag verschoben worden.

## Zehn Spritzen und der Abgesang

Henry Maske: Die nächste Herausforderung gehe ich mit meinem Trainer so an, als wäre es die letzte. Besser gesagt, genauso intensiv wie die erste. Der Name Maske ist Motivation genug. Ich trainiere brutal hart. Wilke kitzelt alles aus mir heraus. Ein einziges Mal war ich bislang in einer ähnlich guten körperlichen Verfassung. Vielleicht sogar noch einen Tick besser: vor meinem ersten WM-Kampf gegen den Ami Boulware. Mache ich anno 1988 vorzeitig Schluss, geht es diesmal über die Runden.

Das Urteil ist der blanke Hohn. Zum zweiten Mal nach dem Kampf gegen Eubank werde ich als Profi klassisch verladen. Mit einem Unterschied: Diesmal gerät der vermeintliche Sieger öffentlich mächtig unter Druck. Es kommt zur Revanche. Und zum endgültigen Bruch mit Wolfgang Wilke.

*

»Trainer, wir müssen den Kampf absagen. Es hat keinen Sinn.« Meine Stimme ist fest. Trotzdem klingt ein Tonfall mit, der auf Zustimmung wartet. Auf Unterstützung. Kein Boxer der Welt sagt einen Kampf um die WM-Krone drei Tage vor dem ersten Gong ohne Rückendeckung ab. Es geht um viel. Um den Titel. Ums Prestige. Und um 'ne Menge Kohle. Die Emotionen schlagen hoch. Die Erwartungshaltung ist riesig. RTL rechnet mit mehr als 15 Millionen TV-Zuschauern, wenn es zur Neuauflage kommt. Maske gegen Rocky. Da gehst du nicht einfach hin als Boxer und sagst ab. Da brauchst du einen starken Partner. Da brauchst du deinen Trainer. Er muss die Entscheidung mitvertreten. Er muss dir zur Seite stehen. Damit es nicht heißt, du kneifst.

August '83 hat mich Wolfgang Wilke unter seine Fittiche genommen. Er kennt mich aus dem Effeff. Er weiß, ich bin kein Simulant. Acht Wochen haben wir verbissen auf den großen Kampf hingearbeitet. Wie immer in den vergangenen zwölf Jahren. Wenn es drauf ankommt, sind wir da. Und jetzt das. Zum ersten Mal ist alles umsonst. Bitter, aber da müssen wir jetzt gemeinsam durch. Wilkes Reaktion überrascht mich. Anstatt mit mir über die Konsequenzen einer Kampfabsage zu quatschen, setzt er auf die medizinische Abteilung, hält es scheinbar für möglich, dass mich die Ärzte wieder hinbekommen. Ich glaube, ich bin im falschen Film. Gerade habe ich 30 Minuten gebraucht, um mir die Schuhe zuzubinden und der Trainer hofft auf eine Wunderheilung.

Kurz zuvor habe ich zum Abschluss des Trainings ein paar Strecksprünge absolviert. Beim letzten höre ich es knacken. Ich weiß sofort, das war's. In der Kabine mache ich mich auf der Bank lang, danach bin ich endgültig bewegungsunfähig. Zumindest fast. Ich schleppe mich ins Auto und lasse mich unter Schmerzen ins Hotel zurückfahren. Es ist Mittwochnachmittag. Samstagabend soll »Eine Frage der Ehre« beantwortet werden. Als der Doc in mein Zimmer kommt, wird er fahl im Gesicht. Erwartet hat er einen toptrainierten Körper, den er mit der langen, spitzen Nadel schon wieder auf Vordermann bringen wird. Was er vorfindet, ist ein Häufchen Elend, das nach seiner Spritze wenigstens wieder aus dem Bett kommt.

Am nächsten Tag gibt's noch 'ne Dosis. Dann die nächste. Noch eine und noch eine. Bis zum Kampf jagt er mir insgesamt zehn Stück ins Kreuz. Die letzte zehn Minuten vor dem Walk-in. Meine Einmarschhymne »Gloria Gloria«, gesungen von Angelica Camm, der späteren Ehefrau von Fußballlehrer Christoph Daum, ist gleichzeitig der wenig glorreiche Abgesang auf das jahrelange Erfolgsduo Wolfgang Wilke und Graciano Rocchigiani.

## Mein unerfüllter Trainerwunsch

Das Vertrauen ist im Arsch. Jahrelang betont er immer wieder gegenüber der Presse, er sei mir ein väterlicher Freund. Und dann lässt er mich im Regen stehen. Eine Kampfabsage wäre die einzige logische Konsequenz gewesen. Ich kann Wilkes Verhalten nicht begreifen. Ein Freund verhält sich anders, ein Vater sowieso. Er bleibt mir jede Erklärung schuldig. Auch als ich ihm sage, dass jetzt endgültig Schluss ist. Es gibt kein Zurück, aus und vorbei!

Von diesem Tag an gehen wir getrennte Wege. Ein einziges Mal laufen wir uns noch kurz über den Weg. Zu mehr als »Hallo und Auf Wiedersehen« reicht es nicht. Ich lege auch keinen Wert darauf. Ich bin kein Typ für Small Talk.

Während meines nächsten Kampfes steht Fritz Sdunek in meiner Ecke. Leider nur als Sekundant und leider nur dieses eine Mal. Trainiert, besser gesagt betreut, werde ich in der Vorbereitung auf das Duell mit dem Italiener Pelizzaro von Michael Kuhr. Ein Berliner Kickboxer, der in seiner Sportart ebenfalls schon zu Weltmeisterehren gekommen ist. Kuhr erfüllt seinen Job, so gut er kann, hat aber nicht die Qualitäten, die nötig sind, damit ich mich meiner nächsten Herausforderung stellen kann: Dariusz Michalczewski.

Sdunek hätte die Qualitäten. Aber der steht bei Universum Box-Promotion unter Vertrag. Dummerweise der gleiche Boxstall, für den auch der sogenannte »Tiger« in den Ring steigt. Schade, ich hätte gern mit Sdunek mein Glück versucht. Für mich ist der Fritz der beste Trainer der Welt. Ich kann zwar nicht im

Detail hinter die Kulissen schauen, habe aber den Eindruck, dass es bei ihm keine Schablonen gibt. Er stellt sich auf jeden individuell ein, entwickelt ein ganz persönliches Trainingsprogramm. Seine Erfolge sprechen für sich. Und für ihn. Sdunek ist ein Typ nach meiner Kragenweite. Seine Boxer können den Ring zwar auch nicht immer als Sieger verlassen. Aber wenn sie verlieren, dann gehen sie wenigstens mit fliegenden Fahnen unter. Gewinnen sie, kann ich mich ohne Probleme für Sdunek mitfreuen. Dabei müssen es nicht immer WM-Titel sein, die mein Boxerherz höher schlagen lassen. Mario Veits Erfolg im von vielen Experten kritisierten stallinternen Duell gegen den von Klaus-Peter Kohl als »Jahrhunderttalent« bezeichneten Jürgen Brähmer im Juni 2006 ist ein Paradebeispiel. Brähmer soll sich mit einem Sieg einen WM-Kampf verdienen, doch die Rechnung wurde ohne Sdunek gemacht. Taktisch perfekt eingestellt, zieht Veit seinem Kontrahenten den Zahn, obwohl er nach einem Überraschungstreffer in Runde eins auf die Bretter muss. Der Trainerfuchs Sdunek zeigt seinem Lehrling Michael Timm, mittlerweile Coach von Brähmer, die Grenzen auf und macht seinem Chef Kohl einen dicken Strich durch die Rechnung.

Das sind Momente, da sitze ich vor der Glotze und kann mich diebisch freuen. Zumal ich schon im Vorfeld nicht verstehe, warum alle Experten mit einem Sieg Brähmers rechnen. Schließlich hat Veit bis dahin erst zwei Niederlagen kassiert. Beide gegen den besten Supermittelgewichtler der Welt, gegen Joe Calzaghe. Gegen den steigt kein anderer Deutscher in den Ring. Nicht einmal Sven Ottke, als er noch aktiv ist. Veit hat den Mut. Von daher hätte auch Kohl wissen müssen, dass Veit das Herz hat, Brähmer zu schlagen. Aber vielleicht hat er sein eigenes Gerede vom »Jahrhunderttalent« geglaubt. Mensch, der Brähmer marschiert schon auf die dreißig zu und hat noch keinen großen Namen geboxt. Und wie weit er von dem Anspruchsdenken seines Promoters entfernt ist, hat der Kampf gegen Veit eindrucksvoll bewiesen. Zwar macht er es im Rückkampf, mehr als ein Jahr später, besser und knockt Veit frühzeitig aus, doch der Nimbus der Unbesiegbarkeit ist futsch. Eine weitere böse Überraschung muss

Kohl nur sechs Wochen nach dem ersten Duell zwischen Veit und Brähmer erleben. Erneut setzt er ein Duell an, das in seinem Universum-Stall alles andere als Begeisterungsstürme auslöst. Sonnyboy Thomas Ulrich soll dem von der Öffentlichkeit kaum beachteten Weltmeister Szolt Erdei den Halbschwergewichtstitel der WBO entreißen. Das wäre gut für die TV-Quoten und damit auch gut fürs Geschäft. Dumm nur, dass in Erdeis Ecke Fritz Sdunek steht. Gegen dessen clever ausgefeilte Taktik haben Ulrich und sein Coach Michael Timm nicht den Hauch einer Chance. Am Ende des Kampfes sind alle zwölf Runden für Erdei verbucht und das linke Auge von Ulrich sieht nicht wirklich lecker aus. Wieder einmal hat der Trainerfuchs die Pläne seines Arbeitgebers durchkreuzt. Ich bin mir sicher, der Kampf könnte bei einer möglichen Revanche auch andersherum ausgehen. Allerdings nur dann, wenn beide Fighter vor dem Kampf die Trainer tauschen würden. Daran dürfte der Weltmeister allerdings kein gesteigertes Interesse haben.

### Der verwöhnte Deutsche setzt sich durch

Dass Sdunek während meines ersten Kampfes gegen Michalczewski nicht über die Rolle eines Co-Trainers des »Tigers« hinauskommt, interessiert mich im Sommer 1996 nur am Rande. Michalczewski setzt dieser Tage auf die Dienste eines Amerikaners. Genau wie ich. Er auf Chuck Talhami. Ich auf Emanuel Steward. Die bessere Wahl habe ich getroffen.

»Rocky wird den Tiger in der achten Runde ausknocken.«

Die Prognose Stewards ist für mich keine der üblichen Sprücheklopfereien. Der Ami weiß, dass wir hart und gut gearbeitet haben. Dass ich den Sieg in mir habe und die Power, Michalczewski k.o. zu schlagen. Wahrscheinlich hätte Steward sogar mit der Rundenvorhersage recht behalten. Doch bevor der achte Durchgang eingeläutet werden kann, krabbelt Michalczewski schon auf allen vieren durch den Ring. Für viele Beobachter am Ring und am TV liefert er eine Showeinlage ab. »Wenn der Tiger noch Schauspielunterricht nehmen will, stehe ich ihm als Lehrer zur Verfügung. Dann würde es beim nächsten Mal noch glaubwürdiger aussehen«, wird TV-Moderator Reinhold Beckmann zwei Tage später in der Berliner Tageszeitung »B.Z.« zitiert. »Der Spiegel« schreibt: »Michalczewski fällt wie auf Kommando hin.« Und mein ehemaliger Rivale Henry Maske gibt gegenüber der »Bild« zum Besten: »Man musste kein Fachmann sein, um zu sehen, was los war.« Demnach ist Ringrichter Joseph O'Neill wohl alles andere als ein Fachmann. Der Amerikaner bricht den Kampf ab – wegen eines angeblichen Fouls von mir.

Mit jeder Linken spüre ich zuvor, wie aus Michalczewski mehr und mehr die Luft entweicht. Den Weltklasse-Boxern, die unter Steward im legendären Kronk-Gym trainieren, eilt der Ruf voraus, dass sie alle 'ne richtige Kelle hauen können. Jetzt zähle auch ich dazu.

»Den Fuß eindrehen und die Schulter mit reinnehmen.« Eine kleine Anweisung Stewards mit großer Wirkung. Der Trainerfuchs weiß, wovon er spricht. Steward atmet und lebt das Boxen. Zudem spricht er die Sprache seiner Jungs. Selbst wenn er kein Wort Deutsch versteht und meine Englischkenntnisse auch nicht gerade dolmetscherverdächtig sind, haben wir keine Verständigungsprobleme. Wir liegen von Beginn an auf der gleichen Wellenlänge. Zwar steht die harte Arbeit im Vordergrund, aber auch der Spaß im Training kommt nicht zu kurz. Steward ist ein feiner Kerl und ein echter Profi. Leider hat er ab und an Probleme, allen Ansprüchen seiner Boxer nachzukommen, wie auch ich später leidvoll erfahren muss.

Als ich gut sieben Wochen vor dem ersten Duell mit Michalczewski erstmals über die Schwelle zu seiner berüchtigten Detroiter Trainingskammer trete, nimmt niemand Notiz von mir. Kein Gruß, kein Wort, keine aufmunternde Geste.

»Da kommt das Weißbrot. Ein verwöhnter Deutscher, ein richtiges Weichei.«

Die Vorurteile der schwarzen Jungs von Steward kann ich in ihren Blicken sehen, wenn sie die Zeit finden, abfällig rüberzuschauen. Mit jedem Tag finden sie mehr Zeit. Aber ihre Gesten und Blicke sind schon bald nicht mehr durch Ablehnung gekennzeichnet. Ich bin ein Trainingstier. Schon immer gewesen. Daran hat sich auch durch die Reise in die USA nichts geändert. Ich bin keiner, den man leicht einschüchtern kann, habe keine Angst und lasse mich im Sparring nicht verkeilen. Im Gegenteil. Ich bin voll in meinem Element, arbeite verbissen an meiner Kondition und an meiner Schlagstärke. Steward lächelt zufrieden, die Jungs nicken anerkennend. Ich bin bereit.

Der Fight gegen Michalczewski bestätigt mich. Ich bin immer noch gut genug, um nochmals Weltmeister zu werden. Nach meiner starken Vorstellung am Hamburger Millerntor lässt die nächste WM-Chance nicht allzu lange auf sich warten. Eineinhalb Jahre später heißt mein Gegner Michael Nunn. Für mich gibt es keinen Zweifel, dass mein Trainer erneut Emanuel Steward heißt. Für ihn zum Glück auch nicht.

»Trainer, diesmal ist es aber nicht möglich, nach Detroit zu kommen. Blue ist Mutter geworden, da kann ich unmöglich hier weg!« Das Fragezeichen, das sich gedanklich gerade auf Stewards Stirn malt, sehe ich quasi vor mir. »Blue ist mein Husky. Sie hat sechs Welpen bekommen. Wie soll ich sie da jetzt alleine lassen«, schiebe ich als Erklärung nach.

»Rocky ist so verrückt, man muss ihn einfach lieben«, gibt Emanuel in Deutschland gegenüber Journalisten zu Protokoll, als er gefragt wird, warum das Trainingslager diesmal nicht in seinem Gym über die Bühne geht.

Ich habe zwar gehofft, aber nicht unbedingt damit gerechnet, Steward in meiner Heimatstadt begrüßen zu dürfen. Angenehm überrascht frage ich mich, was jetzt wohl Thomas Hearns und Michael Moorer den ganzen Tag so treiben? Beide Ex-Champs sind fast regelmäßige Zaungäste, als ich in den USA trainiere. Besonders Moorer dürfte unter Stewards Ausflug zu leiden haben. Der Schwergewichtler kennt den Coach bereits von Kindesbeinen an, hat nie mit einem anderen Trainer zusammengearbeitet. Für ihn ist Steward eine Art Ersatzvater, den er fast täglich im Kronk-Gym besucht. Jetzt muss er seinen Ablaufplan umstellen.

\*

Es stimmt also, Geschichte wiederholt sich doch. Schweißgebadet wache ich auf, fühle mich wie gerädert. Ich weiß sofort, ich kann nicht kämpfen. Diesmal sind es zwar keine Rückenprobleme, dafür hat mich über Nacht die Grippe besiegt. Fieber und Schüttelfrost. Es ist Samstag, der 7. Februar 1998. Kampftag. Ich quäle mich hoch, mache noch einen kurzen Spaziergang, dann winke ich ab.

»Trainer, es geht nicht.« Diesmal genügt ein Blick und der Coach weiß, was die Stunde geschlagen hat. Diesmal heißt der Trainer aber auch Emanuel Steward. Nicht Wolfgang Wilke.

Warum immer ich?, schießt es mir durch den Kopf. Die Vorbereitung ist gut verlaufen. Um ehrlich zu sein, beängstigend gut. Steward ist voll auf mich fokussiert. Ein Glücksfall, dass wir in Berlin trainieren. Der Trainer ist auf jede Einheit bestens vorbereitet. Und stets überpünktlich, weil er durch nichts und niemanden abgelenkt wird.

Ganz anders gestaltet sich die Situation nur wenige Tage später. Da der WBC den Kampf bereits für den 21. März erneut ansetzt, sitze ich eineinhalb Wochen später im Flieger nach Miami. Diesmal gibt es keine Chance, mit Steward in Berlin zu arbeiten. Der US-Coach muss seinen Verpflichtungen gegenüber Schwergewichtsweltmeister Lennox Lewis nachkommen. Das ist sein gutes Recht, solange er mich dabei nicht vergisst.

## Keine Chance gegen Lennox Lewis

Schon nach zwei Wochen bin ich angepisst. Nicht nur dass die hohe Luftfeuchtigkeit im US-Bundesstaat Florida mir zu schaffen macht. Auch das Trainingslager ist kein Vergleich zu der Schinderei in Emanuels Detroiter Kronk-Gym. Das Sparring ist eine Farce. Für Lennox sind starke Jungs im Überfluss da, vernünftige Halbschwergewichtler dagegen weit und breit nicht zu sehen.

»Trainer, das macht keinen Sinn, ich lasse mir nicht von Hundert-Kilo-Typen gegen die Birne hauen. Ich fliege zurück nach Hause.«

Steward fehlen die Argumente, um mich vom Gegenteil überzeugen zu können. Ein Anruf bei meinem Bruder Ralf genügt, und es ist geklärt, wer gegen Nunn in meiner Ecke steht. Ehrensache. Ralfs Aufgaben in den letzten Tagen vor dem Kampf beschränken sich darauf, mich bei Laune zu halten und für die nötige Lockerheit zu sorgen. Die Grundlagen für eine gute Verfassung habe ich mir bereits beim ersten Formaufbau in Berlin geholt. Die zehntägige Trainingspause nach dem grippalen Infekt ist zwar ärgerlich, kann mich auf dem Weg zum Sieg über Michael Nunn aber ebenso wenig vom Kurs abbringen wie der unliebsame Ausflug nach Miami. Leider bleibt dieser Trip nicht die einzige schlechte Erfahrung mit Emanuel Steward.

\*

Von Detroit über Miami nach Pennsylvania. Ich verstehe den Zirkus nicht, den Lennox Lewis veranstaltet. Das Kronk-Gym von Steward ist Boxen pur. Es heißt nicht von ungefähr »War Chamber«, Kammer des Krieges. Da hat man alles, was man zum Boxen braucht. Es ist mir egal, dass das weltberühmte Gym optisch eigentlich nicht mehr ist als ein stickiger Keller ohne Fenster. Aber Lennox Lewis, dem uneingeschränkten Champ im Schwergewicht, ist das Ganze wohl nicht fein genug. Oder er liebt einfach nur die Abwechslung.

»Diesmal muss klar sein, dass du ausreichend Zeit für mich hast, Trainer. Ansonsten bleibe ich gleich zu Hause.« Emanuel Steward weiß sofort, worauf ich anspiele. Gut zwei Jahre ist es mittlerweile her, dass ich meine Sachen gepackt und dem Trainingscamp in Miami frühzeitig den Rücken gekehrt habe.

»Alles hat sich nur um Lennox gedreht. Ich habe mich gefühlt wie ein Schuhputzer«, antwortete ich damals auf die Frage, warum ich schon wieder in Berlin aufgetaucht bin. Auf eine Neuauflage dieses Desasters habe ich vor dem Revanchekampf gegen Dariusz Michalczewski nicht den geringsten Bock. Von daher wird im Vorfeld genauestens geregelt, wie die Sache abzulaufen hat. Nach der morgendlichen Laufeinheit ist das individuelle Training für mich auf 13.30 Uhr angesetzt, Lewis ist um 16 Uhr dran. Das ist für mich ein vertretbarer Kompromiss. Optimal wäre es, wenn ich am Nachmittag etwas später trainieren könnte. Aber was nicht ist, ist nicht. So einfach ist das manchmal. Leider ist es anschließend dann aber doch bei Weitem schwieriger.

Denn Lennox, der Meister aller Klassen, hat für seine Vorbereitung auf die nächste Titelverteidigung gegen Michael Grant eine Ferienanlage in den Pocono Mountains ausgewählt. Und wenn der Champ das so will, traben alle hinterher. Auch ich. Nicht dass ich was hätte gegen einen Erholungspark mit dem vielsagenden Namen »The land of Family Fun«. Nur scheinbar gehört das tägliche Lauftraining nicht zum Trainingsrepertoire des Briten. Denn als ich mich zum ersten Mal auf die Beine mache, um mein Pensum abzuspulen, bleibt mir nur ein ungläubiges Kopfschütteln. Steinig, staubig, gebirgig. Ich habe ja nichts gegen gesteigerte Ansprüche, aber gegen diese Kraterlandschaft ist meine Runde um den Berliner Schlachtensee ein Kindergeburtstag. Nein, unmöglich, da treibt man seinen Puls schon beim Warmwerden bis zum Anschlag.

Nicht viel besser gestaltet sich das Sparring, das wichtigste Detail meiner frühnachmittäglichen Trainingseinheit. Fast zwei Jahre sind seit meinem letzten Auftritt im Ring vergangen, da ist es wichtig, das richtige Gefühl für Distanz und Gegner wiederzubekommen. Zwar ist diesmal die richtige Gewichtsklasse für mich vorhanden, doch reduziert sich das zur Verfügung stehende Boxermaterial auf einen einzigen (!) vernünftigen Sparringspartner. Pierre Karam, ein 22-jähriger Australier, macht seine Sache gut, aber zu mehr als acht Runden hintereinander reicht es nicht bei dem Jungen. Neidisch schaue ich beim Training von Lewis zu, der sich ständig mit vier, fünf gestandenen Männern messen kann. Steward lässt mich diesmal zwar nicht so links liegen wie in Miami, dennoch bekomme ich täglich zu spüren, dass Lewis während unserer gemeinsamen Vorbereitung die klare Nummer eins ist. Gegenüber der heimischen Presse, die mich in meinem Ferienpark besucht, mache ich trotzdem gute Miene zum bösen Spiel.

»Die Ruhe in den Bergen hilft mir, mich auf den Kampf zu konzentrieren«, ist meine zentrale Aussage in den Interviews. Und das ist nicht einmal gelogen. Doch Konzentration allein gewinnt keine Kämpfe. Ich spüre, die Sache läuft irgendwie aus dem Ruder, kann aber nicht gegensteuern. Der Kampftag kommt immer näher und diesmal habe ich keine Grundform durch ein erstes optimales Trainingslager hinter mir. Eine echte Alternative in der Kürze der Zeit in Berlin aus dem Hut zu zaubern, scheint mir unmöglich. Für Steward ist es schwierig, den Meister aller Klassen in Topform zu bringen und gleichzeitig auch mir eine optimale Vorbereitung bieten zu können. So lerne ich zwei verschiedene Seiten des Meistercoaches kennen. Sehr gut in Detroit und Berlin, ungenügend in Miami und jetzt mangelhaft. So einfach kann ich seine Leistungen nach dem Schulsystem bewerten. Für die Leistung vor dem anstehenden Kampf ist vielleicht auch ein »ausreichend« denkbar. Allerdings nur bis zu meiner Abreise nach Berlin. Als er später als ursprünglich vereinbart nachkommt, zieht er mich vor dem Kampf aber nochmals unnötig runter.

»Steward wäre jetzt als Psychologe wichtig«, bringt mein Bruder Ralf während des obligatorischen Pressetrainings das auf den Punkt, was in meinem Kopf vorgeht. Steward weiß genau, was auf dem Spiel steht. Trotzdem ist er nicht pünktlich. Da soll mal einer schlau draus werden. Damit ich nicht falsch verstanden werde: Ich bin keiner, der einen Extra-Mann braucht, um den Kopf freizubekommen. Im Gegenteil, ein Psychotrainer ist für mich Schwachsinn. Wenn ich den während des Trainings benötige, dann stimmt was nicht. Dann benötige ich ihn auch, um in meinem Leben klarzukommen. Für mich wird diese Thematik im Sport völlig überbewertet. Wenn ich einen guten Trainer habe, dann brauche ich keinen Psychologen. Allerdings zeichnet einen guten Trainer auch aus, dass er da ist, wenn man ihn braucht. Wo ist Emanuel Steward?

Am Kampftag ist er zwar an meiner Seite. Aber da sind schon alle Messen gesungen. Ich steige mit dem Bewusstsein in den Ring, dass ich am so titulierten »Tag der Abrechnung« nicht der Boxer sein werde, der den anderen abkassiert. Nicht nur weil mir mindestens 20 Prozent zu meiner Topform fehlen und Dariusz Michalczewski sich in einer besseren Verfassung als bei unserem ersten Duell präsentiert. Sondern vor allem deshalb, weil der Mann, der für Letzteres die Verantwortung trägt, jetzt wieder als Cheftrainer in der Ecke des Titelverteidigers steht: Fritz Sdunek. Und der sorgt dafür, dass mein Gegner konditionell und taktisch bestens vorbereitet zum Rematch mit mir in den Ring klettert.

### Mit meinem Bruder ins letzte Gefecht

Eigentlich schade, dass meine verheißungsvoll gestartete Zusammenarbeit mit Emanuel Steward ein solches Ende findet. Er ist ohne Frage einer der besten seines Fachs. Doch auch die Besten können sich nicht zweiteilen. Was aber nichts daran ändert, dass es für mich eine Riesensache war, mit ihm trainieren zu können. Und auch er scheint unsere Zusammenarbeit nicht einfach so abgestreift zu haben. Denn wer heute in sein Kronk-Gym kommt, kann eine Wand bestaunen, die komplett mit Bildern aus unserer gemeinsamen Zeit tapeziert ist. Das macht mich stolz. Ich freue mich jetzt schon darauf, mal wieder ein Training mit ihm durchzuziehen, wenn ich in Detroit in seinem Gym vorbeischaue. Als mir knapp drei Jahre nach der Niederlage gegen Michalczewski ein letzter großer Zahltag angeboten wird, denke ich aber nicht wirklich darüber nach, nochmals eine komplette Vorbereitung in den USA unter Stewards Leitung in Angriff zu nehmen.

Mittlerweile steige ich nicht mehr wegen des sportlichen Ehrgeizes in den Ring, sondern ausschließlich wegen des Geldes. Und das Börsenangebot für einen Fight gegen Thomas Ulrich ist nicht von Pappe. Natürlich hat sich an meiner Grundeinstellung nichts geändert. Wenn ich kämpfe, will ich auch gewinnen. Aber das Feuer ist nicht mehr dasselbe wie früher. Deshalb übernimmt mein Bruder auch keinen leichten Job. Trotzdem ist für Ralf und mich sofort klar, dass wir das letzte Gefecht gemeinsam in Angriff nehmen. Zwei Jahre zuvor sieht das Ganze noch etwas anders aus. Da lege ich mir vor meinem Punktsieg gegen Willard

Lewis den ehemaligen Torjäger des Fußballbundesligisten Hertha BSC, Axel Kruse, als Fitnesstrainer zu. Mehr ein PR-Gag als boxerisches Kalkül. Kruse ist ein Boxfan im Allgemeinen und ein Rocky-Fan im Speziellen, wie er sagt. Doch leider ist er meiner Meinung nach keiner, auf den man sich in Krisenzeiten verlassen kann. Diese Erkenntnis reift leider erst sehr spät in mir und sorgt letztlich dafür, dass die Premiere auch gleichzeitig der letzte Vorhang für das Boxgespann Kruse und Rocchigiani ist.

Mein Bruder Ralf kennt mich wie kein Zweiter, er weiß, wie ich ticke. Alle großen Fights kämpft er in meiner Ecke mit, leidet und jubelt, als stünde er selbst im Ring. Doch seine Arbeit beschränkt sich nicht nur auf die moralische Unterstützung im Ernstfall, bereits während der Vorbereitung ist er oft mittendrin statt nur dabei. Mit keinem anderen funktioniert die Pratzenarbeit so perfekt wie mit Ralf. Wenn er hinhält und ich schlage, ist der Rhythmus nicht zu toppen. Nicht selten lassen die anderen Boxer im Gym ihre Trainingsarbeit ruhen, um uns zuzuschauen. Die Sache hat nur einen Nachteil: Ralf braucht anschließend in der Cafeteria immer eine zweite Tasse Kaffee. Die erste verschüttet er, so zittert ihm die Hand.

Für unser perfektes Zusammenspiel gibt's für mich nur eine Erklärung: das gleiche Fleisch und Blut eben. Von daher überrascht es mich auch nicht, wie es Ralf gelingt, mich für den Ulrich-Kampf zu motivieren. Überrascht bin ich eher darüber, wie offen ich die zwölf Runden gegen die neue Hoffnung des Universum-Stalls gestalte. Ralf ist nach der Urteilsverkündung sogar davon überzeugt, dass wir erneut verschaukelt worden sind. Aber das macht mich nicht mehr so heiß wie in früheren Tagen. Es wird auch nicht dieser Kampf sein, der später die Erinnerungen bestimmen wird, wenn ich auf das zurückblicke, was ich mit Ralf in den Ringecken meiner Boxerkarriere erleben durfte. Da werde ich viel weiter zurückdenken. An jenen Tag im Frühjahr 1988. Genauer gesagt an den 3. Juni. An den Tag, an dem mein Bruder dafür gesorgt hat, dass ich für immer und ewig unauslöschlich in den Büchern der Boxhistorie stehen werde. Aber auch das ist eine andere Geschichte.

# Runde 5

# Meine Kämpfe

Der Typ in der anderen Ecke sieht furchterregend aus. Groß, ein Kreuz wie ein Ochse, muskelbepackt: Der soll meine Gewichtsklasse sein? Die Stimmung kocht bis unters Dach. Volle Hütte und ich als Schlachtopfer. Graciano, worauf hast du dich hier bloß wieder eingelassen?

Mit 17 Jahren bin ich viel auf Reisen, egal ob für die Berliner Landes- oder für die deutsche Juniorenstaffel. Diesmal kämpfe ich in Rosenheim. Viele nennen mich seit der Kinopremiere der Filmsaga 1976 Rocky, als Kurzform für meinen Nachnamen. Die Kämpfe in den bayerischen Bierzelten sind oft etwas Besonderes. Auch diesmal. Der Gong ertönt, Mr. Superbody kommt aus seiner Ecke auf mich zugeschossen und versucht, mich mit wilden Schwingern zu erlegen. Die Dinger sind telegrafiert. Wenn sie eintreffen, bin ich schon weg. Kein Problem.

Jetzt gilt es, selbst Akzente zu setzen. Als Rechtsausleger ist die linke Schlaghand meine eigentlich starke Waffe. Die Rechte, die sogenannte Führungshand, nutze ich normalerweise, um den Gegner zu beschäftigen und um den Weg für meine linke Schlaghand zu bahnen. Doch die Linke kann ich heute stecken lassen. Meine erste Führungshand, die rechte Gerade, trifft. Mitten ins Gesicht. Genau wie die zweite. Zwei, drei Sekunden später stehe ich alleine da. Wenn man vom Ringrichter einmal absieht. Mein Gegner hat sich verpfiffen. Blitzschnell. Durch die Seile gehüpft und ab Richtung Kabine. Weg ist er.

Was war das denn? Ich stehe ungläubig und achselzuckend im Ring. »Sieger durch Aufgabe: Graciano Rocchigiani!«

Ich höre das Urteil über die Lautsprecher unterm Zeltdach, während der Ringrichter meinen Arm in die Höhe streckt: Der kürzeste Kampf meiner Karriere. Entschieden mit nur zwei Schlägen. Mann, muss ich Dampf in den Fäusten haben.

Insgesamt absolvierte ich während meiner Boxkarriere 170 Kämpfe. 122 als Amateur, 48 als Profi. Der in Rosenheim bleibt der einzige, der mit zwei Schlägen, mit zwei Treffern entschieden ist. Obwohl ich nichts dafür kann, dass sie mir so 'ne Pfeife in den Ring stellen, ist mir die Sache unangenehm. Ja, richtig peinlich. Die Leute, die zum Boxen kommen, wollen was sehen für ihr Geld. Das ist überall auf der Welt so. Egal ob in Las Vegas oder Rosenheim. Egal ob bei den Profis oder den Amateuren. Dessen bin ich mir bewusst und ich versuche, den Ansprüchen gerecht zu werden. Meistens gelingt es mir. Ich kann stets erhobenen Hauptes den Ring verlassen. Ob als Gewinner oder Verlierer. Letzteres ist zum Glück nicht allzu häufig der Fall. Bei den Profis gewinne ich die ersten 35 Kämpfe in Folge, ehe eine dubiose Niederlage im WM-Kampf gegen Chris Eubank meine Serie bricht.

Schon zuvor, bei den Amateuren, erboxe ich mir eine Bilanz, die sich durchaus sehen lassen kann. 109 Siegen in 122 Kämpfen stehen zehn Niederlagen gegenüber. Drei Kämpfe enden unentschieden. Der Beschiss und die Willkür werden zwar nicht gerade weniger, je länger und erfolgreicher man dabei ist, doch niemand soll glauben, dass der Amateursport sauber und rein ist, während bei den Profis die Mafiosi am Werk sind. Das Problem des Boxens ist vor allem die subjektive Bewertung durch die Punktrichter. Objektive Kriterien für die Urteilsfindung gibt es nur auf dem Papier. Zu vieles ist Auslegungssache. War es ein Treffer? Wenn ja, auch ein Wirkungstreffer? War dies ein Tiefschlag? War das ein Kopfstoß? Wenn ja, Foul oder unabsichtlich? Die Reihe der Fragen ließe sich noch ein ganzes Weilchen fortsetzen. Fakt ist, im Ring ist es wie im richtigen Leben. Die Stärkeren setzen sich durch. Es gibt noch eine weitere Parallele: Ausnahmen bestätigen die Regel. Manchmal sind es auch die Schleimer, die Angepassten, die es weit bringen. Die Aufsässigen, die Querköpfe, die Einzelgänger bleiben auf der Strecke.

Ich will hier kein Lied des Jammerns anstimmen. Das steht mir nicht zu, dafür habe ich dem Boxen viel zu viel zu verdanken. Aber niemand will allen Ernstes behaupten, ich sei einer jener Kämpfer, die bei den Verbänden, Promotern und Punktrichtern einen Stein im Brett haben. Chris Eubank, Henry Maske und Dariusz Michalczewski sind die drei namhaftesten Männer, die mit mir im Ring standen und sicherlich nicht den geringsten Grund hatten, mit den Entscheidungen der Offiziellen zu hadern. Aber es gibt noch ein, zwei andere, die in ihren Duellen gegen mich unter normalen Umständen als Verlierer in ihre Kabinen zurückgekehrt wären. Mein einziges Unentschieden in meiner Profikampfbilanz wäre keines, wenn man in der Ringecke des Franzosen Frederic Seillier nicht mit unlauteren Methoden gearbeitet hätte. Und auch bei den Amateuren geht es lange nicht so sauber zu, wie man vermuten möchte.

### Wennschon, dennschon

Was denn? Schon wieder? Ich kassiere meine zweite Verwarnung, wegen angeblichen Kopfstoßens. Ist der Schiri blind? Ich boxe doch wie immer. Fair und sauber. Aber scheinbar zu gut. Schon in Runde eins habe ich meinen Gegner Mihail Takow ein paar Mal richtig durchgerüttelt, sodass Referee Turku gar nichts anderes übrig blieb, als meinen Kontrahenten anzuzählen. Quasi als Ausgleich hat der dritte Mann im Ring mir dann zwei Verwarnungen verpasst. Eigentlich lachhaft, wenn es nicht so traurig wäre. Denn bei der dritten bin ich raus. Und die wird kommen. Das ist so sicher wie das Amen in der Kirche. Da muss man kein Prophet sein, sondern lediglich in die Augen des Ringrichters schauen. Die blitzen schon voller Vorfreude. Der Türke scheint ganz genau zu wissen, was seine bulgarischen Gastgeber in Warna von ihm erwarten. Wenn Takows Kopf das nächste Mal an meine Rübe heranrückt, bin ich raus. Ich spüre, es wird nichts mit meiner Medaille bei dieser Europameisterschaft. Dieses Viertelfinale hier wird Endstation sein. Die Wut steigt in mir hoch. Gleich wird es so weit sein, Turku wartet nur noch den passenden Moment ab. Also bitte. Wennschon, dennschon. Ich verpasse Takow ein übles Ding. Es macht richtig rums. Erst ein Jahr später, bei den Olympischen Spielen 1984 in Los Angeles, wird erstmals mit Kopfschutz gekämpft. Der Kopfstoß ist meine letzte Amtshandlung als Amateur. Danach bin ich raus. Disqualifiziert wie erwartet, schmeiße ich anschließend die Brocken hin und wechsle ins Profilager. Ich fühle mich beschissen. Nichts ist es mit der ersehnten internationalen Medaille. Die Amateurprofis aus dem Osten sind entweder zu stark oder können sich, wie in diesem Fall, auf einen Gastgeberbonus verlassen.

### Für Träumerei ist kein Platz

Wenn man schon verarscht wird, kann man sich wenigstens dafür bezahlen lassen. Unter diesem Motto könnte man nachträglich meinen Wechsel in Profilager beschreiben. Doch so locker sehe ich das im Frühjahr 1983 natürlich noch nicht. Der Schritt ist kein leichter. Schließlich steht ein Jahr später Olympia auf dem Programm. Und das ist der Traum eines jeden Sportlers. Auch meiner. Doch für Träumerei ist kein Platz. Ich habe Schule und Lehre geschmissen, jetzt geht es für mich um die Existenz. Ich muss Kohle verdienen. Denn meinen Eltern auf der Tasche zu liegen, das kommt im Alter von 19 Jahren für mich nicht mehr in Frage. Wenn ich es allerdings schon damals schriftlich gehabt hätte, dass meine gehassten Freunde aus dem Ostblock Olympia 1984 in Los Angeles boykottieren würden, hätte ich meinen Wechsel vielleicht noch ein Jährchen zurückgestellt und mir durch ein paar Aushilfsjobs Kohle dazuverdient. Doch da ein gutes Jahr vor den Spielen nur darüber spekuliert werden kann, dass die Sowjets und ihre treuen Gefolgsnationen die Retourkutsche für den Boykott der Spiele 1980 durch den Westen planen, gibt es kein Zurück. Damals waren nämlich die Amerikaner und ihre Verbündeten Moskau ferngeblieben, um ihren Protest gegen den militärischen Einmarsch der Sowjetunion in Afghanistan zu demonstrieren. Der so genannte Amateursport als Spielball der

Politik. Und mein Wechsel ins Profilager mittendrin. Allerdings wird der im Sommer 1983 im Gegensatz zu der sportpolitischen Diskussion von der Öffentlichkeit kaum wahrgenommen. Lediglich den Fachmagazinen und der lokalen Presse ist meine zweite Karriere ein paar Zeilen wert. Das soll sich allerdings im Laufe der Zeit Schritt für Schritt ändern.

»Der Kleine mit der Killerfaust«, so tituliert mich das Sportmagazin »Kicker« am 10. Dezember 1987 nach meinem Sieg gegen Mustafa Hamsho. Der Knockout gegen den Weltranglistenvierten aus den USA beschert mir erstmals größere, bundesweite Schlagzeilen. Für viele der krasse Außenseiter in diesem offiziellen WM-Ausscheidungskampf, mache ich bereits in Runde eins Schluss. Hamsho, der zuvor schon zweimal gegen den legendären Marvin »Marvelous« Hagler um die WM geboxt hat, gilt als schlagstark und routiniert. Keine Ahnung, ob der 34-Jährige glaubt, er könne mich im Vorbeigehen wegputzen. Jedenfalls legt er los, als gäbe es nur diese eine, erste Runde. Doch wer viel schlägt, vernachlässigt die Deckung. Meine erste Linke hinterlässt eine Duftmarke, meine zweite trifft ihn genau an der Schläfe. Und meine dritte, direkt an die Kinnspitze, schickt ihn auf die Bretter. Zwar steht er bei acht wieder auf den Beinen. Aber mehr schlecht als recht. Nach der nächsten Linken fällt er rücklings in die Ringseile. Der Ringrichter hat ein Einsehen, springt dazwischen, ehe die Sache ein ganz übles Ende für den Favoriten nimmt. Nach genau 62 Sekunden ist der Spuk schon vorbei. Die Halle tobt, mein Trainer fällt mir um den Hals. Ein ultrageiles Gefühl. Ich bin in der Weltspitze des Profiboxens angekommen. Zwar ist das noch kein Titelkampf gewesen, dennoch genießt dieses Duell einen höheren Stellenwert als alle meine 22 vorherigen Siege. Vier Jahre und drei Monate sind seit meinem Profidebüt gegen den Österreicher Esperno Postl vergangen. Jetzt endlich habe ich sie mir erkämpft, meine Eintrittskarte in den WM-Ring.

Es ist das erste Mal, dass ich ein wenig innehalte und zurückblicke. Mensch, in gut drei Wochen werde ich erst 24 Jahre alt. Und nur noch einen Schritt vom großen Lebenstraum entfernt. Ein merkwürdiges Gefühl. Wenn man loslegt und sich das Ziel steckt, Weltmeister zu werden, dann hört sich das so unendlich weit weg an. Klar, vier Jahre sind eine lange Zeit, und dennoch sind sie wie im Zeitraffer an mir vorbeigerauscht. Keine einzige Sekunde lang bin ich ungeduldig geworden. Tagaus, tagein nur das eine große Ziel vor Augen: Weltmeister. Training, Vorbereitung, Kampftag, Duell Mann gegen Mann, Sieg. Der Nächste bitte. Ruckzuck ist die Zeit verflogen. Ich kann es selbst kaum glauben. Vorbei die Phase, in der nicht einmal mein eigener Manager weiß, dass ich kein Graziano mit z, sondern ein Graciano mit c bin.

Als ich mir am 10. September 1983 zum ersten Mal meinen eigenen Kampfmantel zum Walk-in überstreifen darf, prangt ein riesengroßes Z mitten im Schriftzug meines Vornamens auf der Rückseite. Ich muss grinsen. Meine Gedanken sind kurz bei meinem Vater, der bei der Stammbucheintragung geträumt hat und dem ich so viel zu verdanken habe. Ohne ihn und seine Vorliebe fürs Boxen würde es auch den Faustkämpfer Graciano Rocchigiani nicht geben. Das schießt mir noch einmal kurz durch den Kopf, dann geht es raus in den Ring.

Der Kampfverlauf ist schnell erzählt. Supernervös, fange ich mir zu Beginn ein paar klare Treffer ein, merke aber, dass mir Postl nicht wirklich gefährlich werden kann. Ich lege einen Zahn zu, bestimme den Kampf, stelle ihn an den Seilen und setze erste Wirkungstreffer. In Runde zwei knalle ich ihm dann ein paar echt harte Dinger an die Birne. Jetzt kommt dem Ringrichter eine entscheidende Bedeutung zu. Das ist bei den Profis nicht anders als bei den Amateuren. Ist einer der Boxer klar überlegen, muss er dazwischengehen und Schluss machen, ehe der Unterlegene zu großen Schaden nimmt. In solch einem Moment ist er nicht nur Richter, sondern gleichzeitig so etwas wie der Anwalt des Schwächeren.

Bei meinem Profidebüt legt dieser nach genau zwei Minuten und 38 Sekunden der zweiten Runde Einspruch ein. Als der Ösi das zweite Mal angezählt werden muss, hebt der Referee seine Arme und kreuzt sie in der Luft. Das Zeichen für ein vorzeitiges Kampfende. Insgesamt elfmal kann ich mich auf dem Weg zu meiner ersten WM-Chance darüber freuen. Jegner am Boden, jutet Jefühl.

Hinzu kommen zwölf Punktsiege. Und so weise ich eine makellose Bilanz auf, als meine große WM-Stunde schlägt. 23 Kämpfe, 23 Siege. Mein Gegner, Vincent Boulware, hat eine noch bessere K.o.-Quote zu bieten. 15 vorzeitige Siege in 20 Kämpfen. Einmal allerdings hat der 25-Jährige aus Texas, der beim Wiegen 800 Gramm mehr aufweist als ich und mit 76,2 Kilo genau an der Grenze des Supermittelgewichts (76,203 Kilo) liegt, auch schon den Kürzeren gezogen. Der für die Medien favorisierte US-Boy ist also nicht unschlagbar. Das macht zusätzlich Mut.

### Mein erster WM-Kampf

Die Hymne wird gespielt. Die deutsche Nationalhymne. Das ist noch mal so ein richtiger Wachmacher. Die Melodie von »Einigkeit und Recht und Freiheit« erklingt nicht vor jedem Kampf. Die hörst du nur, wenn es um internationale Titelehren geht. Hey, heute ist WM-Tag. Ich blicke auf die Deutschlandfahne, bekomme eine Gänsehaut. Das letzte Mal, dass ich bewusst nicht nur für mich, sondern auch für Deutschland geboxt habe, liegt schon eine ganze Weile zurück. Vor knapp fünf Jahren, bei der Amateur-EM. Auch wenn es abgedroschen klingen mag: Es ist etwas Besonderes, für sein Land antreten zu dürfen. Sicher, wäre ich Fußballer geworden, wäre für mich nur die Squadra Azzura denkbar gewesen. Andersherum ist es für mich überhaupt keine Frage, für welches Land ich meine Fäuste schwingen möchte. Ich zögere keine Sekunde, als ich während meiner Amateurzeit die erste Einladung bekomme, für die deutschen Nationalfarben zu boxen. Das ist eine Ehre für mich. Und daran hat sich auch bei den Profis nichts geändert. Schon vor dem ersten Gong ist mir bewusst, dass ich heute Geschichte schreiben kann. Erst zwei Deutschen ist es vor mir gelungen, sich den WM-Gürtel der Profis umzuschnallen. Max Schmeling wurde 1930 Weltmeister im Schwergewicht, Eckhard Dagge 1976 im Superweltergewicht. Wenn ich

Boulware aus dem Weg räume, bin ich nicht nur der Dritte im Bunde, sondern auch der Jüngste. Ich habe keinen Zweifel daran, dass es so kommen wird. Zumindest lasse ich keinen Gedanken an eine Niederlage an mich heran, bin voll fokussiert auf das große Ziel. Weltmeister. Davon kann mich niemand abhalten. Außer mein eigener Bruder vielleicht. Zumindest habe ich einige Sekunden lang den Eindruck. Vor der ersten Runde gibt's noch die obligatorische brüderliche Umarmung. Wie immer kurz und innig. Glaube ich jedenfalls. Doch diesmal ist es anders. Ralf will mich am liebsten nicht mehr loslassen. Nach einer mehrstündigen Zockerrunde in der Düsseldorfer Altstadt erst auf den letzten Drücker in die Halle gekommen, übermannen ihn plötzlich die Gefühle. Fahne, Hymne und sein kleiner Bruder, der gleich tatsächlich Weltmeister werden kann. Das ganze Szenario ist zu viel für Ralf, der beim Kartenkloppen sicherlich auch das eine oder andere Bierchen gezischt hat. Es kullern Tränen der Rührung. Aus seiner Umarmung wird ein Festkrallen, aus seinen Tränen ein Heulkrampf. Der erste Gong ist längst ertönt und Ralf lässt einfach nicht locker. Sekunden, die zur Ewigkeit werden.

»Hey, lass jetzt besser mal los, wie soll ich denn sonst Weltmeister werden?«

Worte, die zum Glück ihre Wirkung nicht verfehlen. Genauso wenig wie meine Schläge im Ring. Bereits die ersten drei Minuten des Kampfes bestätigen meinen unbändigen Glauben an den Sieg! Boulware schlägt zwar hart, hat aber auch nur zwei Fäuste, einen Kopf und zwei Beine. Und Letztere sind nicht nur auf dem Vormarsch. Ich komme schon in den ersten drei Minuten ein paar Mal richtig durch, mein ohnehin schon großes Selbstbewusstsein wächst von Schlag zu Schlag. Von Treffer zu Treffer. Ist die erste Runde noch ausgeglichen, gehen die Durchgänge zwei bis vier ganz klar auf mein Konto. Davon können sich nicht nur die 6.000 Zuschauer in der Philipshalle, sondern auch die TV-Zuschauer in den USA und Deutschland ein Bild machen. Meine WM-Premiere wird in beiden Ländern live übertragen. Das ist in jenen Tagen noch eine echte Rarität. Hierzulande hat sich mit RTL plus ein TV-Sender die Rechte gesichert, den es heutzutage unter diesem Namen schon gar nicht mehr gibt. Als Reporter hat ein gewisser Ulli Potofski das Wort. Und der scheint mit mir, besser gesagt mit meinem Namen, noch nicht wirklich etwas anfangen zu können.

»Rocky Graciano«, so stellt Potofski fest, »begeistert die Zuschauer.« Doch mit dieser eigenwilligen Namenskreation ist es noch nicht getan, er legt nach: »Graciani heißt er richtig.« Na, was denn nun? Vielleicht hätte man dem Mann mal erklären sollen, wie ich richtig heiße, bevor man ihn ans Mikro lässt. Wenn ich den TV-Kommentar von damals höre, kann ich herzhaft lachen. Die Bilder dagegen führen mir einen harten WM-Fight vor Augen.

Nach der sechsten Runde schaut mich mein Trainer etwas besorgt an. Meine rechte Augenbraue ist aufgeschlitzt. Ein Cut, Blut rinnt mir übers Gesicht.

»Jetzt alles«, nuschelt er mir in seinem ungewohnten schwarzroten RTL-plus-Outfit entgegen.

Nach dem kurzen Kommentar von Wolfgang Wilke stehen die Zeichen auf Sturm. Der siebte Durchgang wird für Boulware eine schmerzhafte Erfahrung. Ich treibe ihn durch den Ring, verändere mit Serien zum Kopf seinen Gesichtsausdruck und pumpe ihm mit Haken zum Körper die Luft heraus. Er wankt und wackelt, aber er fällt nicht. Ein echt harter Brocken. Aber hier geht's auch nicht um den Titel des Bierzelt-Champions in Rosenheim, sondern um den WM-Gürtel der International Boxing Federation (IBF). Ich bin überrascht. Vor allem als er sich nach der 60-sekündigen Pause erneut zum Kampf stellt. Ich spüre, dass ich die Sache jetzt zu Ende bringen muss. Lange kann ich das Höllentempo auch nicht mehr gehen. Muss ich aber auch nicht. Weitere 48 Sekunden lang decke ich den Ami mit Schlagserien ein. An den Seilen stehend muss er eine furchtbare Linke nehmen. Die Arme sind nach unten gesackt. Er ist wehrlos. Wenn ihn die Seile nicht stützen würden, würde er sich jetzt langmachen. Bevor ich zum nächsten Schlag ansetzen kann, springt Ringrichter Jo Santarpia dazwischen, kreuzt die Arme über seinem Kopf. Aus. Boulware hat nicht mal mehr die Kraft, gegen das vorzeitige Ende zu protestieren. Im Gegenteil, ich habe das Gefühl, er ist froh, erlöst zu sein. Im nächsten Moment reiße ich die Arme hoch. Weltmeister! Ja, Weltmeister! Der Beste im Supermittelgewicht. So fühlt es sich also an. Herrlich. Besser als Sex. Ein Orgasmus im Kopf. Mein Körper steht völlig unter Strom.

»Ich wusste, dass der Kampf nicht über die Runden geht. Als sein Auge zuschwoll und ich merkte, dass auch in meinem Gesicht einige Veränderungen vorgingen, habe ich gedacht: Okay, ich oder er. Zum Glück hat es ihn eher erwischt.«

Mein erstes Statement unmittelbar nach dem Kampf am Mikrophon von Reporter Ulli Potofski macht deutlich, welchen Respekt mir Boulwares couragierte Leistung abgerungen hat. Er ist ein zäher Bursche und wir haben den Fans einen guten, würdigen WM-Kampf geliefert. Dass Boulware nicht nur ohne WM-Gürtel nach Hause fahren, sondern auch eine Zeit lang auf seinen Nebenjob als Fotomodell verzichten muss, wird er spätestens dann erkennen, wenn er sich im Spiegel betrachtet. Doch das soll nicht mein Problem sein. Ich bin jetzt Weltmeister und habe ganz andere Dinge im Kopf. Wo steigt die Siegessause? Und rollt jetzt endlich der Rubel?

»Unter 200.000 Mark klettere ich nicht mehr in den Ring«, gebe ich gegenüber Journalisten zum Besten. Doch die eigenen Wünsche sind das eine, die harte Realität das andere. Nicht einmal die Hälfte liegt auf dem Verhandlungstisch, als meine erste Titelverteidigung unter Dach und Fach ist. Und das ist definitiv zu wenig. Denn der Kampf gegen Nicky Walker wird in die Geschichtsbücher des Boxens eingehen.

### Scheiss was auf den Titel

Will der denn gar nicht umfallen? Unglaublich, was ich dem schon alles gegen den Kopf geschlagen habe. Egal ob Nase, Mund, Kinn, Wange, Schläfe, Augen oder Stirn. Alles habe ich schon getroffen. Mehrfach sogar. Aber der Typ ist immer noch nicht satt. Grinsend steht er vor mir, schüttelt den Kopf und fordert mich auf, weiter zu schlagen. Der hat sie doch nicht alle. Solch einen Holzschädel habe ich wirklich noch nie bearbeitet. Erschwerend kommt hinzu, dass wir als Versuchskaninchen für neue Boxhandschuhe der Firma S & L genutzt werden. Die sind dicker und weicher als sonst. Vor allem werden sie immer schwerer, je länger der Kampf dauert. Bereits zur Hälfte des Kampfes habe ich das Gefühl, jedes der Dinger wiegt mindestens zweieinhalb Kilo, so vollgesogen mit Schweiß sind sie. Da kriegt man kaum noch die Fäuste hoch. Und Walker ist immer noch auf dem Vormarsch. Ich kann ihn einfach nicht entscheidend stoppen. Mit dem sonst üblichen Handwerkszeug hätte ich mehr Schlagkraft, dann wäre der Spuk wahrscheinlich schon vorbei. Aber so geht es immer weiter und weiter. Ich treffe und treffe, er schüttelt sich kurz und marschiert wieder auf mich zu. Ich habe die Schnauze voll. In Runde zwölf rinnt mir auch noch Blut über die Wange. Meine rechte Augenbraue hält nicht mehr dicht. Schon im fünften Durchgang habe ich mir einen Cut eingefangen, den meine Ecke aber bislang gut im Griff hatte. Doch damit ist es jetzt auch vorbei.

Der Schlussgong der zwölften Runde ertönt, und ich schüttele den Kopf. Als mein Bruder Ralf meinen verzweifelten Gesichtsausdruck sieht, weiß er sofort, was die Stunde geschlagen hat: Ich will nicht mehr. Erst zweimal in meiner Karriere bin ich über zehn Runden gegangen, noch nie über zwölf. Und jetzt noch mal drei? Nein, da mache ich nicht mit. Scheiß was auf den Titel, ich bin einfach platt, fühle mich, als müsste ich sterben.

»Wenn du jetzt aufhörst, gibt's nach dem Kampf in der Kabine noch mal Dresche von mir.«

Ich kann's nicht glauben. Ich bin mit meinen Kräften völlig am Ende und was macht mein Bruder? Er droht mir Prügel an!

»Hast du mich verstanden? Wenn du aufgibst, dann hast du dir alles versaut. Steh auf und bring es zu Ende!«

Stünde Ralf nicht neben Wolfgang Wilke in meiner Ecke, wäre der Titel jetzt weg. Mein Trainer hat für solche Situationen kein Händchen, fast scheint er mir genauso entnervt wie ich. Aber die Ansprache meines Bruders weckt neuen Kampfgeist in mir.

Er hat recht. Ich liege haushoch vorne, wäre wirklich bekloppt, den WM-Gürtel einfach herzuschenken. Es geht doch nur noch darum, stehen zu bleiben. Nach Punkten kann ich das Ding nicht mehr verlieren. Ich erhebe mich von meinem Hocker und stelle mich zur dreizehnten Runde.

Elf Minuten später hat die Quälerei ein Ende. Weltmeister. Immer noch. Als mir zum zweiten Mal der wirklich schicke IBF-Gürtel mit dem goldenen Adler umgeschnallt wird, habe ich schon verdrängt, dass ich vor wenigen Augenblicken bereit gewesen wäre, das Ding freiwillig in die Ecke meines Gegners zu legen. Noch kann ich nicht ahnen, dass mir der psychologische Arschtritt Ralfs einen unauslöschlichen Platz in der Boxhistorie sichert. Meine Titelverteidigung gegen Nicky Walker aus Carson City im US-Staat Nevada ist der letzte Boxkampf über 15 Runden. Danach beschließen die Funktionäre aller Verbände, dass ab sofort maximal 12 Runden geboxt werden. Fast kommt es mir so vor, als hätten sie mitempfinden können, wie ich mich vor den letzten drei Runden gefühlt habe.

Die um neun Minuten reduzierte Kampfzeit macht wirklich den Unterschied. Nicht nur körperlich, sondern auch vom Kopf her. Wenn du für den nächsten Kampf von 15 auf 12 Runden trainierst, ist das eine riesige Erleichterung. Ein paar einfache Rechenbeispiele machen das deutlich: Wenn sechs Runden geboxt sind, hast du bei einem 12-Runder bereits die Hälfte geschafft, bei einem 15er gerade mal ein gutes Drittel. Nach der zehnten Runde hast du es beim 12er fast geschafft. Nur noch zwei Runden. Beim 15er dagegen liegt noch ein Drittel vor dir. Und das kommt dir unendlich lang vor. Ich hätte es nicht für möglich gehalten, dass eines Tages die Stunde kommt, in der ich mir wünschen würde, es wäre noch nicht nach zwölf Runden Schluss.

### Klammern, halten, hoffen

Er ist auf der Flucht. Er dreht sich weg. Er stellt sich mir nicht mehr gegenüber, sondern versucht im Seitwärtsstep davonzustolpern. Sein Blick ängstlich über die rechte Schulter in meine Blickrichtung gedreht. Er ist der Gejagte. Ich bin der Jäger. Er ist der Weltmeister, ich der Herausforderer. Er der Ossi, ich der Wessi. Ich stelle ihn in der Ringecke, versuche ihm den finalen Schlag zu verpassen. Ich wühle mich in den Mann, bearbeite ihn an den Ringseilen, er versucht zu klammern. Das Einzige, was ihm jetzt noch bleibt. Er ist stehend k.o., kampfunfähig. Warum greift der Ringrichter nicht ein? Warum macht er nicht Schluss? In vergleichbaren Situationen gegen Vincent Boulware oder Alex Blanchard ist genau jetzt Feierabend. Doch diesmal stehe ich nicht mit Boulware oder Blanchard im Ring, sondern mit ihm. Mit dem Heilsbringer des deutschen Boxens. Mit dem Gentleman. Und Henry Maske nimmt man nicht so einfach aus dem Ring. Schon gar nicht 60 Sekunden vor Schluss. Da hofft und zittert man, dass er den Schlussakkord irgendwie überstehen wird. Da geht man nicht dazwischen. Nein, da zählt man nicht mal, wenn er im Ringstaub liegt. Denn plötzlich ist er nicht mehr da, der Weltmeister, nicht mehr auf Augenhöhe. Ich muss nach unten blicken, um ihn anzuschauen. Seine weichen Knie sind weggeknickt, nur weil ich mich im Infight mit meiner Schulter ein wenig auf seine aufgestützt habe. Wenn es noch eines Beweises bedurft hätte, dass der große Favorit am Ende ist, dann liefert er ihn jetzt selbst. Er sitzt auf dem Hosenboden, hilflos und irritiert. Als er versucht, sich wieder hochzurappeln, wird er nicht etwa angezählt, sondern gehätschelt und umsorgt. Ringrichter Robert Ferrara ist da, hilft ihm wohlwollend dabei, sich wieder zum Kampf zu stellen, die letzte knappe Minute irgendwie zu überstehen. Der Rest ist klammern, halten, hoffen. Wie eine Klette hängt er an mir dran. Völlig ausgepowert. Ich versuche, den Klammeraffen loszuwerden, um ihn endgültig wegzuhauen. Doch die Zeit rennt. Als der Schlussgong ertönt, wünsche ich mir die gute alte Zeit zurück. Wäre das hier ein 15-Runder, das Ende wäre vorprogrammiert. Ich strotze zwar auch nicht mehr gerade vor Kraft, muss mich aber keinesfalls wie Henry nach dem Ende des Kampfes stützen lassen. Im Gegenteil, ich reiße die Arme hoch, klettere in meiner Ecke auf die Ringseile und lasse mich von den Zuschauern feiern.

»Rocky! Rocky«-Rufe schallen mir in der ausverkauften Westfalenhalle entgegen.

Zu Beginn des Kampfes wäre das noch unmöglich gewesen, zu eindeutig sind die Machtverhältnisse der einzelnen Fanlager verteilt. Kein Wunder, sind doch so gut wie alle Tickets bereits vergriffen, bevor überhaupt feststeht, gegen wen Henry Maske an jenem 27. Mai 1995 in Dortmund überhaupt im Ring stehen wird. Es ist in, zum Boxen zu gehen. Mit RTL einen perfekten Partner an der Seite, ist Henry Maske zum Weltmeister und Publikumsliebling gereift. Sein Kampf gegen mich beschert den TV-Machern eine neue Rekordquote. Und Henry Maske eine gefühlte Niederlage. Nicht für ihn selbst, in seiner eigenen Unfehlbarkeit ist kein Platz für Einsicht oder ein Eingeständnis der Unterlegenheit. Aber die Leute am TV-Schirm und in der Halle haben eine andere Wahrnehmung, ein feines Gespür.

### Ost gegen West

Dortmund ist fest in der Hand der Ossis. Zumindest wenn es ums Boxen geht. Unser Hotel ist umlagert von Bussen aus Frankfurt an der Oder. Die Leute fiebern mit ihrem Helden, wünschen sich im Vorfeld des Kampfes nichts sehnlicher, als dass er mir mein großes Maul stopfen möge. Erstmals boxen zwei Deutsche um die Weltmeisterschaft. Die Wiedervereinigung liegt noch nicht mal fünf Jahre zurück. Viele Ostdeutsche fühlen sich als Verlierer der Einheit. Damit soll jetzt Schluss sein. Henry Maske ist ihr verlängerter Knüppel, um den Wessis mal zu zeigen, wo der Hammer hängt. Ich habe zwar das Gefühl, dass der ehemals regimetreue Maske manchem der einstigen DDR-Bürger selbst nicht so ganz geheuer ist, aber letztlich ist er der Ossi und ich der Wessi. Und dann habe ich mich auch noch getraut, auf der Abschluss-Pressekonferenz, drei Tage vor dem Kampf, offen das auszusprechen, was viele denken: »Es geht nicht um eine WM. Es geht um den Kampf Ost gegen West. Der Wessi haut dem Ossi auf die Schnauze, der Ossi haut dem Wessi auf die Schnauze.«

Darum geht es. Und um nichts anderes. Deshalb elektrisiert das Duell die Massen, schauen sich hierzulande 13 Millionen den ersten, 19 Millionen den zweiten Fight im Fernsehen an. Quoten, die man heutzutage fast nur noch kennt, wenn die Fußballer um Titelehren kicken.

Maske ist für mich ein rotes Tuch. Ich kann ihn nicht ausstehen. Dieses ganze Gentleman-Gequatsche geht mir auf den Sack. Ständig macht er einen auf etepetete. Schon als Amateur hat er sich aufgeführt, als sei er was Besseres. Während der EM im Mai 1983 sind wir Wessis vor der Halle oft mit den ostdeutschen Kämpfern ins Gespräch gekommen: »Hey, wie geht's euch? Wollt ihr auch 'ne Zigarette?«

Zwar nur unverfänglicher Small Talk. Aber immerhin. Die Jungs sind alle in Ordnung. Nur Maske nicht. Der hat uns nicht mal mit dem Arsch angeguckt. Als echtes Kind des Ostens ist er bis zum Oberleutnant der NVA aufgestiegen, noch 1989, kurz vor dem Fall der Mauer, wird er mit dem »Kampforden der Nationalen Volksarmee« ausgezeichnet. Und jetzt, nur ein paar Jährchen nach der Wende? Angekommen im Westen, verbündet mit dem ehemaligen Klassenfeind. Mit den Kapitalisten, die jetzt ihm die Taschen vollmachen. Für mich der klassische Fall des Wendehalses. Das sage ich auch im Vorfeld unseres Kampfes, bezeichne ihn als angepassten Typen. Nicht um das Duell noch zusätzlich anzuheizen. Sondern weil ich es so empfinde. Auf der obligatorischen Pressekonferenz vor dem Kampf wird Maske gefragt, was er von meiner Einschätzung hält. Er windet sich, versucht sich zu drücken.

»Ich habe das noch nie aus seinem Munde gehört.«

Es ist eigentlich wie immer vor einem großen Kampf. Ich habe keinen Bock auf Gequatsche. Aber diesmal muss es wohl sein. Ich sitze nur ein paar Plätze von ihm entfernt auf dem Podium, beuge mich nach vorne, drehe mich zur Seite und schaue in seine Richtung: »Dann sage ich es eben noch mal. Du bist ein Angepasster.«

Nun kann Maske nicht mehr kneifen. Er muss reden. Und es klingt wie immer. Langatmig. Ausschweifend. Er schwafelt davon, dass es ja nicht das Schlechteste sei, sich schnell an neue Bedingungen anzupassen. Er bezieht sich aufs Boxen, wohl wissend, dass ich alles gemeint habe, aber sicher nicht seine Auftritte im Ring. Die Journalisten können sich ihren Teil denken. Dennoch gibt es nur wenige, die darüber berichten. Fast scheint es so, als traue sich niemand, den Gentleman anzupinkeln. Eine Ausnahme ist Birk Meinhardt. Er verfasst für die »Süddeutsche Zeitung« einen Absatz, der mir auch während meiner Arbeit an dieser Biographie, elf Jahre nach seiner Veröffentlichung am 27. Mai 1995, noch Freude bereitet, weil er es auf den Punkt bringt:

»Rocchigiani dachte vielleicht an den Tag im März, da sein Gegner zu Gast beim Kanzler war. In Maskes Heimat gammeln die zu DDR-Zeiten verrotteten Sportstätten vor sich hin, und er unterhielt sich mit dem obersten Politiker übers Nassrasieren. Erschienen war der Boxer mit einem Samtkissen, darauf eine Flasche Wein als Präsent. So kommen in feinen Hotels die Diener daher.«

Ganz ehrlich: Daran habe ich zwar nicht gedacht. Aber es liest sich gut. Und es passt. Es ist ein gutes Beispiel für das, was ich meine. Maske hat früh den Kontakt zum wahren Leben verloren. Zu den kleinen Leuten. Verwöhnt und hofiert im Osten, hat er im Westen nahtlos dort angeknüpft, wo er in der DDR aufgehört hat. Wo ist er denn abgeblieben nach seinem Karriereende? Der Junge aus Frankfurt an der Oder? Geflitzt ist er. Geflüchtet. Hat McDonald's-Läden eröffnet. Alle im Westen. Ganz so, als würde man in den neuen Ländern keine Hamburger essen.

Mich kotzt das ganze Gehabe an. Besonders wenn er so tut, als habe er das Boxen erfunden. Es gab vor ihm deutsche Weltmeister. Und nach ihm. Auch das Gerede vom großen Techniker ist für mich nicht nachvollziehbar. Taktiker trifft es da schon eher. Henry hat stets das gut umgesetzt, was ihm sein Trainer Manfred Wolke mit auf den Weg gegeben hat. Das Zusammenspiel der beiden hat gepasst. Meistens sollte Henry den Kampf zerstören, das war seine Taktik. Klammern, festhalten, ständig mit der Innenhand schlagen. Das tut nicht weh, dürfte eigentlich auch keine Punkte bringen. Aber ständig die Schnüre der Handschuhe gegen die Ohren zu bekommen, das nervt auf Dauer. Aber der darf in Deutschland machen, was er will, ist ein richtiger Stinker, wie es in der Boxersprache heißt.

Vielleicht hätte ich doch als damaliger Europameister das erste Angebot annehmen sollen, gegen ihn zu kämpfen. Wenn ich ihn Anfang der 90er Jahre weggeputzt hätte, dann wäre uns der ganze Hype um Maske wohl erspart geblieben. Andererseits wären mir dann auch zwei Millionen-Gagen durch die Lappen gegangen. Von daher will ich mich nicht beklagen. So wie es ist, ist es schon ganz gut gelaufen. Abgesehen von dem Dortmunder Fehlurteil natürlich.

### Filmhymne lässt die Volksseele kochen

Zwölf Kameras, eine davon kreist ferngesteuert über dem Ring. 120 Mitarbeiter, 14 Tonnen technisches Material angeliefert auf neun Lkws. Dazu eine Lasershow und ein Feuerwerk vom Feinsten. RTL und Maskes Promoter Wilfried Sauerland haben wirklich mächtig aufgefahren, um Maske gebührend zu feiern.

Mir kann das nur recht sein. Meine Vorbereitung in einer stickigen Halle unter den Gleisen in den S-Bahn-Bögen zwischen Alexanderplatz und Jannowitzbrücke ist perfekt verlaufen. Der Wessi hat sich bei den Ossis für die »Frage der Ehre« in Form gebracht. Keine Frage, ich bin fit. Schon beim Walk-in spüre ich, dass heute ein ganz besonderer Kampf steigt. Zu Ennio Morricones Filmhymne aus »Spiel mir das Lied vom Tod« marschiere ich in die mit 13.000 Besuchern gefüllte Westfalenhalle. Das Pfeifkonzert ist ohrenbetäubend. Die Leute sind auf Maskes Seite, die Mundharmonika-Klänge, die im Westernklassiker vom einsamen Rächer Charles Bronson angestimmt werden, tun ihr Übriges. Die Volksseele kocht. Das ist für mich nichts Neues. Neu ist allerdings, dass die Leute mehrheitlich gegen mich sind. Es ist fast so, als würde ich im Ausland boxen. Im Osten. Dabei sind wir doch im wahrsten Sinne des Wortes im Westen, in Dortmund. Aber Maskes mitgereiste Anhänger, die in Busscharen in den Ruhrpott gekarrt werden, haben den Laden voll im Griff. Zumindest zu Beginn. Doch mit jedem meiner Treffer, in der Anfangsphase sind es zumeist Aufwärtshaken, ziehe ich ein paar Boxfans auf meine Seite. Nicht die Hardcore-Ossis, aber die, die als Maske-Sympathisanten gekommen sind und jetzt erkennen, dass es in Deutschland auch noch einen anderen Halbschwergewichtler gibt. Und die, die es von jeher gerne mit dem Underdog halten, die sehen wollen, wie der Favorit stürzt. Wie David gegen Goliath triumphiert. Nicht dass ich mich selbst als David sehe. Oder so fühle. Nein, mit dieser Rollenverteilung gehen die deutschen Boxfans ins Rennen. Bei einer TED-Abstimmung der »Bild-Zeitung« erwarten im Vorfeld des Kampfes mehr als 80 Prozent Maske als Sieger. Für mich ist die Rolle des krassen Außenseiters zusätzliche Motivation. Und es ist herrlich zu spüren, wie ich den Dortmunder Hexenkessel langsam umkippe.

»Der Kampf hat einen besonderen Charakter, weil wir fünf Jahre darauf gewartet haben und sich zwei Deutsche gegenüberstehen.« Auch Maske hat sich vor dem Kampf nicht gescheut, markige Worte zu finden. Vor allem, als er einen der sehr seltenen Einblicke in sein Seelenleben gewährt: »Eine Niederlage ist wie eine Steinigung.«

Zwei Minuten der neunten Runde sind geboxt, als er die ersten Steine auf sich niederprasseln fühlen muss. Es schleicht sich ein lähmendes Ohnmachtsgefühl über den Maske-Clan. Ausgerechnet mit einem rechten Haken zum Kopf treffe ich so punktgenau, dass Henry rücklings in die Seile fällt. Wenn er sich das Ding in der Ringmitte eingefangen hätte, würde er mir jetzt zu Füßen liegen. Schade. So kommt er, schwer angeklingelt, noch mal davon.

Die Halle tobt. Wieder ein paar mehr im Rocky-Lager. Das setzt sich fort. In Runde zehn ist Maske so beeindruckt, dass er frühzeitig abdreht und einfach zehn Sekunden vor dem Gong in seine Ecke zurückkehrt, ohne Widerspruch vom Ringrichter. Die zwölfte Runde wird dann peinlich für den Titelverteidiger. Mit letzter Kraft und freundlicher Unterstützung des Ringrichters rettet er sich über die Zeit. Ich stehe auf den Seilen und genieße meinen Applaus. Ausgepfiffen beim Walk-in, abgefeiert nach dem Kampf. Sicherlich einer der emotionalsten Momente meiner Karriere. Einer, von denen man sein ganzes Leben lang zehrt, wenn man auf die eigene Laufbahn zurückblickt. Zum Glück ist das nicht das letzte Mal, dass ich einen Laden so richtig zum Kochen bringe. Aber auch nicht das erste Mal.

## Auf einem Auge zum EM-Titel

Nach meinem 15-Runder gegen Nicky Walker nutze ich noch zwei weitere Male den Heimvorteil der Berliner Deutschlandhalle, um meinen Supermittelgewichtstitel zunächst gegen Chris Reid und dann gegen Thulane Malinga erfolgreich zu verteidigen. Danach habe ich mehr mit mir selbst als mit irgendwelchen Gegnern im Ring zu kämpfen. Den Titel schenke ich her, will mir lieber die Birne zukiffen, als mir dagegenschlagen zu lassen. Doch ohne Moos nichts los. Dieser Spruch gilt leider auch für mich. Als ich nach einem knappen Jahr in den Ring zurückkehre, hat sich das Rad auch ohne mich weitergedreht. Ich muss mich hinten anstellen, geduldig auf meine nächste Titelchance warten. 15 Monate nach meinem Comeback darf ich mir wieder einen Gürtel umschnallen. Den des Europameisters im Halbschwergewicht. Ein halbes Jahr nach meinem Sieg über den Briten Crawford Ashley steht die erste Titelverteidigung an. Gegen Alex Blanchard, einen Mann, der knapp fünf Jahre zuvor meinen Bruder Ralf bezwungen hat. Und das Wiederherstellen der Familienehre wird für mich zu einem Unterfangen mit leicht eingeschränkter Sehfähigkeit.

Bereits in der vierten Runde ruft Ringrichter Mike O'Connell den Ringarzt an die Seile. Dr. Walter Wagner von der Uniklinik in Erlangen eilt herbei, um sich mein rechtes Auge anzuschauen. Es ist komplett geschlossen. Kein Cut, keine Blutung, einfach nur zu. Der Doc gibt den Kampf wieder frei. Gott sei Dank. Es wäre doch fatal, wenn ich meine erste Niederlage durch solch eine blöde Schwellung kassieren würde. Um das Auge mache ich mir keine Sorgen, es ist schließlich geschlossen und somit bestens geschützt. Kopfschmerzen bereitet mir lediglich die Tatsache, dass ich die linken Hände von Blanchard kaum rechtzeitig sehen, bestenfalls noch erahnen kann. O'Connell gibt mir in der Ringpause zu verstehen, dass er nicht gewillt ist, sich das zwölf Runden lang anzuschauen.

»Ich will Aktionen von dir sehen, sonst mache ich Schluss.« Die kann er haben. Ständig auf dem Vormarsch, schlage ich, was das Zeug hält. Und ich treffe. Die Augenbraue Blanchards platzt auf, Blut mischt sich in das Gefecht. Fuß an Fuß geht's in die nächsten Runden. Keiner von uns beiden steckt zurück. Die Schlag- und Trefferfrequenz bleibt hoch. Kaum einen Zuschauer in der Düsseldorfer Philipshalle hält es noch auf seinem Sitz. Die »Rocky! Rocky!«-Sprechchöre lassen mich zusätzliche Kräfte mobilisieren. Der Niederländer schlägt zwar nach wie vor mit, aber die Wucht seiner Hiebe lässt nach. In Runde neun ist sein Widerstand gebrochen. Ich treibe ihn vor mich her, stelle ihn an den Seilen, bearbeite ihn zum Kopf und zum Körper. Durchaus vergleichbar mit der Situation in Runde zwölf, vier Jahre später gegen Henry Maske. Nur mit dem Unterschied, dass O'Connell der Sache ein Ende macht, die Hände kreuzt und meinen Gegner aus dem Kampf nimmt.

Auch diesmal springe ich auf die Seile, sauge die Jubelstürme der Zuschauer auf, genieße den Augenblick. Diesmal kann mir kein Punktrichter der Welt den Sieg stehlen. Auf diese Erfahrung muss ich noch warten. Aber nicht ganze vier Jahre lang bis zum Kampf gegen Henry Maske. Bereits ein Jahr davor schüttele ich den Kopf über eine Arithmetik, die man auf keiner Schule lernt. Höchstens auf der, die nur verbandstreue Punktrichter besuchen dürfen.

## Mein schlagstärkster Gegner

Chris Eubank zeigt mir eine neue Qualität des Boxens. Obwohl ich noch mal abgekocht habe und im leichteren Supermittelgewicht (bis 76,2 Kilo) anstatt im Halbschwergewicht (bis 79,3 Kilo) antrete, hämmert der Engländer während unseres Duells so hart auf mich ein wie kein anderer vor und auch kein anderer nach ihm. Der WBO-Champion aus England, der außerhalb des Rings als Dressman gerne extravagante Klamotten präsentiert, trifft zwar seltener als ich, doch selbst seine Schläge auf meine Doppeldeckung lassen mich nicht kalt. Er prügelt mir meine eigenen Handschuhe dermaßen gegen meinen Kopf, dass es schmerzt. Doch da diese Art von Treffern auf den Punktzetteln keine Berücksichtigung finden darf, bleibt es nicht nur mir ein Rätsel, was da so zusammenaddiert wird. Okay, die ersten zwei Runden bin ich von der Urgewalt Eubanks dermaßen überrascht, dass ich fast das Schlagen vergesse. Aber es bleiben immer noch zehn weitere, in denen ich mehr und vor allem die klareren Treffer setze.

»Oh, wie ist das schön. So was hat man lange nicht gesehen, so schön, so schön.«

Der Fangesang, den man sonst nur vom Fußball kennt, wenn die Heimmannschaft die Gästetruppe regelrecht an die Wand spielt, ertönt in der Deutschlandhalle und macht deutlich, was während der restlichen Kampfzeit abgeht. Das damalige Prunkstück der Berliner Veranstaltungsszene gleicht einem Tollhaus. Viele der 11.000 Leute stehen auf den Stühlen, klatschen rhythmisch und genießen die letzten Augenblicke eines großen Boxspektakels. Für sie bin ich bereits der neue Weltmeister. Ich habe klasse geboxt, Eubank muss zudem noch eine Verwarnung kassieren und so mit einem Punkt weniger auf den Zetteln klarkommen. Was soll da noch schiefgehen?

»Oh, wie ist das schön!«

Es steht viel auf dem Spiel. Der Weltmeistertitel und eine Menge Kohle. Nicht nur für mich. Die Wettlust hinter den Kulissen treibt die kuriosesten Blüten. Oliver Strehl, ein Friseurmeister aus der Charlottenburger Reichsstraße, hält den ganzen Kampf über Handykontakt zu seinem langjährigen Kumpel Michel. Der hat dreißig Riesen auf meinen Sieg gesetzt, kann aber jetzt nicht vor Ort sein und fiebert natürlich um seine Kohle.

»Bleib ruhig, Junge. Das Geld hast du im Sack. Rocky gewinnt das Ding hier ganz klar.«

Pustekuchen. Michel muss die dreißig Mille auf den Tisch des Herrn blättern. Sein Wettkontrahent will angesichts des krassen Fehlurteils zwar auf die Auszahlung verzichten, doch das geht dem offiziellen Verlierer dann doch zu weit.

»Wettschulden sind Ehrenschulden.«

Michel ist nicht der einzige Gelackmeierte. Ganz Boxdeutschland fühlt sich irgendwie verarscht. Und ich ganz besonders. Meine erste Niederlage hat nicht nur einen faden Bei-, sondern einen ekligen Nachgeschmack. Erstmals wird mir die Willkür unseres Geschäftes brutalstmöglich vor Augen geführt. Damals ist es für mich unvorstellbar, dass es noch eine Steigerungsform dieses Beschisses geben kann.

Oberbeschiss. Wenn es dieses Wort nicht gäbe, müsste es erfunden werden. Und zwar für jenen lauen Sommerabend, in dessen Verlauf ein allseits bekanntes Tollhaus zur Jammerbude der internationalen Boxszene verkümmert.

### Ein einzigartiges Erlebnis

Ich habe wirklich nicht gerade wenige Erfahrungen gesammelt in meinem bisherigen Leben. Außerhalb des Rings und innerhalb. Doch der 10. August 1996 nimmt eine absolute Sonderstellung ein. Eubank in Berlin, Maske in Dortmund und München, Blanchard und Boulware in Düsseldorf. Die Revanche gegen Michalczewski in Hannover. Alles Kindergeburtstage im Vergleich zur Erstauflage gegen den Tiger.

Open Air am Hamburger Millerntor auf St. Pauli. 24 Grad und ein laues Lüftchen auf den hinteren Tribünenreihen. 36 Grad in der hitzigen Mitte der Arena. Im Ring. Und das um 23 Uhr in der Nacht. Das Außendach, das in den Tagen zuvor über das Seilgeviert gebaut wird, hat eine Größe von 21 mal 21 Metern. Gigantisch. Damit im Falle eines Regengusses nicht nur wir Boxer im Trockenen agieren können, sondern auch die VIPs keine nassen Füße bekommen. 300 Schweinwerfer mit insgesamt 450.000 Watt, dazu noch mal 30.000 Watt für den Ton. 25 Sattelschlepper haben insgesamt 50 Tonnen Material geliefert. Inklusive 22 Kilometer Kabel und 9.000 Quadratmeter Rasenabdeckung, um den Kiezkickern vom FC St. Pauli, die anno 1996 in der Bundesliga um Punkte kämpfen, nicht die Spielfläche zu versauen. 120 Sicherheitsbeamte, 320 akkreditierte Journalisten. Und 25.000 Zuschauer. Das hat es in der Boxboom-Ära von Schulz, Maske, Michalczewski und mir noch nicht gegeben. Die Kartennachfrage ist so groß, dass das ursprüngliche Fassungsvermögen von 20.000 Plätzen kurzerhand durch Zusatztribünen erweitert wird.

Die Boxwelt spielt verrückt. Da will ich in nichts nachstehen. Wohl wissend, dass es um die Psyche von Michalczewski nach seiner schwachen Vorstellung gegen den Franzosen Christophe Girard im Kampf neun Wochen zuvor nicht bestens bestellt sein kann, heize ich die Stimmung drei Tage vor unserem Duell zusätzlich an: »Emanuel Steward ist noch nicht eingetroffen. Und ohne meinen Trainer sage ich gar nichts.«

Mein einziger Satz auf der üblichen Pressekonferenz ist kurz und knapp. Der Tiger kommt zu spät, lässt mich warten wie einen dummen Jungen. Nirgendwo steht, dass ich mir das gefallen lassen muss. In meinem Kampfvertrag ist lediglich festgeschrieben, dass ich zur Pressekonferenz erscheinen, nicht aber, dass ich auf meinen Gegner warten oder große Reden schwingen muss. Also mache ich mich aus dem Staub, bevor es richtig losgehen kann. Die Journalisten sind verblüfft. Vor allem die Fotografen. Nicht mal das traditionelle letzte Foto der beiden Boxer vor dem Kampf haben sie im Kasten. Michalczewski versucht es mit Humor zu nehmen: »Hoffentlich bleibt Rocky am Samstag im Ring etwas länger da!«

Es ist das letzte Mal, dass er etwas zu lachen hat. Denn am Samstag im Ring bleibe ich nicht nur etwas länger da als er. Vor allem bleibe ich länger stehen. Doch bevor im Ring die Fäuste sprechen, steigt ein anderes Spektakel, das mich schwer beeindruckt.

Normalerweise bin ich kein Freund von Firlefanz. Boxen ist das Duell Mann gegen Mann im Ring. Alles andere ist Kokolores. Lichter, Feuerwerk und Lasershow interessieren mich nicht die Bohne. Doch diesmal ist alles anders: meine Vorbereitung in Detroit, mein neuer Trainer, die Open-Air-Arena, die Rekordkulisse und auch die ganzen Sperenzchen drum herum. Als ich in die Arena marschiere, huscht mir ein leichtes Grinsen über die Lippen. Was geht denn hier ab? Ich kann es kaum glauben. Der Kampf steigt in Hamburg, in der Heimatstadt des Tigers. Und sein Käfig ist besetzt von Rocky-Fans. Ich sauge die Stimmung in mich auf. Beide Hände aufgestützt auf die Schultern meines Trainers Emanuel Steward, marschieren wir in das Freudenhaus der Bundesliga, wie das Millerntor in der Fußballersprache genannt wird. Mein Trainer vorneweg, ich hinterher.

»Rocky hat neben Julio Cesar Chavez und Sugar Ray Leonard das größte natürliche Talent zum Boxen, das ich je gesehen habe. Er ist zu stark für Michalczewski. Spätestens in Runde acht wird Rocky Weltmeister sein.«

Mein neuer Trainer hält große Stücke auf mich. Sieben Wochen lang haben wir uns hart und gründlich auf diesen Abend vorbereitet. Es macht mich stolz, wenn einer wie Steward, der zuvor bereits 24 Kämpfer zu Champions geformt hat, so über mich spricht. Und ich spüre, dass er das nicht nur so dahersagt, weil es sein Job ist. Er denkt auch so. Er glaubt an mich. Und ich glaube ihm. Als wir im Ring angekommen sind, weiß ich, dass der Abend mir gehören wird.

Für Michalczewski muss der Walk-in wie der erste Schlag in die Fresse sein. Da denkst du, du hast ein Heimspiel, und dann klingelt dir als Weltmeister ein Pfeifkonzert in den Ohren, wenn du den Ring betrittst. Bislang kennt er nur die Rolle des Publikumslieblings. Bislang hat er aber auch nie gegen einen Deutschen um die WM geboxt. Er hat zwar auch einen deutschen Pass. Aber für die Leute ist er ein Pole. Das wird jedem immer wieder deutlich, wenn er den Mund aufmacht. Ich habe neben meinem deutschen Pass zwar auch einen italienischen. Aber für die Leute bin ich ein Deutscher. Meine Berliner Schnauze ist nicht zu überhören. Und der Kampf steigt in Deutschland. Fast hätte ich es vergessen. Nicht Michalczewski genießt hier Heimvorteil, sondern ich. Und so boxe ich dann auch. Der Kampf entwickelt sich zu einer klaren Sache. Für mich. Dass dies nicht nur eine subjektive Wahrnehmung meinerseits ist, unterstreicht die Berichterstattung des Sportmagazins »Kicker« vom darauffolgenden Montag. Unter der Überschrift »Lehrstunde in Sachen Taktik: Rocky lag weit in Führung« wird der Kampf von Reporter Hans-Dieter Barthel Runde für Runde nachgepunktet (Michalczewski bei den Punkten jeweils zuerst genannt):

### Klare Sache

»1. Runde: Entgegen aller Gepflogenheiten macht der Champ den Kampf. Doch der Tiger haut blind auf die Doppeldeckung von Rocky, fängt sich aber kurz vor dem Gong eine Doublette. 9:10

2. Runde: Der Tiger zieht den Kopf zurück, wird vorsichtiger. Und bleibt einfallslos. Immer nur rechts-links auf die Unterarme von Rocky. Ist aber der aktivere Mann. 10:9

3. Runde: Rocky akzeptiert den Infight, hat klare Vorteile mit seinen Aufwärtshaken. Der Tiger klammert, reißt dabei dem Berliner die linke Augenbraue auf. Blut fließt übers Gesicht, wird aber in der Pause gestillt. 9:10

4. Runde: Rocky erteilt dem Weltmeister eine Lehrstunde in Sachen Taktik. Routiniert klammert er sich über brenzlige Situationen hinweg, geht einen halben Schritt zurück und haut dem Tiger wieder diese Aufwärtshaken um die Ohren. Eine schwere Linke hinterlässt erneut Wirkung. 9:10

5. Runde: Der Tiger lernt nichts dazu, läuft immer wieder mit dem Kopf zuerst in die Konter des Berliners. Wird erneut zweimal durchgeschüttelt. 9:10

6. Runde: Der Tiger wirkt hilf- und ratlos. Da steht immer noch einer in der Doppeldeckung, tut nichts für den Kampfverlauf und wartet nur auf die Lücke. Und die ist irgendwann da.

Wieder stoppt Michalczewski zwei fürchterliche Haken nur mit dem Kopf. 9:10

7. Runde: Das Ende kommt schnell und überraschend. Der Weltmeister dreht nach einem Break ab, stakst wie benommen durch den Ring, hält sich an den Seilen fest und sinkt zu Boden. Zwischenwertung nach sechs Runden: 59:55 für Rocky.«

Auch die offizielle WBO-Punktrichterwertung sieht mich vorne, als Michalczewski den Kampf aufgibt. Ich stehe trotzdem kopfschüttelnd im Ring. Ich heule. Vor Wut und Enttäuschung. Mein angebliches Nachschlagen nach einem Trennkommando von Ringrichter Joseph O'Neill wird herbeigezerrt, um dem jammernden Titelverteidiger unter dubiosen Umständen und Paragraphengezerre ein Technisches Unentschieden zuzusprechen.

So bleibt alles, wie es ist. Michalczewski, der elf Tage später nach einem offiziellen Protest von mir sogar noch zum Disqualifikationssieger erklärt wird, darf sich weiter Weltmeister schimpfen, Promoter Klaus-Peter Kohl und die WBO können weiter Geld mit ihm verdienen. Und ich bin einmal mehr der Verarschte.

Aber auch die 25.000 Zuschauer am Millerntor und die versammelte Expertenschar der Boxszene fühlen sich verschaukelt und sehen nur einen Ausweg. Und der heißt Rückkampf. Doch bis der tatsächlich unter Dach und Fach ist, ziehen fast vier Jahre und mein vermeintlicher Gewinn des WBC-Gürtels ins Land.

### Nach zehn Jahren zurück auf den WM-Thron

»Ich erwarte eine wüste Schlägerei, die über die volle Distanz geht. Und am Ende der zwölf Runden bin ich der neue Champ!«

Im Sprücheklopfen sind die Amis nicht zu schlagen. So wundert es mich nicht, dass auch Michael Nunn vor unserem Titelfight große Worte spuckt. Gut eineinhalb Jahre nach dem Kiezspektakel am Millerntor bin ich zurück in meinem Revier. Heimspiel in Berlin. Die Max-Schmeling-Halle platzt mit mehr als 8.500 Zuschauern aus den Nähten, an den TV-Schirmen fiebern rund 10 Millionen mit. RTL überträgt live, und am Ring sitzen eine Menge Promis. Günther Jauch, Karl Dall, Stefan Raab, Uwe Ochsenknecht, Iris Berben. Sie alle sind gekommen, fast so als hätte man ihnen vergessen zu sagen, dass Henry Maske gar nicht mehr mit dabei ist. Zumindest nicht im Ring, sondern lediglich als Co-Moderator. Sein Ziehvater Sauerland hat nach dem Rücktritt seines Schützlings ausgerechnet mich als Maskes Nachfolger auserkoren. »The show must go on« kann man da wohl nur sagen. Boxen boomt. Und plötzlich bin ich nicht mehr der Bad Boy, der Buhmann. Ich bin der neue Star, der Darling, um den das abendfüllende, quotenbringende RTL-Programm aufgebaut wird. Mir kann's recht sein. So funktioniert das Geschäft nun mal. Nur die Hauptsache hat sich nicht verändert. Zwölf Runden Boxen. Mann gegen Mann. Nunn oder ich?

Für uns beide scheint es die letzte Chance, nochmals um die WM-Krone boxen zu können. Zwei 34-jährige Ex-Weltmeister, die davon profitieren, dass US-Superstar Roy Jones Jr. vom Halbschwergewicht ins Schwergewicht wechselt und seinen Gürtel ablegt.

Ich habe die Schnauze voll von verpassten Chancen und von der Willkür einzelner Funktionäre oder Punktrichter. Am liebsten wäre mir eine klare Entscheidung durch Knockout. Doch Nunn ist ein erfahrener Mann, ein Ex-Champ, der mehr als fünfzig Profikämpfe absolviert hat. Ich habe die Sache zwar im Griff, aber nicht so deutlich, dass er auf die Bretter müsste.

Im Hinterkopf boxt immer die Angst mit, wieder verschaukelt zu werden. Denn der Kampfverlauf ist ähnlich wie beim ersten Duell mit Henry Maske. Er schlägt viel, aber das meiste auf die Deckung. Ich habe weniger Aktionen, lande aber die härteren und präziseren Treffer. Das kommt mir irgendwie bekannt vor. Und auch mein Bruder Ralf, der kurzfristig die Verantwortung in meiner Ecke übernommen hat, bleibt skeptisch.

»Du liegst vorne. Du triffst ihn wesentlich öfter und auch härter. Aber du überlässt ihm zu oft die Initiative. Das sieht dann nicht gut aus«, ermahnt er mich in der Pause zur zehnten Runde, das Heft nicht aus der Hand zu geben. Die nächsten beiden

Runden verbuche ich klar für mich. In der zwölften verwalte ich den Vorsprung. Das muss reichen. Und es reicht auch. Weltmeister! Zehn Jahre und zehn Tage nach meinem Titelgewinn im Supermittelgewicht bin ich erneut ganz oben. Weltmeister im Halbschwergewicht. Glaube ich jedenfalls. Noch kann ich nicht ahnen, dass hinter den Kulissen schon bald wieder ein paar Funktionäre daran arbeiten werden, die eigenen Verbandsregeln auszuhebeln.

So bleibt der Fight gegen Michael Nunn der letzte wirkliche Boxkampf meiner Karriere. Danach stehe ich zwar noch dreimal im Ring, doch dreht es sich dabei mehr ums Kassieren als ums Gewinnen. Doch da gibt's ja noch ein Duell. Das Nachspiel zum Kampf gegen Nunn. Es wird der wohl spektakulärste Fight meines Lebens. Auch wenn er nicht im Ring, sondern vor Gericht steigt. Bei dem geht es dann übrigens um beides: ums Gewinnen und ums Kassieren!

# RUNDE 6

# MEINE SIEGE

»Rocky war stark und überraschend offensiv. Damit hatte ich nicht gerechnet. Denn die Videoaufzeichnungen der Kämpfe von ihm gegen Jassmann und Hamsho ergaben, dass er ein Konterboxer ist. Meine Einstellung war verkehrt und der Ringrichter hat richtig gehandelt, den Kampf in Runde acht abzubrechen.«

Die Analyse von Vincent Boulware fällt sachlich aus. Kein Zetern und kein Klagen. Der Junge ist ein fairer Verlierer. Versucht erst gar nicht, dem Ringrichter die Schuld zu geben, dass es nichts geworden ist mit seinem heiß ersehnten Gewinn des WM-Gürtels.

»Mein Kompliment an den neuen Weltmeister. Er ist weiß, hat Herz, Courage, Physis und einen amerikanischen Boxstil, der ankommt. Graciano braucht noch ein Jahr, dann kann er auch gegen Typen wie Hagler und Hearns bestehen!«

Boxerherz, was willst du mehr? Die Komplimente von Boulwares Manager, Bob Saagnalo, gehen runter wie Öl. Mir scheint eine große Karriere vorprogrammiert. Nichts anderes glaube ich auch, an jenem Abend des 11. März 1988. Doch jetzt will ich nicht darüber nachdenken, wen ich in einem Jahr eventuell vor die Fäuste kriege. Jetzt beschäftige ich mich vielmehr damit, was ich mir Leckeres hinter die Kiemen drücken beziehungsweise wann ich mir endlich ein schönes Bierchen herunterspülen kann.

### BÜFETT DES GRAUENS

Die silbernen Platten sind leergefuttert. Hier und da grinst mich noch ein vergilbtes Salatblatt an. Es fällt schwer, zu glauben, dass hier vor ein, zwei Stunden noch das leckere Siegerbüfett gestanden haben soll. Der Weltmeisterschmaus.

Als neuer Champion im Supermittelgewicht quält mich ein Bärenhunger. Hinzu kommt, dass ich Brand habe wie eine Ziege. Und dann das: Nicht nur dass sich vor meinen Augen ein Büfett des Grauens präsentiert, auch der Zapfhahn ist bereits versiegt.

Klaus Winter, im Vorprogramm meines WM-Triumphes gegen Vincent Boulware mit 38 Lenzen deutscher Leichtschwergewichts-Meister geworden, hat es sicher gut gemeint, als er mich ins Clubhaus des ESV Blau-Weiß in Düsseldorf zur sogenannten VIP-Party geladen hat. Doch vielleicht hätte er auf ein paar seiner 400 anderen Gäste verzichten sollen. Dann wäre zum einen vielleicht noch etwas vom Essen übrig und zum anderen könnte jetzt noch ein kühles Blondes in meiner Kehle zischen.

Ich ringe um Fassung. Gefightet wie ein Weltmeister, gefeiert wie ein Waldmeister. Und das passiert ausgerechnet mir, der sonst ganz genau weiß, wie und wo partymäßig die Post abgeht. Es ist schon spät, mitten in der Nacht. Die Müdigkeit macht sich breit. Trotz des gewonnenen WM-Gürtels verspüre ich nicht die geringste Lust, noch woanders auf die Rolle zu gehen. Auf dem Weg ins Hotel schnappe ich mir mit meinen mitgereisten Berliner Kumpels an der Tankstelle noch ein paar Sixpacks, eine Flasche Bacardi und die dazugehörige Pulle Coca-Cola. Irgendwie muss mein Erfolg über den Ami ja noch begossen werden. Eine richtige Siegesfeier gibt es allerdings erst nach unserer Rückkehr am nächsten Tag. Gastwirt Volker Oster, dem im Berliner Bezirk Steglitz das Restaurant mit dem bezeichnenden Namen »Dr. Knock« gehört, schmeißt für meine Familie und meine Freunde ein leckeres Essen und Freibier. Für mich gibt es als Zugabe noch ein schickes Schmuckstück. Einen kleinen Boxhandschuh aus Gold mit einem Brillanten.

»Den hatte ich Graciano und seinem Bruder Ralf versprochen. Wer von ihnen zuerst Europa- oder Weltmeister würde, der sollte ihn bekommen«, erklärt der Gastronom.

Ich bin nicht böse drum, dass ich in diesem Punkt schneller bin als mein Bruder. Der Brilli ist ein echter Hingucker. Aber nicht die einzige Überraschung, die im Dr. Knock auf mich wartet. Die andere flattert schriftlich ins Haus. Ein Glückwunschtelegramm vom Regierenden Bürgermeister Berlins. Sieh an, auch dem Kollegen Eberhard Diepgen ist nicht entgangen, dass einer der Söhne seiner Stadt in der vergangenen Nacht zu Weltmeisterehren gekommen ist. Wenn ich damals schon gewusst hätte, dass »Ebi«, wie viele Berliner ihren damals durchaus beliebten Regierenden nennen, auch nicht besser ist als die typischen Politfuzzis, wäre das Schreiben gleich in den Müll gewandert. Doch diese Erfahrung mache ich erst drei Monate später. Bei unserer ersten persönlichen Begegnung.

### Hassfalten auf der Stirn

»Klar, kein Problem«, gebe ich Wolfgang Krüger zu verstehen, als der Kreuzberger Bezirksbürgermeister mich um ein Erinnerungsfoto mit Diepgen bittet. »Ebi« und ich sind zu Gast bei einem Seifenkistenrennen in Krügers Szenebezirk. Doch Diepgen will anscheinend nicht so, wie sein Bezirksfürst möchte. Zumindest ist es Krüger spürbar peinlich, mir kurz nach unserer Unterhaltung erklären zu müssen, dass es nichts wird mit dem gewünschten Foto von Bürgermeister mit Weltmeister. Mir treibt es echt die Hassfalten auf die Stirn. Vergangene Nacht habe ich in meiner Heimatstadt den WM-Titel in einem 15-Runden-Kraftakt verteidigt und als Dank gibt's nicht mal ein Foto mit der Obernase der Stadt. Ich fühle mich wie ein Vollidiot. Ein bisschen mehr Respekt bitte, Herr Regierender. Aber wer nicht lieb zu Rocky ist, bekommt halt von den Berlinern die Quittung. Kein Wunder also, dass Diepgen rund sieben Monate später abgewählt wird.

Eine ganz andere Erfahrung mache ich vier Tage später mit einem, von dem man viel eher erwarten könnte, dass er Starallüren an den Tag legt. Der Hollywood-Rocky ist in der Stadt, um Promotion für seinen neuen Film zu machen, der in der darauffolgenden Woche in den deutschen Kinos starten wird. Zwar ist Sylvester Stallone diesmal nicht als Rocky Balboa, sondern als

John Rambo auf Tour, doch sein Trip nach Good Old Germany verläuft nicht nach Wunsch. Gut ein Jahr vor dem Fall der Mauer haben bei den Ossis noch die kalten Krieger das Sagen und verweigern Rambo, der im dritten Teil seiner Filmsaga gerade die Russen in Afghanistan aufmischt, die Einreise nach Ostberlin. Von daher kommt einer seiner Agenten auf die Rocky-trifft-Rocky-Idee. Nach meinem spektakulären 15-Runder gegen Walker bestimme ich die Schlagzeilen der Berliner Blätter. Das entgeht auch dem amerikanischen Rocky-Clan nicht und so drücke ich dem Hollywoodstar kurz darauf im Blitzlichtgewitter zahlreicher Fotografen die Hand. Ich bin voll aufgeregt, doch mein Lampenfieber verfliegt sofort. Stallone ist superlocker drauf, umgänglich und macht trotz seiner Megaerfolge und Multimillionen ganz auf bescheiden. Von so einem Auftritt hätte sich Berlins Stadtvorsteher Diepgen mal eine Scheibe abschneiden sollen. Aber letztlich ist sowohl der Ebi-Reinfall als auch das Shakehands mit Rambo-Rocky Stallone nur eine der Nebensächlichkeiten dieser Tage, die ich zwar in meinem Hinterstübchen abspeichere, mit denen ich mich aber nicht lange aufhalte. Gleiches gilt auch für ein spontanes Kennenlernen inklusive Erinnerungsfoto mit Mike Krüger, von dem bei mir vor allem eines hängen geblieben ist: Mikes Nase ist in Wirklichkeit genauso groß wie im Fernsehen.

Seis drum: Damals beherzige ich in etwas abgewandelter Art vorrangig einen Spruch von Sepp Herberger, Trainer der deutschen Fußballweltmeister von 1954: Nach dem Kampf ist vor dem Kampf. In schöner Regelmäßigkeit boxe ich im Jahr 1988 um den WM-Titel. Am 11. März erobere ich ihn gegen Boulware, am 3. Juni verteidige ich ihn gegen Nicky Walker. Am 7. Oktober muss ich erneut gegen einen Ami ran.

### »And Rocky is the Champ«

Während des Kampfes gegen Chris Reid gebe ich den Takt an, auf der Siegesfeier, im Anschluss an meinen dritten WM-Fight, hat ein anderer die Show im Kasten. Frank Cappuccino wird mindestens genauso abgefeiert wie ich. Normalerweise ist er Ringrichter. Nicht nur an diesem Abend bei meiner Titelverteidigung, sondern auch bei den ganz großen Fights in den Staaten. Zuletzt hat er nach nur 91 Sekunden Michael Spinks ausgezählt, im Duell der ungeschlagenen Schwergewichtschampions mit Mike Tyson. Bei uns in Berlin muss »Cappi« für seine 1.500 Dollar Gage mit mir und Reid fast über die Runden gehen. Dennoch hat er anschließend noch genügend Reserven, um die Partygäste zu begeistern.

»Zugabe, Zugabe«, klingt es ihm aus zahlreichen Kehlen entgegen, als Frank auf der Meisterfeier im Goldenen Saal der Deutschlandhalle einen auf Frankieboy macht. Seine Fassung von »The Lady is a Tramp« klingt fast wie das Original. Nur dass er den Song ein wenig umgetextet hat: »And Rocky is the Champ.«

Diese kleine Abwandlung des großen Sinatra-Hits gefällt nicht nur meinen Kumpels und mir, sondern auch den zahlenden Boxfans, die für 50 Mark am kalten Büfett kräftig zulangen, sowie den Experten. Viele Augenzeugen betiteln meinen dritten WM-Kampf im Anschluss als meinen bislang besten.

»Sieger durch Technischen K.o. in der elften Runde: Graciano Rocchigiani. Meine Damen und Herren, die Bundesrepublik Deutschland und Berlin behalten ihren Profibox-Weltmeister«, verkündet Radiolegende und Ringsprecher Jochen Hageleit fast etwas zu übertrieben das offizielle Urteil des Kampfgerichtes.

»Gut wie nie – Rocky ließ den ›Shamrock-Express‹ entgleisen«, lautet die Schlagzeile der »Bild am Sonntag« am 9. Oktober 1988. Ich selber halte den Ball eher flach. Klar, ich habe den Ami mit dem etwas merkwürdigen Kampfnamen über die gesamte Distanz dominiert und ihn letztlich in Runde elf dermaßen auseinandergenommen, dass seine Ecke das Handtuch warf, als Zeichen der Aufgabe. Doch auch wenn Reid vom Ex-Tyson-Coach Terry Atlas trainiert wird, so richtig gefordert hat er mich nicht. Vielleicht liegt das aber auch tatsächlich daran, dass ich mich so stark und gut wie nie zuvor präsentiere. Ich weiß es nicht. Fakt ist, dass ich dieses Niveau bei meiner nächsten Titelverteidigung nicht noch einmal zeigen kann. Das ist nicht unbedingt dadurch zu begründen, dass ich mit Thulane »Sugar Boy« Malinga einen überragend starken Mann boxen werde, sondern liegt vielmehr daran, dass ich mir mittlerweile die ersten Joints reinziehe. Und wie hat mein Trainer damals so schön formuliert: »Junge, lass das Kiffen. Das macht müde Beine und blöd im Kopf.«

Vorbei die Zeit, in der ich nur für den Sport lebe und wirklich hungrig auf Siege und Titel bin. So wie in meiner Amateurzeit, als ich zum Beispiel kurz vor meinem Wechsel zu den Profis den Olympia-Dritten von 1976, Manfred Zielonka, bezwinge und so die Fahrkarte zur Europameisterschaft im bulgarischen Warna buche. Oder als ich mir gut zwei Jahre nach meinem Profidebüt die Deutsche Meisterschaft im Mittelgewicht sichere. Das ist zwar keine große Kunst, denn mein Gegner Rüdiger Bitterling hat seine beste Zeit im Ring sicherlich schon ein paar Jährchen zuvor erlebt. Trotzdem gehe ich hochkonzentriert und topmotiviert an die Sache heran und habe meine Aufgabe bereits nach drei Runden erledigt. Oder ein knappes Jahr später, als ich einen Ausflug ins damals noch ungewohnte Halbschwergewicht wage, um dem Routinier Manfred Jassmann den nationalen Titel abzuknöpfen. Der hat mit seinen 33 Jahren zuvor lediglich zwei EM-Kämpfe verloren, aber in seiner Karriere wohl auch ein paar Schläge zu viel eingesteckt: »Über das Urteil muss ich erst mal eine Nacht lang schlafen. Ich bin echt enttäuscht, habe fest mit einem Unentschieden gerechnet. Er ist mit seinem Leberhaken nie durchgekommen und meine Führungshände waren immer drin. Er hat sich in den letzten drei Runden über die Zeit geklammert.«

Sorry, Manfred, aber du musst einen anderen Kampf geboxt haben als ich. Es mag zwar sein, dass ich selten deine Leber getroffen habe, aber was ist mit den ganzen Dingern, die du mit dem Kopf gestoppt hast? Selten habe ich einen Kampf von der ersten Runde so dominiert, an dessen Ende sich mein Gegner noch über das glasklare Urteil der Punktrichter beschwert hat. Aber so ist das halt im Boxen, wenn es keine Entscheidung gibt, die das Auswerten der Punktzettel überflüssig macht. Von daher gilt nach wie vor: Jegner am Boden, jutet Jefühl!

## WIE EIN ORGASMUS

Der Knockout ist die beste Entscheidung im Boxen, weil es die ehrlichste ist. Dann wird jedem deutlich vor Augen geführt, wer der Bessere ist, kann niemand um den Sieg betrogen werden, kann kein Punktrichter der Welt beweisen, dass er Schwierigkeiten beim Rechnen hat. Der Sieg durch Knockout ist auch das beste Gefühl für einen Boxer selbst. Es ist der Beweis, stärker zu sein als der andere. Unser Sport ist extrem, vielleicht der extremste, den es gibt. Wenn du es nicht schaffst, dem anderen körperliche Schmerzen zuzufügen, bekommst du selbst eins in die Fresse. Und da du darauf nicht den geringsten Bock hast, kennst du nur ein Ziel: zuschlagen und treffen. Je schneller, desto besser. Es gibt nichts Schöneres als einen K.o.-Sieg in der ersten Runde. Du kannst keine Schmerzen mehr erleiden, kannst nicht mehr getroffen werden, kannst nicht mehr zu Boden gehen, kannst nicht mehr verlieren.

Je schlimmer, härter und brutaler du deinen Gegner triffst, desto geiler ist das Gefühl. Wenn du durch K.o. gewinnst, ohne dass dem anderen etwas wirklich Schlimmes passiert, ist es das Schönste auf der Welt. Das ist wie ein Orgasmus. Besonders dann, wenn es um einen Titel geht. Das wird jeder Kämpfer bestätigen, wenn er ehrlich ist. Wenn mir einer erzählen will, dass er lieber zehn oder zwölf Runden geboxt hätte, anstatt in der ersten durch K.o. zu gewinnen, dann ist er für mich ein Schwätzer. Oder ein Vollidiot.

Jeder träumt von einem schnellen Ende, einem schnellen Sieg. Im Vorfeld eines Kampfes ernsthaft über eine Niederlage nachzudenken ist für mich dagegen nie ein Thema. Fast nie. Nur wenn ich im Hinterkopf abgespeichert habe, gesundheitlich nicht auf der Höhe oder unzulänglich trainiert zu sein, kann ich mich nicht freimachen von dem Gedanken, dass es schiefgehen könnte. Ja, eigentlich schiefgehen muss. Die beiden besten Beispiele hierfür sind die Rückkämpfe gegen Maske und Michalczewski.

Ansonsten ist eher der Glaube an die eigene Stärke mein ständiger Begleiter. Sorgen machen sich nur die anderen. Vor allem dann, wenn während der Fights meine anfällige Haut um die Augenpartie frühzeitig Risse bekommt und ich mir blutende Cuts einfange. Oder wenn ich verletzt in den Ring steige, ohne es an die große Glocke zu hängen. Dann ist es vor allem Christine, die Schiss um mich hat. Das ist nicht nur im zweiten Kampf gegen Maske der Fall, sondern auch gegen Lester Yarbrough am 29. Juni 1993.

### Christines panische Sorge

»Ihr Brustbein ist angebrochen«, diagnostiziert der Doc, nachdem ich im Training einen merkwürdigen Treffer kassiert habe und über ein leichtes Ziehen im Brustkorb klage.
»Wenn es im Kampf bricht, kann ihr Herz durchstoßen werden. Sie könnten sterben.«
Dieses Horrorszenario versetzt Christine in Angst und Schrecken. Erstmals nach meiner zwanzigmonatigen Pause klettere ich wieder in den Ring und dann mit einem möglicherweise tödlichen Handicap. Das ist zu viel für meinen Schatz. Da kann ich noch so viel reden und ihr erklären, dass ich mich schon wieder prächtig fühle, aufpassen werde und doch meinen Gegner aus gemeinsamen Sparringsrunden bestens kenne.
»Der schlägt gar nicht hart genug, um mir das Brustbein zu brechen. Außerdem werde ich die Stelle besonders gut schützen. Mach dir mal keinen Kopf!«
Ich fühle mich wirklich absolut sicher, bin überzeugt, dass nichts passieren wird. Sonst würde ich nicht in den Ring steigen. Bin ja nicht lebensmüde. Doch das alles trägt nicht zur Beruhigung von Christine bei. Eh schon als Temperamentsbündel bekannt, schreit und gestikuliert sie am Kampfabend in Hamburg diesmal noch wilder als sonst. Das Geschehen im Ring verläuft relativ unspektakulär. Ich habe die Sache voll im Griff, punkte Runde für Runde einen sicheren Vorsprung heraus. Von den Fans gibt's höflichen Applaus, von Christine immer wieder lautstarke Zwischenrufe. Aus Angst um mich brüllt sie sich hysterisch die

Kehle aus dem Hals. Es klingelt in meinen Ohren. Was sollen erst die Zuschauer denken, die um sie herum sitzen? Die müssen sie für total durchgedreht, für 'ne Irre halten.

»Jetzt reicht es aber. Halt sofort den Mund!«

Ich habe mich von Yarbrough mal eben in die Seile drängen lassen. Während er versucht, meinen Körper zu bearbeiten, drehe ich kurz den Kopf nach hinten, um Christine zur Ordnung zu rufen. Und das Beste: Es funktioniert. Sie ist fast krank vor Sorge, und ich finde die Zeit für eine kurze Plauderei. Völlig perplex, verschlägt es ihr die Sprache. Für mich dagegen ist die Konversation mit den Zuschauerrängen während eines Kampfes nichts Neues. Schon knapp sechs Jahre zuvor, am 3. Oktober 1987, sehe ich mich zu einer ähnlichen Maßnahme gezwungen. Damals trifft es meinen Vater. Keine Ahnung, was an diesem Abend in ihn gefahren ist. Ich verdresche meinen Gegner Tommy Taylor dermaßen, dass die Vermutung naheliegt, er sei rauf und runter gegen einen Panzer gelaufen, aber mein Vater brüllt und brüllt. So lange, bis ich ihn vom Ring aus darum bitte, ob es nicht auch ein bisschen leiser gehen würde. Er ist ähnlich verdutzt wie später Christine, und fortan ist Ruhe im Bau.

Keine Frage, für mich ist es ein gutes Gefühl, meine Frau und meine Familie in der Nähe zu wissen. Ich habe auch nichts dagegen, wenn ich lautstark unterstützt werde. Nur wenn es so krass wird, dass man sich mehr auf die Zwischenrufe konzentriert als auf das Ringgeschehen, dann ist es eindeutig zu viel des Guten. Für beide, für Christine und meinen Vater, ist meine kleine Talkeinlage aus dem Ring heraus ein heilsamer Schock. Es ist bei beiden jeweils das erste und letzte Mal, dass ich mich zu einer solchen Maßnahme gezwungen sehe.

### PLÖTZLICHES INTERESSE DER DDR

Ein halbes Jahr nach dem Ordnungsruf für meinen Vater bin ich Weltmeister. Zehn Monate später verteidige ich meinen Titel bereits zum dritten Mal. Nach Walker und Reid heißt der Gegner

nun Thulane »Sugar Boy« Malinga. Geht's bei den vorherigen WM-Kämpfen immer gegen US-Amerikaner, kommt der Gegner diesmal aus Südafrika. Ein Politikum, das selbst vor dem Europäischen Parlament zum Thema wird. Die Forderung der Politfuzzis aus Straßburg: »Kein Sportverkehr mit dem Apartheidstaat!«
Mir geht das Gequatsche am Arsch vorbei. Wenn Malinga wirklich so gut ist, dass er sich einen WM-Kampf verdient hat, dann boxe ich ihn auch. Was kann der »Sugar Boy« dafür, dass die Regierung in seiner Heimat nicht alle Tassen im Schrank hat? Mit dieser Entscheidung gelingt mir ganz am Rande etwas, was ich damals überhaupt nicht wahrnehme, sondern was mir erst im Zuge der Recherchen zu diesem Buch zugetragen wird: ADN, die Nachrichtenagentur der DDR, berichtet über meinen Kampf gegen Malinga! Das ist deshalb eine Besonderheit, weil im Osten Deutschlands normalerweise die Berichterstattung über den Profisport, insbesondere über das Profiboxen, verpönt ist und strikt abgelehnt wird. Doch diesmal sehen die linientreuen Ost-Journalisten, wegen der vorab angekündigten politischen Proteste gegen den Auftritt eines südafrikanischen Kämpfers in Westberlin, die Notwendigkeit einer Berichterstattung. Ich staune nicht schlecht, als mir Dietrich Denz, Pressesprecher des Berliner Box-Verbandes und 1988 noch selbst für ADN tätig, im November 2006 erzählt, was die Ossis für einen Aufwand betrieben haben, um meinen Kampf gegen Malinga öffentlich anzuprangern:

»Die Berichterstattung, die normalerweise in die Zuständigkeit der Sportredaktion gefallen wäre«, so Denz, »wurde dieser entzogen und der Politik-Auslandsredaktion für Westberlin übertragen, da es sich aus Sicht der Ossi-Bosse nicht um einen reinen Sportwettkampf, sondern um ein ›hochkarätiges Politikum‹ handelte. Außerdem wurde vor der Deutschlandhalle mit größeren Protesten gegen die Durchführung dieses Kampfes gerechnet und deshalb ein eigener Fotoreporter mitgeschickt. In Wahrheit fanden sich aber nur ein paar, offensichtlich bestellte, Protestler ein. Die etwa zwanzig bis dreißig Leute wurden dann dicht zusammengedrängt auf ein Foto gebracht, das in den ADN-Zentralbild-Dienst ging.«

Nicht schlecht, oder? Unglaublich, zu welchen Ehren ich es schon vor der Wende in Ostdeutschland gebracht habe. Ich musste gar nicht erst ihren Vorzeigehelden verdreschen, um in der Berichterstattung vorzukommen. Wer hätte das gedacht? Der Kampfverlauf gegen Malinga spielt dagegen in dem ADN-Bericht überhaupt keine Rolle. Rückblickend gehört er sicherlich auch nicht zu meinen spektakulärsten Titelkämpfen. Vielleicht liegt es daran, dass ich mit leichtem Fieber in den Ring steige, oder daran, dass ich einfach nicht genug Power habe, nachdem ich acht Kilo abkochen musste, um das Gewichtslimit von 76,2 Kilo zu bringen. Vielleicht auch an beidem. Ganz sicher aber ist es nicht förderlich, erst acht Wochen vor dem Kampf das Shitrauchen sein zu lassen. So kann man sich einfach nicht in der körperlichen Verfassung präsentieren, die nötig ist, um eine Glanzvorstellung abzuliefern. Am liebsten hätte ich mir auch während der Trainingsphase den einen oder anderen Joint reingezogen. Doch die Gefahr, bei der Dopingprobe noch irgendwelche unerwünschten Substanzen mit meinem Urin ins Fläschchen zu pinkeln, hält meine Abstinenz aufrecht.

Auch wenn ich mich mit dem lähmenden Shit eher selbst schwächen als pushen würde: So sind die Regeln nun mal und daran habe auch ich mich zu halten.

### Einmaliger Auftritt als »Golden Boy«

Im Ring zeige ich mich zum ersten und gleichzeitig einzigen Mal als »Golden Boy«. Goldene Hose, goldene Schuhe und goldblond gefärbte Haare. Der Auftritt ist meine neueste Schnapsidee. Genauso schräg wie die zahlreichen Marketingfreaks, die sich während meiner Zeit als Weltmeister die Klinke in die Hand geben. Jeder verspricht mir goldene Zeiten, ehe er ruckzuck wieder verschwunden ist, ohne irgendetwas bewirkt zu haben. Einzig Auto-Eicke, ein boxverrückter Sponsor schon aus der Zeit, als sich noch keiner der sogenannten Vermarkter für mich interessiert hat, hält mir jahrelang die Treue. So bleiben große

Zusatzeinnahmen Fehlanzeige. Neben dem Sponsorengeld des Autohauses werden meine Kampfbörsen lediglich durch Kleinspenden aufgebessert, die während der Kampfabende von den am Ring sitzenden Gönnern ausgesprochen werden. Und diese Spenden sind zumeist abhängig von dem Spektakel im Ring. Gegen Malinga sind es am Ende des klaren Punktsieges lediglich 1.000 Mark, die mir im Anschluss in der Kabine zugesteckt werden. Ich reiche sie an meinen Vater weiter, der in solchen Momenten die Familienkasse verwaltet.

Knapp 33 Monate später, am 13. September 1991, stocke ich mein offizielles Honorar dagegen immerhin um 9.000 Mark und zwei Reisen auf. Dabei dauert der Kampf nicht einmal volle neun Runden. Und statt des Weltmeistertitels steht auch nur mein EM-Gürtel auf dem Spiel, den ich mir ein halbes Jahr zuvor gegen den Briten Crawford Ashley im Halbschwergewicht gesichert habe. Doch meine Energieleistung, die ich gegen Alex Blanchard an den Tag lege, ringt vielen Zuschauern nicht nur Respekt ab, sondern sorgt in der Düsseldorfer Philipshalle für eine Teufelsstimmung, in der ich meinen Gegner trotz eines komplett zugeschwollenen rechten Auges doch noch zur Hölle schicke.

Dem im Mai 2007 verstorbenen Professor Jörg Immendorff, der zu Lebzeiten nicht nur durch seine malerischen Künste, sondern auch durch Kokainkonsum für Furore sorgt, ist meine Ringschlacht immerhin 1.000 Mark wert. Klaus Peter Kohl und sein Promoter-Kollege Willy Zeller legen sogar jeweils 2.000 Märker obendrauf. Neben weiteren Kleinsummen spendiert mein damaliger Manager Wilfried Sauerland für mich und Christine eine zweiwöchige Reise nach Sardinien. Kiezgröße Ebby Thust, dem in früheren Jahren zu verdanken ist, dass das Profiboxen in Deutschland nicht ganz den Bach runtergeht, lädt mich und mein Mädel für zwei Wochen nach Las Vegas ein. Nicht schlecht. Und das alles nur, weil ich mir von einem echten Käskopp nicht die Butter vom Brot nehmen lassen will.

Mit eingeschränkter Sicht behalte ich immerhin noch so viel Durchblick, dass ich den Holländer Blanchard in Runde neun dermaßen mit Schlägen eindecken kann, dass er vom Ringrichter erlöst wird. Die Gedanken daran, tatsächlich meine erste Niederlage zu kassieren und dann auch noch ausgerechnet gegen einen Holländer, geben mir den nötigen Kick. Das Foto mit Siegerkranz und völlig zugeschwollenem Auge ist sicherlich eines der bekanntesten, die je von mir geschossen wurden. Diese ungewöhnliche Verletzung, die auf einen Jochbeintreffer aus Runde zwei zurückzuführen ist, wird 15 Jahre später übrigens in der Berichterstattung erneut hervorgekramt. Im Zusammenhang mit der schwer blutenden Kieferverletzung von Arthur Abraham bei seinem WM-Sieg gegen Edison Miranda am 23. September 2006 in Wetzlar dient mein Auge von einst als weiteres Beispiel dafür, dass man auch schwer gehandicapt noch gewinnen kann.

### Grenzen eindeutig überschritten

Für mich allerdings hinkt der Vergleich. Nicht dass ich die Leistung von Arthur schmälern will. Es ist sicherlich eine unmenschliche Energie vonnöten, um so etwas durchzustehen. Meine Frage zielt in eine ganz andere Richtung und zieht die Sichtweise seines Gegners aus Kolumbien in Betracht: Wie schwer muss ich mein Gegenüber im Ring eigentlich verletzen, um zum Sieger durch Technischen K.o. erklärt zu werden? Muss ich ihm den Kiefer erst in die Augenhöhlen rammen, ehe Schluss ist? Ich begreife nicht, was sich Arthurs Ecke um Trainer Ulli Wegner und Ringrichter Randy Neumann dabei gedacht haben, den Jungen weiterboxen zu lassen. Der blutet wie ein Schwein und sieht aus, als hätte er einen Ballon im Mund. Boxen ist kein Sport für Weicheier, das ist mir durchaus bewusst. Aber was in diesem Kampf abgeht, überschreitet eindeutig die Grenzen unseres Sports. Und kann überhaupt nicht verglichen werden mit meinem Kampf gegen Blanchard. Mein Auge ist zwar komplett dicht, aber dadurch auch bestens geschützt. Keine Wunde, kein Blut. Es besteht keine Gefahr für mein Augenlicht. Warum also sollte damals auf Technischen K.o. entschieden werden?

Aber diesmal? Arthur hat sich einen doppelten Kieferbruch eingehandelt. Sein Blut fließt und fließt. Ein falscher Treffer und ...? Ich möchte mir gar nicht ausmalen, was alles hätte passieren können. Sicher, vermeintlich scheint alles gut gegangen zu sein. Arthur behält seinen Titel, die anschließende Operation verläuft nach Plan. Er klettert wieder in den Ring und siegt weiter. Doch was passiert, wenn die Titanplatten die Knochen irgendwann nicht mehr so zusammenhalten wie gewünscht? Wenn die Folgetreffer im Ring, die er noch nach dem Kieferbruch im selben Kampf kassiert hat, den Kiefer stärker in Mitleidenschaft gezogen haben als gedacht? Wenn sich seine Futterleiste im Mund nochmals verabschiedet? Wer übernimmt die Verantwortung, wenn es in einem seiner nächsten Kämpfe, vielleicht erst in zwei, drei Jahren, noch mal so richtig kracht? Wenn einer seiner Gegner die richtige, besser gesagt die falsche Stelle trifft? Dann will es sicher keiner gewesen sein und ich höre jetzt schon das Gerede vom Unglücksfall. Ich habe dazu eine ganz klare Meinung: Ein Ringrichter, der einen Kämpfer trotz gebrochener Knochen und einer Blutung, die nicht zu stillen ist, nochmals in den Kampf schickt, hat in einem Boxring nichts zu suchen. Der gehört lebenslang gesperrt. Egal ob der Boxer selbst glaubt und auch zu verstehen gibt, er könne noch weiterboxen. Natürlich ist auch mir nicht entgangen, dass Arthur während der Untersuchung durch den Ringarzt Dr. Wagner klargemacht hat, er wolle unbedingt weiterkämpfen. Aber was will denn der Referee anderes erwarten, wenn ein Mann im Ring steht, der um die WM, eventuell sogar um seine Existenz boxt? Nein, nein. Randy Neumann und auch Arthurs Trainer Ulli Wegner tragen die Verantwortung. Auch für mögliche Folgeschäden. So einfach ist das.

Ich will hier wirklich nicht den Teufel an die Wand malen, aber wenn ich mich mit diesem Kampf und den grundsätzlichen Gefahren im Ring beschäftige, muss ich unweigerlich auch an meine Jugend zurückdenken. Denn bereits am 17. Dezember 1977, also zwölf Tage vor meinem vierzehnten Geburtstag, erfahre ich schonungslos, wie brutal der Sport sein kann, der mein Leben bestimmen wird. Jörg Eipel ist damals ein junger Mann, dem die

Zukunft zu gehören scheint. 19 Jahre jung, ist er schon Europameister bei den Profis. Zwar ist sein Disqualifikationssieg gegen den dänischen Titelträger Jörgen Hansen im August 1977 unter den Experten höchst umstritten. Aber was soll's, Titel ist Titel. Für uns junge Burschen ist der Coup von Eipel ein echter Motivationsschub. Allerdings sind wir bei seiner ersten Titelverteidigung auch starr vor Entsetzen. Der französische Lokalmatador und Herausforderer Alain Marion ist eindeutig eine Nummer zu groß für den Berliner Shootingstar. Bereits in Runde neun kann sich Eipel, schwer angeklingelt, nur so eben über die Zeit retten. Der Franzose bleibt überlegen, führt klar nach Punkten, als es in der fünfzehnten Runde zur Tragödie kommt. Als Eipel wehrlos in den Seilen hängt, zeigen weder Trainer, Ringrichter noch Gegner Erbarmen. Er wird von einer schweren Rechten niedergestreckt und anschließend ausgezählt. Eine sofortige Herzmassage, Mund-zu-Mund-Beatmung und eine Herzspritze halten ihn zwar am Leben, holen ihn aber nicht aus der Bewusstlosigkeit zurück. Insgesamt 25 Tage liegt Eipel im Koma und kann heute von Glück reden, dass ihn dieser Kampf zwar seine Boxkarriere, aber nicht sein Leben gekostet hat.

Solche Geschehnisse prägen, lassen dich nicht los und sorgen dafür, dass die Alarmglocken schrillen, wenn im Ring Absonderliches passiert. Und sofort stellst du dir die Fragen: Warum macht der Ringrichter nicht Schluss? Warum wirft der Trainer nicht das Handtuch?

Zum Glück müssen sich die Offiziellen während meiner eigenen Karriere nicht wirklich häufig den Kopf zerbrechen. Ich kassiere zwar nicht selten und meist leider auch sehr früh die eine oder andere Cutverletzung an den Augen, doch daran habe ich mich schnell gewöhnt. Die Haut in meinem Gesicht ist nun mal nicht die widerstandsfähigste und reißt leicht ein. Dafür bin ich ansonsten eher ein zäher Hund. In meiner kompletten Profilaufbahn muss ich nur einmal kurz zu Boden. Im zweiten Kampf gegen Michalczewski. Wann immer aber es heißt, das sei der einzige Niederschlag meiner gesamten Karriere gewesen, muss ich aber widersprechen. Als 15-Jähriger werde ich in Hamburg gleich zu Beginn der ersten Runde von meinem türkischen Gegner kalt erwischt und sitze plötzlich auf dem Hosenboden. Ich bin überrascht, mein Gegner scheinbar auch. Jedenfalls treffe ich ihn in der gleichen Runde mit ein paar schnellen Kombinationen, sodass er noch vor dem Gong, der das Ende der ersten Runde bedeuten soll, die Waffen streckt. Ich glaube, der Türke ist schon superglücklich darüber, dass er mich einmal unten hatte. Für mich ist der Niederschlag danach sofort Geschichte. Sich darüber den Kopf zu zerbrechen bringt keine Punkte. Je länger du dich damit beschäftigst, desto größer wird die Wahrscheinlichkeit, dass es dir noch mal passiert. Und ich bin keiner, der sich vor dem Kampf irgendeinen Psychodruck auferlegen lassen will oder sich gar selber das Leben schwer macht. Das überlasse ich lieber anderen. Solange dabei nicht mit unlauteren Methoden gekämpft wird, habe ich auch kein Problem damit.

## Rasend vor Wut

»Rocchigiani beim Kampf mit Michalczewski gedopt«. Die Schlagzeile der »FAZ« vom 18. März 1997 geht mir durch Mark und Bein. Vor allem kommt sie völlig aus heiterem Himmel. Vor sieben Monaten und zehn Tagen habe ich Michalczewski in Hamburg verprügelt. Vier Tage vor dem darauffolgenden Fight gegen John Scully, den ich nicht unter der Universum-Flagge von Promoter Kohl, sondern für seinen Kontrahenten Sauerland bestreite, taucht die scheinbar skandalträchtige Doping-Schlagzeile auf.

Ich verstehe die Welt nicht mehr, weiß nur, dass ich nichts genommen, mich nicht gedopt habe. Ich bescheiße nicht. Sauber in den Ring zu steigen ist für mich Ehrensache. Doping ist und war für mich nie ein Thema. Von daher kann ich auch nicht behaupten, mich mit der Thematik bestens auszukennen. Nur eines weiß ich, wie wahrscheinlich jeder, der von dem Thema, spätestens im Zuge der Radsport-Skandale im Sommer 2007, schon mal gehört hat: Es gibt eine A- und eine B-Probe. Und nur wenn beide positiv sind, kann man von einem gedopten Sportler reden. Bei mir fehlt die B-Probe, das wird schnell klar, wenn man den Text unter der »FAZ«-Schlagzeile von damals liest. Das macht mich rasend vor Wut. Wie kann einem Doping unterstellt werden, wenn nicht mal die Testregularien eingehalten werden? Warum schreibt einer so eine Scheiße, anstatt anzuprangern, dass hier einem Sportler, in diesem Falle mir, nicht einmal die Gelegenheit gegeben werden kann, sich gegen solche Diffamierungen zu wehren? Ich kann das alles nicht begreifen. Was bezweckt der »FAZ«-Redakteur Hans-Joachim Waldbröl mit dieser Story? Ich kenne den Typen nicht und habe ihm auch nie etwas Böses getan. Und jetzt haut der Journalist, der nicht mal weiß, dass ich gegen Dariusz nicht für die World Boxing Association (WBA), sondern für die World Boxing Organization (WBO) gekämpft habe, so eine Geschichte raus. Er berichtet davon, dass Dr. Wilhelm Schänzer in meiner A-Probe Ephedrin nachgewiesen haben soll. Was er aber verschweigt, ist, dass Schänzer hinzufügt: »So etwas kann man auch in Hustensaft finden.« Zudem steht Ephedrin zwar auf der Verbotsliste einiger olympischer Sportverbände, nicht aber auf der der WBO. Alles Fakten, die Waldbröl ignoriert.

Die Sache stinkt zum Himmel. Und das empfinde nicht nur ich so, sondern zum Beispiel auch das Nachrichtenmagazin »Focus«, das die Thematik am Montag, den 24. März 1997, zwei Tage nach meinem Punktsieg über John Scully, wie folgt bewertet:

»Tatsächlich ist der Vorwurf ziemlich obskur. Am 10. August 1996 soll Rocchigiani mit Ephedrin im Blut gegen Michalczewski gekämpft haben. Erst sieben Monate später wurde das Ergebnis der Dopinganalyse bekannt. Es gab keine zweite Urinprobe zur zweifelsfreien Feststellung der Einnahme unerlaubter Mittel, der Bund Deutscher Berufsboxer wusste angeblich von nichts, und auch der Weltverband war ahnungslos. Erst vier Tage vor Rockys geplantem Comeback stand's in der Zeitung.«

Ich denke, dass sich jeder, der das Geschäft ein wenig kennt, seinen Teil denken kann. Vor allem dann, wenn man berücksichtigt, dass die Schlagzeilen genauso schnell verschwinden, wie sie gekommen sind. Von daher verzichte ich jetzt darauf, die Geschichte weiter zu kommentieren. Das würde denen, die sie inszeniert haben, mehr Aufmerksamkeit schenken, als sie durch solch einen Dreck verdient haben. Nur eines möchte ich betonen, denn das ist Fakt: Es gibt keinen Dopingfall Graciano Rocchigiani!

## Gedanken ans Aufhören

In den Tagen und Stunden vor dem Kampf gegen Scully trifft mich die Sache so sehr, dass ich darüber nachdenke, hinzuschmeißen und nie wieder in Deutschland zu boxen. Doch ich habe gerade einen neuen Vertrag mit Sauerland geschlossen, der mir auf dem Papier für drei Kämpfe insgesamt sechs Millionen Mark garantiert. Und so versuche ich, die Verleumdungsstory so gut wie möglich aus meinen Gedanken zu verdrängen. Das ist nicht so ganz einfach, denn ein Kampftag wird zu einer verdammt langen Angelegenheit, wenn man erst gegen 23 Uhr in den Ring klettert. Ich habe mir mittlerweile meinen ureigenen Ablauf zurechtgelegt. So etwas wie ein Ritual.

9 Uhr aufstehen. Nach der Morgentoilette gönne ich mir ein umfangreiches, leckeres Frühstück. Wenn man Tage zuvor auf Magerkost gesetzt ist, um beim Wiegen am Vorabend keine böse Überraschung zu erleben, dann schmeckt es am nächsten Morgen doppelt gut. Gesättigt vom leckeren Essen mache ich einen kleinen Spaziergang oder Einkaufsbummel. Dann folgt das Mittagessen mit anschließendem Schläfchen. Um 16 Uhr steht die dritte Mahlzeit auf dem Programm. Jetzt gibt's eine ordentliche Portion Kohlenhydrate in Form von Pasta. Am frühen Abend wird die Fußballbundesliga geschaut, ehe es ab in die Halle geht. Jetzt kommt die schwierigste und langwierigste Phase des Tages. Die mentale Vorbereitung auf das, was mich gleich im Ring erwartet. Ich mache mir zwar nicht vor Schiss in die Hosen, bin aber schweinenervös. In Gedanken spiele ich meinen Kampfplan durch, verinnerliche noch einmal die Taktik, die ich gemeinsam mit dem Trainer festgelegt habe. Was hat mein Gegner vor? Präsentiert er sich so, wie ich ihn erwarte, oder hat er eine Überra-

schung parat? Das Warten macht mich verrückt. Kann es nicht endlich losgehen? Jetzt würde ich alles dafür geben, als Gebäudereiniger unterwegs zu sein und irgendwo die Fenster zu putzen. Ich würde tauschen. Sofort! Mit jedem Handwerker. Maler, Tischler oder Fensterputzer? Egal, Hauptsache raus hier, Hauptsache nicht blamieren vor den Tausenden in der Halle, vor den Millionen an den TV-Geräten.

Nur noch eine halbe Stunde. Endlich werden meine Fäuste bandagiert. Ich darf die Handschuhe überstreifen. Das Aufwärmtraining bringt mich auf Betriebstemperatur. Das ist das Wichtigste vor dem Kampf. Richtig vorgeheizt muss man sein. Oder was glauben Sie, woher der Ausdruck »kalt erwischt« kommt? Die Möglichkeit, gleich zu Beginn eines Kampfes angeknockt zu werden, hat wohl jeder Boxer irgendwann im Laufe des Abends durchgespielt. Aber wenn dein Name erklingt und es rausgeht, ist das alles wie verflogen.

Der Walk-in ist etwas für Genießer. An diesem Gefühl, wenn die Massen johlen, kann ich mich berauschen. Es gibt mir den Kick, versetzt mich in die Trance, die ich brauche, um meine Leistung abrufen zu können. Das Adrenalin steigt. Steigt und steigt und sorgt dafür, dass der Körper im Ring das Schmerzempfinden abstellt, es einfach ignoriert. Das soll nicht heißen, dass es mir nichts ausmacht, getroffen zu werden. Doch wer nicht damit klarkommt, in die Fresse zu bekommen, hat beim Boxen nichts verloren.

## Was soll das schwule Gehabe?

Für manch einen steigt der erste Schlagabtausch ja bereits vor dem Gong zur ersten Runde. Wenn der Ringrichter die beiden Kämpfer in die Ringmitte ruft, ihnen nochmals kurz die wichtigsten Regeln erläutert und einen fairen Kampf verlangt. Da steht man nun Fuß an Fuß, manch einer auch Nase an Nase und sucht den Blickkontakt. Oder auch nicht. Ich halte nichts davon, dem Mann, der mir direkt gegenübersteht, tief in die Augen zu schauen. Was soll das schwule Gehabe? Wenn ich schon das Gerede davon höre, dies sei bereits das erste Duell. Wer länger dem Blick des anderen standhalten kann, hat einen psychologischen Vorteil. Ich lach mich kaputt. Wenn ich dem Typen länger in die Augen starre als er mir, er mich aber dafür in der ersten Runde weghaut, bin ich echt ein toller Held! Ich blicke lieber nach unten, konzentriere mich ganz auf mich. Das ist vor meinem ersten WM-Sieg so und auch vor meinem letzten. Als ich am 21. März 1998 dem US-Boy Michael Nunn gegenübertrete, versucht auch er mich mit Psychogehabe und Augengestarre zu beeindrucken. Wenn er wirklich geglaubt hat, er habe mich schon im Sack, nur weil ich seinem Blick ausweiche, hat er sich verkalkuliert. Es ist wie immer gegen die vermeintlich besseren Techniker. Sie schlagen mehr, ich treffe öfter. Das ist erst gegen Eubank so, dann gegen Maske und auch jetzt gegen Nunn. Einziger nennenswerter Unterschied: Diesmal habe ich auf den Punktzetteln die Nase vorn. Ob das daran liegen könnte, dass jetzt von Seiten des Verbandes und des Veranstalters nichts dagegen spricht, mich zum Sieger zu küren?

Selbst mein alter Rivale, der zuvor zurückgetretene ehemalige IBF-Champion Henry Maske, gehört zu den Gratulanten. Plötzlich steht er in meiner Kabine und streckt mir seine Hand entgegen. Wir werden zwar sicherlich nie beste Freunde werden, aber über diese Geste habe ich mich gefreut.

»Graciano hat für mich 100 Prozent überzeugt. Er hat die klaren Hände zum Tragen gebracht und damit war für mich die Entscheidung klar«, erklärt Maske an diesem Abend als Co-Kommentator von Florian König beim übertragenden Sender RTL. Die klaren Hände, sprich deutlichen Treffer, sind für Maske also maßgeblich, wenn es darum geht, einen Kampfverlauf entsprechend zu bewerten und ein Urteil zu fällen. Eine Aussage, die Sie sich bitte gut merken und mit in die nächste Runde nehmen sollten. Könnte ganz hilfreich sein...

*

»Das ist ein besonderes Gefühl. Vor allem weil mein Bruder als Trainer in meiner Ecke stand.«

Ich habe nach dem Kampf vor allem das Bedürfnis, mich bei Ralf zu bedanken. Erst eine Woche vor dem Duell mit Nunn habe ich meinem Coach Emanuel Steward die Brocken vor die Füße geworfen. Mein Bruder ist nicht nur sofort eingesprungen, sondern hat das Kunststück fertig gebracht, meinen Kopf völlig frei zu bekommen. So gelingt es mir tatsächlich, auf den letzten WM-Zug aufzuspringen, der für mich durch Berlin rollt. Zudem erreiche ich auch noch einen deutlichen Achtungserfolg im Fernduell mit dem Kollegen Michalczewski. Des Tigers WBO-Kampf am Vortag gegen den Italiener Andrea Magi verfolgen vor der Glotze gerade mal gut die Hälfte meiner rund zehn Millionen Zuschauer gegen Nunn.

### Zugefrorene Hölle

Nach den 36 Kampfminuten gegen den Ami müsste eigentlich die Hölle zugefroren sein. Denn nur vor diesem Szenario hält es im Vorfeld Nunns Trainer Joe Goossen für möglich, dass ich den Kampf gegen seinen Schützling gewinnen könnte. Dieses Selbstvertrauen ist nicht ganz unbegründet. 49 Mal steht Goossen zuvor in Nunns Ecke, kein einziger Fight davon geht verloren. Seine drei Pleiten im Kampfrekord hat Nunn kassiert, als er meinte, auf Goossen verzichten zu können. Also vielleicht kein Wunder, dass der siegverwöhnte Coach um große Sprüche nicht verlegen ist.

»Unser fünfzigster Sieg wird ganz besonders gefeiert«, kündigt er vollmundig an. Doch am Ende bewahrheitet sich eine alte Volksweisheit: Alles hat irgendwann ein Ende.

Nur mein Pech mit den WM-Kämpfen im Halbschwergewicht scheinbar nicht. Nach den Fehlurteilen gegen Maske und Eubank sowie dem Skandal am Millerntor gegen Michalczewski wird's auch diesmal nichts mit dem Happy End: Kampf gewonnen, Titel trotzdem futsch. Wenn auch mit ein paar Tagen Verspätung.

Schon in der Kabine, nach dem Erfolg gegen Nunn, habe ich eine merkwürdige Ahnung: »Christine, irgendetwas ist komisch. Ich kann mich gar nicht richtig freuen. Vor zehn Jahren hat es sich anders angefühlt, Weltmeister zu sein«, antworte ich meiner Frau auf ihre Frage, warum ich so zurückhaltend und ruhig sei.

Es dauert nicht lange und meine Ahnung bestätigt sich. Die Verbandsbosse des WBC haben keinen Bock auf mich als Champion, degradieren mich kurzerhand zum Interims-Weltmeister und hieven Roy Jones Jr., meinen Vorgänger, wieder zurück auf den Thron. Der ist zuvor noch kurzzeitig ins Schwergewicht gewechselt und hat deshalb seinen Titel niedergelegt. Doch jetzt kehrt er zurück und darf sich wieder Champion nennen. Kampflos.

Natürlich bin ich nicht bereit, diesen schmierigen Bauerntrick einfach so hinzunehmen. Ich schalte einen Anwalt ein. Der WBC gibt vor, einzulenken, stellt einen Kampf gegen Jones und damit einen großen Zahltag in Aussicht. Doch der platzt ein ums andere Mal. Ich soll ausgebootet werden. Also suche ich selbst den Kampf. Nicht im Ring, sondern vor Gericht. Der Prozess wird zum größten Sieg meiner Karriere. Denn am Ende steht ein Urteil, das die Boxwelt beben lässt.

# Runde 7

# Meine Niederlagen

»Das erste Mal tat's noch weh« – das ist nicht nur der Titel eines Songs von Stefan Waggershausen, mit dem der deutsche Musiker im Sommer 1990 an der Seite von Viktor Lazlo hierzulande die Charts stürmt. Sondern auch eine treffende Beschreibung meiner Gemütsverfassung, wenn ich auf die Niederlagen in meiner Karriere zurückblicken muss.

Es ist genau 23.59 Uhr, also die letzte Minute des 5. Februar 1994, als Ringsprecher Gerhard Müller das Urteil der Punktrichter verkündet, das mich wie ein Dolchstoß ins Herz trifft.

»Alter und neuer Weltmeister im Supermittelgewicht: ›Simply the Best‹ Chris Eubank.«

So fühlt sie sich also an, die erste Niederlage. Kalt, bitter, schmerzhaft. Es ist nicht so, als hätte ich mich nicht darauf vorbereiten können. Zwar nicht tage- oder wochenlang, aber immerhin im Laufe des Abends. Besser gesagt: in der Stunde vor der Urteilsverkündung. Erst die englische Zeitungswerbung in den Ringecken, dann die merkwürdigen Aussagen meines Trainers nach der Hälfte des Kampfes. Je länger das Duell mit Eubank dauert, desto klarer wird mir, dass hier nach Punkten für mich nichts zu holen ist. Von daher ist das Votum der Punktrichter keine wirkliche Überraschung mehr. Dennoch, die Niederlage auf mich zuschleichen zu sehen ist etwas anderes, als die Gewissheit zu spüren, den Nimbus verloren zu haben. Den Nimbus des Unbesiegten, des Unschlagbaren.

»Für mich bedeutet eine Niederlage genau das Gleiche, als wenn Bayern München absteigen würde.« Diese Aussage von mir ist älter als der Song von Stefan Waggershausen. Ich ziehe den Vergleich zwischen dem Deutschen Fußballrekordmeister und mir im Interview mit Michael Palme. Der ZDF-Reporter dreht im Januar 1989 eine Reportage über meinen Bruder Ralf und mich. Titel: »Vier Fäuste in Berlin«.

Gut fünf Jahre später, eine Minute vor Mitternacht, an jenem 5. Februar 1994, ist der FC Bayern zweitklassig. Im übertragenen Sinne. Ich bin abgestiegen. Aus der Liga der Champions, der ungeschlagenen Welt- und Europameister, in die Klasse der Boxer, die mal gewinnen, mal verlieren. Es ist der schlimmste Moment meines sportlichen Lebens. Das erste Mal tut's wirklich richtig weh. Zumal ich nicht nur meine erste Pleite im Ring erlebe, sondern auch die Premiere des Box-Theaterstücks »So verarschen wir Graciano Rocchigiani«.

Zunächst ist mir das Ausmaß des Beschisses gar nicht richtig bewusst. So kurz nach Ende eines Kampfes ist es für einen Boxer oft sehr schwer einzuschätzen, was da kurz zuvor im Ring abgegangen ist. Zumindest gilt das für mich. Auch nach dem Schlussgong des Fights gegen Chris Eubank. Ich kann nicht wissen, dass die Experten des TV-Senders Premiere einen deutlichen Punktevorsprung für mich errechnet haben.

»Rocky ist Weltmeister!« Leider kommt dieses Urteil, Sekunden nach dem Schlussgong, nur von Peter Hussing. Das ehemalige Aushängeschild des westdeutschen Amateurboxens hat als Co-Kommentator an der Seite von Premiere-Reporter Matthias Preuß einen Fünf-Punkte-Vorsprung für mich auf dem Zettel.

Während ich noch mit mir hadere, die Schuld bei mir und meiner Kampfgestaltung suche, werden um den Ring herum schnell Begriffe wie Schiebung, Fehlurteil und Skandal in den Mund genommen. Ich, der vermeintlich Unterlegene im Ring, schreite brav zum Titelverteidiger und gratuliere. Auch im Ring, während des Premiere-Interviews, präsentiere ich mich als guter Gastgeber: »Denke, das Urteil geht in Ordnung, man kann so punkten.«

Nicht nur TV-Reporter Bernd Bönte, der mich sogar sechs Runden vorne gesehen hat und mich nun im Ring interviewt, schaut mich irritiert an. Ganz so, als hätte ich sie nicht alle auf der Latte. Auch Böntes Kollegen am Seilgeviert scheren sich nicht um meine Einschätzung, sondern basteln gedanklich bereits an ihren Storys für die Montagsausgaben ihrer Zeitungen.

»Die Box-Mafia: So wurde Rocky betrogen« lautet zum Beispiel die Schlagzeile der »Hamburger Morgenpost« vom 7. Februar 1994, die dann auch Jean-Marcel Nartz zitiert: »Das ist Betrug«, ereifert sich darin der damalige Matchmaker des Sauerland-Stalls und fügt hinzu: »Ein dermaßen unverschämtes Urteil habe ich lange nicht mehr erlebt.« Boxer wie Sven Ottke oder der ehemalige Schwergewichtschampion Ingemar Johansson stoßen ins gleiche Horn: »Das war abgekartet, Rocky konnte nur durch K.o. gewinnen«, urteilt der Schwede, der in Berlin ebenfalls als TV-Kommentator dabei ist.

## Schlechter Witz des Abends

Nachdem ich mir die TV-Aufzeichnung des Kampfes angeschaut habe, kann ich den Unmut der Jungs verstehen. Abgesehen von der Anfangsphase, als ich etwas zu vorsichtig agiere, habe ich den Kampf nicht nur unter Kontrolle, sondern setze mehr und vor allem die klareren Treffer. Spätestens mit Runde elf, als Ringrichter Genaro Rodriguez den Titelverteidiger wegen unsauberen Boxens verwarnt, hätte die Entscheidung für mich gefallen sein müssen.

Doch Referee Mike Glienna (USA) sieht mich trotz des Punktabzugs für Eubank einen, sein Kollege Cesar Ramos (Puerto Rico) zwei Zähler hinten. Für den Witz des Abends, allerdings einen ganz schlechten, sorgt der Dritte der sogenannten Unparteiischen: 118:109 für Eubank. Frank Skilbred schreibt mir eine einzige Runde gut. Dem US-Amerikaner muss es in der Nacht zuvor im wahrsten Sinne des Wortes das Gehirn weggeblasen haben. Im Ring habe ich seine Wertung, die dritte und letzte im Bunde, gar nicht mehr wahrgenommen. Erstens hat sie nach den ersten beiden keine Bedeutung mehr für das Ergebnis, zweitens sind die 11.000 in der Berliner Deutschlandhalle außer Rand und Band, pfeifen sich die Seele aus dem Leib.

Als mir dann noch mein Trainer steckt, er habe bereits nach der technischen Besprechung am Vortag des Kampfes gewusst, dass ich nur durch K.o. hätte gewinnen können, weicht die Enttäuschung. Der Schmerz über die Niederlage macht Platz. Für die Wut, die in mir hochsteigt. Zu verlieren ist schlimm genug, aber dabei noch verarscht zu werden, tut doppelt weh.

## Beschiss mit System

Rückblickend hat der offensichtliche Beschiss von damals durchaus System. Eubank ist zu Beginn und Mitte der 90er Jahre der einzig wahre Boxheld der WBO. Er hält den kleinsten der vier Weltverbände quasi im Alleingang am Leben, lockt in England regelmäßig mehr als zehn Millionen Zuschauer vor die Glotze. Und der Verband kassiert. Sein Gastspiel in Berlin zum Beispiel ist dem britischen Sender ITV ein Millionensümmchen wert. Jetzt stelle sich mal einer vor, was passiert wäre, wenn Eubank ohne WM-Gürtel auf die Insel zurückgekehrt wäre.

»Die WBO-Mafia kann es sich nicht leisten, Eubank verlieren zu lassen«, wird die Antwort nochmals am 7. Februar 1994 in der »Hamburger Morgenpost« von Jean-Marcel Nartz geliefert. Also von jenem Mann, der ein gutes Jahr später selbst in der Verantwortung steht, als berichtet wird, dass ich zwar den Weltmeister verprügelt, nicht aber gewonnen habe. Die Rede ist von meinem ersten Duell mit Henry Maske. Unter der Regie des Sauerland-Stalls und seines Matchmakers Nartz.

»Das erste Mal tat's noch weh, beim zweiten Mal nicht mehr so sehr.« So klingt nicht nur die Fortsetzung des Waggershausen-Songs, so fällt auch mein Fazit aus, wenn ich die nächste Niederlage meiner Karriere noch einmal Revue passieren lasse.

\*

»Ich hatte den Eindruck, vor der letzten Runde steht es Spitz auf Knopf. Und in der letzten Runde hat Maske arg gewackelt.«

Werner Schneyder ist der Erste, der das Urteil nur wenige Minuten nach der Verkündung infrage stellt. Ausgerechnet Werner Schneyder. Jener Mann, den RTL verpflichtet hat, um die Erfolge Henry Maskes mit möglichst geschliffenen Worten in die Wohnstuben zu transportieren. Nun also sitzt der Kommentator als Gast im Studio von Moderator Andreas Dieck und erklärt gleich zu Beginn der Kampfanalyse live im Sauerland-Haussender, dass aus seiner Sicht der falsche Mann gewonnen hat. Der Österreicher, der sich auch als Kabarettist einen Namen gemacht hat, sagt es nicht wortwörtlich, aber doch so deutlich, wie man es klarer kaum formulieren kann, ohne sich den kompletten Unmut der Maske-Macher zuzuziehen. Respekt, Herr Schneyder, so viel Courage gibt es heute unter den Kommentatoren der führenden Boxsender leider viel zu selten zu bewundern!

Der Boxexperte bringt das zum Ausdruck, wovon sich rund 13 Millionen TV-Zuschauer und die 13.000 Fans in der ausverkauften Dortmunder Westfalenhalle kurz zuvor selbst ein Bild machen können. Henry Maske stolpert in der Schlussrunde kampfunfähig durch den Ring, kann sich vor Schwäche kaum auf den Beinen halten und wird dennoch zum Punktsieger erklärt. Einstimmig. Und mit zum Teil sehr großem Punktevorsprung. Eine Entscheidung, die vielen Boxfans die Zornesröte ins Gesicht treibt. Stellvertretend für sie bringt mein Trainer noch in den Katakomben der Halle seine Wut vor laufender RTL-Kamera zum Ausdruck: »Ich bin stinksauer. So zu bescheißen, da fehlen mir jegliche Worte. Da kann der Henry sich nichts drauf einbilden. Der hat ja jetzt noch gewackelt, als er hier die Treppe herunterkam. Diese Patscher von ihm auf die Doppeldeckung, das hat früher nicht gezählt, warum zählt das heute?«

Nachdem uns die WBO im WM-Kampf gegen Chris Eubank den Titel gestohlen hat, fühlt sich Wilke zum zweiten Mal von einem Weltverband verladen: »Die IBF ist genauso ein Verbrecherverband wie die anderen. Sonst hätte Maske hier heute nicht gewonnen«, lässt er live auf RTL Dampf ab.

Treffer! Die Formulierungen von Wolfgang Wilke kommen ähnlich präzise und hart wie meine Haken in Runde neun. Wir sind verladen worden. Das ist offensichtlich. Für die Fans in der Halle, die Maske während seiner damals obligatorischen Dankesrede im Anschluss an den Kampf mehrheitlich auspfeifen. Für die zahlreichen Experten, bei denen das Urteil Kopfschütteln auslöst. Für die Journalisten, die als Ausgleich für die Ungerechtigkeit in den darauffolgenden Tagen und Wochen vehement einen Rückkampf fordern. Und – das ist sicherlich die größte Überraschung – für Maskes Trainer, Manfred Wolke. Oder wie sonst soll man seine Worte im Interview mit Kai Ebel nach dem Kampf verstehen? Von dem RTL-Reporter mit den Betrugsvorwürfen meines Trainers Wolfgang Wilke konfrontiert, antwortet Wolke wörtlich: »Ich stand vor ein paar Wochen vor dem gleichen Problem.«

Zum besseren Verständnis: Genau fünf Wochen zuvor, am 22. April 1995, stand Wolke in Las Vegas in der Ecke von Axel Schulz. Der Schwergewichtler macht in der amerikanischen Zockermetropole den Kampf seines Lebens, boxt den 45-jährigen WM-Opa im Schwergewicht, George Foreman, klassisch aus und muss am Ende trotzdem mit leeren Händen den Ring verlassen. Punktsieg für den US-Amerikaner. Die Fachwelt war sich einig: ein klassisches Fehlurteil. Auch Wolke zeigte sich fassungslos, fühlte sich um seinen großen Traum betrogen, einen Schwergewichtsweltmeister geformt zu haben. Jetzt, 35 Tage später, räumt er ein, dass sein Gegenüber, Wolfgang Wilke, Trainer von Graciano Rocchigiani, vor dem gleichen Problem steht wie er am Abend des Kampfes Schulz gegen Foreman.

Unglaublich, aber wahr: Von der Öffentlichkeit kaum wahrgenommen, steht auch Wolke im Lager jener Kritiker, die von einem geschenkten Sieg für Maske sprechen. Zwar formuliert er es nicht so offensichtlich, eher etwas durch die Blume, aber dennoch für jeden verständlich. Besonders für Henry Maske. Der scheint seine Gedanken langsam wieder geordnet zu haben und begreift schnell, was sein Trainer da gerade in den Raum gestellt hat. Besser gesagt in seine Kabine, in der er gemeinsam mit Wolke und Ebel vor der RTL-Kamera steht. Als Wolke ausführen will, dass solche emotionalen Beurteilungen wie die von Wilke ein paar Tage später vielleicht schon in einem ganz anderen Ton artikuliert werden, ist Maske der Auffassung, die Einschätzung seines Trainers gleich geraderücken zu müssen. Er fällt ihm ins Wort: »Hier ist ein klarer Unterschied. Denn bei Foreman gegen Axel sprach man vom krassen Fehlurteil«, beginnt er seine Ausführungen, um sie in Bezug auf seinen Kampf gegen mich wie folgt zu beenden: »Über lange Distanzen habe ich viele Hände gebracht und er einzelne, klare Aktionen.« (Kleine Zwischenbemerkung: Erinnern Sie sich noch an Maskes Bemerkung aus Runde sechs nach meinem Punktsieg gegen Nunn?)

Bereits zu Beginn des Gesprächs mit Kai Ebel wenige Minuten zuvor sieht Maske die Ursache seines Erfolges vor allem durch eines begründet: »Hier waren eindeutig Aktionen über längere Distanzen«, analysiert er seinen Kampfstil und fügt an: »Graciano hat seine einzelnen Aktionen gebracht, hat mich hier und da auch klar getroffen, aber nie so wirkungsvoll, dass ich praktisch angezählt werden müsste, überhaupt nicht. Ich habe sehr schnell auch wieder zu meinen Aktionen gefunden und hab, denke ich, über längere Distanzen die klaren Punkte gemacht.«

In der Fußballersprache könnte man das Geschwafel kurz und knapp auf den Punkt bringen: Maske hatte mehr Ballbesitz, ich habe die Tore gemacht. Die Zwischenbemerkung von Ebel klingt etwas anders: »Er hat alles von Ihnen gefordert.«

»So ist es. Richtig. Und ich habe wie gesagt über längere Distanzen die Punkte gemacht, er in seinen Aktionen natürlich überzeugt, aber wie gesagt, die vielen Aktionen über längere Distanzen, die von mir kamen, haben letztlich auch die Wirkung gezeigt. Insofern, glaube ich, auch ein verdienter Erfolg.«

Was lernen wir daraus? Maske hat nach unserem ersten gemeinsamen Kampfabend einen Lieblingsbegriff im Boxsport: »Längere Distanzen!«

Ich weiß nicht, welche längeren Distanzen er meint. Die längste Distanz, die es für uns geben kann, sind zwölf Runden. Die sind wir gegangen. Und am Ende dieser Distanz bekommt Henry weiche Knie, knickt einfach weg. Er liegt im Ringstaub. Nicht, weil ich ihn runterdrücke. Er ist einfach satt. Kampfunfähig. Sicher, ich bin auch kaputt. Aber obenauf. In jedem anderen Land der Welt hätten sie Maske in der letzten Runde aus dem Kampf genommen. Nur in Deutschland nicht. Hier überzeugt sich Ringrichter Robert Ferrara in Runde zwölf lieber davon, dass mit dem zu Boden gegangenen Titelverteidiger auch alles in Ordnung ist, anstatt ihn anzuzählen. Unfassbar.

### Auch ein Bonus darf nur begrenzt gelten

Ich habe kein Problem damit, dass der Weltmeister einen kleinen Bonus hat. Dafür ist er der Champ. Das ist okay. Aber was ist das für ein Bonus, wenn einer Weltmeister bleibt, obwohl er Keile kriegt? Irgendwo muss es doch mal 'ne Grenze geben für die Bescheißerei. Wie kann ein Kampf, der vor der letzten Runde auf des Messers Schneide steht, den Mann als Sieger hervorbringen, der nach dem Schlussgong gestützt werden muss und im anschließenden Ring-Interview keinen klar verständlichen Satz artikulieren kann?

Man kann sogar mit geschlossenen Augen am Ring sitzen, muss nur die Geräuschkulisse wirken lassen, um die letzte Runde für mich zu punkten. Die »Rocky! Rocky!«-Rufe klingen Maske und seinen Anhängern in den Ohren, als das Spektakel vorbei ist. Auf das Ergebnis hat der Schlussakkord allerdings nicht mehr den geringsten Einfluss. Der Sieger steht schon lange vorher fest. Wie lange vorher? Ich weiß es nicht. Zumindest sind alle drei Punktrichter auf Nummer sicher gegangen, haben schon vor den abschließenden drei Minuten einen uneinholbaren Vorsprung für den Titelverteidiger errechnet. Heinrich Mühmert und Enzo Scala sehen Maske nach elf Runden mit drei beziehungsweise fünf Punkten vorne, Manuel de Casas gar mit sieben. Wenn man berücksichtigt, dass der Sieger einer Runde zehn, der Verlierer neun Zähler bekommt, heißt das nichts anderes, als dass der Spanier de Casas vor den finalen drei Minuten Maske neun und mir lediglich zwei Runden gutgeschrieben hat. Und das bei einem Kampf, der nach Einschätzung des TV-Reporters vor dem Einläuten des letzten Durchgangs Spitz auf Knopf steht. Wenn man da nicht von Beschiss reden kann, wann dann? Ich bin nicht so vermessen, zu behaupten, ich hätte den Kampf ganz klar gewonnen. Nein, das war ein enges Ding, weil ich den Mittelteil etwas verpennt habe. Und – das ist letztlich das wirklich Ärgerliche – weil ich Henry nicht schlafen geschickt habe. Da taumelt und wankt er, aber ich bin nicht in der Lage, den K.o.-Schlag zu setzen. Das wurmt. Sogar so sehr, dass ich mich im Ringinterview, unmittelbar nach der Urteilsverkündung, völlig vergaloppiere.

»Ich bin mit dem Ergebnis natürlich nicht zufrieden. Und mit meiner eigenen Leistung eigentlich auch nicht. Denn ich bin in den Ring gegangen, um zu gewinnen. Hatte ihn auch am Rande des K.o.'s, dreimal, aber dann hat irgendwie die Konzentration nicht ausgereicht. Er hat sich über die Zeit gerettet und im Endeffekt hat er verdient gewonnen.«

Der letzte Halbsatz dieser Erklärung besteht aus den Worten, über die ich mich in meinem Leben rückblickend am meisten geärgert habe. Ich weiß es noch, als wäre es gestern gewesen. Ich stehe im Ring, das Urteil hebt meine Boxwelt aus den Angeln, und RTL-Reporter Kai Ebel hält mir ein Mikrophon unter die Nase. Warum schreie ich sie nicht heraus, die Ungerechtigkeit? Die Verarsche? Den Beschiss? Warum schon wieder ich? Erst Eubank, jetzt Maske.

»... im Endeffekt hat er verdient gewonnen.« Der Halbsatz verfolgt mich. Egal wann und wo ich mir den Kampf mit Freunden und Bekannten nochmals anschaue: Alle wollen von mir wissen, warum ich so einen Blödsinn erzählt habe. Dabei ist die Erklärung die gleiche wie für mein blödes Gequatsche nach dem Kampf gegen Eubank. Ich will nicht als schlechter Verlierer gelten. Egal gegen wen, egal wann und wo. Ich bin Profiboxer und ein fairer Sportsmann. Dazu gehört auch, dass ich nach einer Niederlage zu meinem Gegner gehe und ihm gratuliere. Vorausgesetzt, er hat sich ebenfalls korrekt verhalten. So ist es erst gegen Eubank. So ist es nun gegen Maske. Wir Boxer können doch am wenigsten dafür, wenn uns die Verbände, Promoter und Punktrichter verarschen.

## Kein Platz für Wut und Adrenalin

Das Gefühl der Niederlage ist nach wie vor neu für mich. Erst zum zweiten Mal in meiner Profikarriere verkündet der Ringsprecher am Ende eines Kampfes einen anderen Siegernamen als meinen. Das muss man erst mal verarbeiten. Ich fühle mich leer und ausgepowert, bin traurig, meine Frau, meine Familie, meine Freunde und Fans enttäuscht zu haben. Da ist kein Platz für Wut. Kein Adrenalin in mir, um loszupoltern. Ich habe alles reingelegt in diese zwölf Runden, alles, was ich habe. Später, beim Studieren des Kampfvideos, erkenne ich auch, dass weniger vielleicht mehr gewesen wäre, ich nur mal einen Schritt hätte zurückgehen, ihn einmal richtig ausgucken müssen, um den finalen Schlag zu setzen. Dann wäre der Drops gelutscht gewesen und die Punktrichter hätten sich ihre Zettel sonstwohin schieben können. Aber alles Hätte, Wenn und Aber bringt nichts. Ich habe mich in den Mann gewühlt, den letzten klaren Treffer versäumt und Maske so vor dem Knockout bewahrt.

»...im Endeffekt hat er verdient gewonnen.« Dieser Halbsatz und die anschließende Gratulation im Ring verfolgen mich. Sogar bis in die Autobiographie von Henry Maske, die im Herbst 2006 erscheint. Denn meine selbstverständliche Geste zieht mein Kontrahent von einst als Argument für sich ins Feld, wenn er auf unseren Kampf von damals zurückblickt und es gilt, das Resultat zu bewerten.

Die Gratulation des vermeintlichen Verlierers als Beweis für ein richtiges Urteil: Das liest sich gut. Er nutzt die Chance clever. Viel mehr bleibt ihm auch nicht, wenn er sich nicht eingestehen möchte, dass er den Sieg damals geschenkt bekommen hat. Und Henry Maske ist vieles, aber sicherlich nicht einsichtig. Auch nicht mit dem nötigen Abstand. Nicht nach ein paar Tagen, nicht nach mehr als elf Jahren. Da denkt man doch, der hat gelitten. Ich muss das so grob sagen.

Doch zum Glück gibt es noch mehr als die offizielle Punktewertung, mehr als meinen hirnverbrannten Halbsatz und meine Gratulation: das Urteil der Öffentlichkeit. Und das fällt ganz und gar nicht nach dem Geschmack von Henry Maske und seinem Manager Wilfried Sauerland aus. Das People-Magazin »Bunte« zum Beispiel bezeichnet mich als den Boxer, der Maske entzauberte. Der »Express« wertet den Kampfabend als »Maskes Rocky-Horror-Nacht«. Und die Sportredaktion von Deutschlands größter Tageszeitung macht das, was den Beschiss am deutlichsten ans Tageslicht bringt: Wolfgang Weggen, Redakteur der »Bild-Zeitung«, punktet den Kampf noch einmal nach. Runde für Runde:

### »117:115 FÜR DEN HERAUSFORDERER«

»1. Runde: Rocky trifft gleich mit der rechten Führhand, kommt mit linkem Aufwärtshaken zum Kinn durch. Maske marschiert, aber keine klaren Treffer. Wertung: 10:9 für Rocky.
2. Runde: Rocky schlägt aus der guten Deckung heraus. Maske lässt die Arme hängen, zu lässig. Keine klaren Treffer. 10:9 für Rocky. Er führt 20:18.
3. Runde: Pech für Rocky: Risse am rechten und linken Auge. Maske schlägt mehr, Rocky trifft genauer. Ausgeglichen. Rocky führt 30:28.
4. Runde: Maske stark. Rocky in Doppeldeckung, macht zu wenig. 10:9 für Maske. Rocky führt 39:38.
5. Runde: Maske arbeitet viel mit der Führhand, Rocky aber setzt die klaren Treffer. 10:9 für Rocky. Er führt 49:47.
6. Runde: Maske schlägt viel, trifft aber fast nur auf die Deckung. Dazu mit der Innenhand. Rocky bringt Aufwärtshaken zum Kinn durch. Ausgeglichen. Rocky führt 59:57.
7. Runde: Maske wie ein Herausforderer, er macht den Kampf. Wenig saubere Treffer. Rockys Deckung ist zu gut. Trotzdem 10:9 für Maske. Rocky führt 68:67.
8. Runde: Rockys rechtes Augenlid platzt, das Blut strömt, behindert seine Sicht. Maske sieht seine Chance, feuert aus allen Lagen. Rocky schlägt tapfer zurück. 10:9 für Maske. Kampf ausgeglichen (77:77).

9. Runde: Ganz starke Runde des Herausforderers. Rocky trifft mit Serien zum Kopf. Der Champion wackelt, steht kurz vor dem Knockdown. Doch Rocky hat nicht mehr genug Power für den entscheidenden Schlag. 10:9 für Rocky. Er führt 87:86.

10. Runde: Maske erholt, setzt sich wieder gut ins Bild, die korrekten Treffer aber landet Rocky. Ausgeglichen. Rocky führt 97:96.

11. Runde: Fast eine Wiederholung des 10. Durchganges. Wieder ausgeglichen. Rocky führt 107:106.

12. Runde: Rocky trifft mit Serien zum Kopf, prügelt Maske durch den Ring. Der Champion wackelt, stolpert, fällt. Aber der Ringrichter zählt nicht, hilft ihm auf die Beine. 10:9 für Rocky.

Endstand: 117:115 für den Herausforderer«

Selbst wenn Wolfgang Weggen mit seiner Bewertung nicht 100 Prozent richtig liegen muss: Die Tatsache, dass ich bei den Punktrichtern vor der letzten Runde bereits drei, fünf und sieben Zähler hinten liege, unterstreicht die Farce, die sich in Dortmund abgespielt hat. Eine Ungerechtigkeit, die zum Himmel schreit.

Plötzlich bin ich der Liebling der Medien, der betrogene Underdog. Der, der sich eine zweite Chance verdient hat. Vom Bad Boy zum Darling: eine völlig neue Erfahrung.

Derweil wächst der Druck auf Maske. Mit jedem Tag, der verstreicht, ohne dass es von ihm ein klares Bekenntnis zu einem Rückkampf gibt. Am Kampfabend hat er die Frage nach einer Revanche noch mit »Ja, unbedingt« beantwortet. Vier Tage später bei »Stern TV« klingt das dann schon ganz anders.

»Er hat seine Chance gehabt und sie nicht genutzt!«, schickt er einen Kommentar in meine Richtung. Das Echo in den Medien bleibt nicht aus: »Bricht Maske sein Wort?« oder »Von Revanche plötzlich keine Rede mehr!« sind nur zwei von zahlreichen Schlagzeilen. Ich sehe meine Felle davonschwimmen, lege Protest gegen das Urteil ein. Dieser wird zwar, wie nicht anders zu erwarten, abgelehnt, aber der von RTL gewählte Titel zum Promoten unseres ersten Kampfes wird für Maske plötzlich zum Programm: »Eine Frage der Ehre.« Die kann nicht unbeantwortet bleiben. Zumindest dann nicht, wenn Maske seinen Ruf als

Gentleman nicht selbst ad absurdum führen möchte. Um zu dieser Selbsterkenntnis zu kommen, muss Maske allerdings erst mal abschalten, fährt mit seiner Familie in den Urlaub.

Auch ich kann eine Luftveränderung gebrauchen. Und getreu dem Motto »Was kostet die Welt?« chartere ich für zwanzig Riesen einen Privatflieger, um mit meiner Frau, meinem Vater und ein paar Kumpels in mein Urlaubsparadies nach Sardinien zu jetten. Allerdings nicht, ohne zuvor in Manchester einen Zwischenstopp einzulegen. Denn hier greift 14 Tage nach dem Beschiss von Dortmund mein großer Bruder nach der WM-Krone. Im Cruisergewicht trifft Ralf im Kampf um den WBO-Titel in der »Höhle des Löwen« auf den favorisierten Lokalmatador Carl Thompson. Nie werde ich Ralfs Gesicht vergessen, als er in Runde fünf erstmals in seiner Karriere auf die Bretter muss. Erst ungläubig und dann fast grinsend schüttelt er seinen Eisenschädel, den er sonst, egal wie hart seine Gegner auch schlagen mögen, stets oben halten kann. Für Ralf ist dieser Niederschlag nicht nur eine neue Erfahrung, sondern auch ein echter Wachmacher. Je länger der Kampf dauert, desto verwunderter reiben sich die britischen Boxexperten die Augen. Ralf ist fortan auf dem Vormarsch, kommt mehrfach durch, klingelt Thompson erst so richtig an, um ihn dann gleich mehrfach zu Boden zu schicken. Mich hält es nicht mehr auf meinem Platz, mein Herz rast wie bekloppt, das Blut schießt mir in den Kopf. Ich schreie, gestikuliere, bin kurz vor dem Kollaps. Wahnsinn, zwar hat jeder von uns auf den großen Wurf gehofft, aber letztlich doch damit gerechnet, dass Ralf beim »Auswärtsspiel« keine echte Chance auf den Punktsieg hat. Mit dieser Einschätzung liegen wir zwar richtig, alle Punktrichter haben Thompson vorne, doch der Gürtel wandert trotzdem in Rocchigiani-Besitz. In der elften Runde muss der Favorit nämlich die Waffen strecken. Zermürbt von Ralfs Schlägen und den Schmerzen in der verletzten Schulter seines rechten Schlagarms gibt der Hausherr auf. Sieger und neuer Weltmeister: Ralf Rocchigiani. Das erste und bislang einzige Mal, dass sich zwei deutsche Brüder als Weltmeister in die Boxannalen eintragen können. Zudem ist Ralf der zweite deutsche

Champ, der neben Max Schmeling im Ausland einen Titelgewinn bejubeln darf. Es ist ein perfektes Gefühl der Glückseligkeit, als mein Bruder, mein Vater und ich uns in der Kabine in den Armen liegen. Endlich kann auch Ralf die Erfolge unserer harten Kindheits-Boxschule ernten. Sechsmal verteidigt er seinen WM-Titel anschließend erfolgreich, zieht in dieser Bilanz sogar locker an mir vorbei. Als Thompson ihm im Rematch, am 4. Oktober 1997, mit einer 2:1-Punktrichterentscheidung den Titel wieder entreißt, liegt der Rückkampf zwischen Maske und mir schon wieder fast zwei Jahre zurück.

### Der Marsch ins Verderben

Am 14. Oktober 1995, gut viereinhalb Monate nach dem Skandalurteil von Dortmund, stehen wir uns zum zweiten Mal im Ring gegenüber. Maske hat dem Druck der Öffentlichkeit dann doch nachgegeben. »Der Tag der Entscheidung« ist gekommen. Es wird eine klare, eine unumstößliche. Sie ist schon gefallen, als ich mir beim Abschlusstraining drei Tage vor dem Kampf den Rücken verrenke. Während des obligatorischen Shakehands vor dem Kampf, in der Ringmitte, hätte man mir ohne Probleme den kleinen Finger aus dem Handschuh schneiden können, so taub sind meine Nerven. Die Spritzerei lässt mich zwar ohne Schmerzen in den Ring steigen. Aber auch ohne das nötige Gefühl, um in einem WM-Kampf bestehen zu können. Das gilt nicht nur für die körperliche Verfassung, sondern vor allem für die Psyche. Ich marschiere ins Verderben. Schon vor dem ersten Gong ist mir klar, dass es in der Münchner Olympiahalle für mich nichts zu holen gibt. Meinen besten Treffer setze ich, als schon alles vorüber ist.

»Wenn Sie eine Viertelstunde früher gekommen wären, hätten Sie hören können, was ich zum Kampf zu sagen hatte«, kanzele ich vor versammelter, johlender Journalistenmannschaft den Maske-Clan ab, der verspätet bei der internationalen Pressekonferenz aufschlägt. Ansonsten halte ich den Ball lieber flach. Ich bin nicht der Typ, der nach dem Kampf nach Ausreden sucht. Oder einen auf Weichei macht und seine Verletzung bejammert. »Als eindeutiger Verlierer steht es mir nicht zu, eine große Lippe zu riskieren oder irgendwelche Forderungen zu stellen«, gebe ich auf die Frage zu Protokoll, ob nun irgendwann Teil drei des Heldenepos Maske – Rocchigiani anstehen könnte. Mir ist klar, dass ich mir das nach dieser Vorstellung von der Backe putzen kann. Zumal Maske unser zweites Duell als Klarstellung zu seinen Gunsten wertet. Das ist sein gutes Recht. Wahrscheinlich hat er bis heute keinen Schimmer davon, dass ihm kein wirklich gleichwertiger Kontrahent gegenüberstand. In seiner Autobiographie jedenfalls gibt er zum Besten, dass ich schon während der Pressekonferenz und im Ring, direkt vor dem Kampf, nervös und fahrig wirkte und er dadurch Zuversicht tanken konnte. Den Grund dafür sieht er in der gesteigerten Erwartungshaltung an mich. Ein Erfolgszwang, dem ich seiner Meinung nach wohl nicht gewachsen war. Er dagegen sei optimal vorbereitet gewesen, habe seine Linie wiedergefunden und die Aktionen im Ring von Beginn an kontrolliert.

Mein lieber Henry, lass dir bitte eines gesagt sein: Du hast nicht besser und nicht schlechter geboxt als beim ersten Mal. Du hast geboxt wie immer. Wie Maske eben. Letztlich hast du zweimal Glück gehabt gegen mich. Beim ersten Mal hatten die Punktrichter ihr Urteil wohl schon während unseres Walk-in im Kopf, beim zweiten Mal hätte ich den Arsch in der Hose haben und sagen müssen: »Nein, es hat keinen Sinn.« Selbst auf die Gefahr hin, dass in deinem Kampfkalender dann kein Platz mehr für einen Fight gegen mich gewesen wäre. Damals habe ich über meine Rückenprobleme keine großen Worte verloren. Wer in den Ring steigt, kann im Anschluss nicht irgendwelche Wehwehchen als Grund für die Niederlage vorbringen. Doch mittlerweile sind mehr als zwölf Jahre vergangen. Und da ich hier nun meine Lebensgeschichte erzähle, kann ich nicht so tun, als wäre im Oktober 1995 alles in Ordnung gewesen.

Beim Rückblick auf unsere gemeinsame Zeit gibt es in meinen Gedanken an den ersten Kampf lediglich einen kleinen Halbsatz, der mich bis heute verfolgt: »...im Endeffekt hat er verdient gewonnen.« Die Gedanken an das zweite Duell werden dagegen von einem einzigen, riesigen Fehler beherrscht. Von dem Fehler, überhaupt in den Ring gestiegen zu sein.

Sorry, aber du hast in München nicht dein Meisterstück gemacht, sondern lediglich einen verletzten, geschwächten Gegner bezwungen. Wenn du wissen möchtest, wer von uns beiden wirklich der Bessere im Ring ist, müssten wir noch mal die Handschuhe überstreifen. Wir können die Zeit zwar nicht zurückdrehen, aber sicherlich trotzdem eine offene Frage klären: Du oder ich?

Körperlich bist du doch immer noch fit genug, wie dein Tänzchen mit Virgil Hill am 31. März 2007, zehn Jahre nach deinem einstigen Karriereende, bewiesen hat. Schau doch einfach mal in meinem Gym vorbei, das ich in Duisburg eröffnet habe. Oder wir treffen uns nochmals vor einem Millionenpublikum im Fernsehring. So viele Zuschauer wie die Jungs von heute ziehen wir noch allemal vor die Glotze. Am besten, wir veranstalten gleich ein Turnier. Denn da gibt es ja noch einen im Bunde. Einen, dem du immer aus dem Weg gegangen bist und mit dem ich auch noch eine Rechnung zu begleichen hätte: Dariusz Michalczewski.

## Ein Feigling als Ringrichter

Die folgenden Zeilen dürften an dieser Stelle eigentlich überhaupt nicht stehen. Denn normalerweise müssten Sie meine Erinnerungen rund um die Urteilsverkündung des ersten Duells gegen Dariusz Michalczewski bereits in Runde sechs gelesen haben, also unter der Überschrift »Meine Siege«. Nicht nur, weil ich oder die Öffentlichkeit den Kampfverlauf und dessen Ende so gewertet haben. Nein, sondern weil ich gegen den Tiger auch formal der Sieger war. Hier handelt es sich nicht nur um ein fehlerhaftes Punkturteil wie gegen Eubank und gegen Maske, hier ist das WBO-Regelwerk gebrochen worden. Die für viele hollywoodreife Schauspieleinlage meines Gegners spielt nur eine untergeordnete Rolle. Lediglich der Willkür der Funktionäre und der Dummheit des Ringrichters ist es geschuldet, dass ich in den offiziellen Statistiken nicht als Champion geführt werde.

»6, 7, 8 ... Betrug!« So titelt die »Bild-Zeitung« am 12. August 1996, also zwei Tage nach dem Open-Air-Spektakel auf St. Pauli. »6, 7, 8, 9, aus« wäre mir lieber gewesen und hätte den Regeln entsprochen. Das Problem jedoch ist, dass diese an jenem Sommerabend niemand zu kennen scheint. Neben dem Ringrichter, der nicht den Arsch in der Hose hat, mich zum Champion zu küren, ist auch der WBO-Verbandspräsident völlig neben der Kappe. Und zwar so sehr, dass in der Folge selbst die Experten, die für den Bezahlsender Premiere live kommentieren, den Überblick verlieren. Aber der Reihe nach.

\*

Michalczewski liegt wie ein Maikäfer auf dem Boden, der Referee beugt sich über ihn und zählt.

»Eins, zwei, drei«: Der Tiger macht keine Anstalten, sich aufzurappeln.

»Vier, fünf, sechs«: Jetzt kommt er langsam hoch.

»Sieben, acht«: Er steht.

Der Ringrichter greift an Michalczewskis Handschuhe, will dessen Anspannung in den Armen spüren, um den Kampf wieder freizugeben. Doch die Hände lassen sich wie Watte nach unten drücken. Der Tiger taumelt weiter und geht erneut zu Boden. Wann geht's weiter mit der Zählerei? Jetzt fehlt doch nur noch »neun, aus«!

Doch Joseph G. O'Neill zieht den Schwanz ein. Er bringt es nicht zu Ende, will den geschlagenen Weltmeister nicht auszählen. Stattdessen kommt er rüber, um mir zu verklickern, ich hätte gefoult. Ich verstehe die Welt nicht mehr. Was will er von mir? Ich habe im Infight weder sehen können, dass er uns mit den Armen trennen will, noch habe ich ein Trennkommando gehört. Erstens versteht man in dem mit 25.000 Fans gefüllten Hexenkessel eh kaum sein eigenes Wort. Und zweitens, davon kann sich jeder überzeugen, der sich die TV-Bilder anschaut, versucht Michalczewski in der strittigen Szene zu klammern und legt dabei seinen linken Arm auf mein, dem Ringrichter zugewandtes, rechtes Ohr. Das erschwert die Sache mit der Hörerei noch zusätzlich. Wenn schon ein Foul, dann auf jeden Fall ein unabsichtliches. Ein Schlag, der im Eifer des Gefechts geschehen kann und unter diesen Umständen keinesfalls aufzuhalten war. Dies ist auch die Einschätzung der beiden Experten am Premiere-Mikrophon:

»Das war ein unabsichtliches Foul«, urteilen Co-Kommentator und Schwergewichtsboxer Kim Weber sowie Livereporter Bernd Bönte, der auch ganz genau weiß, was laut Regelwerk der WBO nun geschehen müsse: »Normalerweise heißt es bei einem unabsichtlichen Foul, dass dann, nach Beendigung der Runde drei, und die haben wir ja längst hinter uns, die Wertung der Punktrichter zählt.«

Damit liegt er richtig. Jetzt müssten die Punktrichter das Wort haben, zumindest dann, wenn der gefoulte Boxer sich nicht noch einmal zum Kampf stellt. Es wäre ja durchaus möglich gewesen, dass Michalczewski sich eine in den Regularien vorgesehene fünfminütige Verletzungsauszeit nimmt, um dann weiterzuboxen. Doch als der Ringarzt Dr. Henning Jänsch von O'Neill in den Ring gewunken wird, ist die Situation schnell geklärt.

»Ich fragte Michalczewski, ob es noch ginge, aber er sagte nein, er sei platt. Als ich ihn daraufhin für kampfunfähig erklärte, war ich der festen Überzeugung, dass nach den Regeln damit Rocky der Sieger ist.« Dieser Erklärung von Dr. Jänsch, die er nach dem Kampf in die Blöcke der Journalisten diktiert, dürfte normalerweise nichts mehr hinzuzufügen sein. Doch was ist schon normal, wenn ich in jenen Tagen um den Titel boxe? Und so nimmt das Chaos seinen Lauf.

Als Jänsch abwinkt, hat O'Neill nur noch ein großes Fragezeichen auf der Stirn. Statt das Ergebnis der Punktrichter auswerten zu lassen, irrt der 150 Kilo schwere Koloss hilflos im Ring umher und lässt seinen Chef agieren. WBO-Präsident Francisco Valcarel fordert den Videobeweis ein, den wir hierzulande sonst nur vom Eishockey kennen. Er geht zum Reportertisch von Premiere und verlangt, dass man ihm noch einmal die strittige Szene zeigt.

## Schlimmer als beim Rummelboxen

»Das war ein Foul. Er wird disqualifiziert.« Wo sind wir hier bloß? Was ist das für ein WM-Kampf, in dem nicht der Ringrichter entscheidet, sondern der Verbandspräsident? So etwas gibt es sonst nicht mal beim Rummelboxen. Aber bei der WBO. Wer jetzt allerdings glaubt, damit habe die Farce wenigstens ein Ende, wird eines Besseren belehrt.

Während Bönte nun die TV-Zuschauer darauf vorbereitet, dass Michalczewski der Sieg zugesprochen wird, stecken hinter ihm gleich mehrere Smokingträger die Köpfe zusammen, um heftig zu diskutieren. Was hecken sie jetzt schon wieder aus? Vermutlich macht sich bei ihnen die Angst breit, die Boxfans könnten hier gleich den Laden auseinandernehmen, wenn Michalczewski zum Sieger erklärt wird. Die Vermutung ist nicht ganz unbegründet. Mittlerweile tobt der Kessel, »Rocky! Rocky!«-Rufe schallen aus tausenden von Kehlen Richtung Ring.

»Wenn hier einer disqualifiziert werden müsste, dann der Tiger wegen Schauspielerei.«

Über die Außenmikrophone von Premiere ist via TV das zu hören, was die Fans am Ring bewegt. Für die meisten hat mein Gegenüber eine hollywoodreife Schauspieleinlage hingelegt. Allerdings keine, die für den Oscar genügen würde, sondern bestenfalls für die Goldene Himbeere, die Jahr für Jahr an die schlechtesten Darsteller in der US-Filmmetropole verliehen wird.

»Das war reine Schauspielerei. Und die in Zeitlupe. Der wollte nicht mehr und da hat ihm möglicherweise jemand zugerufen, bleib doch einfach liegen. Aber wenn einer k.o. geht, bleibt er gleich am Boden und krabbelt nicht erst noch so rum«, wird Jean-Marcel Nartz, zu diesem Zeitpunkt immer noch Technischer Leiter im Sauerland-Boxstall und Gast am Ring, am Montag nach dem Kampf im »Kölner Express« zitiert.

Mein Trainer Emanuel Steward stößt ins gleiche Horn: »Rocky konnte den Schlag nicht mehr stoppen, weil er schon ausgeholt hatte, als das Breakkommando kam. Der Tiger hat geschauspielert, weil er wusste, dass er dem Druck von Rocky nicht mehr standhalten kann. Ich hatte den K.o. für die achte Runde vorausgesagt. So wäre es auch gekommen. Rocky ist der wahre Weltmeister!«

Der geschlagene Tiger, hier in Hamburg als Lokalmatador eigentlich auf den Heimvorteil hoffend, ist derweil völlig durch den Wind und klatscht rhythmisch zu den Sprechgesängen meiner Anhänger, die er wie nachträgliche Treffer meiner Fäuste empfinden muss. Kurz zuvor hat er schon meinen Arm genommen, ihn in die Höhe gereckt, um dem Publikum zu signalisieren, wer der wahre Sieger ist. Kurz darauf findet der wenige Minuten zuvor noch scheinbar hilf- und kraftlos umhertaumelnde Tiger schon wieder die Power, mich durch den Ring zu tragen.

### Eine ganz linke Nummer

Nachtigall, ick hör dir trapsen, wie wir Berliner sagen, wenn etwas zum Himmel stinkt. Das ist doch eine ganz linke Nummer, die hier abgeht. Und richtig, jetzt wird es richtig bunt. Ringsprecher Gerhard Müller schreitet zur offiziellen Urteilsverkündung.

»Wir haben einen tollen Kampf von zwei gleichwertigen Boxern gesehen.«

Schallendes Pfeifkonzert von den Rängen.

»Es zählt zwar bei dieser Entscheidung, die ich jetzt gleich bekannt gebe, nicht, aber bis zur siebten Runde war es auch nach Punkten ausgeglichen.«

Pfiffe, Hohngelächter.

»Das Kampfgericht entscheidet Unentschieden.«

Pfiffe. Buh-Rufe. »Rocky! Rocky!«-Sprechchöre.

Das Millerntor auf St. Pauli macht seinem Ruf als Freudenhaus alle Ehre. Doch noch immer ist der Höhepunkt des Chaos nicht erreicht. Der folgt jetzt, live auf Sendung bei Premiere. Bönte, der kurz vor der Urteilsverkündung zum Besten gibt, dass er mal kurz sein Headset, also Mikrophon und Kopfhörer, zur Seite legen muss, weil ihm WBO-Boss Valcarel etwas erklären möchte, meldet sich zu Wort.

»Sie haben es ja gehört, es ist ein Unentschieden. Zwar lag Rocchigiani auf den Punktzetteln drei Zähler vorne, aber ein gefoulter Boxer kann nach den WBO-Regeln nicht entthront werden. Deshalb gab es also jetzt ein Unentschieden.« Was für ein Bullshit. Ringsprecher Müller verkündet, es stünde unentschieden, Bönte sagt, der Präsident habe ihm mitgeteilt, ich hätte drei Punkte vorne gelegen. Schon alleine daran sieht man, dass hier niemand mehr den Durchblick hat. Und mittendrin ein planloser Michalczewski, der, wie ferngesteuert, nach dem Urteil erst mal 'ne Pulle Schampus köpft und sich mit seiner Riesenspritzerei scheinbar auf der Siegerehrung nach einem Formel-1-Rennen wähnt. Ein skurriles Szenario, das erst ein Ende findet, als Premiere zum Interview bittet. Blitzschnell ist der Tiger verschwunden: kein Kommentar. Wenn man sich die TV-Aufzeichnung des Kampfabends nochmals anschaut, wird einem das Ausmaß dieser Kirmesveranstaltung erst so richtig vor Augen geführt. Wahrscheinlich kommt es nicht von ungefähr, dass nahe des Millerntors während des Fights der »Hamburger Dom«, ein Jahrmarkt mit Riesenrad und allerlei Gedöns, über die Bühne geht. Irgendwie passend. Nicht nur zu dem, was sich im Ring, sondern auch was sich auf der anschließenden Pressekonferenz und in den Tagen danach abspielt.

Doch werfen wir zunächst einen Blick in das offizielle Regelwerk der WBO. Darin heißt es unter Punkt 5.2 A (absichtliche Fouls): »Wenn ein Kämpfer absichtlich einen Gegner foult und dadurch eine Verletzung verursacht, deretwegen der Getroffene den Kampf nicht fortsetzen kann, ist der Verursacher zum Verlierer durch Disqualifikation zu erklären.«

Das hat Ringrichter O'Neill eindeutig nicht getan. Denn auch wenn er sonst alles falsch gemacht hat, was man nur falsch machen kann, eines hat er, genau wie alle anderen im Stadion und an den TV-Schirmen, richtig erkannt: Mein Schlag an Michalczewskis Kinn war schon unterwegs, als sein Trennkommando erfolgt. Niemand auf der Welt kann einen bereits abgefeuerten Schlag zurückholen. Auch ich nicht. Von daher kann allenfalls von einem unabsichtlichen Foul die Rede sein. Hierzu steht unter

Punkt 5.2 B Absatz 2 der WBO-Regeln: »Wenn ein Ringrichter sieht oder nach Rücksprache mit den Punktrichtern entscheidet, dass ein Boxer ›accidentally‹ (zufällig, unabsichtlich) in einem Kampf verletzt wurde, sodass er nicht weitermachen kann, wird dem Kämpfer eine technische Entscheidung zugesprochen, der auf den Punktzetteln vorne liegt.«
Und dort sieht es nach sechs Runden wie folgt aus: Harold Gomes (USA) hat einen Gleichstand von 58:58 errechnet, sein Landsmann Aaron Kizer und José H. Rivera aus Puerto Rico sehen mich jeweils 58:56 vorne. Nach dem Kampfverlauf ist Michalczewski damit noch mehr als gut bedient. Im Prinzip ist diese knappe Wertung eine Frechheit, der nächste Skandal. Aber seis drum, auch danach kann es nur eine Entscheidung geben. Neuer Weltmeister: Graciano Rocchigiani.

Doch der WBO-Gürtel bleibt im Besitz von Dariusz Michalczewski. Den fadenscheinigen Grund dafür liefert Valcarel auf der Pressekonferenz nach dem Kampf: »Wenn der verletzte Boxer bei den Punktrichtern hinten liegt oder der Stand ausgeglichen ist, muss auf Technisches Unentschieden erkannt werden. Ein gefoulter Boxer kann nach unseren Regeln nicht verlieren.«

Mag für den einen oder anderen vielleicht logisch klingen, ist aber nicht korrekt. Francisco Valcarel, Boss der WBO, und das ist der wohl größte Skandal, kennt seine eigenen Verbandsregeln nicht. Denn der von ihm zitierte Passus findet sich ebenfalls unter Punkt 5.2 A (absichtliches Foul) wieder und greift nur dann, wenn der Kampf trotz eines absichtlichen Fouls und einer daraus resultierenden Verletzung weitergeführt wird. »Sollte in den folgenden Runden dieselbe Verletzung so schwer werden, dass der Kampf abgebrochen werden muss«, so gäbe es ein Technisches Unentschieden.

Herr Valcarel, noch mal für Sie zum Mitschreiben: Erstens, es war kein absichtliches Foul. Zweitens, Michalczewski hat nicht weitergeboxt. Im Prinzip eine ganz klare Sache. Man muss nur seine eigenen Regeln kennen.

## Frust und schöne Worte

»Ihr Betrüger, ihr Schweine!« Ich brülle meinen ganzen Frust heraus, kann mir die gequirlte Scheiße, die ich mir auf der Pressekonferenz anhören muss, nicht mehr antun. Keine Einsicht, keine Entschuldigung, sondern nur eine Verdrehung der Tatsachen. Michalczewski und sein Promoter Klaus-Peter Kohl drücken zwar ihr Bedauern aus, finden aber auch nicht mehr als schöne Worte.

»Ich habe Graciano sofort zum Sieg gratuliert. Denn ich wusste, dass ich nicht gewonnen habe«, wird Michalczewski am darauffolgenden Montag im Sportmagazin »Kicker« zitiert, während Kohl am gleichen Tag im »Kölner Express« Folgendes zum Besten gibt: »Sie sehen mich sehr unglücklich. Die Entscheidung ist die schlechteste überhaupt. Mir wäre es lieber gewesen, wenn Dariusz durch K.o. verloren hätte. Wenn es nach den Regeln ein Sieg von Rocchigiani war, dann soll es auch einer sein.«

Ist es aber nicht. Und wird es auch nicht. Obwohl das Regelwerk eine eindeutige Sprache spricht, wird mein offizieller Protest abgelehnt. Zur Krönung der schönsten Stunden werde ich sogar noch zum Verlierer gekürt. Valcarel und Co. machen aus dem unabsichtlichen Foul kurzerhand ein absichtliches und disqualifizieren mich. Nachträglich. So einfach ist das. Von den schönen Worten der Herren Michalczewski und Kohl ist nichts geblieben. Sie gehen zur Tagesordnung über.

Am 13. Dezember 1996, gut vier Monate nach seiner Taumelei am Millerntor, steigt der Tiger wieder in den Ring. Als ungeschlagener Weltmeister. Und ich erinnere mich an meine Worte, kurz nach dem Kampf in Hamburg, als ich noch im Ring Premiere-Reporter Matthias Neumann ein kurzes Interview gebe: »Ich kann nur sagen, dass es wohl nicht sein soll, nochmals Weltmeister zu werden. Den Rest kann ich mir sparen. Ob ich das nun hier sage oder in den leeren Schrank quatsche, das ist dasselbe.«

Beim zweiten Aufeinandertreffen mit Michalczewski ist der Schrank dann voll. Allerdings nur mein Geldschrank. Für die Wiederauflage des Duells mit dem Tiger am 15. April 2000 kassiere ich die höchste Kampfbörse meiner Karriere. Vier Jahre ziehen ins Land, bevor die damals von allen Seiten erwartete und geforderte Revanche steigt. Die Emotionen kochen hoch, niemand hat die Vorgeschichte vergessen. Nur mit dem kleinen Unterschied, dass sich im Universum-Stall keiner mehr an seine Worte von damals erinnern kann oder besser gesagt erinnern will. Gibt Dariusz damals noch zum Besten, dass er mir im Anschluss an den Kampf in Hamburg sofort zum Sieg gratuliert hat, klingt das mit ein wenig zeitlichem Abstand schon ganz anders: »Wenn mir einer einen Tiefschlag versetzt und ich nicht weiterboxen kann, darf ich niemals den Kampf verlieren.«

Wer viel erzählt, quatscht auch viel Blödsinn. Michalczewski ist ein Paradebeispiel dafür. Ich könne froh sein, dass er noch Weltmeister sei. Sonst müsse ich jetzt zum Arbeitsamt gehen, gibt er gegenüber der versammelten Presse bei unserer ersten Werbeveranstaltung für den »Tag der Abrechnung« zum Besten. Ein paar Sprüche, um den Kampf anzuheizen, können ja nicht verkehrt sein. Aber was quasselt der da bloß für einen Mist?

»Hör mal, Dariusz«, antworte ich direkt. »Es gibt schlaue Deutsche und schlaue Polen. Du bist ein dummer Pole.«

Für die Journalisten ist dieser Spruch natürlich eine willkommene Gelegenheit, um das Feuer weiter zu schüren. Schade nur, dass ich nicht in der Lage bin, die Erwartungen zu erfüllen. Denn die sportliche Story des Kampfes ist relativ unspektakulär. Nach einer für einen WM-Kampf völlig unzureichenden Vorbereitung in den Pocono Mountains von Pennsylvania bin ich schon nach der zweiten Runde satt. Doch ich will nicht als Abkassierer beschimpft werden und so quäle ich mich weiter. Runde für Runde. Fuß an Fuß. Schlag für Schlag. Fast erstaunlich, wie gut ich mithalten kann. Aber mein Gegenüber hat einfach mehr Power. Mehr Power als vier Jahre zuvor in Hamburg, mehr Power als ich. Als mir in Runde neun nach einem Leberhaken Michalczewskis die Luft wegbleibt, ich zum ersten Mal in meiner Profikarriere für einen Moment runter muss auf die Knie, ist Schluss mit lustig. Ich lasse mich anzählen, schnaufe durch, um die letzte Minute der Runde mit Anstand zu Ende zu bringen. In der Pause zu Durchgang zehn gebe ich Ringrichter Rudy Battle dann ein Zeichen. Das war's, ich will nicht mehr. Das einzige Mal in meiner Karriere strecke ich freiwillig und vorzeitig die Waffen.

## Zwei Fragen, die die Boxfans bewegen

»Wer läuft denn schon ins brennende Haus?« Die Antwort auf die Frage aller Fragen ist eine ganz einfache. Warum der Streetfighter Graciano Rocchigiani aufgegeben und seine vielen Fans enttäuscht habe, will ARD-Moderator Reinhold Beckmann wissen, als ich gemeinsam mit meiner Frau Christine in seiner Talkshow zu Gast bin. Denke, es kann sich jeder ausmalen, was passiert, wenn man in eine Hütte läuft, die in Flammen steht. Von daher erübrigt sich jeder weitere Kommentar.

Doch es gibt noch ein zweites Thema, das die Journalisten nach dem vorzeitigen Kampfende bewegt. Wie stehe ich jetzt zu meiner Aussage, dass Michalczewski ein dummer Pole sei? Als ob sich daran etwas ändern würde, nur weil er im Ring der bessere Mann war!

»Na, er ist immer noch ein dummer Pole, aber heute hat er gut geboxt«, lasse ich mir meine kecken Sprüche nicht verbieten.

Später kann ich miterleben, dass auch der Tiger ein richtiger Junge aus dem Leben ist. Einer, der feiern kann und trinken. Und zwar nicht zu knapp. Unsere gemeinsamen Dreharbeiten zu der ProSieben-Sendung »Der Tag der Ehre – Entscheidung im Boxring« lassen uns Ende 2004 alte Streitigkeiten aus der Welt räumen. Lediglich der Kampfabend auf St. Pauli steht immer noch ungeklärt zwischen uns. Ich spüre, dass er damals geschauspielert hat. Und er weiß, dass ich es spüre. Aber das Thema ist zwischen uns tabu.

Ansonsten sind wir beide professionell genug, um zu wissen, dass unsere Sprüche von einst zum Geschäft gehören. Die Medien nehmen sie dankbar auf, heizen so das Interesse an den Kämpfen an. Das gesteigerte Interesse wiederum ist gut fürs Geschäft. Und sind wir gut im Geschäft, sind auch unsere Konten gut gefüllt. So einfach funktioniert das. Noch besser ist es natürlich, wenn die Gage stimmt, ohne dass solche Spielchen überhaupt nötig sind. Auf diese Erfahrung muss ich fast ewig warten. Ausgerechnet mein Abschied aus dem Ring, mein letzter Kampf, meine letzte Niederlage, ist ein solches Beispiel.

## Wirbel hinter den Kulissen

Klaus-Peter Kohl bittet ein letztes Mal zum Tanz, bietet mir nahezu die gleiche Börse an wie gegen Michalczewski, um seine neue deutsche Hoffnung endlich salonfähig zu machen. Thomas Ulrich soll sich mit einem Sieg gegen den großen alten Mann des deutschen Boxgeschäftes in den Mittelpunkt des öffentlichen Interesses kämpfen und für höhere Aufgaben empfehlen.

Ulrich ist nett, höflich und zuvorkommend. Nicht nur vor dem Kampf, sondern auch im Ring. Große Frage: Hat er nicht mehr drauf oder kann er seinem Idol nicht wirklich wehtun? Oft genug hat er im Vorfeld erklärt, dass ich sein Vorbild wäre und es eine Ehre für ihn sei, gegen mich boxen zu dürfen. Was will man da erwarten? Wohl kaum brachiale Gewalt. Und richtig, Ulrich schlägt zwar viel, trifft aber kaum. Ich bin zufrieden, mich als immerhin fast Vierzigjähriger mit einer soliden Leistung verabschiedet zu haben. Nach dem Schlussgong und dem klaren 0:3-Punkturteil bin ich erleichtert, es hinter mir zu haben. Das Einzige, was mich etwas nachdenklich stimmt, ist die Aufgeregtheit meines Trainers. Mein Bruder Ralf ist stinksauer, spricht davon, man habe Ulrich den Sieg geschenkt. Mich macht das nicht mehr heiß, dafür habe ich gegen Eubank, Maske und Michalczewski schon zu viel erlebt.

Erneut ist es erst das Betrachten der Videoaufzeichnung, das mein Blut in Wallung bringt. Klar, Ulrich ist der deutlich aktivere Mann, aber im Boxen zählen nun einmal die Treffer. Solche sind kaum zu sehen, das meiste geht auf meine Doppeldeckung. Und so kommt es nicht von ungefähr, dass ZDF-Reporter René Hiepen und die TV-Zuschauer im Online-Scoring mich zur Hälfte der Zwölf-Runden-Distanz mit zwei Runden vorne sehen. Eine Wertung, die hinter den Kulissen anschließend für mächtig Wirbel sorgt. Klaus-Peter Kohl ist stinksauer auf Hiepen, hat ihn wohl von Beginn an auf Ulrich-Kurs erwartet. Denn die Rollen vor meinem finalen Duell sind klar verteilt: Ulrich ist der kommende Mann, den man als Hauptkämpfer im Abendprogramm des ZDF etablieren will. Ich dagegen bin das Auslaufmodell. So werten auch die Punktrichter. Und da ist sie dann wieder, die Nachtigall, die ich trapsen höre. Das 119:109, 118:110, 118:110 macht deutlich: Die drei Herren wissen im Gegensatz zu Hiepen und den TV-Zuschauern von Beginn an, was von ihnen erwartet wird. Gerade mal eine beziehungsweise zwei Runden werden mir gutgeschrieben.

Mein Ärger, meine Wut und das Adrenalin wegen des überdeutlichen Urteils halten sich trotzdem in Grenzen, kochen allenfalls auf ganz kleiner Flamme. Da halte ich es abschließend lieber noch einmal mit dem Song von Stefan Waggershausen:

»Das erste Mal tat's noch weh,
beim zweiten Mal nicht mehr so sehr
und heute weiß ich,
daran stirbt man nicht mehr!«

# Runde 8

# Meine Börsen

»Unter einer Million läuft gar nix.« Schon knapp vier Jahre vor meinem ersten Duell mit Henry Maske beginnt das Pokern um die Kampfbörse. Es ist ein Pokern, bei dem ich schon in der ersten Runde weiß, wie es ausgeht. Ich werde meine Million bekommen. Egal, wie oft die Karten noch gemischt und neu verteilt werden. Irgendwann werde ich das Blatt, das mir die erste siebenstellige Börse garantiert, in den Händen halten. Früher oder später! Warum ich mir so sicher bin? Ganz einfach: Weil ich sonst aufstehen, den Pokertisch verlassen und nicht mehr mitspielen würde. Und das kann sich niemand leisten. Denn ich bin einer der beiden Hauptakteure. Ohne mich kommt das Finale der bis dahin größten Zockerrunde des deutschen Berufsboxens nicht zustande. Henry Maske gegen Graciano Rocchigiani. Das ist der Fight, den die Leute sehen wollen, der die Massen elektrisieren wird. In Ost und West.

Als ich meine Millionen-Forderung in den Raum stelle, sind die Vorzeichen klar. Maske steht noch am Anfang seiner Profikarriere, ist von Sauerland behutsam aufgebaut worden, hat in seinen ersten zwölf siegreichen Kämpfen gegen durchweg zwei- und drittklassige Gegner geboxt. Boxerisch werden die Schlagzeilen von mir bestimmt, mein Sieg mit zugeschwollenem Auge gegen Alex Blanchard hat meinen Ruf als willensstarker Fighter gefestigt. Ich bin Europameister und in 32 Kämpfen ungeschlagen. Dennoch setzt Sauerland auf Maske als Zugpferd. Sein Plan ist schnell zu durchschauen: Ein Sieg über Rocky und Maske wäre mit einem Schlag 'ne große Nummer. Sauerland will mich als Steigbügelhalter für Maskes großen Karrieresprung benutzen. Das kann er gerne versuchen.

»Für eine Million stehe ich zur Verfügung.« Meine Antwort auf die Frage aller Fragen ist immer die gleiche. Auch Anfang 1992, als die »Berliner Zeitung« erkennt: »Hinter den Kulissen wird um die Auseinandersetzung zwischen den beiden Deutschen kräftig gepokert.«
Mir ist es wirklich ernst mit meiner Forderung. Maske dagegen scheint noch nicht erkannt zu haben, welchen Marktwert dieser Kampf besitzt: »Rocky pokert erst einmal, treibt den Preis sozusagen als Verhandlungsbasis in die Höhe. Dann kann er leicht ein paar Tausender nachlassen«, wird er in dem Artikel zitiert. Vielleicht gibt er aber auch nur das zum Besten, was ihm sein Promoter ins Ohr flüstert. Denn Sauerland hat noch lange nicht so viele Geldchips auf den Pokertisch geworfen, wie ich mir vorstelle. Und so versucht sein Schützling es mit Druck über die Medien.

Man will mich bei meiner Sportlerehre packen, um so den Preis zu drücken: »Rocchigiani kneift. Zuerst hat er gesagt, er wäre für eine Börse von 300.000 bis 400.000 Mark bereit zu dieser Kraftprobe, nun redet er von einer Million. In Wirklichkeit will er gar nicht gegen mich antreten, und wenn man ihm die Million böte, erfände er eine neue Ausrede.«

Blödsinn, ich würde gegen Maske boxen, wann immer und wo immer er will. Vorausgesetzt, die Million fließt. Aber Klappern gehört zum Handwerk. Und Maske spielt die ihm zugeteilte Rolle ganz ordentlich. Doch mit so einer plumpen Nummer lasse ich mich nicht aus der Reserve locken. Zumal bislang noch kein einziges offizielles Gebot von Sauerland auf dem Tisch liegt. Auch nicht über die von Maske erwähnten 300.000 oder 400.000 Mark.

### Veränderte Ausgangslage, gleiche Forderung

Bis das nächste Mal öffentlich über meine Gage für einen Kampf gegen Maske spekuliert wird, ziehen mehr als zwanzig Monate ins Land. Ich habe mich boxerisch rar gemacht, muss zunächst einen persönlichen Drogenkampf mit mir selbst austragen, ehe ich mich wieder meinen Gegnern im Ring stellen kann. Mittlerweile habe ich einen neuen Promoter, stehe bei Klaus-Peter Kohl unter Vertrag. Nach meinem Sieg am 15. Oktober 1993 gegen den US-Boy Ricky Thomas berichten die Medien, dass Sauerland nun bereit sei, mir 500.000 Mark für einen Kampf gegen Maske zu zahlen.

»Die Hälfte hat er ja jetzt schon kapiert. Aber gegen Maske muss eine Million für mich drin sein«, gebe ich gegenüber der »Berliner Morgenpost« am 17. Oktober 1993 zum Besten.

An meiner Position hat sich nichts geändert. Warum auch? Ich bin immer noch ungeschlagen und habe meinen Preis. Selbst als die Punktrichter mir meine weiße Weste stehlen und Chris Eubank im Titelkampf um die WBO-Krone im Supermittelgewicht zum Sieger erklären, weiche ich keinen Zentimeter zurück. Doch mittlerweile hat sich die Ausgangslage geändert. Maske ist IBF-Titelträger, hat sich bei RTL zum Quotengaranten und Publikumsliebling hochgekämpft. Er wird als Gentlemanboxer verehrt. Gilt als der, der das Boxen in Deutschland wieder salonfähig gemacht hat. Kurzum, Maske hat mittlerweile einiges zu verlieren. Und meine Vorstellung gegen Eubank war nicht ohne. Davon haben sich alle überzeugen können. Auch Maske und Sauerland. Das sportliche Risiko scheint den beiden wohl zu hoch.

Zehn Monate später sieht die Welt allerdings schon wieder ganz anders aus. Ich scheitere unter dubiosen Umständen bei dem Versuch, gegen den Franzosen Seillier Europameister zu werden, und das Sauerland-Lager ist nun anscheinend der Meinung, ich bin über meinen Leistungszenit hinaus und somit keine Gefahr mehr für seinen Vorzeigeboxer. Die Zeit ist reif. Für das innerdeutsche Duell Maske gegen Rocky. Und für meine Million. Sauerland glaubt in dem Dauerpoker nun die besseren Karten in seiner Hand und legt die geforderte Summe auf den Tisch. Zuzüglich Mehrwertsteuer, versteht sich. Mit dieser Zahlung will er zwei Fliegen mit einer Klappe schlagen. Maske weiter glorifizieren und mich aufs Altenteil schicken. Dass ich seinem

Gentleman am 27. Mai 1995 in Dortmund ein paar Zacken aus der Krone schlage und er mir nicht mal fünf Monate später für die Revanche in Dortmund noch mal ein Millionensümmchen auf den Tisch blättern muss, hätte er sich im Februar 1995 nicht träumen lassen.

Insgesamt spülen mir die zwei Duelle mit Maske 2,2 Millionen Mark plus Mehrwertsteuer in die Kasse! Nicht ohne, aber auch noch lange nicht meine Rekordbörse. Trotzdem ein Vielfaches von dem, was sich zwölf Jahre zuvor auf meinem Konto bewegt. Zu Beginn meiner Profikarriere kassiere ich 3.000 Mark monatlich. Und eine einmalige Zahlung von 10.000 Mark als Handgeld. Damit versüßt mir Sauerland meinen Wechsel ins Profilager. Die Kohle versteht sich allerdings als Vorschuss, soll später verrechnet werden. Zunächst frage ich mich, womit? Denn der Zehner bleibt die letzte Extrazahlung für lange zwanzig Monate. Elf Kämpfe sehe ich keinen zusätzlichen Pfennig. Auch nicht auf dem Papier, um den Vorschuss abzuboxen. Zusätzliche Börsen oder Gagen? Fehlanzeige! Aber damit habe ich damals kein Problem. Solange die vertraglich zugesicherten drei Riesen im Monat fließen, ist alles schick. Mir geht es nicht um die Kohle. Noch nicht. Für mich gibt es nur eine Marschrichtung: boxen und siegen.

Mein Ziel heißt: Weltmeister! Habe ich das vollbracht, kommt der Rest von ganz alleine. Davon bin ich überzeugt. Doch das ist eine Milchmädchenrechnung.

### 6.000 Mark als erste echte Börse

Über die Börsen im Boxen wird oft und viel spekuliert. Das ist heute nicht anders als damals. Keine Berichte über die Kämpfe, ohne dass nicht irgendeine Summe in die Welt gesetzt wird. Zweitrangig, ob man richtig liegt oder nicht. Im Prinzip könnte mir das ja piepegal sein, doch leider glauben viel zu viele Leute das, was in der Zeitung steht. Leider auch die Beamten des Finanzamtes. Wie sonst wäre es zu erklären, dass mir eine Zahlungsaufforderung von 475.000 Mark ins Haus beziehungsweise in die Zelle flattert. Als wäre es nicht schon schlimm genug für mich, 1990 im Frühjahr 42 Tage wegen angeblichen Menschenhandels unschuldig im Knast sitzen zu müssen, rückt mir jetzt auch noch die Finanzbehörde auf die Pelle. Knapp eine halbe Million Mark Steuern? Das muss man sich mal ganz in Ruhe durch den Kopf gehen lassen. Das ist mehr Kohle, als ich bislang an Börsen bekommen habe. Mir wird schwindelig. An solche Summen muss ich mich erst mal gewöhnen. Es ist gerade mal acht Jahre her, da habe ich während meiner Ausbildung zum Glas- und Gebäudereiniger 380 Mark pro Monat erhalten. Dann kam der Sprung auf 3.000 Mark monatlich in den ersten beiden Jahren bei Sauerland. Erst im zwölften Profikampf gegen den Engländer Steve Johnson im April 1985 verdiene ich endlich mein erstes finanzielles Zubrot: 6.000 Mark Börse.

Kurioserweise entwickelt sich mein Bankkonto anschließend nicht ähnlich rasant wie meine sportliche Erfolgsbilanz. Elf Siege später steht zwar fest, dass ich meine WM-Chance bekomme, meine Gage ist aber nicht mal im Ansatz weltmeisterlich. Der Sieg im offiziellen Ausscheidungskampf gegen Mustafa Hamsho stockt meinen Börsenetat um sage und schreibe 4.000 Märker auf. Rückblickend kann ich darüber nur den Kopf schütteln. Genauso wie über die zehn Riesen für meinen Titelgewinn gegen Vincent Boulware. Eigentlich hat mir Sauerland im Vorfeld des Kampfes, im Falle einer vollen Hütte, zusätzliche Kohle in Aussicht gestellt. In Düsseldorf begeistere ich zwar 6.000 Fans in der Philipshalle, von dem Prämienversprechen des Promoters bleibt allerdings nichts als heiße Luft. Wahrscheinlich holt er sich auf diesem Wege nun seine Vorschüsse zurück. Bislang hat er nämlich darauf verzichtet, irgendetwas zurückzufordern. Natürlich muss ich mir auch an diesem Punkte einmal mehr an die eigene Nase fassen, müsste auf eine saubere Aufrechnung drängen. Aber so bin ich einfach nicht gestrickt. Das, was hinter mir liegt, interessiert mich herzlich wenig. Das gilt im Besonderen nach meinem ersten Titelgewinn. Denn da zählt nur noch eines: Ich bin Weltmeister und darf von fetteren Gagen träumen.

## Millionär Graciano?

»In einem Jahr mache ich Graciano zum Millionär – wenn er Weltmeister bleibt.« Die Aussage meines Promoters Sauerland, die ich am 1. Juni 1988, zwei Tage vor meiner erfolgreichen Titelverteidigung gegen Nicky Walker, in der »Sport Bild« lesen darf, ist ganz nach meinem Geschmack. Wenn der als solide geltende Kaufmann keine leeren Versprechungen machen möchte, muss er für meine nächsten Fights also ein paar Geldschippen draufpacken. Denn nach den 10.000 Mark gegen Boulware springen für meine erste Titelverteidigung, die 15-Runden-Schlacht gegen Walker, gerade mal 80.000 heraus. Für einen Weltmeister nicht gerade das Gelbe vom Ei.

Ein Jahr geht ins Land. Ich bin zwar kein Millionär, aber immer noch Weltmeister. Zwei weitere Male habe ich meinen Titel verteidigt. Gegen Chris Reid gibt's noch mal 80.000 Mark Börse. Gegen Thulane Malinga immerhin 250.000. Eine Steigerung, die Hoffnung macht. Doch im nächsten Kampf soll ich plötzlich wieder weniger wert sein. 200.000 Mark bietet mir Sauerland für das geplante Duell mit dem Amerikaner Frank Tate. Ich lasse das Ding platzen. Erstens bremst meine Lust auf Joints den Drang, mich im Seilgeviert zu prügeln, zweitens empfinde ich das Angebot als Beleidigung.

Was ist geblieben von Sauerlands vollmundigem Versprechen? Nicht viel. Die Sache entwickelt sich einmal mehr ganz anders als von mir gewünscht und erwartet. Denn anstatt der erhofften Riesenbörsen halte ich plötzlich einen netten Brief in den Händen. Ich kriege vor Staunen den Mund kaum zu. Vater Staat fordert tatsächlich 475.000 Mark von mir. Dumm gelaufen: Weil ich nicht alle Kampfverträge parat habe, kann mein Steuerberater meine Steuererklärung nicht fertigstellen. Also werde ich geschätzt. So ist das Leben. Aber was soll das bitte schön für eine Schätzung sein? 475 Riesen? Wie soll das denn gehen? Haben die Beamten etwa die öffentlich gehandelten Summen für bare Münze genommen? Doch selbst wenn man die angeblichen 180.000 für den Kampf gegen Walker (»Bild am Sonntag«, Ausgabe vom 5. Juni

1988), die 200.000 gegen Reid (»Welt am Sonntag«, 9. Oktober 1988) und die 400.000 (!) gegen Malinga (»Kicker«, 30. Januar 1989) addiert, können nicht Steuerschulden von 475 Riesen auflaufen. Wahrscheinlich werden auch gleich noch die im Raum stehenden 500.000 Mark (»Sport Bild«, 8. Juni 1988) für einen gehandelten, aber nie zustande gekommenen Kampf gegen den französischen Europameister Fabrice Tiozzo auf meiner Habenseite verbucht. Nichts scheint unmöglich dieser Tage. Ich weiß nur, ich sitze im Knast und Vater Staat will eine halbe Million von mir. Beschissener kann man sich kaum fühlen. Höchstens dann, wenn jemand stirbt, der einem sehr viel bedeutet hat.

## Für ein besseres Butterbrot um die WM

Ein halbes Jahr später beginnt mein erster Neustart. Ich muss wieder ganz kleine Brötchen backen. Ich habe nach 42 Tagen Knast Haftverschonung bekommen, warte auf meinen neuen Prozess, in dem der Vorwurf des Menschenhandels endgültig aus der Welt geräumt wird. An der Forderung des Finanzamtes habe ich allerdings noch einige Zeit zu knabbern.

Zum Glück sieht sich meine damalige Freundin und spätere Frau Christine die Aktenlage ganz genau an und fordert von Sauerland die Verträge der zurückliegenden Kämpfe ein. Schludrig wie ich bin, sind die Papiere in meinen Unterlagen nicht mehr zu finden. Und das Büro von Sauerland verspürt anscheinend keine große Lust, mir die Kopien schnell zukommen zu lassen.

Das Wiederbeschaffen der Verträge dauert lange, die Verhandlungen mit der Finanzbehörde stehen dem in nichts nach. In der Zwischenzeit boxe ich mich wieder zum Europameistertitel, muss von meinen eher kläglichen Börsen, die zwischen 30.000 und 100.000 Mark liegen, Tilgungen ans Finanzamt leisten.

Derweil rückt das Duell mit Henry Maske immer stärker in den Fokus der Öffentlichkeit. Und damit auch meine Millionenforderung. Anfangs werde ich belächelt. Doch schließlich rollt der Rubel, wenn auch etwas später als gedacht. Bevor es so weit ist, muss ich allerdings die Erfahrung machen, dass man auch beim zweiten großen Promoter hierzulande mit einem besseren Butterbrot abgespeist werden kann. Selbst dann, wenn man um einen Weltmeistertitel boxt.

»Ich kriege nicht viel. Wie viel, will ich nicht sagen. Wenn die Leute das wüssten, würden sie lachen.«

Als ich im Interview für die »Sport Bild«-Ausgabe vom 2. Februar 1994 auf die nächste Kampfbörse angesprochen werde, schäme ich mich fast, über die Kohle für meinen Fight gegen Chris Eubank zu plaudern. Auch im Nachhinein hat sich daran nichts geändert. Aber wenn man auf seine Karriere zurückblickt, gehört es wohl dazu, in solchen Punkten die Hosen herunterzulassen. 100.000 Mark für einen WM-Kampf sind echt ein Witz. Zumal wenn es gegen die größte Zugnummer des europäischen Boxens geht. Und das ist Chris Eubank zu Beginn und Mitte der 90er Jahre allemal. Damals war ich so naiv, an eine faire Chance zu glauben. An eine faire Chance, den Fight zu gewinnen und so als Titelträger die großen Zahltage klarmachen zu können. Doch letztlich bin ich nicht mehr als der Punchingball von Promoter-Interessen. Mein Promoter, Klaus-Peter Kohl, hat längst den Karriereschub von Dariusz Michalczewski im Visier, der andere, Barry Hearn, nur seine eigenen wirtschaftlichen Interessen. 1,5 Millionen, also das Fünfzehnfache (!) meiner Gage, handelt er für seinen Schützling aus. Damit wir uns nicht falsch verstehen: So etwas ist sicherlich nicht einzigartig, hat es auch schon in anderen Fällen gegeben. Aber eher dann, wenn der Champ seinen Titel gegen einen absoluten No-Name freiwillig verteidigt. Davon kann bei mir als ungeschlagener Boxer, der sich bereits mehrfach den WM- oder auch EM-Gürtel umhängen konnte, nun wirklich nicht die Rede sein.

Dass ich mich gegen Eubank nicht nur sportlich, sondern auch finanziell habe über den Tisch ziehen lassen, belegt die Börse für meinen nächsten größeren Kampf. 135.000 Mark für ein Duell, in dem es nicht um den WM-, sondern lediglich um den EM-Titel geht. Also 35.000 Mark mehr, obwohl der Kampf nicht vor 11.000 Zuschauern in der Deutschlandhalle, sondern lediglich vor 4.000 Fans im Sportforum Hohenschönhausen steigt. Und der Gegner nicht das Kaliber eines Chris Eubank hat, sondern mit Frederic Seillier lediglich biedere europäische Boxkost zu bieten hat. Dass ich das Ding nicht gewinne, steht auf einem anderen Blatt und hat Ursachen, die in einem Boxring eigentlich nichts zu suchen haben. Doch jetzt wieder davon zu reden, dass man mir oft übel mitgespielt hat, wird der Sache nicht gerecht. Nein, ich möchte mich nicht beschweren. Denn letztlich ist es wohl der mit unlauteren Mitteln arbeitenden Ecke Seilliers zu verdanken, dass Maske-Promoter Sauerland die Zeit für gekommen hält, mich seinem neuen Helden Maske als Schlachtopfer vor die Fäuste zu stellen.

Ich bekomme meine Million. Und die zweite nur fünf Monate später hinterher. Kurzzeitig habe ich die Befürchtung, mein taubgespritzter Rücken und die damit verbundene klare Niederlage im Revanchekampf gegen Maske könnten meinen Marktwert sinken lassen. Doch es gibt noch einen zweiten Weltmeister in Deutschland, der sich meinen Skalp an seinen Gürtel hängen möchte. Und einen zweiten Promoter, der mit einem deutsch-deutschen Duell richtig Geld verdienen will. Mir kann es recht sein. Wieder unterzeichne ich Vertragspapiere, die mir eine siebenstellige Börse garantieren. Und weil es so schön war, erneut zweimal. Allerdings liegen diesmal nicht fünf, sondern 44 Monate zwischen dem ersten und dem zweiten Zahltag.

### Garant für gute TV-Quoten

Mit Rocky lässt sich Kasse machen. Und Quote. 17,61 Millionen Zuschauer sehen sich auf RTL das zweite Duell gegen Maske an. Die zweithöchste Einschaltquote, die es hierzulande bei einem Boxkampf jemals gegeben hat. Lediglich der verlorene WM-Schwergewichtskampf von Axel Schulz gegen Francois Botha rangiert mit 19,03 Millionen noch davor. An diesen Traumwert ist bei meinem Duell am Hamburger Millerntor gegen Dariusz Michalczewski nicht zu denken. Klaus-Peter Kohl und sein Boxstall Universum arbeiten damals mit Premiere zusammen. Der Kampf Tiger gegen Rocky lässt im Vorfeld zwar den Decoderabsatz des Pay-TV-Senders in die Höhe schnellen, trotzdem bleibt beim großen Teil der deutschen Boxfans der Bildschirm schwarz, als Michalczewski am 10. August 1998 zu Boden taumelt. Mann, was bin ich sauer! Auch die 1,2 Millionen Mark Börse können mich nicht über die gestohlene sportliche Entscheidung hinwegtrösten. Im Gegenteil: Die skandalösen WBO-Methoden treiben mich dahin, wo ich eigentlich nicht mehr hin will. Zurück in die Arme von Wilfried Sauerland. Hier bekomme ich das, was jetzt schon fast zum guten Ton gehört, wenn ich in den Ring steige: die nächsten Milliönchen. Genau genommen sind die erneuten jeweils zwei Millionen Mark gegen John Scully und Michael Nunn allerdings nur der Aufgalopp zu den fettesten Zahltagen meiner Karriere.

3,7 Millionen Mark stehen zur Debatte, als es gegen Roy Jones Jr. ans Eingemachte geht. Der Fight wird vom WBC offiziell angesetzt, nachdem ich nicht widerspruchslos hinnehmen will, dass mein gegen Nunn gewonnener Titel einfach so zu Jones zurückkehrt. Die Börse klingt gut, wäre Rekord für mich. Leider steht sie nur auf dem Papier. Mein Traumduell bleibt ein Phantomkampf. Denn Aussagen von Funktionären sind geduldig. Besonders, wenn diese im Boxen tätig sind. Und so wird der zunächst für April 1999 in Aussicht gestellte Kampf auf September verschoben, dann auf den 6. November terminiert, ehe er endgültig platzt. Im Nachhinein sicherlich nicht die klügste Entscheidung des Verbandes. Denn anstatt Jones muss sich nun der WBC-Präsident mit mir herumschlagen.

Doch bevor es zum millionenschweren Gerichtsprozess mit José Sulaiman kommen kann, muss ich eine Menge Kohle für Anwalts- und Gerichtskosten berappen. Nur gut, dass da noch »Die Abrechnung« im Raum steht. Für den von Premiere so titulierten Rückkampf gegen Michalczewski muss ich mich wieder mit Universum und Kohl einlassen. Das kotzt mich zwar gehörig an, aber in der Not frisst der Teufel bekanntlich Fliegen. Und diesmal nicht zu knapp. Ursprünglich hatte ich nach dem ersten

Kampf noch zehn Millionen für eine Revanche gefordert. Dass das hierzulande nicht im Bereich des Machbaren ist, kann ich mir schon damals an fünf Fingern abzählen. Aber immerhin trägt diese überzogene Forderung dazu bei, meinen Preis in die Höhe zu treiben. 3,4 Millionen Mark sind kein schlechtes Schmerzensgeld für meine einzige vorzeitige Niederlage. Doch zunächst gilt es, wie immer, die Kosten für die Vorbereitung, sprich das Trainingslager, die Sparringspartner und meinen Coach abzuziehen. Besonders die 400.000 Mark für Emanuel Steward schmerzen mich, da sie diesmal nicht gut angelegt sind. Der Trainer, dem weltweit ein guter Ruf vorauseilt, verlangt und bekommt zwölf Prozent der Kampfbörse. Zwei Prozent mehr als in der Trainerszene normalerweise üblich. Qualität oder in diesem Fall eher ein großer Name haben eben ihren Preis. Und den muss ich zahlen, selbst wenn ich zum zweiten Duell gegen Michalczewski alles andere als optimal vorbereitet in den Ring steige.

## Weichenstellung für die Zukunft

Der Rückkampf gegen den Tiger ist für mich das erste Mal. Nie zuvor in meiner Karriere ist mir die Kohle wichtiger als das sportliche Resultat. Für mich geht es um die Existenz. Wenn mir im Kampf gegen den WBC die Luft ausgeht, dann war's das. Denn schließlich soll mir ein Erfolg vor dem US-Gericht helfen, die finanziellen Weichen für die Zukunft zu stellen. Meine Rechnung geht auf. Dank des Geldsegens halte ich durch, ist mein Atem lang genug, um die korrupten Methoden des Verbandes aufzudecken. Doch bevor ich von dem Millionen-Urteil der Geschworenen vom September 2002 erstmals finanziell profitieren kann, zieht mehr Zeit ins Land, als meine Konten verkraften können. Zum Glück bin ich boxerisch noch immer ein gefragter Mann. Ursprünglich soll ich bereits Anfang 2002 herhalten, um die Karriere eines vermeintlichen Aufsteigers aus dem Universum-Stall richtig auf Touren zu bringen. Kohl glaubt, mit Thomas Ulrich einen legitimen Nachfolger der »Maske-Tiger-Rocky-Ära« gefunden zu haben. Um mich für den Fight gegen seinen neuen Liebling mediengerecht in Stellung zu bringen, bekomme ich zunächst einen sogenannten Aufbaukampf. Sicher, die acht Runden gegen Willard Lewis sind nicht gerade ein sportlicher Leckerbissen, verlaufen wenig spektakulär. Walter M. Straten, Boxexperte der »Bild-Zeitung« und langjähriger Wegbegleiter meiner Karriere, empfiehlt mir anschließend sogar öffentlich: »Rocky, hör auf, bevor du zum Clown wirst!«

### Abschied mit voller Kasse

Aus seiner Sicht ist das vielleicht verständlich, trotzdem muss ich schmunzeln. Damals wie heute. Immerhin habe ich mit diesem Muster ohne Wert knapp fünf Millionen Zuschauer vor die Glotze gezogen. Immer noch mehr als Markus Beyer bei seiner Abschiedsvorstellung als Weltmeister, seiner Niederlage im Vereinigungskampf gegen den Dänen Kessler im Oktober 2006. Zudem kassiere ich gegen den Cree-Indianer Willard Lewis, genannt »Roter Donnerfelsen«, so gut wie keinen Treffer, dafür aber immerhin 400.000 Mark.

Und meinem Marktwert hat das simple Spektakel keinen Abbruch getan. Zwar steigt der Kampf gegen Ulrich aufgrund meiner zehnmonatigen Mietpause in einer Zelle hinter schwedischen Gardinen später als gedacht, doch die Kohle, die mir dafür auf den Tisch geblättert wird, ist nicht ohne Reiz: 1,7 Millionen lässt sich Klaus-Peter Kohl meinen letzten Auftritt im Ring kosten. Und da im März 2003 schon längst das Zeitalter des Euro angebrochen ist, reicht das Honorar für meine Abschiedsvorstellung umgerechnet fast auf die Mark genau an meine Rekordbörse des zweiten Kampfes gegen Michalczewski heran. Nicht schlecht für einen alten Mann. Zwar bin ich endgültig so weit, dass ich nur noch des Geldes wegen boxe, aber meine sportliche Leistung lässt deshalb trotzdem nichts zu wünschen übrig. Ich verabschiede mich erhobenen Hauptes aus dem Ring. Und mit einer prall gefüllten Börsenkasse.

Wenn ich nun, nach dem Ende meiner Karriere, an meiner Biographie arbeite und mir nochmals zusammenrechne, was ich so an Börsen kassiert habe, drängt sich mir selbst die gleiche Frage wie vielleicht auch Ihnen auf: Wo ist eigentlich die ganze Kohle geblieben? 16 Millionen Mark, umgerechnet rund 8 Millionen Euro, sind schließlich keine Almosen. Klar, schon eine professionelle Vorbereitung kostet eine Menge, das Reisen, die Hotels, die Sparringspartner und die Trainer sowieso. Dann ist natürlich auch die Steuer nicht ganz zu vergessen. Aber trotzdem, wenn ich es etwas schlauer angestellt hätte, dann wäre es sicherlich möglich gewesen, mehr Kohle zurückzulegen. So muss ich es wohl eher mit einem Spruch des legendären nordirischen Fußballhelden George Best halten: »Ich habe in meinem Leben eine Menge Geld für Frauen, Alkohol und Autos ausgegeben. Den Rest habe ich einfach verprasst.«

# Runde 9

# Meine Promoter

»Jetzt bekommen einige Muffensausen«, verkünde ich vollmundig. Dass es dann allerdings so schnell geht, überrascht selbst mich. Aber der Reihe nach: Im Interview mit der Tageszeitung »Die Welt« rühre ich in der Ausgabe vom 27. März 2006 im Gespräch mit Redakteur Gunnar Meinhardt die Werbetrommel für mein erstes Buch, kündige an, dass ich aufzeigen werde, dass im Boxsport von Hacke bis Nacke betrogen wird. Ein paar Tage zuvor habe ich den Entschluss gefasst, meine Autobiographie zu Papier bringen zu lassen. Jetzt gilt es, ein wenig Appetit zu machen. Und das liest sich im Detail so: »Jetzt können sich alle warm anziehen. Es passieren Sachen im Boxen, die mit dem Sport nichts zu tun haben. Teilweise geht es zu wie bei der Mafia. Dass Kämpfe verschoben werden, sehen die Zuschauer selbst. Ich werde erzählen, was hinter den Kulissen läuft.«

Getroffene Hunde bellen. Das besagt nicht nur ein altes Sprichwort, sondern bestätigt sich tagtäglich im eigenen Lebensumfeld. Ich kann mir das Lachen nicht verkneifen, als ich erfahre, wie Wilfried Sauerland auf meine Ankündigungen reagiert. Zwei Tage nach dem Erscheinen des »Welt«-Interviews kommt er in der »Sport Bild« zu Wort:

»Ich gebe jeden Eid darauf ab, dass bei mir nie ein Kampf verschoben wurde und auch in Zukunft keiner verschoben wird.«

Hoppala, fühlt sich da etwa jemand auf den Schlips getreten? Um meine Meinung vom Boxsport zu untermauern, gebe ich hier gerne nochmals das zum Besten, was in den zurückliegenden Jahren schon zigmal geschrieben stand oder ausgesprochen wurde.

Egal ob die »Bild-Zeitung« oder die »Hamburger Morgenpost«, egal ob mein Trainer Wolfgang Wilke oder Sauerlands langjähriger Matchmaker Jean-Marcel Nartz: Sie alle haben, wie ich in Runde sieben dieses Buches aufgezeigt habe, schon auf Worte wie »Betrug« oder »Boxmafia« zurückgegriffen, wenn es darum ging, über meine Niederlagen zu berichten oder sie zu kommentieren. Ist in solchen Fällen schon jemals ein Anwalt aufgetaucht, der eine Gegendarstellung durchgesetzt hätte? Nein! Warum auch? Jeder Zuschauer, ob am Ring oder live vor der Glotze, sieht doch selbst, was abgeht. Und da ist es doch auch kein Wunder, dass sich die Reihe der klaren Worte in der Öffentlichkeit noch durch einige Beispiele fortsetzen ließe.

Jan Hofer etwa, der durch die »Tagesschau« bekannt gewordene Nachrichtensprecher, wird am 14. August 1996 nach meinem ersten Kampf gegen Michalczewski in der »Bild-Zeitung« wie folgt zitiert: »Ganz klar, Schiebung!« René Weller stellt fest: »Jetzt weiß ich, dass es eine Boxmafia gibt.« Und selbst Sauerland gibt in der gleichen »Bild«-Ausgabe seinen Senf dazu: »Dariusz hat doch nur Show gemacht.« Die Berliner Tageszeitung »B.Z.« geht in der Nachberichterstattung über den Skandalkampf vom Hamburger Millerntor sogar noch weiter, lässt über meinen »Freund«, Ringrichter Joseph O'Neill, behaupten: »Der Mann wurde geschmiert, wurde vorher bezahlt.« Anwalt? Gegendarstellung? Wieder Fehlanzeige!

Doch nicht nur dieser Kampf unter der Verantwortung von Universum Box-Promotion und deren Chef Klaus-Peter Kohl stand unter starkem Beschuss der Medien. Auch mein erstes Duell gegen Maske, das von Sauerland veranstaltet wurde, sorgte für mächtiges Kopfschütteln.

So kommentierte Hans-Dieter Barthel das Geschehen im Ring für das Fachmagazin »Kicker« wie folgt: »Graciano Rocchigiani hat den Weltmeister verprügelt. Gewonnen hat er dennoch nicht. Solange Wirkungstreffer, die mehrfach zum Fast-Knockout des Weltmeisters geführt haben, mit Streicheleinheiten auf die Deckung des Gegners gleichgesetzt werden, sind der Willkür keine Grenzen gesetzt.«

Diese Zeilen treffen ins Mark. Deshalb frage ich Sie, Herr Sauerland: Wie hätte das Urteil, damals in Dortmund, wohl gelautet, wenn Maske mich dermaßen durch den Ring geprügelt hätte wie ich ihn? Und ich dafür im Gegenzug ganz oft seine Deckung »gestreichelt« hätte? Glauben Sie wirklich, ich wäre Ihr neuer Weltmeister gewesen?

Egal wie die Medien es auch betiteln mögen: Ob Willkür wie nach dem Maske-Kampf oder Betrug wie nach den Fights gegen Eubank und Michalczewski. Letztlich läuft es auf das Gleiche hinaus: Ich fühle mich als der Verarschte.

Und zu guter Letzt gibt es in meiner Karriere sogar einen hochoffiziellen Beweis, dass im Boxsport betrogen wird: Der dreiste Titelraub des WBC nach meinem Sieg gegen Michael Nunn und das daran anschließende Millionen-Urteil des New Yorker District Courts. Nicht dass ich an dieser Stelle missverstanden werde: Ich möchte hier nicht den Eindruck erwecken, als wäre ich der einzige Gelackmeierte der Boxgeschichte.

Im Gegenteil: Ich bin kein Einzelfall. So gut wie jedes Wochenende dürfte es auf den weltweit ausgetragenen Veranstaltungen Kämpfer geben, denen übel mitgespielt wird. Sie alle sollten eines nie vergessen und am besten auch beherzigen: Wer einstecken muss, darf auch austeilen! Für mich gilt diese Devise heute mehr denn je. Denn ich bin schon lange nicht mehr der naive Junge, den Wilfried Sauerland anno 1983 unter Vertrag genommen hat und der ihm den ersten deutschen Weltmeistertitel seiner Promotertätigkeit beschert hat.

### WM-Party ohne den »Saubermann«

Seit einer guten Stunde bin ich Champion. Zum ersten Mal. Ein langer Weg, den mein Trainer Wolfgang Wilke und mein Manager Wilfried Sauerland mit mir zurückgelegt haben. Genau viereinhalb Jahre sind seit meinem ersten Profikampf vergangen. Jetzt haben wir es geschafft. Weltmeister! Und was macht mein Manager? Keine Ahnung! Verschollen, anstatt mit mir auf den WM-Titel anzustoßen. Ich glaube es einfach nicht. Spätestens in diesem Moment ist klar, so kann das zwischen mir und Sauerland nichts Vernünftiges werden. Ich bin enttäuscht und denke mir meinen Teil. Nicht das letzte Mal während meiner Zusammenarbeit mit »Mr. Seriös aus Sauberland«, wie er von der »Welt« am 23. September 1999 bezeichnet wird. Ein Titel, der dem Mann aus dem Sauerland eigentlich gefallen müsste, ist er doch stets darum bemüht, als der Saubermann der Branche zu gelten. Doch Mühe allein genügt nicht. Das haben mir schon meine Pauker früher glaubhaft versichert. Deshalb bin ich vorzeitig runter von der Penne und rein ins Boxerleben. Ich träume von der großen Karriere. Als ich das erste Mal für einen Profivertrag vorboxe, falle ich noch durchs Sieb. Bei der Stippvisite von Ralf und mir in Sauerlands Wahlheimat London hat der gelernte Exportkaufmann vielmehr meinen Bruder als mich im Visier. Ralf ist bereits ein echter Kanten, macht optisch mehr her als ich mit meinen 17 Lenzen und dem bereits beschriebenen Milchbubi-Auftreten.

Ralf ist der Weg ins Profilager allerdings noch nicht ganz geheuer, also muss auch ich mich gedulden. Erst mit 19 ½ ist es so weit. Der Journalist Bruno Paulenz, der mir auch Wolfgang Wilke als Trainer vermittelt, bringt mich letztlich doch bei Sauerland ins Geschäft. Die 3.000 Mark Honorar monatlich als Vorschuss auf zukünftige Gagen lassen mich das Leben etwas entspannter angehen und ich kann mich auf das Wesentliche konzentrieren. Trainieren, kämpfen und gewinnen! Ich erledige meinen Job. Sauerland seinen auch. Er verschafft mir einen WM-Kampf, ich sorge dafür, dass wir keine Punktrichterentscheidung benötigen, um den Gürtel zu bekommen. So weit, so gut.

Letztlich kann ich es auch verkraften, dass mein Manager nicht die Zeit findet, um mit mir den Titel zu feiern. Problematisch wird es erstmals, als sich nach seinem Millionenversprechen, das er über die Medien zum Besten gibt, nicht die erhofften fetten Börsen einstellen. Ich erfülle zwar seine Vorgabe, ein Jahr Weltmeister zu bleiben, er aber nicht seine Ankündigung, auf meinem Konto ein siebenstelliges Zahlenspiel zu veranstalten. Blöd wie ich war, wollte ich ihm natürlich nur allzu gerne Glauben schenken. Mit dem Ergebnis, dass ich Frust schiebe.

Die Viertelmillionengage gegen Malinga geht aus meiner Sicht noch völlig in Ordnung, erst als die nächste Kampfbörse sich nicht nach oben, sondern nach unten entwickeln soll, habe ich die Schnauze voll. Ich lege meinen Titel nieder.

## Im Knast bist du schnell vergessen

»Was braucht der Mensch außer Glotze gucken, 'n bisschen bumsen, 'n bisschen Anerkennung?«, frage ich in der »Spiegel«-Ausgabe des 23. Januar 1989 den Redakteur Hans-Joachim Noack. Ein Spruch von mir, der sicher zu den meistzitierten meiner Karriere zählt und vor allem einer, den ich knapp acht Monate später in die Tat umsetze. Vielleicht könnte man noch »'n bisschen kiffen« hinzufügen. Denn die Zahl der Joints nimmt zu. Dafür geht's mit der Anerkennung bergab. Langsam, aber stetig. Ein Boxer ohne WM-Titel ist weniger als die Hälfte wert. Eine Erfahrung, die noch mehr schmerzt, wenn man plötzlich im Knast sitzt und sich keine Sau mehr um einen schert. Da gibt es noch die Schlagzeilen von der Verhaftung und der Verurteilung. Dann bist du vergessen. Außer für deine Familie, deine Frau und deine wahren Freunde. Aber auf jeden Fall für deinen Manager. Zumindest wenn er Wilfried Sauerland heißt. Der bringt das Kunststück fertig, mich nicht ein einziges Mal hinter Gittern zu besuchen. Das ist mit seinem Saubermann-Image anscheinend nicht zu vereinbaren. Daran ändert sich auch nichts, als mir die Zahlungsaufforderung des Finanzamtes über 475.000 Mark direkt in den Knast zugestellt wird. Kein »Hey Graciano, das wird schon wieder« oder »Die müssen sich komplett verrechnet haben, ich kümmere mich darum«. Nein, nichts dergleichen. Kein Ton, absolute Funkstille. Ein Manager, wie er im Buche steht.

Rückblickend stellt sich für mich anno 2007, während der Arbeit an diesem Buch, vor allem eine Frage, ganz abgesehen von der menschlichen Enttäuschung, die längst zu den Akten gelegt ist: Was ist eigentlich mit meiner Kohle passiert, die Sauerland zu Beginn unserer Zusammenarbeit auf ein Sperrkonto eingezahlt haben will? Damals interessiere ich mich nur am Rande dafür, was in den Medien so über mich berichtet wird. Abgesehen von den Spekulationen über meine Kampfbörsen, die ich zum Teil belustigt zur Kenntnis nehme. Aber wenn man fast zwei Jahrzehnte später nochmals die Dinge nachliest, die so alle in der Presse standen, bekommt man große Augen.

»Die Hälfte aller Einnahmen geht auf ein Sperrkonto«, wird Sauerland in der »Sport Bild« vom 1. Juni 1988 zitiert, als er über die Zusammenarbeit mit mir spricht. Weiterhin heißt es wortwörtlich: »Die festgelegten Gelder bekommt er nach Ablauf unseres Vertrages ausgezahlt.« Nun habe ich in meiner Karriere auch ein paar Schläge gegen den Kopf bekommen und kann mich von daher vielleicht nicht mehr an jede Kleinigkeit erinnern. Aber so viel steht fest: Mein Vertrag mit Sauerland ist definitiv ausgelaufen. Und an Kohle auf einem Sperrkonto kann ich mich, selbst beim besten Willen, nicht erinnern. Vielleicht hat sie der »Mr. Seriös aus Sauberland« über die Jahre ganz einfach selbst vergessen und auf mich wartet noch eine Zahlung mit Zins und Zinseszins. Leider nicht. Aber bitte nicht falsch verstehen: Ich möchte hier nicht den Eindruck erwecken, Sauerland habe mir eventuell Kohle vorenthalten. Ich erzähle die Geschichte lediglich deshalb, um aufzuzeigen, dass Sauerland seinen Worten nicht immer Taten folgen lässt. Denn in diesem Falle hat dies mein Ex-Manager gegenüber Ralf Grengel sogar selber bestätigt. Der Sportjournalist hat meine Gedanken für diese Autobiographie aufgeschrieben. Und er hat mich zu Beginn unserer Zusammenarbeit mit Simon Bergmann und Christian Schertz an einen Tisch gebracht. Von den beiden Berliner Anwaltsprofis im Medienrecht lasse ich mich beraten, bevor ich meine Gedanken über mein Leben und das Boxen im Allgemeinen zu Papier bringen lasse. Während unserer Sitzungen in ihrer Kanzlei am Kurfürstendamm habe ich ein gutes Gefühl. Die Jungs wissen, wovon sie reden. Von daher habe ich kein Problem damit, ihre Tipps zu beherzigen. Der wichtigste ist ganz einfach: »Wenn Sie nicht riskieren wollen, dass Sie die Bücher wieder vom Markt nehmen müssen, weil dem einen oder anderen nicht gefällt, was drinsteht, dann lassen Sie jeweils auch die Gegenseite zu Wort kommen. So kann sich jeder Leser selbst sein Urteil bilden!«

Das erste Mal setze ich den Rat an dieser Stelle um, weil den Anwälten wohler ist, auch Sauerland zu diesem Thema zu hören: »Wir hatten diese Regelung damals zwar angedacht, aber das war in der Praxis nicht durchführbar. Graciano erhielt vor seinen Kämpfen Vorschüsse und außerdem lagen diverse Pfändungen vor, sodass es nicht mehr möglich war, Rücklagen zu bilden.« Soweit die Stellungnahme meines Ex-Promoters. Wir halten fest, Fakt ist eines: Sauerland hat damals in den Medien behauptet, die Hälfte meiner Einnahmen gingen auf ein Sperrkonto. Und Tatsache ist, ich habe auf diesem Wege nach Ablauf unseres Vertrages keinen einzigen Pfennig erhalten. Sauerlands öffentlichkeitswirksame, aber nicht eingehaltene Ankündigung ist nicht der einzige Grund, warum ich meine Zusammenarbeit mit ihm nicht gerade in bester Erinnerung habe.

Da wären auch noch die mangelhafte Unterstützung in der Auseinandersetzung mit dem Finanzamt und die ausbleibenden Knastbesuche. Beides kann man, wenn man großzügig ist, noch unter fehlender Charaktergröße verbuchen. Aber was ist mit den zahlreichen handwerklichen Fehlern, die ihm als Manager unterlaufen sind? Wo ist er, als die Presse auf mich einstürmt? Als ich Weltmeister bin, der jüngste, den Deutschland je hervorgebracht hat? Und ich plötzlich im Mittelpunkt des öffentlichen Interesses stehe?

Egal ob »Bild«, »Stern«, »Spiegel«, »Süddeutsche«, »Die Welt«, »FAZ« oder wie sie alle heißen, egal ob Zeitung oder Magazin: Sie alle wollen was von mir. Ich quatsche drauflos. So wie mir der Schnabel oder besser gesagt meine freche Berliner Schnauze gewachsen ist. Die Journalisten finden es amüsant, drucken es meist so, wie es aus meinem Mund klingt: »Warum hat René Weller eine bessere Presse als Sie?«, will einer von mir wissen.

»Der schleimt ja ooch jenuch ab«, lautet meine Antwort.
»Was halten Sie von Politik?«
»Weeß ick nisch!«

»Würden Sie auch als Schauspieler arbeiten?«
»Logisch, wenn ick det könnte.«
»Und eine Platte besingen?«
»Würde ick ablehnen, kann mir vorstellen, wie sich det anhört.«
»Haben Sie im Boxen Probleme mit Groupies?«
»Die meisten Weiber fahren doch eh nur uff Jeld und Name ab!«
»Haben Sie Freunde?«
»Die ganzen Quatschköppe, wat soll ick mit denen?«
So ergeben sich in der Öffentlichkeit schnell zwei verschiedene Bilder von mir. Lustig, ehrlich und geradeaus, finden die einen. Wortkarg, muffelig, prollig, die anderen. Und dann gibt's noch meinen Manager. Der findet es scheißegal. Ich frage mich, wieso darf sich Sauerland eigentlich Manager nennen? Vor und nach den Kämpfen sehe ich ihn so gut wie nie. Und Pressearbeit für mich ist auch nicht gerade seine Erfindung. Wäre es nicht seine Aufgabe, die Interviews zu autorisieren? Um so an einem Bild in der Öffentlichkeit zu formen, das seinem Champ gerecht wird und sich bestmöglich vermarkten lässt? So bleiben lukrative Sponsorenverträge aus. Die Tätigkeiten meines Managers beschränken sich rein aufs Boxen: Training, Sparringspartner, Kämpfe und Börsen – das sind die vier wesentlichen Begriffe, mit denen man die Zusammenarbeit zwischen Sauerland und mir hinreichend beschreiben kann.

Sicher, ich bin kein Typ, der es einem leicht macht. Ein echter Sturkopf, mit dem wirklich schwer auszukommen ist. Ich sage stets meine Meinung, vergreife mich manchmal auch im Ton. Zudem lasse ich mich häufig von Dritten zu leicht beeinflussen. Das führt zu falschem Umgang, einer unprofessionellen Lebensweise und falschen Entscheidungen. Aber das ist ja nicht vom ersten Tag an so. Erst als mir Erfolg und Trubel zu Kopf steigen, sich als Weltmeister eine echte »Was-kostet-die-Welt-Mentalität« breitmacht, laufe ich aus dem Ruder. Zuvor bin ich zwar auch keiner der Kategorie »handzahm«, doch ich trainiere fleißig, boxe gut und gewinne meine Kämpfe. Wenn einem als Manager und Promoter so ein Boxer über den Weg läuft, muss man doch zufrieden sein. Wenn dann auch noch die Zuschauer in die Hallen strömen, um den Jungen im Ring zu sehen, sollten gewisse Mechanismen greifen. Dann muss ich als Manager etwas dafür tun, dass alles in geregelten Bahnen läuft, muss mich um das Umfeld meines Boxers kümmern. Darauf achten, dass er solide lebt, dass sein Bild in der öffentlichen Darstellung angemessen rüberkommt. Wenn ich den Job als Manager ernst nehme, kann ich diesen jungen Boxer doch nicht einfach seinem Umfeld und dem damit verbundenen Schicksal überlassen. Schon gar nicht, wenn ich seinen Kiez und seine sogenannten Freunde kenne. Dann gehören nicht nur die von Sauerland vernachlässigten Gebiete der Pressearbeit und der Sponsorenakquise zu den Managementaufgaben, sondern auch die Verbesserung des sozialen Umfeldes. Ich bin mit Anfang, Mitte zwanzig wirklich ein bärenstarker Junge. Weltmeister und ungeschlagen. Was wäre nicht alles drin gewesen, wenn ich noch professioneller gearbeitet hätte? Davon hätte doch auch Sauerland profitiert. Aber von ihm kommt viel zu wenig. Das habe ich bis heute nicht verstanden.

Erst als sich die Mauer öffnet und ich mit Henry Maske einen neuen Stallgefährten bekomme, scheint Sauerland zu begreifen, worauf es ankommt. Seine plötzliche Horizonterweiterung bringt mir allerdings keine großen Vorteile. Zwar reißen sich plötzlich alle den Arsch auf, aber nicht für mich. »Mr. Seriös aus Sauberland« ist frisch verliebt. In den Vorzeigeboxer aus dem Osten. Ein Olympiasieger Marke »braver Lieblingsschwiegersohn«: Das ist das, worauf Sauerland also gewartet hat. Und Boxdeutschland anscheinend auch. Der private TV-Sender RTL springt auf und das Ganze wird fast ein Selbstläufer. Erst Weltmeister, dann Publikumsliebling. Und zu guter Letzt ein deutsch-deutsches Duell um die WM-Krone. Ein neuer Superlativ, um die TV-Quoten, die Sympathiewerte Maskes und somit auch seinen Marktwert noch weiter in die Höhe zu treiben.

Maske gegen Rocky: Das klingt gut und der deutsche Boxmarkt giert danach. Dummerweise gibt's da ein Problem. Der zweite Deutsche, dem die Rolle des Verlierers zugedacht ist, steht nicht mehr bei Sauerland unter Vertrag. Mittlerweile habe ich mich an Universum Box-Promotion gebunden. Und somit kommt der zweite große Promoter Deutschlands ins Spiel. Doch bevor ich mit Klaus-Peter Kohl mein Glück versuche, gibt es noch ein kleines Zwischenspiel. Eines, das allerdings nur auf dem Papier existiert.

## Ein kurzes Gastspiel

Auf der einen Seite des Vertrags habe ich unterschrieben, auf der anderen Willy Zeller. Der Österreicher hat bereits Eckhard Dagge zum WM-Titel geführt, jetzt möchte er die Nachfolge von Wilfried Sauerland antreten, von dem ich mich Ende 1991 getrennt habe, weil er nur noch Henry Maske im Kopf hatte. Eigentlich verspüre ich nicht die geringste Lust, mich neuerlich zu binden. Erstens traue ich dem österreichischen Promoter, der auch schon unter der Regie Sauerlands Kämpfe für mich ausgerichtet hat, den ganz großen Wurf nicht zu. Zweitens ist da noch meine eigene persönliche Unlust, zu boxen, gefördert durch die regelmäßigen Shit-Rationen, die ich mir in die Birne ziehe. Letztlich gebe ich seinem Werben zwar nach, aber Papier ist bekanntlich geduldig. Und meine Unterschrift besagt ja noch lange nicht, dass ich auch für ihn kämpfen werde.

Und richtig: Die großen Kämpfe bleiben Wunschdenken. Als erstes versucht er mir im Frühjahr 1992 einen Rückkampf um meine EM-Krone gegen den Briten Crawford Ashley schmackhaft zu machen. Und dann auch noch auf der Insel. Was soll mir das bringen? Erstens habe ich den Briten schon bezwungen, zweitens kann ich mir ausmalen, was mich beim Auswärtsspiel erwartet.

Ich verstehe das Kampfangebot als eine Art Steilvorlage, die ich trocken verwandele: »Hier spricht Graciano Rocchigiani. Ich wollte Ihnen nur mitteilen, dass ich meinen Titel niederlege und nie wieder boxen werde.«

Letzteres habe ich zwar nicht so ganz ernst gemeint, aber die Sekretärin Zellers am anderen Ende der Leitung ist zumindest so verblüfft, dass sie keinen Ton herausbekommt. Bevor sie sich von dem Schreck erholt, habe ich schon wieder aufgelegt. Und tschüss. Das war's. Das brannte mir schon seit Tagen unter den Nägeln. Am Montag, dem 13. April 1992, ziehe ich einen Schlussstrich. Ich stürze mich ins Charlottenburger Kiezleben am Savignyplatz und tauche ab. Zunächst für ein paar Tage. Dann für Wochen und Monate. In meine eigene kleine Welt, bestimmt vom Faulenzen, Kiffen und Poppen. Erst als Christine damit droht, mir die Koffer vor die Tür zu stellen, tauche ich wieder auf. Nach einer insgesamt 21-monatigen Kampfpause stehe ich wieder im Ring. Und Klaus-Peter Kohl als Promoter daneben.

Der »Hamburger Jung« hat meine Profikarriere als Präsident des Bundes Deutscher Berufsboxer (1984 bis 1989) aus nächster Nähe verfolgen können. Motiviert durch den Boxboom, der sich um Henry Maske entwickelt, entschließt sich der frühere Zeitnehmer Anfang der 90er Jahre dazu, eine zweite Karriere als Promoter zu starten. Bereits vor seinem Amtsantritt als BDB-Präsident hatte Kohl sein Glück als Veranstalter versucht, was allerdings nicht gerade von Erfolg gekrönt war. Diesmal gelingt ihm dank seines Kurzzeit-WBO-Champions im Cruisergewicht, Markus Bott, aber immerhin der Abschluss eines Vertrages mit dem Pay-TV-Sender Premiere – der Startschuss in eine bessere Zukunft. Und so ist mein Titelfight im Supermittelgewicht gegen Chris Eubank am 5. Februar 1994 mein erster WM-Kampf seit der Gürteleroberung gegen Vince Boulware, der live im Fernsehen übertragen wird. Drei siegreiche Aufbaukämpfe in den Fäusten, hole ich mir beim erneuten Griff nach der Krone jedoch eine blutige Nase – im übertragenen Sinne. Sportlich keine größeren Blessuren davongetragen, bekomme ich erstmals die Ohnmacht eines unverdienten Verlierers zu spüren. Eine mickrige Gage, trotz Heimspiels in Berlin englische Werbung in den Ringecken und Punktrichter, die beim Lernen der Addition in der Schule mehrere Fehlstunden verbucht haben müssen. Das Ding gegen den Briten Chris Eubank stinkt zum Himmel.

Bereits am Kampfabend bekomme ich den Gestank nicht aus der Nase. Als mein Trainer Wolfgang Wilke mir anschließend klarmacht, er habe schon nach der technischen Besprechung am Vortag gewusst, dass ich nach Punkten nicht gewinnen könne, wird die Duftnote richtig penetrant. Acht Monate später ist dann endgültig klar, welcher Mist mir an den Fersen heftet. Plötzlich hat Kohl seinen Weltmeister. Und der heißt Dariusz Michalczewski. Nicht einmal zehn Monate vorher erboxt sich der Pole noch den »Titel« eines Intercontinental Champions der IBF. Also jenes Verbandes, bei dem Henry Maske den WM-Gürtel trägt. Jetzt, nach einem kleinen Verbands-Hopping, ist er plötzlich Weltmeister. Und einmal darf geraten werden, wo. Richtig, bei der WBO! Was für ein Zufall. Ausgerechnet bei dem Verband, bei dem ich gegen Eubank zum Schlachtaltar geführt wurde. Noch Fragen? Ja, eine wäre da noch. Eine, um Gewissheit zu bekommen.

### Ein Gespräch unter Männern

»Gegen Eubank hast du mich geopfert, oder?« Klaus-Peter Kohl und ich haben auf der VIP-Party nach dem Kampf Michalczewskis gegen Asluddin Umarov bereits ein paar Bierchen gebechert. Seit meinem WM-Fight gegen Eubank sind 26 Monate ins Land gegangen. Ich habe mittlerweile schon gegen Maske geboxt. Sehr zum Unwillen von Kohl, der sogar per gerichtlicher Verfügung versucht hat, das erste der beiden Duelle zu verhindern. Kohl ist mit allen Wassern gewaschen. Hat dabei aber nie seine offene, direkte Art abgespült. Und er ist nicht nachtragend. Sonst säße er mir an jenem 6. April 1996 nicht gegenüber, um ganz locker mit mir zu plaudern. Selbst meine Fragerei bringt ihn in keiner Weise aus dem Konzept.

Natürlich glaube ich zu wissen, wie es gelaufen ist. Meine Niederlage gegen Eubank war für Kohl die Eintrittskarte in das Geschäft mit den Verbandshaien. Er musste mich ihnen zum Fraß vorwerfen, um die Titelchance für seinen Tiger zu bekommen. So sehe jedenfalls ich die Sache. Doch überzeugt davon zu sein, dass dir nur die Rolle des Bauernopfers zugedacht war, ist das eine.

Es von deinem Promoter bestätigt zu bekommen, das andere. Ursprünglich wollte ich an dieser Stelle darüber schreiben, wie das Gespräch verlaufen ist. Doch die Medienanwälte Bergmann und Schertz raten davon ab. Ich schüttele den Kopf. »Gibt es keine Möglichkeit, niederzuschreiben, wie es weiterging? Ich will doch nur sagen, wie es war. Und die Wahrheit wird man ja wohl noch schreiben dürfen.« Da ist er wieder, der Tipp der Profis: »Lassen Sie auch Kohl seine Sicht der Dinge schildern. Dann sind beide Seiten gehört. Und der Leser kann sich selbst ein Urteil bilden.«

Anwalt Bergmann empfiehlt mir, einen unabhängigen Journalisten mit dieser Aufgabe zu betrauen. Gesagt, getan. Es kommt der Auftritt von Gunnar Meinhardt. Der erfahrene Sportjournalist ist ein Mann vom Fach, führte bereits das Interview für die Tageszeitung »Die Welt«, in dem ich im März 2006 meine Biographie angekündigt habe. Meinhardt ist ähnlich geradeaus wie Kohl. Natürlich ist er auch meinem ehemaligen Promoter bestens bekannt. Wer also könnte geeigneter sein, die Erinnerungen des Hamburgers zu erfragen? Doch die Sache entwickelt sich anders als erwartet. Kohl lässt sich Zeit. Keine unmittelbare Antwort, erst nach ein paar Wochen und mehrmaligem Nachfragen sein Statement: »Ich möchte mich dazu nicht äußern.«

Wer Kohl kennt, mag erst einmal verwundert sein, so wie ich auch. Aber niemand sollte vergessen, er kennt alle Kniffe des Geschäfts. Von daher müssen Sie als Leser und ich als Autobiograph seine Verschwiegenheit akzeptieren. Dadurch hält er sich immer noch die Möglichkeit offen, gegen meine Darstellung vorzugehen – ganz egal, ob ich die Wahrheit sage oder nicht. Also muss auch ich hier mal meine Klappe halten. Aber vielleicht wird er eines Tages ja in seiner eigenen Autobiographie schreiben, wie es wirklich war. Mich würde das sehr freuen.

Kohl kämpfte jahrelang mit Sauerland um die Vormachtstellung unter Deutschlands Promotern. Und bei den beiden ist es wie im Ring. Mal verliert man, mal gewinnt man. Meistens kann ich mir die Scharmützel ganz entspannt von außen anschauen. Nur einmal bin ich mittendrin. Sozusagen selbst das Objekt der Begierde.

## Von Stolz und Kohle

Die Geschichte beginnt am 29. März 1994, also knapp acht Wochen nach dem Kampf gegen Eubank. Im Berliner City-Hotel trete ich vor die Presse und erkläre den staunenden Journalisten, dass für mich das offizielle Sauerland-Angebot, für eine Börse von einer Million Mark gegen Maske zu boxen, nicht akzeptabel ist. »Ich habe auch meinen Stolz«, gebe ich kurz und knapp zu Protokoll.

Sauerland verlangt nämlich von mir, dass ich im Falle meines Sieges die nächsten drei Kämpfe wieder unter seiner Promoterregie boxe. Und darauf habe ich nicht den geringsten Bock. Zu gut sind noch meine Erinnerungen daran, wie er mich kaltgestellt hat, als sein neuer Liebling Maske die Bühne betrat. Wenn er jetzt händeringend nach einem vernünftigen Gegner für seinen Vorzeigeboxer sucht, ist das nicht mein Problem.

Das wird es erst wieder, als mir anschließend in den Medien Feigheit vorgeworfen wird. Ich bin ja relativ schmerzfrei und mache mir keinen großen Kopf darüber, was über mich so alles berichtet wird. Aber bin ich zu feige, um gegen den Ossi zu boxen? Das geht dann doch einen Schritt zu weit. Wie also vorgehen, um doch wieder ins Geschäft zu kommen, ohne sich anzubiedern?

Die Vorlage zum Angriff liefert Wilfried Sauerland höchstpersönlich. Im Überschwang der Gefühle nach dem nächsten Maske-Sieg gegen den Italiener Andrea Magi am 4. Juni 1994 spielt er den Ball an mich beziehungsweise meinen Manager Kohl zurück. »Wenn Herr Kohl morgen bei mir anruft, können wir schnell zu einer Einigung kommen.«

Doch ganz so einfach wird es dann doch nicht. Als Kohl sich rührt, bekommt er eine Absage.

»In diesem Jahr ist kein Termin mehr frei.«

Eine offensichtliche Retourkutsche. Denn Maskes nächste Titelverteidigung ist zwar bereits terminiert, der Gegner für den Fight am 8. Oktober ist allerdings noch nicht benannt.

Mit diesem Wissen trete ich am 15. Juni 1994 erneut vor die Presse: »Dass ich das Angebot vom März abgelehnt habe, war ein großer Fehler. Ich bin bereit zum Kampf. Wenn die Sauerland-Promotion wirklich so seriös ist, wie sie sich ausgibt, dann muss ich diese Chance bekommen.«

Ein Blitzauftritt, der zwar einen mächtigen Pressedonner nach sich zieht, aber das erhoffte Ergebnis missen lässt. Sauerland lässt Kohl und mich zappeln.

Erst ein knappes halbes Jahr später gibt's das nächste Lebenszeichen. Ich habe gerade den skandalumwitterten EM-Kampf gegen den Franzosen Seillier aus meinem Kopf verdrängt, da kommt wieder Bewegung in die Sache. Über meinen Düsseldorfer Kumpel Wilfried Weiser erfahre ich, dass Sauerland nach wie vor die Million lockermachen will. Doch diesmal gibt es ein anderes Problem. Und das heißt Kohl. Dessen Zusammenarbeit mit dem TV-Sender Premiere ist mittlerweile so gefestigt, dass er mich nicht bei der Konkurrenz, bei Sauerlands Haussender RTL, boxen lassen kann. Von daher präsentiert mein Manager andere Pläne, will mich open air in der Berliner Waldbühne erneut gegen Eubank in den Ring schicken. Ein zweites Mal gegen die WBO-Connection des Titelverteidigers? Ohne mich. Meine Entscheidung ist klar: Her mit Maske! Jetzt sind also Sauerland und Kohl gefragt. Die beiden Box-Bosse feilschen um eine Einigung. Oder auch nicht.

Fakt ist: Das, was sich so alles vor und hinter den Kulissen abspielt, ehe das erste deutsch-deutsche WM-Duell des Profiboxens steigen kann, ist wirklich ein paar Zeilen wert. Vor allem deshalb, weil meine Biographie-Ankündigung im Frühjahr 2006 ehemalige Weggefährten und Mitarbeiter der Boxszene auf den Plan ruft. Es werden mir Informationen und Dokumente zugespielt, die zum Teil sogar mir noch nicht bekannt gewesen sind.

### Kampf der Promoter

So weiß ich aus sicherer Quelle, dass das erste schriftliche Millionenangebot, das Sauerland Mitte Januar 1995 an Kohl auf den Weg bringt, mit einigen Auflagen verbunden ist. Diese sollen von vornherein regeln, was passiert, wenn die bereits erwähnten Optionskämpfe, aus welchem Grund auch immer, nicht zustanden kommen sollten. In einem solchen Fall soll sich Kohl gemeinsam mit mir verpflichten, für jeden nicht stattfindenden Kampf eine Konventionalstrafe von 300.000 Mark zu zahlen. Dasselbe soll gelten, falls ich meinen WM-Titel niederlege. Gar nicht dumm, der Herr Sauerland. Zumal die 300.000 pro geplatzten Kampf noch nicht das Ende der Fahnenstange bedeuten müssen. Denn die Geltendmachung etwaiger Schadensersatzansprüche behält sich Sauerland ausdrücklich vor.

Die Antwort Kohls lässt nicht lange auf sich warten. Der Hamburger hat – völlig überraschend – wenig Verständnis für den Forderungskatalog, der ihm auf den Tisch geflattert ist. Er macht klar, dass die Bedingung, er solle im Falle meines Sieges über Maske die nächsten zwei Kämpfe auf mich verzichten und Sauerland das Feld überlassen, für ihn nicht akzeptabel sei. Ebenso wenig wie die »lächerlichen« 300.000 Mark Konventionalstrafe, die fällig würden, wenn ich einen der zwei von Sauerland gewünschten Folgekämpfe platzen lassen würde. Kohls Rat an Sauerland ist eindeutig: Er möge sich doch noch einmal mit seinen Beratern zusammensetzen und die ganze Sache überdenken. Eine grundsätzliche Zustimmung klingt, glaube ich, anders.

Und so verwundert es im Nachhinein nicht allzu sehr, dass Kohl mit allen Mitteln versucht, den für den 27. Mai 1995 terminierten Kampf zu verhindern. Zunächst dadurch, dass er mir das Duell gegen Maske ausreden und die Revanche gegen Eubank schmackhaft machen will. Ohne Erfolg. Ich will gegen Maske in den Ring. Kohl beweist nun seinerseits einen Sturkopf alter hanseatischer Schule. Er verweigert seine Zustimmung und drängt mich so zu einem Schritt, den ich eigentlich gar nicht gehen möchte. Ich kündige unseren Vertrag. Fristlos. Meine Begründung ist so simpel wie einleuchtend: »Ein Manager muss in erster Linie die Interessen seines Boxers wahrnehmen und nicht seine eigenen!«

Anfang März überstellt mein damaliger Berliner Anwalt das Kündigungsschreiben. Mit dem Ergebnis, dass Kohl vor Gericht zieht und mir mit seinen erfolgreichen Bemühungen einen echten Genickschlag verpasst. Ich bin gerade erst im österreichischen Trainingslager angekommen, da informiert mich mein Anwalt aus der Heimat darüber, dass Kohl eine einstweilige Verfügung erwirkt habe. Darin heißt es, dass mir unter Androhung von 500.000 Mark Geldstrafe oder ersatzweise sechs Monaten Haft untersagt wird, am 27. Mai gegen Henry Maske zu boxen. Schöne Scheiße.

Zum Glück ist dies noch nicht das letzte Wort. Das wird genau zwei Monate vor dem Kampftag vom Berliner Landgericht gesprochen. Wie das Schicksal so spielt, hat sich in der Zwischenzeit das scheinbar wichtigste Argument Kohls in Luft aufgelöst. Den von ihm geplanten und mir angebotenen Revanchekampf gegen Eubank kann er sich von der Backe putzen. Der Brite muss gegen den Iren Steve Collins in Runde acht auf die Bretter, verliert seinen Titel und wird ohne WM-Gürtel für mich als Gegner uninteressant. Auch die Kohl'sche Argumentationskette im Hauptverfahren verliert dadurch an Logik. Ich hätte gegen Maske keine wirkliche Siegchance und eine zweite Niederlage im Kampfrekord würde meine Karrierechancen für die Zukunft nachhaltig verschlechtern, will er dem Gericht nun weismachen. Klingt nicht unbedingt schlüssig, wenn man bedenkt, dass eine Million Mark als Angebot auf dem Tisch liegen. Und die kassiere ich garantiert. Egal, ob ich gegen Maske gewinne oder verliere. So kommt es, wie es kommen muss und aus meiner Sicht auch kommen soll.

»Sie können Herrn Rocchigiani nicht zwingen, weiter für Sie zu boxen!«

Die Ansage der zierlichen Richterin in Saal 208 der 18. Kammer an Klaus-Peter Kohl ist unmissverständlich. Sie hebt die einstweilige Verfügung auf. Der Weg zum Ring ist frei. Das Duell gegen Maske kann steigen! Und ich mache anschließend zum zweiten Mal die Erfahrung, dass man als Einzelkämpfer gegen eine Verbandslobby nicht den Hauch einer Chance hat. Es sei denn, man gewinnt durch Knockout.

## The show must go on

Nach dem Kampf ist wieder alles so, wie es vor Jahren schon einmal war. Haben Sauerland und ich im Vorfeld des Duells gegen Maske noch Seite an Seite gekämpft, um vor Gericht unser Ziel zu erreichen, lässt er mich nach dem Kampf wieder fallen wie eine heiße Kartoffel.

»Das war doch Beschiss. Wie gegen Eubank«, halte ich nach dem Fehlurteil mit meiner Meinung nicht hinterm Berg.

Doch Sauerland lässt mich spüren, wie egal es ihm offenbar ist, was sich die IBF-Punktrichter zusammengewertet haben.

»Wundern Sie sich denn gar nicht, warum ich zum Teil mit sechs Punkten hinten lag?«, will ich wissen. »Da stimmt doch was nicht!«

Selbst wenn Sauerland es ähnlich gesehen haben sollte, er wird natürlich einen Teufel tun, auch nur einen Finger zu rühren. Schließlich hat sein Liebling den Titel behalten. Und nichts anderes ist ihm wichtig. The show must go on!

Das sage ich mir auch, als ich mich gut ein Jahr später wieder auf Klaus-Peter Kohl und die WBO einlasse. Immerhin wartet die dritte Millionenbörse meiner Karriere auf mich. Erst zweimal gegen Maske, jetzt gegen Michalczewski.

Dass ich normalerweise gar nicht gegen den Polen hätte antreten müssen, sondern gegen einen Weltmeister namens Christophe Girard, ist eine interessante Randnotiz. Der Franzose hat Michalczewski nämlich am 8. Juni 1996 in der Sporthalle von Köln-Deutz ganz alt aussehen lassen und hätte den Titel mehr als verdient gehabt. Doch die Punktrichter sorgen für ein zufriedenes Lächeln auf den Gesichtern der WBO-Macher. Und so kann ich mir meine Meinung einmal mehr nicht verkneifen.

»Das hat doch nichts mehr mit Boxen zu tun. Girard hat das Ding klar gewonnen. Da war die Boxmafia am Werk«, ereifere ich mich vor laufenden TV-Kameras.

Ein Spruch mit Folgen. Als ich Kohl und seinem Matchmaker Peter Hanraths am nächsten Morgen beim Frühstück im Hotel treffe, gibt's mächtig Zoff. Denn mein Kommentar vom Vorabend ist ganz und gar nicht nach ihrem Geschmack. Ich kann den Wirbel den die beiden machen nicht verstehen und bin stinksauer: »Was bildet ihr euch eigentlich ein? Bescheißt die Leute und habt auch noch eine große Fresse.«

Zwei Tage später sitze ich im Flieger nach Detroit, der Countdown für den Kampf gegen Michalczewski hat begonnen. Bestärkt in dem Gefühl, nur durch einen K.o.-Sieg den Ring als Gewinner verlassen zu können. Dass in diesem Falle nicht mal ein im Ringstaub winselnder Tiger genügt, damit ich mir den WM-Gürtel umschnallen kann, übersteigt beim Abflug meine Phantasie.

Letztlich scheint es ganz egal zu sein, für oder gegen wen man boxt, eine echte Siegeschance gibt es wohl nur, wenn man den Promoter hinter sich weiß und nicht als Einzelkämpfer an die Fleischtöpfe der anderen will. Die Einsicht kommt spät. Aber sie kommt. Also geht das Springen von Promoter zu Promoter für mich weiter. Erst von Sauerland zu Kohl. Dann von Kohl zu Sauerland. Und wieder zurück. Jetzt, nach dem Skandal vom Millerntor, bin ich wieder bei Sauerland gelandet. Boxen ist schon ein Stück weit Prostitution. Ich kann nur schwer in Worte fassen, wie sehr es mir widerstrebt, mich lächelnd beim Shakehand mit meinem alten und neuen Promoter Sauerland fotografieren zu lassen. Aber was tut man nicht alles für ein Stück Papier, welches einem rund sechs Millionen Mark für drei Kämpfe bringen soll.

Am 28. November 1996 geben Sauerland und ich unsere neuerliche Partnerschaft bekannt. Zwar hat auch US-Promoter Don King nach meiner starken Vorstellung gegen Michalczewski Interesse an einer Zusammenarbeit bekundet. Doch der Mann mit der Starkstromfrisur ist erst recht nicht mein Ding. Wer begibt sich schon freiwillig in die Fänge eines Mannes, der widerspruchslos von sich selbst behaupten kann: »Ich bin der mächtigste Promoter der Welt«? Gegen den sind unsere deutschen Promoter fromme Lämmer.

Bevor ich mich auf solch ein Kaliber einlasse, reiche ich doch lieber wieder Sauerland die Hand. Dessen Liebling, Henry Maske, hat sich am 23. November 1996 mit einer Niederlage gegen Virgil Hill in den Ruhestand verabschiedet, nun soll ausgerechnet ich, der boxerische Erzfeind aus dem Westen, die Nachfolge des Ossis antreten. Der Boxsport schreibt schon verrückte Geschichten. Aber nichts ist unmöglich, wenn ein zahlungskräftiger TV-Sender einen neuen Quotengaranten sucht. Und so erhofft sich RTL, dass ich den Boxboom am Leben erhalten kann. Die Rechnung geht auf, im Titelfight gegen Nunn beschere ich den TV-Machern in der Spitze mehr als 10 Millionen Zuschauer an den Bildschirmen.

Doch zunächst dauert es ewig lange, bis ich den erhofften WM-Kampf überhaupt bekomme. RTL und Sauerland ziehen erst einmal im Vertragspoker um Maske-Bezwinger Hill gegen Premiere und Kohl den Kürzeren. Virgil verliert im Pay-TV gegen Michalczewski anstatt im Free-TV gegen mich. Ich bin angefressen wie selten zuvor. Statt des Knallers gegen Hill darf ich mich erst mal gegen den ehemaligen Maske-Gegner John Scully profilieren. Sauerland versucht mich zu besänftigen, wirft noch am Abend des Sieges über Scully öffentlich ein Zehn-Millionen-Mark-Angebot in den Ring. Rocky gegen Tiger II: Der Sieger bekommt alles, der Verlierer nichts. Eine Riesenidee. Ich wäre sofort dabei. Doch Michalczewski-Manager Kohl blockt ab.

## Chaotische Titelinflation

»Das ist doch unseriös. Für Sauerland ist der Kampf vielleicht alles. Für mich ist er nichts. Solche Spielchen sind etwas fürs Casino. Außerdem muss er mit mir als Manager zuerst reden«, lässt Klaus-Peter Kohl über die »Bild-Zeitung« vermelden. Nach diesem offensichtlichen Scheingefecht wollen mich RTL und Sauerland dann um den sogenannten WM-Titel der WBU boxen lassen. Nein, das ist kein Druckfehler. Sie haben richtig gelesen. WBU. World Boxing Union. Noch ein neuer Verband. Als Nächstes boxe ich wahrscheinlich wieder in Rosenheim. Für den WBV, den Welt-Bierzelt-Verband. Ich zeige meinen Vertragspartnern einen Vogel, habe nicht das geringste Interesse daran, die ohnehin schon chaotische Titelinflation noch weiter zu vergrößern.

»Ich will einen Titel, aber einen, der etwas wert ist«, begründe ich meine Verweigerung, am 28. Juni 1997 gegen den Ami Frank Tate zu boxen.

»Lieber warte ich noch ein bisschen, bevor ich eine Billiglösung mitmache«, kontere ich die anschließenden Versuche, mich doch noch umzustimmen. Dieses bisschen dauert knapp neun Monate. Dann sichere ich mir gegen Michael Nunn in Berlin den wertvollsten aller vier maßgeblichen Halbschwergewichtstitel. Der WBC ist der populärste aller Verbände. Doch auch eine ruhmreiche Vergangenheit schützt nicht vor willkürlichen Funktionären. Und so ist mein Titel fast so schnell futsch, wie ich ihn gewonnen habe.

Interims-Weltmeister. Wer hat sich überhaupt so ein beklopptes Wort ausgedacht? Entweder bin ich Weltmeister oder nicht. Offensichtlich bin ich es nicht. Obwohl ich den Titel des WBC in einem offiziellen WM-Kampf gewonnen habe und mir der Gürtel des Verbands umgehängt wird. Ich kann und will die Enteierung durch den Verband nicht hinnehmen. Für die Klage gegen den WBC empfiehlt mir Sauerland eine Kooperation mit seinem Partner Cedric Kushner. Der US-Promoter ist Feuer und Flamme, schickt gleich seine Anwälte in die Spur und streckt auch die nötigen Gelder vor, um die ersten anfallenden Kosten zu begleichen. Das imponiert mir. Da stört es mich auch herzlich wenig, dass er als Sicherheit für seine Aktivitäten einen Promotervertrag mit mir wünscht. Da ich eh noch an Kushners Partner Sauerland gebunden bin und die neue Vereinbarung aus meiner Sicht erst Gültigkeit erlangt, wenn Sauerland sie gegenzeichnet, bin ich dabei. Leider entwickelt sich die Sache anders als erwartet. Kushner kommt mit seinen gerichtlichen Bemühungen gegen den WBC nicht so weiter wie gewünscht, aber der zwischen uns geschlossene Promotervertrag hat trotzdem Gültigkeit. Ganz gleich, ob die Unterschrift Sauerlands absprachegemäß erfolgt ist oder nicht. Schlappe 500.000 Mark kostet mich der Vergleich vor Gericht, um die Angelegenheit und den Vertrag mit Kushner Ende Juni 2000 in New York einvernehmlich aus der Welt zu schaffen. Eine klassische Punktniederlage für mich, die einen beträchtlichen Teil meiner Börse aus dem zweiten Fight gegen Michalczewski verschlingt. Knapp drei Monate vor der Gerichtspleite gegen Kushner muss ich im Rückkampf gegen Dariusz meine einzige vorzeitige Pleite im Ring hinnehmen. Für die 3,4 Millionen Mark Gage vergesse ich nicht nur, dass ich nach dem Millerntor-Skandal von 1996 eigentlich nichts mehr mit Kohl und Co. zu tun haben wollte, sondern kann auch Kushner seine Kohle bezahlen. Gleiches gilt für alle anderen Kosten, die nötig sind, um den Kampf gegen den WBC vor Gericht siegreich zu Ende zu bringen.

### Promoterwechsel mit gewisser Logik

Das Millionen-Urteil der US-Geschworenen klingt wie ein schöner Traum. Die harte Realität sieht anders aus. Bis ich die erste Kohle des Verbandes sehe, vergeht mehr Zeit, als mir lieb sein kann. Also schnüre ich nochmals die Boxhandschuhe, gehe meinem Job nach und verdiene Kohle. Und das nicht zu knapp. Um einer gewissen Logik zu folgen, habe ich erneut den Promoter gewechselt. Jetzt ist mal wieder Kohl dran. Das Hin und Her zwischen »Don Kohl«, wie der Hamburger dank seines internationalen Einflusses mittlerweile genannt wird, und »Mr. Seriös aus Sauberland« macht mir nicht wirklich etwas aus. Ich will Geld verdienen und hierzulande gibt es nun einmal nur diese zwei Promoter. Zumindest in der Ersten Liga. Weit darunter mischt noch der eine oder andere kleinere Veranstalter mit. Einer davon ist Eva Rolle. Ja, richtig, eine Frau. Als ich im Jahr 2002 meine Haftstrafe absitze, taucht sie plötzlich auf. Für mich mehr oder weniger aus dem Nichts, spricht davon, mir zu helfen und mit mir noch ein paar Kämpfe veranstalten zu wollen. Ehe ich überhaupt jemanden fragen kann, was sie auf dem Kasten hat, stolziert sie auch schon durch die Medien. Bundesweit, mit Foto und publikumswirksam in die Kamera lächelnd. Mit dieser PR vor allem in eigener Sache disqualifiziert sie sich selbst, ehe ich überhaupt nur einen ernsthaften Gedanken darauf verwenden kann, ob sie mir tatsächlich weiterhelfen könnte.

So bleibe ich zum Abschied meiner Karriere an Kohl hängen. Es ist nicht das Schlechteste, was mir passieren kann. Mit ihm komme ich irgendwie besser klar als mit dem auf etepetete machenden Sauerland. Während dieser mit wachsender Begeisterung Golf spielen geht, sitzt Kohl regelmäßig in den Trainingsgyms und macht sich persönlich ein Bild vom Leistungsvermögen seiner Boxer. Kohl hat es zwar auch faustdick hinter den Ohren, ist aber ein Junge aus dem Leben. Einer, mit dem man Klartext reden und auch mal einen wegzischen kann.

Kohl veranstaltet meinen letzten Kampf, ehe ich am 29. Januar 2002 einsitzen muss, und den ersten, nachdem ich wieder draußen bin. Das Comeback nach dem Knast wird gleichzeitig meine Abschiedsvorstellung im Ring. Versüßt mit 1,7 Millionen Euro. Kein schlechtes Salär für einen, der aufs Altenteil geschoben wird.

»Rocchigiani verliert – und bleibt der Held«, lautet die Schlagzeile in der »Kicker«-Ausgabe vom 12. Mai 2003. Es hätte mich härter treffen können. Durch meine couragierte Abschiedsvorstellung gegen Thomas Ulrich bleibe ich vielen Boxfans anscheinend in guter Erinnerung. Oder wie ist es sonst zu erklären, dass ich viel Zuspruch, Material und Informationen erhalte, als mein Interview in der »Welt« vom 27. März 2006 die Runde macht und sich zahlreiche Insider frohlockend die Hände reiben? Tenor: Endlich sagt mal einer, was Sache ist. Und so führe ich eine Menge Gespräche, bekomme Unterlagen und kriege Infos gesteckt, höre dies und jenes. Manch einer glaubt sicherlich, über mich und mein Buch eine alte Rechnung begleichen zu können. Das gilt es zu erkennen, diese zum Teil haarsträubenden Erzählungen ins Reich der Fabel zu verweisen und darüber zu schweigen.

Anderes wiederum amüsiert mich. Zum Beispiel die Geschichte vom »reichsten Hausmeister der Welt«, der sein Geld im Boxmilieu verdienen und ein eigenes Haus auf Mallorca haben soll.

»Ein Hausmeister mit eigener Ferienparadies-Immobilie ist weltweit wohl einmalig«, mutmaßt einer meiner Informanten.

Woher die Kohle kommt? Genaues weiß man nicht. Nur so viel: »Beim Boxen macht jeder alles zu Geld. Ob das vergessene Bildbände oder Fanartikel sind, die in einer Kellerecke schlummern, oder Tickets, die eigentlich als Freikarten gedacht sind.« Eine weitere meiner Lieblingsstorys ist die von einer sogenannten Eventmanagerin der Szene. Eine blühende Schönheit vergangener Tage, die zwar vom Tuten und Blasen im Funktionärsmilieu eine Menge Ahnung haben soll. Nicht aber von den organisatorischen Aufgaben, die man auf einer Boxsportveranstaltung bewältigen muss. »Und so konzentriert sich die streng auf ihr persönliches Erscheinungsbild bedachte Veranstaltungstante an einem Kampfwochenende vor allem darauf, nur ältere Frauen in ihrem direkten Umfeld zu dulden. Eine Angelegenheit, die von Jahr zu Jahr kniffliger wird«, erzählt man mir launig.

Es werden mir noch zahlreiche weitere Geschichten von diesem Unterhaltungswert gesteckt. Allesamt amüsant, ich verzichte trotzdem darauf, weitere auszuplaudern. Erstens habe ich hier nicht unendlich Platz und zweitens möchte ich nicht zu viel Zeit damit verbringen, Sachen weiterzutratschen, die auf Hörensagen beruhen und, selbst wenn sie stimmen, im Zweifelsfall vielleicht nicht bewiesen werden können. Da konzentriere ich mich im Folgenden doch lieber auf die Dinge, die zum Greifen nahe sind und über die sich letztlich jeder selbst eine Meinung bilden kann.

Da wäre zum Beispiel das Schlussbild der Premiere-Übertragung meines Kampfes gegen Chris Eubank: Anstatt sich wie viele andere über das skandalöse Urteil zu ereifern, ist mein damaliger Manager Kohl damit beschäftigt, fein säuberlich die Schärpe des Siegerkranzes zu richten, der den Hals meines Gegners schmückt. Man könnte den Eindruck gewinnen, es gäbe in diesem Moment nichts Wichtigeres für ihn, als den Briten im bestmöglichen Glanze des Champions erstrahlen zu lassen. Ob er sich in diesem Moment schon vorgestellt hat, wie ihn wohl ein paar Monate später sein Schützling Michalczewski durch den Lorbeer als neuer Champion anlächeln wird?

## Cashzahlungen am Ring

Ich weiß es nicht, ich weiß nur, dass es neben solch frei interpretierbaren TV-Bildern auch noch die Dinge gibt, die ans Eingemachte gehen. Dinge, die mir berichtet werden und die absolut glaubwürdig erscheinen. Erstens weil ich es schon immer irgendwie gewusst habe und zweitens weil ich es nun aus berufenem Munde höre. Und zwar von Informanten, die in ihrer Position, als unmittelbare Mitarbeiter weltweit agierender Unternehmen, Einblicke in zahlreiche Interna gewinnen können. Diesen Ausführungen zufolge ist es Usus, dass die Veranstalter an Kampfabenden mit 100.000 Dollar oder Euro bewaffnet am Ring sitzen, um die Geldbündel unters Volk zu bringen. Boxer, Manager, Punkt- und Ringrichter werden cash bezahlt, Börsen, Agentenfees, Reisekosten und Gebührengelder beglichen.

»Zwar gibt es für die Auszahlungen anschließend auch Belege, aber die stimmen in den seltensten Fällen mit den tatsächlichen Zahlungen überein«, wird mir aus dem direkten Insiderkreis berichtet. Ich staune nicht schlecht. »Aber wie soll das funktionieren«, will ich wissen. »Man muss doch ständig mit Überprüfungen der Finanzbehörden rechnen und damit, dass die ganze Sache auffliegt?«

»Das ist ganz einfach«, wird mir erläutert. »Was nicht passt, wird passend gemacht. Wer will denn zum Beispiel kontrollieren, ob ein Boxer oder dessen Agent aus der Ukraine, Serbien oder sonst woher tatsächlich 5.000 Euro kassiert hat? Was ist denn, wenn es den vermeintlichen Manager gar nicht gibt, aber trotzdem ein Beleg auftaucht? Und damit dann eine Ausgabe kaschiert wird, die es offiziell nie gegeben hat, ja, gar nicht geben darf?«

Nachtigall, ick hör dir trapsen: Da ist sie wieder! So einfach könnte der Beschiss also laufen?

»Zusatzzahlungen an Ring- und Punktrichter, die über die normalen Sätze von circa 1.500 Dollar hinausgehen, kann niemand stoppen, solange Finanzprüfer irgendwelche auf Bierdeckel oder Handzettel geschmierte Pseudoquittungen akzeptieren«, lautet die Einschätzung meiner Informanten.

An dieser Stelle möchte ich Ihnen nicht vorenthalten, was die »Sport Bild« in ihrer bereits zu Beginn dieser neunten Runde erwähnten Story vom 29. März 2006 schwarz auf weiß festgehalten hat: »Immerhin sind Betrügereien im Boxsport längst aktenkundig. Im Jahr 2001 etwa wurde der Amerikaner Robert W. Lee, seinerzeit Präsident des Weltverbandes IBF, vom Bezirksgericht Newark, New Jersey, zu 22 Monaten Gefängnis verurteilt. Das Beweismaterial des FBI belegte, dass Ranglistenplätze manipuliert, Geld gewaschen, Steuern hinterzogen und Kampfurteile durch Bestechungsgelder beeinflusst wurden.«

Es ist wohl tatsächlich so, dass ein ungeschriebenes Gesetz die Szene beherrscht, welches wir nicht nur vom Boxen her kennen: Geld regiert die Welt! Schließlich sorgt es auch dafür, dass die Offiziellen eines Kampfes auf dem Galaevent am Vortag oder in ihrem Top-Hotel bestens umsorgt werden.

»Sicher, wir begleiten die Gäste nicht bis auf die Toilette. Trotzdem wird die Frage erlaubt sein, ob manch einer der Verantwortlichen nur eine schwache Blase hat oder es vielleicht andere Gründe gibt, warum er regelmäßig auf dem WC verschwindet?«, spielt jemand auf die kursierenden Kokser-Anekdoten an. Und noch eine interessante Ausführung darf ich mir anhören: »Jeder von uns kann doch eins und eins zusammenzählen. Warum fährt der nächtliche Shuttleservice gelegentlich wohl nicht schnurstracks ins gebuchte Hotel, sondern findet noch die Zeit für einen kleinen Abstecher etwas abseits der eigentlichen Route?«

Ich muss mal wieder schmunzeln. Eigentlich ganz praktisch, so ein Shuttleservice. Und es liegt ja auch auf der Hand: Man muss ja nicht das unnötige Risiko eingehen, mit der Nutte im eigenen Hotel erwischt zu werden. Mein Informant nickt vielsagend. Echt interessant, wenn man so ins Plaudern kommt. Und die Unterhaltung ist noch lange nicht zu Ende. »Um das Boxgeschäft zu verstehen, muss man nur einen einfachen Kreislauf verinnerlichen. Je lukrativer der Fernsehvertrag, desto höher die Profitmöglichkeiten eines Boxstalls. Je mehr Weltmeister für einen Boxstall die Fäuste schwingen, desto lukrativer der Fernsehvertrag. So simpel ist das Ganze«, wird mir erläutert.

## Das Geschäft mit den TV-Geldern

Die TV-Anstalten lassen sich ihre Boxabende nicht gerade wenig kosten. Dass für Übertragungen von WM-Kämpfen Millionenbeträge gezahlt werden, überrascht nicht wirklich. Irgendwoher müssen die Börsen für die Kämpfer ja kommen. Stehen lediglich nationale oder kontinentale Titel auf dem Spiel oder gehen sogenannte Aufbaukämpfe und Fights um eine kreierte Intercontinental-Meisterschaft über den Sender, fällt die Lizenzgebühr für den Promoter spürbar geringer aus. Als Faustregel gilt: Je lukrativer der Titel, um den geboxt wird, desto mehr Kohle wird gezahlt. Also kann es für die Veranstalter nur ein Ziel geben: Weltmeister produzieren! Jeder Titelträger bringt nicht nur Renommee für den Stall und Streicheleinheiten für das Promoter-Ego, sondern übernimmt gleichzeitig die Funktion einer Gelddruckmaschine.

Ich frage mich: Wäre es da nicht nur allzu menschlich, wenn jemand der Verlockung nicht widerstehen könnte, mit ein paar Finanzspritzen dafür zu sorgen, dass diese Gelddruckmaschine ihre Arbeit nicht einstellen muss? Damit so die höchstmögliche Ausschüttung der TV-Lizenzen sichergestellt wird?

Fakt ist: Die großen, weltweit agierenden Promoter scheuen keine Kosten, um ihren Verbandsgästen Honig um den Bart zu schmieren. Die bereits erwähnten Top-Hotels für die Delegierten und die Galaevents am Vorabend der Kämpfe, zu denen auch die Offiziellen eingeladen sind, gehören zum Standard. Das räumt in der »Sport Bild«-Story vom 29. März 2006 auch Universum-Chef Klaus-Peter Kohl ein: »Letztlich erhofft man sich davon einen Heimvorteil. Aber das macht höchstens ein Pünktchen aus.«

Ich hätte da eine Frage: Was soll das heißen, macht höchstens ein Pünktchen aus? Stellen Sie sich vor, am Ende eines WM-Kampfes würde das Urteil normalerweise zweimal 114:114 und einmal 115:113 lauten. Wir hätten also ein Unentschieden. Jetzt verbuchen wir eine Runde mal kurzerhand anders, ziehen das von Kohl zitierte Pünktchen bei nur einem der beiden Punktrichter, die unentschieden gewertet haben, auf der einen Seite ab und addieren es auf der anderen Seite hinzu. Schon haben wir ein ganz anderes Ergebnis. Dann werten nämlich zwei der drei Punktrichter 115:113, es gibt kein Remis, sondern einen Sieger sowie möglicherweise einen neuen Weltmeister. Und so ein Titel, das wissen wir spätestens seit dem Insidereinblick in die TV-Vereinbarungen, ist nicht nur gut fürs Ego. Sondern auch für die Geldbörse. Vor allem für die der Promoter!

Mit Polizisten, die mir die Kelle vor die Nase hielten, fing mein Dilemma häufig an.

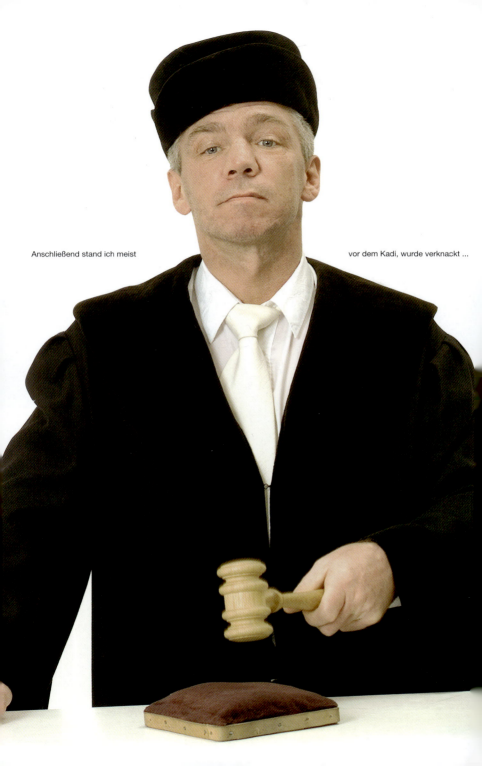
Anschließend stand ich meist vor dem Kadi, wurde verknackt ...

... und musste insgesamt dreimal in den Knast.

← Trotz allem habe ich mein Leben meist in vollen Zügen genießen können, ...

↑ ... auch mit meiner Lebensgefährtin Sonia, mit der ich eine tolle Zeit verbringe.

← Beruflich läuft es ebenfalls wieder rund. Mit dem Outdoorfashion-Label YETI habe ich einen neuen Sponsoringpartner gewonnen, ...

↑ ... der mir mit Sara Goller (oben, rechts) und Laura Ludwig nicht nur Deutschlands beste, sondern auch hübscheste Beachvolleyballerinnen als Models zur Seite gestellt hat.

Blick zurück und nach vorne: Hinter mir liegen 44 bewegte Lebensjahre. Jetzt bin ich gespannt, was das Schicksal zukünftig für mich bereithält.

# Runde 10

# Meine Gegner

Augenringe fast bis zu den Mundwinkeln, ungepflegte Zottelhaare, dürr und ausgemergelt. Der Typ ist saft- und kraftlos, das sieht man auf den ersten Blick. Trotzdem ist mir der Penner unheimlich. Er verfolgt mich jetzt schon eine geraume Zeit. Und ich weiß nicht, wie ich ihn loswerden soll. Er ist anders als alle anderen Gegner, die mir bislang gegenüberstanden. Egal ob auf dem Schulhof, im Park, vor dem Polizeiwagen, neben dem Taxi oder im Boxring: Jeder Kontrahent hat seine Schwächen, die es zu erkennen und auszunutzen gilt. Doch dieser hier ist hartnäckig, gibt sich keine Blöße. Wenn ich nicht aufpasse, dann schafft er mich. Vor allem dann, wenn er mich mit seinen leeren Augen anstarrt. Ich starre zurück. In den Spiegel.

Es ist 12.35 Uhr. Obwohl ich mich erst gerade aus dem Bett gequält habe, bin ich träge und schläfrig. Die vergangene Nacht war hart. Vollgedröhnt bis zur Hutkrempe bin ich einmal mehr im Delirium eingeschlafen. Jetzt muss ich versuchen, einen klaren Gedanken zu fassen: Verdammt, der Stoff ist alle. Wo bekomme ich Nachschub her? Die Frage quält mich im Halbstundentakt, schon seitdem mich die ersten Sonnenstrahlen am Morgen durch die Vorhangritzen geblendet haben. Ich weiß zwar, wo ich meinen Dealer finde, doch ich habe Angst, vor die Tür zu gehen. Ich lebe ständig in der Sorge, darauf angesprochen zu werden, was mit mir zurzeit nicht stimmt. Ich habe das Gefühl, jeder sieht mich, jeder erkennt mich und jeder quatscht mir gleich die Taschen voll. So muss es sich anfühlen, wenn man unter Verfolgungswahn leidet. Verdammt, so weit ist es schon gekommen. Ich bin paranoid.

Traurig, aber wahr: Im Sommer 1992 wird mein Tagesablauf vom Kiffen bestimmt. Joint rauchen, abhängen, von der Glotze berieseln lassen, kiffen, mit Videospielen die Zeit totschlagen, essen, kiffen, poppen, noch mal Glotze, kiffen, schlafen. Aufstehen, kiffen, abhängen und wieder von vorne das Ganze. Und täglich grüßt das Murmeltier – ich hänge in einer Endlosschleife.

Begonnen hat alles schon vor mehr als dreieinhalb Jahren. Damals habe ich meinen Weltmeistertitel bereits zweimal verteidigt. Zuletzt durch einen vorzeitigen Erfolg in Runde elf gegen Chris Reid. Der Erfolg schmeckt süß. Kohle, Frauen, Drogen. Ich erfülle einmal mehr alle Klischees. Mein erster Joint ist nur geleast. Zwei, drei Züge im Vorbeigehen. Was soll's, ich bin Weltmeister, der Stärkste, der Beste. Da wird mich so ein bisschen Shit nicht gleich aus der Bahn werfen. Doch erstens kommt es anders, als man zweitens denkt. Zehn Minuten lang habe ich meinen Spaß, als der Stoff es sich in meinem Körper bequem macht. Dann wendet sich das Blatt. Mir ist kotzübel. Das soll der große Kick sein?

»Graciano, das ist wie beim Sex. Die erste Nummer ist meist ein Reinfall. Aber danach wird es immer besser!«

Ist doch schön, wenn man die richtigen Leute kennt. Leute, die sich um einen sorgen und darauf achten, dass man keine Scheiße baut und nicht enttäuscht wird. Und von diesen Leuten gibt es dieser Tage genug. Schulterklopfer, die es schick finden, sich im Ruhme des Champs mitsonnen zu können, die da sind, wenn es gut läuft. Aber auch genauso schnell abtauchen, wenn die ersten dunklen Wolken aufziehen. Ich bin jung und voller Tatendrang, mich interessiert es nicht die Bohne, wer da ist und wer nicht. Die Typen sind alle austauschbar. Ich will vor allem eines: meinen Spaß.

Ich probiere es erneut, die zweite Nummer sozusagen. Dann die dritte, dann die vierte und die fünfte. Irgendwann hörst du auf zu zählen. Es ist gut. Es hilft. Gegen die Einsamkeit, wenn man alleine vor dem Fernseher sitzt. Plötzlich ist alles bunter, viel lustiger. Und es hilft beim Spielen. Ich verbessere mich zwar weder bei meinen Videogames noch am Billardtisch, aber ich habe das Gefühl, ich hätte den Bogen raus. Und das reicht mir. Der Selbstbetrug als Erfüllung.

Aber ich bin auf der Hut. Das Boxen darf ich mir durch die Kifferei nicht versauen. Spätestens sechs Wochen vor dem nächsten WM-Kampf höre ich auf, mich zuzudröhnen. Doping! Die Gefahr ist mir viel zu groß. Da lege ich zur Sicherheit eine großzügige Pause ein. Während meiner dritten Titelverteidigung spüre ich trotzdem, dass mir das Zeug irgendwo in den Knochen steckt. Die Sache gegen Thulane Malinga ist bei Weitem nicht so deutlich, wie sie hätte sein können, wenn ich mich voll und ganz auf den Sport konzentrieren würde. So wie man das von einem Weltmeister eigentlich erwarten dürfte.

Drei Monate nach dem Sieg stoßen meine Eskapaden in neue Dimensionen vor. Hasan\*, ein früherer Boxkollege, nimmt mich in Beschlag, und das Schicksal nimmt seinen Lauf. Wegen meines neuen Kumpels lande ich später im Knast und ganz tief im Drogenschlamassel. Aber das Schlimmste ist, dass ich aus meinen Fehlern nicht klug werde. Ist meine vorzeitige Haftentlassung und der anschließende Freispruch vom Verdacht des »versuchten Menschenhandels« eigentlich der beste Anlass, mich wieder auf das Wesentliche zu konzentrieren, schaffe ich trotzdem den Absprung nicht.

### Kapitulation vor mir selbst

»Herr Sauerland, ich packe das nicht. Ich gebe den Titel zurück!« Vier Wochen vor meinem geplanten Titelfight gegen Frank Tate, angesetzt für den 19. Oktober 1989, schenke ich das her, wofür ich in meinem Leben bislang am härtesten gearbeitet habe. Den Weltmeistergürtel. Die offizielle Begründung sind Gewichtsprobleme, doch die Insider wissen, dass das nicht der einzige Grund sein kann. Zwei Kilo liege ich über dem Limit, die könnte man in den noch verbleibenden Tagen ohne große Probleme abkochen. Aber ich will nicht. Nicht etwa, dass mir die Gage zu niedrig erscheint, wie allerorts vermutet wird. Nein, ich habe keine Lust zu kämpfen, einfach keinen Bock. Sicherlich, die avisierte Kampfbörse von 200.000 Mark ist für mich als damaligen deutschen Rekord-Profibox-Weltmeister nicht das Ziel aller Träume, aber es ist ein stolzes Sümmchen. Es wäre zu diesem Zeitpunkt die zweithöchste Börse meiner Laufbahn. Ich will trotzdem nicht. Noch habe ich die Gage meines Malinga-Kampfes nicht verbraten, noch habe ich genug Scheine in der Tasche. Was kostet die Welt noch gleich? Boxen kann ich später immer noch. Dann hole ich mir meinen Titel eben zurück. Ein Trugschluss! Drei Aufbaukämpfe sind nötig, bevor ich wieder um Titelehren boxen kann. Und diese fallen eine Kategorie kleiner aus, als ich es zuletzt gewohnt bin. Gegen Crawford Ashley werde ich Europameister, gut ein halbes Jahr später verteidige ich den Titel erfolgreich gegen Alex Blanchard. Der Joint ist zwischendurch mein ständiger Begleiter. Diese beiden Kämpfe, besonders der zweite, den ich gewinne, obwohl mein rechtes Auge komplett zugeschwollen ist, kosten Substanz. Meine Drogensucht übernimmt das Ruder auf der Kommandobrücke meines Lebens.

Fast zwei Jahre bin ich anschließend von der Bühne verschwunden, gelte als Frührentner des Boxens, als einer, der seine Karriere leichtfertig weggeworfen hat. Mich interessiert das ganze Gequatsche nicht. Ich habe mir meine eigene kleine Welt zusammengezimmert. In »Rocky's World« bestimmen Wörter wie gemächlich, lahm und faul, wo es langgeht.

Die Kohle geht den Bach runter. Für Shit, Alkohol und auch für Koks. Ich schniefe das weiße Zeug nicht oft. Einmal gekokst ist schon einmal zu viel. Das begreife ich zwar nicht sofort, aber auch nicht zu spät. Anfangs denke ich noch: »Wow, du kannst ja die ganze Nacht durchsaufen, ohne umzufallen«, doch das böse Erwachen kommt schneller, als du denkst. Wenn du am nächsten Morgen Tageslicht siehst, kriegst du die Augen nicht auf. Du hast einen Riesenschädel und schwitzt wie eine Sau. Das Zeug muss schließlich irgendwie wieder herauskommen und bahnt sich seinen Weg. Das sind Nachwehen, die gefallen mir ganz und gar nicht. Das Kapitel Koks ist fast so schnell abgeschlossen, wie es begonnen hat.

Da ist mir meine Kifferei schon lieber, die putscht mich nicht unnötig auf, sondern lässt mich alles viel ruhiger angehen. So ruhig und dröge, dass man irgendwann richtig stumpfsinnig wird. Kein Wunder, wenn man seinen eigenen Körper ständig betäubt. Erstaunlich ist dagegen schon eher, wie lange mein Schatz das Spielchen mitspielt. Das muss wahre Liebe sein. Aber irgendwann ist jede Geduld am Ende, auch die von Christine. Spätestens als der Rest meiner Kohle sich im wahrsten Sinne des Wortes in Luft aufgelöst hat und wir von dem Geld leben, das sie tagtäglich in der Gastronomie verdient, sieht sie sich zum Handeln gezwungen: »Graciano, du hast die Wahl. Entweder die Kifferei hat jetzt ein Ende, oder ich bin weg!«

### Erwacht aus der Lethargie

Das war's. Von heute auf morgen rühre ich keinen Joint mehr an. Meine fast vergessene Fightermentalität lässt sich blicken. Ich alleine im Kampf gegen die Drogen. Eisern, diszipliniert, hart gegen mich selbst. Keine Ärzte, keine Medikamente, keine psychologische Betreuung. Einfach Schluss. Sechs Wochen, in denen ich mein Leben völlig auf den Kopf stelle. Das ganze Gift muss raus. Schweißausbrüche, Schüttelfrost, Angstzustände: das volle Programm. Besonders die Nächte sind brutal. Ohne den Betäubungsshit ist an Schlaf erst mal nicht zu denken. Der Körper erwacht aus seiner Lethargie. Stück für Stück. Am 26. Juni 1993 melde ich mich zurück. Mit einem Sieg gegen den Ami Lester Yarbrough. Und gegen die Sucht!

Sich an den eigenen Haaren aus dem tiefsten Sumpf zu ziehen ist für mich persönlich ein großartiger Erfolg. Christine bleibt bei mir, nicht mal zwei Jahre später heißt sie mit Nachnamen sogar auch Rocchigiani. Doch ihr Ehemann, Graciano, bleibt mein hartnäckigster Widersacher. Es ist nicht leicht, sich einzugestehen, dass man sich selbst vieles verbaut hat. Wenn mir immer mal wieder unter die Nase gerieben wird, was ich alles hätte leisten und erreichen können, wenn ich solider gelebt hätte, dann krame ich stets meine Standardantworten hervor: »Na und. Ich kann trotzdem stolz sein auf das, was ich erreicht habe.« Oder: »Was soll's, ich habe den Großteil meines Lebens all das gemacht, worauf ich Bock hatte.«

Stimmt auffällig. Und wer kann das schon von sich behaupten? Dennoch, mit den Jahren wird man reifer, gewinnt mehr den Blick für das Wesentliche und erkennt Dinge, die man früher nicht wahrhaben wollte. Meine Eskapaden, vor allem die, die der Drogensucht oder dem Alkohol geschuldet sind, haben mir einiges versaut. Sowohl sportlich als auch privat. Zum Glück hat mich Mutter Natur mit einem zähen Körper ausgestattet, sonst wären sportliche Topleistungen über solch einen langen Zeitraum garantiert nicht möglich gewesen. Fast zwanzig Jahre als Profi im Ring zu stehen, obwohl ich in den vermeintlich besten Jahren Schindluder mit meinem Körper getrieben habe, erstaunt mich im Rückblick selbst. Nie wieder aber habe ich die körperliche Verfassung, die geistige Frische, den unbedingten Siegeswillen entwickeln können wie in meinem ersten WM-Kampf gegen Vincent Boulware. Damals haben sich noch keine giftigen Substanzen in meinen Körper gemischt. Ich bin schnell, explosiv und durch nichts aufzuhalten. Und so erwische ich mich während der Arbeit an diesem Buch selbst bei dem Spielchen »Was wäre wenn?«:

Was wäre mit Henry Maske in Dortmund in Runde neun passiert, wenn ich stets nur für den Sport gelebt hätte?

Was wäre uns für eine Schmierenkomödie erspart geblieben, wenn Michalczewski am Hamburger Millerntor auf einen Rocky getroffen wäre, der sich nicht selbst immer wieder Steine in den Weg gelegt hätte?

Was wäre in meinem Leben nicht alles einfacher gewesen, wenn ich mich nicht besoffen hinters Steuer gesetzt hätte?

Was wäre an Komplikationen ausgeblieben, wenn ich meine freche Berliner Schnauze nur ab und an etwas besser im Zaum hätte halten können?

Darüber zu philosophieren ist müßig. Das weiß ich selbst. Aber wenn ich mich gedanklich damit auseinanderzusetze, wird mir vor allem eines deutlich: Mein härtester Gegner war ich selbst.

Aber es gab auch andere, die mir mächtig zugesetzt haben. Und damit sind nicht die gemeint, die mir im Boxring gegenüberstanden. Denn im Seilgeviert existieren gewisse Regeln, die nicht überschritten werden dürfen. Zwar gibt es trotzdem ab und an unerlaubte Tiefschläge, Kopfstöße oder sogar Ohrenbisse. Aber wenn es passiert, dann ist sofort jemand da, der eingreift, der die Regeln im Ring verteidigt und auch durchsetzt. Von daher ist dein Gegenüber, der dich versucht mit Boxhandschuhen zu bezwingen, nur formell dein Gegner, eher ein Konkurrent, der im sportlichen Wettkampf der Bessere sein möchte. Die echten Gegner triffst du im wahren Leben, auf der Straße, im Hinterhalt.

### Eine Narbe als bleibende Erinnerung

Die plötzliche Wärme in meinem Gesicht ist ungewohnt. Als ich mit der Hand an meine linke Wange greife, spür' ich es. Das glimmende Licht der Laternen am Straßenrand gibt mir die Gewissheit. Blut. Der Drecksack hat mich erwischt.

Noch vor zwanzig Minuten ist das eine ganz normale Silvesternacht gewesen. Für meine Verhältnisse sogar eine extrem ruhige, eine beschauliche. Mein Kumpel Kulle hat am 31. Dezember 1991 zur privaten Party geladen. Fünf, sechs befreundete Familien sind zu Gast in seiner Wohnung in der Schöneberger Grunewaldstraße. Die Kinder toben, die Weiber schnattern und wir Männer freuen uns, mal wieder beim Bierchen zusammenzuhocken. Eine ganz normale Fete also, so wie sie tausende Male zum Jahreswechsel gefeiert wird. Warum nur muss unsere einmal mehr einen einzigartigen Verlauf nehmen? Einen, der mich bluten lässt wie ein Schwein und meinen Bruder fast das Leben kostet?

»Kommt mal schnell runter, unten gibt's Stress, wir werden aus der Nachbarschaft mit Böllern beworfen.«

Bifi, Ralfs Freundin, klingt wirklich besorgt. Also bewegen wir unsere Ärsche aus den Sesseln. Ich schüttele den Kopf, habe eigentlich keinen Bock, wegen eines solchen Kinderkrams nach draußen in die Kälte zu müssen. Das Feuerwerk um Mitternacht ist schon seit Jahren nicht mehr mein Ding. Mit Böllern geworfen? Das haben wir als Knirpse doch auch gemacht. Aber okay, wenn Bifi uns um Hilfe bittet, dann beschäftigen wir uns natürlich auch gerne mit Kinderkram.

Unsere kleine Truppe wartet bereits im Hausflur auf uns, die Kinder flennen, die Böllereinschläge kommen näher.

»Hey, lasst den Scheiß mal schön bleiben«, brülle ich zu den Kids von nebenan rüber. »Das kann ganz schnell ins Auge gehen.«

Keine Reaktion. Keine verbale zumindest. Stattdessen fliegt mir das nächste Ding um die Ohren. Wumm. Bifi und die Kids haben recht. Das nervt. Wie will man denn da in Ruhe seine Raketen starten? Ich setze mich in Bewegung.

»Graciano, bleib hier. Die verstehen dich sowieso nicht. Das da drüben ist ein Asylantenheim«, ruft mir Kulle auf halber Strecke noch hinterher. Da sehe ich sie schon aus dem vierstöckigen Haus strömen. Wie die Ameisen. Zwanzig, dreißig, vierzig, fünfzig Mann. Keine Ahnung, wie viele das genau sind. Während ich versuche, die Situation zu peilen, hat Ralf die Gefahr für seinen Bruder sofort gewittert und ist nach vorne gestürzt, um mir zu Hilfe zu eilen. Seite an Seite machen wir das, was wir von klein auf gelernt haben, wenn es darum geht, uns zu verteidigen. Wir nehmen Boxerstellung ein!

Scheiße, es ist dunkel, und das sind verdammt viele. Aber mutig ist sie nicht besonders, die Horde Libanesen. Nur vereinzelt wagen die Typen den einen oder anderen Angriff und müssen dabei schnell erkennen, dass wir schnell, geschmeidig und schlagstark sind.

Ich sehe nur kurz das Blitzen in der Hand, die auf mich zugeschnellt kommt: Ich pendele mit dem Kopf nach rechts und reiße meinen linken Arm zur Abwehr nach oben. Die Hand hat mein Gesicht verfehlt.

»Glück gehabt«, denke ich noch, ehe mir im nächsten Moment klar wird, dass trotzdem irgendetwas nicht stimmen kann.

Blut. Das Zeug ist überall an meinen Fingern und läuft mir warm über meine linke Gesichtshälfte. Verdammte Schweine.

Ich muss schlimm aussehen, zumindest scheinen die Typen selbst darüber zu erschrecken, was sie gerade angerichtet haben. Sie leiten den Rückzug ein, sammeln ihre Kids zusammen und verschwinden in ihrem trauten Heim, das ich von meinen Steuergeldern mitfinanziert habe. Der Schock sitzt tief, das Blut läuft und läuft. Jetzt nerven auch noch die Bullen.

»Gegen wen soll ich bitte schön Anzeige erstatten?«, frage ich die Beamten, die unmittelbar nach dem Tumult angerückt kommen. Zunächst wundere ich mich noch, dass sie so schnell auf der Matte stehen. Doch die Verwunderung schlägt schnell in Verärgerung um, als mir klar wird, dass ihre Wache direkt neben dem Asylantenheim untergebracht ist. Warum tauchen die jetzt erst hier auf und sind uns nicht sofort zu Hilfe geeilt? Keine Ahnung, ich weiß nur, dass die Sache mit der Anzeige völliger Blödsinn ist. Erstens sahen die Angreifer sowieso alle gleich aus, wie also soll ich da den Täter identifizieren, der mich im Dunkeln rasiert hat? Zweitens würde ich damit wahrscheinlich nur Kulle und seine Familie in Gefahr bringen, die den Libanesen tagtäglich über den Weg laufen. Und drittens habe ich keine Zeit zu verlieren. Ich muss ins Krankenhaus. Mein Gesicht muss geflickt werden. In diesem Moment kann ich noch nicht ahnen, dass der neben mir stehende Ralf eine ärztliche Versorgung viel nötiger hat als ich.

»Mich juckt irgendwas hinten am Rücken.«

Was sich anfangs ganz harmlos anhört, entpuppt sich als lebensbedrohlich. Ralf hält es zunächst nicht einmal für nötig, den »Pikser« medizinisch behandeln zu lassen.

»Ist doch halb so wild«, erklärt er noch auf der Fahrt ins Krankenhaus. Eine halbe Stunde später liegt er auf der Intensivstation.

»Ihr Bruder hat großes Glück gehabt. Die Klinge, die ihm in den Rücken gerammt wurde, hat seine Lunge knapp verfehlt. Wäre sie nur einen Zentimeter länger gewesen, hätten wir nichts mehr für ihn tun können«, erklärt mir der Arzt nach der OP.

Mir läuft es eiskalt den Rücken herunter. Mein Bruder hätte fast ins Gras gebissen und ich sehe aus wie Frankenstein. Meine linke Wange ist mit 17 Stichen genäht worden. Längst ist das Adrenalin aus meinem Körper draußen. Als die Betäubung nachlässt, ziehen höllische Schmerzen in mir hoch. Und das alles nur wegen ein paar Silvesterböllern. Unsere Multikulti-Welt in Berlin zeigt mir deutlich ihre hässlichste Fratze. Aber wie immer versuche ich rückblickend dem Ganzen auch positive Seiten abzugewinnen. Erstens, Ralf hat überlebt. Zweitens, meine Narbe vom Auge bis zum Kinn hat auch ihre Vorteile: Die Weiber stehen drauf.

## Die Waffen eines Boxers

Die Gesetze der Straße sind so, wie sie sind. Der Stärkere setzt sich durch. Manchmal auch der Hinterhältigere. Ich lerne früh, was es heißt, sich Respekt zu verschaffen. Wenn es sein muss, unter Einsatz meiner Nahkampffähigkeiten. Mir wird zwar oft genug eingebläut, dass man als Boxer zwei Fäuste besitzt, die als Waffe einzuordnen sind, doch mir fehlt das Verständnis, wenn es heißt, ich dürfe diese Waffen außerhalb des Rings keinesfalls einsetzen. Muss ich mir wirklich alles gefallen lassen, mir sogar privat auf die Fresse hauen lassen, nur weil ich von Beruf Boxer bin? Wie sieht es mit meinem Recht auf Selbstverteidigung aus? Vor allem in den Momenten, in denen es von vornherein sinnlos ist, meinen Gegner darauf hinzuweisen, dass ihm ein Boxer gegenübersteht. Es gab Typen, die haben sich eher darüber lustig gemacht, wenn ihnen so ein Milchbubi, wie ich es in jungen Jahren war, gegenüberstand und was von »Warnung« und »Boxer« gefaselt hat. Und dann gab und gibt es noch immer die, für die es ein besonderer Kitzel ist, sich mit jemandem zu messen, der einen großen Namen hat. Die, die sich eine Kerbe in den Gürtel ritzen wollen, weil sie Rocky einen eingeschenkt haben. Typen, die Spaß daran haben, sich zu prügeln, für die Schmerz ein Lustgewinn ist. Typen, die in Hinterhof-Kampfschulen alle Kniffe lernen, um sich durchzusetzen, und die alle Ehrenkodex-Regeln eines Kampfschülers an der Garderobe abgeben, wenn sie die Tür ihrer Ausbildungsstätte wieder hinter sich ins Schloss fallen lassen. Dass die Fäuste eines Boxers Waffen sind, die außerhalb des Rings ruhen müssen, kann nur von jemandem gefordert werden, der keine Ahnung davon hat, was auf der Straße wirklich abgeht. Soll ich mich wegdrehen und nicht hinschauen, wenn Frauen oder Kinder bedroht werden? Oder alte Leute? Alles schon passiert! Und ich habe mich immer eingemischt. Für mich hat es eine gewisse Logik, andere und mich selbst zu schützen. Dass es dabei durchaus eine Gratwanderung sein kann, richtig einzuschätzen, was noch erlaubt ist, was angemessen ist und was einen Schritt zu weit geht, möchte ich gar nicht leugnen. Denn dass man den Bogen dabei ganz schnell mal überspannen kann, habe ich bereits in der Schule gelernt.

### Ein zwei Mark teurer Nasenbeinbruch

Ich hänge fest. Im Schwitzkasten von Jürgen Hoder. Das Ganze ist mir schon irgendwie peinlich. Jürgen ist erst seit ein paar Wochen einer meiner neuen Klassenkameraden. Ich habe ihn mir nicht ausgesucht, bin quasi hineingeworfen worden in die 7b der Georg-von-Giesche-Oberschule, nachdem die Pauker der Meinung sind, es wäre besser für mich, das Schuljahr zu wiederholen. Es gibt Schlimmeres, auch Einstein ist schließlich mal sitzen geblieben. Was mich allerdings wirklich nervt, ist, hier im Schwitzkasten des Klassenjünglings leiden zu müssen. Ich kann mir nicht erklären, was in ihn gefahren ist. Ich möchte nichts anderes als meine Kohle, die mir seit vergangener Nacht rechtmäßig zusteht.

»Ali hat das Ding gewonnen. Also her mit dem Geld«, begrüße ich Jürgen gleich beim Betreten des Klassenzimmers.

»Das war Beschiss, Norton war klar besser. Aber die Punktrichter hatten Tomaten auf den Augen.«

Okay, wo der Junior recht hat, hat er recht. Der Sieg für Ali ist wirklich geschenkt. Selbst »der Größte« hat nach dem dritten Duell mit Ken Norton darüber gerätselt, warum er zum Sieger erklärt wurde. Doch so ist Boxen. Auch ich kann später die Fehlurteile in meinen Kämpfen gegen Eubank, Maske und Michalczewski im Nachhinein nicht einfach für null und nichtig erklären. Auch wenn ich es gern täte.

Gleiches gilt jetzt für Jürgen. Für ihn ist die Sache deshalb besonders ärgerlich, weil er zwei Mark auf einen Erfolg Nortons gesetzt hat. Ich dagegen war von Alis Sieg überzeugt. Nun ist mein Wettgegner frustriert. Das kann ich noch verstehen, nicht aber, warum ich jetzt in seinem Schwitzkasten stecke. Er lässt einfach nicht locker, ganz schön kräftig, der Junge. Langsam steigt die Wut in mir hoch. Und als er denkt, es ist vorbei, hat er sich geirrt.

»Wir haben hier ein Problem mit Ihrem Sohn. Er hat in der Hofpause gerade einem seiner Mitschüler die Nase gebrochen.«

Klaus Vangerow steht im Lehrerzimmer direkt vor mir, den Telefonhörer in der linken Hand. Mir ist ganz schön mulmig. Am anderen Ende der Leitung hört sich meine Mutter die Ausführungen des Schuldirektors an. Der Gang nach Hause wird kein leichter. So viel steht fest. Denn Jürgen, der mit mir gemeinsam bei Vangerow antanzen muss, ist im Lehrerzimmer zusammengeklappt und muss per Notarztwagen ins Krankenhaus gebracht werden. Kreislaufzusammenbruch.

»Ich konnte ja nicht ahnen, dass ihm gleich die Nase bricht«, verteidige ich meine linke Gerade vom Vormittag, als ich den ernsten, aber dann doch verständnisvollen Gesichtern meiner Eltern am Abend den Vorfall schildere.

Damals gilt das Gleiche wie heute. Hätte Jürgen Hoder die zwei Mark bezahlt, wäre alles in Butter gewesen. Ich hätte ihm damals nicht die Nase gebrochen. Und ihn heute nicht bloßgestellt. Denn Wettschulden sind Ehrenschulden. Das war so und wird auch immer so bleiben. Aber vielleicht treffen wir uns ja noch mal irgendwann in Berlin auf ein Bierchen und er drückt mir zwei Euro in die Hand. Ein paar Zinsen müssen schon sein.

Ich habe schon früh einen sehr eigenen und ausgeprägten Gerechtigkeitssinn entwickelt. Wenn mir etwas gegen den Strich geht, mische ich mich ein. Ganz gleich, ob es mich selbst oder andere betrifft.

## Stress in der U-Bahn

»Hör auf, die Frau da anzustarren.« Der stechende Blick des Psychos trifft einen alten Mann, der mit mir in der U-Bahn-Linie 7 in Richtung Neukölln unterwegs ist. Um seinen bedrohlich klingenden Worten noch entsprechend Nachdruck zu verleihen, schlägt er sich mit der rechten Faust ständig in die linke Innenhand.

»Ich habe gesagt, du sollst aufhören, die Frau da drüben anzustarren.«

Ich weiß nicht, was er meint. Hier starrt keiner auch nur irgendeine Frau an, schon gar nicht der Opi, der mir schräg gegenübersitzt. Der Psycho hat es auf Stress abgesehen. Ich bin zwar gerade mal 16 Jahre alt, aber das hindert mich nicht daran, für Schwächere einzutreten. Beim nächsten Halt greife ich mir die Tasche des Spinners und schmeiße sie zur offenen Tür hinaus.

»Kann es sein, dass die dir gehört?«, frage ich schelmisch, während das Ding im hohen Bogen nach draußen fliegt. Im nächsten Augenblick bin ich mir allerdings schon nicht mehr sicher, ob das wirklich eine gute Idee war. Mister Psycho hat ein neues Ziel ausgemacht – und das bin eindeutig ich. Ich ziehe mich an der Haltestange über meinem Platz hoch, winkele die Beine an und will die Sache gleich mit einem gezielten, schwungvollen Doppelfußstoß gegen die Brust des Stänkerers einleiten. Doch der ist flinker als gedacht, mein Angriff stößt ins Leere. Ich gebe ein klägliches Bild ab: Mein eigener Schwung holt mich von den Beinen. Als ich mich gerade gedanklich damit vertraut mache, dass der Typ vielleicht eine Nummer zu groß für mich sein könnte, hat ihn ein muskelbepackter Türke am Schlafittchen. Ich bin erleichtert, Hilfe zu bekommen, will aber trotzdem nicht, dass meine Drecksarbeit von jemand anderem im Alleingang erledigt wird.

Gemeinsam befördern der Typ und ich Mister Psycho dorthin, wo seine Tasche schon auf ihn wartet: auf den Bahnsteig.

Diese Story ist eigentlich nur eine kleine Episode aus meiner Jugend, eine Randnotiz. Ich habe sie trotzdem nie vergessen und hier zu Papier gebracht, weil sie deutlich macht, was man durch ein bisschen Courage alles bewegen kann. Mein Auftritt hat den Opa mit großer Wahrscheinlichkeit vor bösen Schmerzen bewahrt, und ich bin glimpflich davongekommen, weil auch für mich jemand den Schutzengel gespielt hat. Eine Erfahrung, die mich nachhaltig geprägt und so manches Mal für eine Extradosis Adrenalin gesorgt hat.

### Überraschende Hilfe

»Hey, lass die mal in Ruhe.« Der angetrunkene Streuner reißt bei meinem Anranzer ruckartig den Kopf herum. Er hört auf, mit der linken Hand nach dem Mädchen zu greifen, das sich vor ihm im Gebüsch verkrochen hat. In der rechten Hand hält er ein Sixpack. Als er mich erblickt, lässt er die Pullen fallen, greift sich geistesgegenwärtig einen abgebrochenen Flaschenhals und kommt auf mich zugestürmt.

Das habe ich nun davon, dass ich meinen Weg zum Training durch einen Schlenker quer durch den Volkspark Hasenheide abgekürzt habe. Das ist nicht gerade 'ne feine Gegend, hier wurden sogar schon zerstückelte Leichen gefunden. Meine Überlegungen, was mir wohl gleich fehlen könnte, wenn ich von den Scherbenkanten aufgeschlitzt werde, werden jäh unterbrochen – von einem kleinen Steppke, der hinter einem Baum hervorspringt und sich mutig in den Weg stellt.

Letztlich muss man eher sagen übermütig, denn im nächsten Augenblick hat ihn mein Angreifer schon gepackt. Doch der Kleine hat wirklich Biss, krallt sich in den Arm, dessen Hand noch immer fest den abgebrochenen Flaschenhals umschließt. Das ist meine Chance. Ich stürme heran, hole ich den Irren mit einem gezielten Haken von den Beinen. Und dann nix wie weg. Der Junge und das Mädchen in die eine, ich in die andere Richtung. Doch es muss noch einen weiteren Augenzeugen gegeben haben, der den Polizisten geschildert hat, wo ich abgeblieben bin, denn wenige Minuten später stehen zwei Beamte in der Umkleidekabine unserer Halle.

»Willst du Anzeige erstatten?«

»Nee, will ich nicht! Ich weiß nicht, wer der Typ war. Was soll das also bringen?«

Das lasse ich mal lieber bleiben, bringt sowieso nichts als Ärger und kostet zudem nur meine Zeit. Außerdem gehören solche Scharmützel Ende der 70er Jahre für mich fast zur Tagesordnung. Rückblickend frage ich mich oft, warum ich mir nicht vor Schiss in die Hosen gemacht habe. Aber Angst war in meiner Jugend ein Fremdwort. Meine boxerischen Fähigkeiten haben mein Selbstvertrauen gestärkt und dafür gesorgt, dass ich nur ganz selten Stress aus dem Weg gegangen bin.

Es ist die Zeit, in der auch auf der Kinoleinwand das Faustrecht das Sagen hat. Filme wie »The Warriors«, »The Wanderers« oder »Die Klasse von 1984« sind nicht nur Kassenschlager, sondern auch Vorbilder. Entweder in die Fresse schlagen oder in die Fresse bekommen. So einfach ist das. Kompliziert wird's nur dann, wenn du plötzlich und unerwartet in den Lauf einer Knarre blickst.

### Mein Blick in den Pistolenlauf

Es ist mal wieder an der Zeit, den Helden zu spielen. Ich bin auf dem Weg zur U-Bahn-Station Eisenacher Straße, um meine Freundin Susanne abzuholen, als in der Merseburger Straße zwei ängstlich blickende Mädels versuchen, sich gegen die Belästigungen eines Mannes zu wehren.

»Lass die Finger von den beiden«, sage ich laut und mit fester Stimme, damit gleich klar ist, dass sich hier kein Schisser einmischt.

»Was willst du denn von mir?«

Das würde ich ihm liebend gerne erklären, besser gesagt spüren lassen. Doch als er sich umdreht, hat er das bessere Argument eindeutig auf seiner Seite. Er hält es in seiner rechten Hand und zielt damit auf mich. Es ist das erste Mal, dass mich jemand mit einer Pistole bedroht. Zum Glück erstarre ich nicht wie das Kaninchen vor der Schlange, sondern mache auf der Hacke kehrt und flitze, ein paar Haken schlagend, Richtung U-Bahn-Station. Treppe runter, ganz nach hinten durch, dann hocke ich mich auf die letzte Bank des Bahnsteigs. Ich war schnell, aber nicht schnell genug. Der Revolverheld muss gesehen haben, wohin ich gerannt bin. Zumindest kommt er jetzt gemächlichen Schrittes die Treppe herunter. Ich schaue nach links und rechts und werde etwas gelassener. Ich bin nicht alleine hier und der Typ wird ja nicht gleich wahllos umherballern. Als er suchenden Blickes immer näher kommt, wird mir trotzdem ganz anders.

»Dich kenne ich doch irgendwoher.«

Mit einem fetten Grinsen im Gesicht hat er direkt vor meiner Bank haltgemacht und starrt mich an. Ich lasse ihm nicht mal die Zeit, mit den Händen in seine Jackentaschen zu fassen. Meine Links-rechts-Kombination holt ihn sofort von den Beinen. Doch leider kann ich die Sache nicht zu Ende bringen.

»Lasst mich sofort los, ihr Spinner«, schreie ich die zwei türkischen Macker an, die vorhin noch gelangweilt neben der Bank standen, aber jetzt meinen, sich auf mich stürzen zu müssen.

»Loslassen, habe ich gesagt. Der Typ hat 'ne Waffe. Ihr müsst total übergeschnappt sein.«

Doch die Jungs glauben wohl eher, dass ich einen an der Waffel haben muss. Bis zu dem Augenblick, als sie die Wumme selbst erblicken. Jetzt macht sich Panik breit. Schreie, Hektik, jeder versucht, seine eigene Haut zu retten. Ich flüchte Richtung BVG-Häuschen.

»Rufen Sie sofort die Polizei«, brülle ich dem Bahnsteigwärter entgegen, als ich seine kleine Hütte stürme und die Tür hinter mir zuknallen will. Doch die Tür fällt nicht ins Schloss, sondern klemmt den Arm meines Verfolgers ein. Der schmerzerfüllte Schrei und der aus seiner Hand purzelnde Revolver sorgen da-

für, dass der Bahnsteigwärter umgehend sein Telefon aktiviert. Notruf!
»Wollen Sie Anzeige erstatten?«
Ich kann die Frage bald nicht mehr hören.
»Hören Sie mal«, ringe ich um Fassung. »Der Typ hat draußen zwei Mädchen belästigt, läuft hier mit 'ner Knarre rum und wir hatten Schiss, dass er uns alle abknallt. Verhaften Sie den Typen und sperren Sie ihn weg. Mehr habe ich dazu nicht zu sagen.«
Das ist zu hoch für mich. Was darf man hierzulande eigentlich alles machen, ohne dass die Polizei durchgreift? Warum muss ich den Typen jetzt anzeigen, der brav neben dem BVG-Häuschen hockend auf die Polizei gewartet hat? Muss bei Waffenbesitz nicht von Amts wegen ermittelt werden? Ich weiß es nicht, verspüre allerdings nicht die geringste Lust, mich mit diesem Typen in meiner Zukunft noch näher beschäftigen zu müssen. Ich bin froh, dass Susanne eintrifft und ich unversehrt mit ihr den Heimweg antreten kann.

\*

»Hey, das war doch alles nicht so gemeint!« Ich glaube es nicht! Der Revolvermann quatscht mich von der Seite an, einfach so, auf der Straße. Direkt bei mir um die Ecke, nur ein paar Tage nach unserem ersten Zusammentreffen. Ich habe keinen Gesprächsbedarf, lasse ihn stehen und atme erleichtert auf, als er in die andere Richtung weiterzieht.
Was macht der hier draußen? War die Knarre vielleicht gar nicht echt? Ist er womöglich nur ein kleiner Spinner? Oder handeln die Bullen einfach fahrlässig, wenn sie ihn wieder auf die Straße lassen?
Keine Ahnung. Und mir macht es auch nicht das Geringste aus, dass ich auf diese Fragen nie Antworten bekommen habe. Denn zum Glück bleibt mir eine dritte Begegnung erspart.
Schon verrückt, welche Typen mir im Laufe der Jahre als Gegner so gegenüberstehen. Mal wurde ich aufgeschlitzt, mal mit

der Pistole bedroht. Mal habe ich sie weggehauen, mal kam ich mit einem Schrecken davon. Und dann gibt es auch noch die, mit denen ich mich völlig blamiert habe.

## Ein Schläfchen auf dem Bürgersteig

Was ist das bloß für ein Arschloch, das meine Katrin da angräbt? Zugegeben, sie bewegt sich auf der Tanzfläche ausgesprochen sexy. Doch das ist noch lange kein Grund, so um sie herumzuschwänzeln. Als ich mich von meinem Barhocker im Big Eden erhebe, um dem Typen die Leviten zu lesen, bin ich nicht mehr ganz trittfest. Müssen wohl doch mehr Drinks über die Theke gegangen sein, als ich selbst geglaubt habe.

Und so reicht der Wind, den mein Schwinger verursacht, gerade mal dazu, den Eintänzer Richtung Ausgang zu wehen. Doch so einfach will ich ihn nicht davonkommen lassen. Ich eile so gut es geht hinterher, um ihn draußen, vor der Tür, nochmals zum Duell zu stellen. Diesmal versuche ich es mit einem trockenen Haken zur Leber. Doch mein Angriff rauscht erneut ins Leere. Trotzdem bleibt er nicht ganz ohne Wirkung. Ich komme aus dem Gleichgewicht, gerate ins Taumeln und mache es mir auf dem Bürgersteig bequem. Ich bin sofort im Reich der Träume. Schlafe tief und fest. Sehr zum Erstaunen der umstehenden Passanten und meiner Freundin Katrin. Was für ein erbärmlicher Auftritt! Nur gut, dass ich erst 21 Lenze auf dem Buckel habe und noch ein paar Jährchen vor mir liegen, ehe ich um Weltmeisterehren boxen darf. Ansonsten hätte es im Blätterwald wohl ein mächtiges Rauschen gegeben.

## Gerichtsverhandlung der anderen Art

15, 20 Jahre später sieht das natürlich schon gänzlich anders aus. Knapp vierzig bewegte Lebensjahre haben ihre Spuren hinterlassen. Mein Gesicht ist so bekannt wie das der Mona Lisa. Zumindest in den einschlägigen Läden Berlins. »Kruses Sportsbar« gehört Ende der 90er Jahre auf jeden Fall dazu. Und so ist es für mich nichts Ungewöhnliches, wenn ich in dem riesigen Schuppen an der Jannowitzbrücke zahlreiche Hände schütteln muss. Selbst auf dem Weg zur Toilette heißt es öfter mal: »Hey, Rocky, give me five.«

Das ist auch diesmal nicht anders. Was mich allerdings schon immer genervt hat, sind die kleinen Wichtigtuer, die sich besonders witzig vorkommen. Dazu zählt auch der Araber, der mir spaßeshalber kurz seine Faust ans Kinn tippt. Zwar nicht besonders hart, dennoch macht mich seine Art, mich zu grüßen, nicht besonders gut gelaunt.

»Was soll denn der Blödsinn?«

Keine Antwort, nur ein blödes Grinsen und ein weiterer »Streichler« am Kinn.

»Junge, ich finde das nicht komisch. Also hör lieber auf damit!«

Seine dritte Schlagbewegung fällt schon deutlich härter aus. Gleiche Stelle. Ich spüre, dass mein Geduldsfaden gleich reißen wird. Also nochmals tief durchatmen und eine letzte Warnung aussprechen.

»Hast du schlechte Ohren? Ich sagte, hör auf mit dem Scheiß!«

Wieder ein Grinsen, wieder ein Schlag. Diesmal hat es sogar mal eben geklingelt. Meine Antwort ist kurz, aber heftig. Ein Schlag, das reicht. Ich steige mit einem Spreizschritt über ihn rüber, als ich mir den Weg zur Toilette bahne. Am Pinkelbecken stehend, höre ich plötzlich eine Stimme hinter mir.

»Was sollte das, warum hast du meinen Kumpel k.o. geschlagen?«

Ich drehe mich um und erblicke den Typen, dem ich kurz zuvor am Tresen »die Fünf« gegeben habe.

»Du magst ja ein ganz netter Typ sein, aber dein Kumpel hat sie nicht alle. Ich habe im dreimal gesagt, er soll mir nicht im Gesicht herumtatschen. Ich habe ihn gewarnt. Aber er wollte nicht hören. Sorry, aber wer nicht hören kann, muss fühlen.«

Das klingt logisch. Nicht nur für mich, sondern scheinbar auch für den Araberfreund. Allerdings nur scheinbar. Denn als ich mir die Hände wasche, fliegt die Toilettentür erneut auf. Plötzlich stehen ein paar finster dreinblickende Jungs hinter mir auf dem Klo, und mich beschleicht ein ungutes Gefühl. Jetzt bin ich dran mit Fühlen, allerdings ohne vorher gewarnt zu werden. Es wird eine schmerzhafte Erfahrung. Mir bleibt nichts anderes übrig, als die Schildkröte zu machen, also liegend die Beine vor dem Bauch und die Arme über dem Kopf zu verschränken, um mich vor den Tritten und Schlägen zu schützen. Mein Glück ist, dass sich die Tür ziemlich schnell ein drittes Mal öffnet. Unliebsame Zeugen kann natürlich niemand gebrauchen. So komme ich doch noch relativ glimpflich davon. Zu glimpflich für den Geschmack der Araber.

»Rocky, die wollen ein Tribunal über dich halten. Ich glaube, es ist besser, du tanzt an«, steckt mir mein türkischer Kumpel Yuder.

Gelegentlich ist es ganz gut, in allen Bevölkerungskreisen ein paar Leute zu kennen, die es gut mit einem meinen. Ich bin da nämlich echt in Teufels Küche geraten. Der Typ, den ich 'ne Runde schlafen gelegt habe, hat eine Menge Freunde. 600 sollen es ungefähr sein. Ein großer Clan.

»Mit denen ist nicht zu spaßen. Hier ist die Adresse. Geh hin, aber allein. Die wollen ein Friedensgespräch führen«, erklärt mir mein türkischer Bekannter.

»Was, wenn nicht?«

»Frage lieber nicht. Die wissen, wo du wohnst, die kennen Christine und deine Eltern, auch Ralf ist für die kein unbeschriebenes Blatt.«

Na prima, wo bin ich da nur wieder hineingeraten? Dass man mir an die Wäsche will, damit kann ich im Zweifel ja noch leben. Aber dass auch meiner Familie Gefahr droht, das geht dann doch einen Schritt zu weit.

Mulmig ist gar kein Ausdruck für meine Gefühlslage, als ich gemeinsam mit Yuder vor der Spielhalle in Kreuzberg stehe. Es ist auf den ersten Blick ein kleiner, muffiger Laden, in dem ein paar

Automaten an der Wand hängen. Vor der Tür stehen zwei fette Limousinen in zweiter Reihe. Als ein Polizist zufällig zeitgleich mit mir den Laden betritt und höflich anfragt, ob die Autos bitte umgeparkt werden könnten, schüttle ich ungläubig den Kopf. Kein Knöllchen, kein Abschleppdienst, sondern ein zuvorkommender Beamter, der bittet, die Wagen woanders hinzustellen? Ich glaube, ich bin im falschen Film. So etwas gibt es? Mitten in Berlin? Okay, ich habe jetzt andere Probleme. Im Hinterzimmer werden wir schon erwartet. Die Tische sind in U-Form aufgebaut, alle Stühle sind besetzt bis auf einen. Schwer zu erraten, wo ich Platz zu nehmen habe. Ich habe Schiss.

Dennoch ziehe ich vor dem »Hohen Gericht« nicht den Schwanz ein. Wenn der Clan mich schon hier antanzen lässt, dann soll er auch meine Version der Geschichte hören. Und man soll es kaum glauben: So angsteinflößend der Vorsitzende ist, so klug ist er auch. Er scheint seine Pappenheimer, die das nächtliche Berlin unsicher machen, ganz genau zu kennen. Und so ist der Spuk schneller vorbei, als ich es für möglich gehalten hätte. Mit allem habe ich im Vorfeld gerechnet. Mit einer weiteren Prügelstrafe, sogar mit einer Schutzgeldzahlung. Aber »Freispruch«?

Ich bin raus aus der Nummer und meine Familie auch. Echt gespenstisch, was hier mitten unter uns, mitten in unserer deutschen Kultur, mitten in der Hauptstadt unseres Landes so abgeht. Wenn ich es nicht selbst erlebt hätte, könnte ich es nur schwer glauben. Das Schlimmste dabei aber ist, dass ich mich rückblickend von diesem »Hinterzimmer-Tribunal« besser behandelt fühle als von so manchem Gericht der Bundesrepublik Deutschland!

# Runde 11

# Meine Freunde

»Gute Freunde kann niemand trennen…« Wenn ich diese Zeile eines Uralt-Liedes von Fußball-Ikone Franz Beckenbauer zum Maßstab nehme, dann wäre dies wohl die kürzeste Runde in diesem Buch. Denn die meisten meiner Freundschaften sind früher oder später zu Bruch gegangen. Manche, weil mir die Zeit fehlte, sie zu pflegen. Manche, weil die persönlichen Lebenswege in verschiedene Richtungen führten. Manche, weil anfängliche Sympathien nicht dauerhaft weiterentwickelt wurden. Und manche, weil sie von der anderen Seite untergraben wurden. Letzteres scheint eine Spezialität von Ex-Fußballern zu sein.

\*

Die Lage ist gut, die Location hat einen gewissen Charme und Thomas ist wohl auch ganz in Ordnung. Warum also nicht? Als ich mich im Herbst 2003 entscheide, meinem Bruder nachzueifern, bin ich voll und ganz davon überzeugt, einen Treffer zu landen.

Ralf ist schon seit Anfang 1995 Chef seiner eigenen Kneipe. Lange Zeit – bis zur Schließung im Juli 2007 – hat das »Rocky's Inn« in der Szene einen Kultstatus inne. Direkt am Savignyplatz im Berliner Bezirk Charlottenburg gelegen, trägt es seinen Teil zur Legendenbildung um das Bermudadreieck bei. So wird der Savignyplatz im Volksmund genannt, weil man hier so herrlich versacken und es ungewöhnlich lange dauern kann, bis man wieder zu Hause auftaucht. Jetzt wird es also ein zweites »Rocky's Inn« geben. Direkt am Ballermann auf Mallorca. Das Ganze ist eine Idee von Thomas Kempe. Der ehemalige Fußballer, der in

der Bundesliga für Bochum und Stuttgart fast 400 Bundesligaspiele bestritt, hat sich für unser gemeinsames Projekt ein Café in der Touristenmeile Schinkenstraße in El Arenal ausgeguckt. Das Ding hat eine schöne Terrasse und verfügt über insgesamt 90 Plätze. Nicht riesig, aber groß genug, um es zu einer schicken Sportsbar umzufunktionieren.
»Okay, ich bin dabei. Aber du musst dich darum kümmern, dass der Laden läuft.« Als ich Kempe im Oktober 2003 grünes Licht gebe, sind die Spielregeln aus meiner Sicht klar abgesteckt. Wir machen fifty-fifty. Ich gebe meinen Namen her, schaue ab und an mal vorbei und zapfe zu PR-Zwecken auch gelegentlich ein Bier. Thomas ist der, der hinter den Kulissen darauf achtet, dass alles in vernünftigen Bahnen läuft. Als das erste kühle Blonde aus dem Zapfhahn läuft, gibt es zwar noch kleine Schönheitsfehler bei der Ausstattung, aber was ist schon von Beginn an perfekt? Ich bin mir sicher, die sechzig, siebzig Riesen, mit denen ich dabei bin, gut investiert zu haben. Zumal ich die Hälfte zurückerwarte, wenn Kempe nicht mehr ganz so klamm ist, wie es scheint.

Unsere Eröffnungsparty am 1. Dezember wird ein echter Knaller. Volle Hütte und die Presse haut auch in die Tasten. Jetzt kann es losgehen. Doch das Einzige, was richtig klappt, ist am Ende nur die Tür.

## Ein Satz mit X

Die Klobrille auf der Damentoilette kaputt, hinter dem Tresen immer noch keine Kasse, das Spülbecken in der Küche zerbrochen und lediglich ein paar Gäste, die ich per Handschlag begrüßen kann. Sechs Wochen sind seit unserem tollen Event zum Start von »Rocky's Inn« erst vorbei, und die zweite Stippvisite in meinem Laden macht mir nicht gerade gute Laune.

»Was geht denn hier ab?«, frage ich meinen Partner ungläubig. Für mich ist auf den ersten Blick erkennbar, dass seit meiner Abreise kein einziger Cent investiert wurde. Ich fühle mich verarscht.

»Jetzt musst du aber aus den Hufen kommen. Leg' mal Kohle auf den Tisch, damit wir hier vorwärtskommen.« Es ist Zeit für eine deutliche Ansage. Doch mein Auftritt hat nicht den gewünschten Erfolg. Im Gegenteil. Ich bekomme den Eindruck, dass Kempe der Realität entrückt ist und in seiner eigenen Welt lebt. Oder wie sonst habe ich seine Reaktion auf meine Worte zu begreifen? Er baut sich vor mir auf, die Arme vor dem Oberkörper verschränkt, und erklärt allen Ernstes, ich solle doch erstmal die Differenz zu dem bezahlen, was er schon alles investiert habe. Häh? Wie darf ich das denn bitte schön verstehen? In mir brodelt es. Mir schwant nichts Gutes. Immerhin drückt er mir kurz darauf zwanzig Riesen in die Hand.

Die nächsten Monate wurschteln wir uns so durch, hoffen auf den großen Durchbruch im Sommer. Schließlich steht die Fußball-Europameisterschaft auf dem Programm. Und da sollte man mit einer echten Sportsbar doch so richtig Kasse machen können. Vor allem dann, wenn man auf der Terrasse eine Großbildleinwand oder einen Flachbildschirm aufbaut. Doch für Hightech-Geräte fehlt Kempe nach seiner jüngsten Zahlung scheinbar die Kohle oder er will sie einfach nicht rausrücken. Als er mit meinem Bruder auf Shoppingtour geht, liebäugelt er mit einer antiquierten Flimmerkiste vom Flohmarkt. Mit Holzrahmen und großen Knöpfen zum Drehen. Kein Spaß, ich kann's nicht glauben!

Kurz vor der EM muss ich für einen Flat-TV erneut in die eigene Tasche greifen. Schlappe 2.500 Euro. Die hätte ich mir schenken können. Denn auch mit Hilfe der neuen Glotze gelingt die Wende nicht. Mir wird klar, mein Projekt auf Malle ist ein Satz mit X. Das war nix und das wird auch nix mehr. Aus und vorbei. Ich ziehe die Notbremse. Noch im EM-Sommer, Mitte August 2004, sind die Schotten dicht. Nach Einschätzung meines ehemaligen Kompagnons müssen die Gründe für unseren K.o. aber nicht bei ihm gesucht werden. Er macht die mangelnde Unterstützung durch mich verantwortlich. Sie merken schon, hier sind wir mal wieder an einer der Stellen angelangt, an denen mein Anwaltsduo in Sachen Medienrecht empfiehlt, auch die andere Seite zu Wort kommen zu lassen. Und aus Sicht von Thomas Kempe klingt die Erklärung für unser Desaster dann so: »Es stimmt zwar, dass wir ausgemacht hatten, dass Graciano den Job des Repräsentanten übernehmen soll, doch wie soll der Laden ins Laufen kommen, wenn der Repräsentant sich nur alle sechs Wochen blicken lässt? Ich war schon länger als zehn Jahre aus dem Fußballgeschäft raus, die Leute sind nicht meinetwegen in den Laden gekommen, sondern um Rocky zu sehen. Und wenn er nicht da war, sind sie enttäuscht abgezogen. So etwas spricht sich rum. An mangelnder finanzieller Unterstützung meinerseits sind wir jedenfalls nicht gescheitert. Ich denke, ich habe mindestens genauso viel investiert wie er.«

Wenn ich das lese, weiß ich nicht, ob ich lachen oder heulen soll. Es gibt halt Typen, die lernen es nie. Aber was soll man anderes erwarten von einem, bei dem man das Gefühl nicht los wird, dass er einen Igel in der Tasche hat? Vielleicht bilde ich es mir ja auch nur ein: Aber fänden Sie es nicht auch komisch, wenn Sie langsam glauben, dass einer immer ausgerechnet dann zur Toilette muss, wenn nach einem gemeinsamen Essen im Restaurant die Rechnung im Anmarsch ist? So ist es wohl kein Wunder, dass der Ex-Kicker nach dem Malle-Flop keine Berücksichtigung mehr im »All Star Team der Rockyfreunde« findet.

Normalerweise hätte ich auch meinen damaligen Duisburger Kumpels Ralf und Achim zu diesem Zeitpunkt die Freundschaft kündigen müssen. Erstens weil die Immobilienmakler mir den Ex-Kicker aufs Auge gedrückt haben, und zweitens weil mir viel Ärger erspart geblieben wäre. Denn auch die beiden Frohnaturen entpuppen sich später als Freunde, die keiner braucht. Doch wenn diese Erkenntnis früher in mir gereift wäre, dann hätten wir zu dritt niemals ein einmaliges sportliches Spektakel der Sonderklasse geschaffen. Nicht zu toppen und nicht zu wiederholen.

### Die »Tour de Ruhr«

»Lass uns heute mal 'ne Radtour machen. Bei dem schönen Wetter müssen wir nicht im Gym rumhängen.« Achims Vorschlag gefällt mir. Strahlend blauer Himmel, die Sonne lacht und es weht nur ein laues Lüftchen. Optimale Bedingungen im Sommer 2002, um sich auf dem Drahtesel die Beine zu vertreten und etwas für die Ausdauer zu tun. Als wir kurz darauf in die Pedale treten, sind wir zu dritt. Ralf macht genau wie Achim und ich einen professionellen Eindruck. Die Mountainbikes sind geputzt und unser Outfit stimmt auch. Radlerhosen, kurze, eng anliegende Shirts und eine Trainingsjacke, falls es am Abend etwas kühler werden sollte. Gegen 15 Uhr rollen wir in Duisburg-Rheinhausen los.

Bei Kilometer eins steht es plötzlich da. Das Frischgezapfte. Wie aus der Werbung.

»Jungs, schaut euch dieses Bier an.«

Jedes weitere Wort von mir ist überflüssig. 60 Sekunden später sitzen wir in dem herrlichen Biergarten und lechzen danach, unsere Bestellung aufgeben zu dürfen.

»Drei halbe Liter, bitte.«

Das zischt vielleicht; drei, vier Züge und schon ist es verdampft.

»Das Gleiche noch mal bitte.«

Nach der dritten Runde sitzen wir wieder auf dem Rad. Bis zur nächsten Kneipe. Drei Bierchen, ein, zwei Kilometer. Drei Bierchen, und wieder rauf aufs Rad. Eine Runde Bier und immer schön den Rhein entlang. Station für Station. Kilometer für Kilometer. Bierchen für Bierchen. Stunde für Stunde. Das Ruhrgebiet hat wirklich eine Menge zu bieten. Längst hat uns die Dunkelheit eingeholt, was die Fahrerei nicht gerade vereinfacht. Kein Licht an den Bikes, dafür Alkohol im Blut. Wir fahren nicht mehr hinter-, sondern nur noch nebeneinander. Damit keiner von uns umfallen kann. Irgendwann haben wir komplett das Zeitgefühl verloren, wundern uns lediglich über die Tatsache, dass wir immer häufiger vor verschlossenen Kneipentüren stehen. Umso erfreuter sind wir, in Moers noch ein rotes Lichtlein zu erblicken. Und das Beste: Uns wird sogar geöffnet, als wir klopfen. Die Mädels in der Tür des Blue Velvet staunen nicht schlecht. Da stehen wir nun, wie die drei aus dem Fahrradgeschäft. Kurze Hosen, total verschwitzte Shirts und hackebreit. Sofort erfasst das Personal die Situation und legt entschlossen Hand an. Keine Ahnung, ob wir noch in der Lage gewesen wären, die Räder selbst hineinzutragen. Zum Glück müssen wir es nicht beweisen, die Arbeit wird uns abgenommen. Kaum sind nicht nur unsere Drahtesel, sondern auch wir hinter der Pforte, fällt der Riegel ins Schloss. Ab sofort ist das hier eine geschlossene Gesellschaft. Süße Mäuschen, wohin die Augen schauen, antörnende Musik aus den Boxen, die Räder sicher untergebracht und drei Biere angezapft.

»Männer, wir sind im Paradies.«

Bevor die Sause so richtig steigen kann, gibt's allerdings noch eine Kleinigkeit zu klären.

»Wir haben keine große Kohle mehr. Können wir anschreiben lassen?«

Wir können. Doch eigentlich wäre das gar nicht nötig gewesen. Normalerweise hätte unser Deckel durch meine ganz spezielle Tanzeinlage beglichen sein müssen. Denn das, was ich in dieser Nacht an der Tabledancestange zu bieten habe, ist durch nichts zu bezahlen. Ralf und Achim ersticken fast vor Lachen, als sie meine Beweglichkeit bestaunen. Die Mädels schauen eher fassungslos. Graciano Rocchigiani macht ihren Job. Und das gar nicht mal so schlecht. Da möchten die Damen des Hauses natürlich in nichts nachstehen. Und so erlebt das Starterfeld der »Tour de Ruhr« eine unvergleichliche Nacht.

Am nächsten Mittag gibt's für uns noch ein extraleckeres Frühstück, ehe wir drei Whiskey als Absacker runterspülen und uns auf den Heimweg machen. Natürlich nicht ohne erneut an jeder Trinkhalle einen Zwischenstopp einzulegen, um uns stets drei Bierchen zu genehmigen. Insgesamt sind wir 33 Stunden auf Achse, ehe wir gegen Mitternacht völlig platt in unsere Betten fallen.

Resultat der »Tour de Ruhr«: keine Ausfälle, alle im Ziel, drei Whiskey, acht heiße Frauen, unzählige Biere und – nicht zu vergessen – 49,5 gefahrene Kilometer!

Und nur der Vollständigkeit halber: Selbstverständlich haben wir nach dem Auspennen unsere Zeche beglichen: 800 Euro. Ein Startgeld, das niemand von uns bereut hat!

Ralf und Achim gehören lange Zeit zu den beständigsten Kerlen in meinem Freundes- und Bekanntenkreis. Allerdings nur solange ich in Berlin und sie in Duisburg wohnen. Als ich mich nicht zuletzt wegen Achims vollmündiger Sprüche entschließe, Ende 2006 in Duisburg ein Boxgym zu eröffnen, dauert es nicht lange und es ist vorbei mit der Herrlichkeit. Unser gemeinsamer Kumpel Fischi, der uns bekannt gemacht hat, würde sich im Grabe umdrehen, wenn er wüsste, dass vor allem Achim nicht mehr zu bieten hat als heiße Luft. Fischi, der damalige Freund meiner Schwester Claudia war ein ganz ruhiger, gemütlicher Typ zum Pferdestehlen. Leider ist er viel zu früh verstorben. Hat sich eine Kugel in den Kopf gejagt. Plötzlich war er nicht mehr da, einfach so. Ohne Abschiedsbrief.

Der Tod ist eine grausame Erfahrung, besonders schmerzhaft, wenn er im eigenen Freundeskreis zuschlägt. Ganz gleich, ob er plötzlich kommt wie bei Fischi oder langsam und schleichend wie bei Eckhard Dagge.

### Die Besten trifft es viel zu früh

Dagge ist der zweite deutsche Profibox-Weltmeister nach Max Schmeling. Er holt sich 1976 den WBC-Titel im Junior-Mittelgewicht und ist somit mein direkter Vorgänger, was die Titelträger hierzulande anbelangt. Eine Art Vorbild für mich. Ein echtes Konditionstier, kann nehmen wie Sau und hauen wie ein Pferd. Dagge genießt das Feiern ebenso wie das Kämpfen. Ein Typ ganz nach meinem Geschmack. Nie um einen Spruch verlegen. »Es gibt viele Weltmeister, die Alkoholiker geworden sind. Aber ich bin der erste Alkoholiker, der Weltmeister wurde« ist wohl sein legendärster. Nach seiner Karriere arbeitet er eine Weile als Trainer bei Universum Box-Promotion, betreut dort unter anderem Dariusz Michalczewski. Als ich mich im Sommer 2000 kurzzeitig in seiner Nachbarschaft, im schleswig-holsteinischen Offendorf, niederlasse, kommt er einfach mal rum, um zu quatschen. Es bleibt nicht bei dem einen Mal. Dagge ist ein Typ aus dem Leben. Leider wird er viel zu früh herausgerissen. Scheiß Krebs. Gemeinsam mit Hanne, dem Chef der Ritze, Kultstätte auf St. Pauli, besuche ich ihn am Sterbebett. Als er am 4. April 2006 die Augen für immer schließt, geht ein guter Freund. Es ist immer das Gleiche: Die Besten trifft es leider viel zu früh. Dagge wird gerade mal 58 Jahre alt.

Ansonsten sind wahre Kumpels im Boxgeschäft eine echte Rarität. Rühmliche Ausnahme in meinem Freundeskreis ist Klaus Niketta, gleicher Jahrgang wie mein Bruder Ralf und ich. 1977 sind wir uns beim Training des Berliner Box-Verbandes erstmals über den Weg gelaufen. Unsere Freundschaft währt bis heute, also jetzt schon rund dreißig Jahre lang. Klaus ist einer der wenigen wirklich verlässlichen Typen in meinem Leben. Stets da, wenn man ihn wirklich braucht. Dabei hätte ich mir damals, Ende der 70er Jahre, beim besten Willen nicht vorstellen können, dass wir irgendwann mal so dicke werden könnten. Als wir uns kennenlernen, gibt's zwar boxerisch nichts an ihm auszusetzen, aber er hat in jungen Jahren eine Eigenschaft, die mir tierisch auf den Sack geht: Geiz. Klaus bringt das Kunststück fertig, eine Tafel Schokolade – er hat eine Vorliebe für Schogetten – in 90 Sekunden zu verschlingen, ohne Ralf und mir ein einziges Stückchen abzugeben. Gehen wir gemeinsam auf Wettkampfreise, rückt er am Getränkeautomaten nicht mal 50 Pfennig raus, damit auch ich mir eine Cola gönnen kann, während er genüsslich eine schlürft.

»Nee, gib mir erst mal die Mark wieder, die du dir vergangene Woche von mir gepumpt hast.«

Ich hasse solche peniblen Korinthenkacker. Aber es kommt immer der Tag der Abrechnung. Auch diesmal. Die Stunde der Rocchigianis schlägt Anfang der 80er Jahre. Ruckzuck haben wir die Hütte auf den Kopf gestellt, als wir uns mit unserem ordnungsliebenden Kumpel Klaus ein Zimmer teilen müssen. Unsere Klamotten sind überall im Zimmer verteilt, die leeren Sporttaschen fliegen in die Ecke. Nikettas Bettdecke ist mit unserem Kirschsaft bekleckert, die Bude bis unter die Decke vollgequalmt und der kleine Tisch im Raum Mittelpunkt unserer Kartenzockerei. Klaus schüttelt ungläubig den Kopf, ehe er es für besser hält, sich mit uns zu arrangieren – ein verhängnisvoller Fehler. Als ungeübter Spieler sollte man sich nicht auf eine Zockerrunde mit den Rockys einlassen. Obwohl, ich will mich nicht mit fremden Lorbeeren schmücken. Genau genommen sollte man sich nicht mit Ralf Rocchigiani einlassen. Ich sitze zwar mit am Tisch, abgezockt und ausgenommen wird Klaus aber letztlich von Ralle. Am Ende des Abends hat Niketta keine Puseratze mehr in der Geldbörse und auch an den nächsten Tagen schlechte Karten – wenn's darum geht, etwas zu naschen oder zu trinken zu schnorren!

Es ist das erste und letzte Mal, dass unser Zimmerkumpel mit uns Karten kloppt. Bei anderen Kloppereien ist Klaus dagegen nicht so einfach abzuzocken. Im Gegenteil, auch außerhalb des Rings steht er seinen Mann. Niketta ist ein ausgezeichneter Faustkämpfer, technisch versiert und mit gutem Auge. Er wird nicht von ungefähr sieben Mal Deutscher Amateurmeister und nach seiner Karriere ein gefragter Personenschützer, der in der Securitybranche sein Geld verdient. Dass Klaus keinen Schiss bekommt, wenn's ernst wird, erfahren Ralf und ich bereits während unserer gemeinsamen Zeit als Juniorenboxer. Als die heiße Phase der Vorbereitung auf die Europameisterschaft beginnt, steht im Vorfeld ein Trainingslager in Hennef und damit auch ein Besuch in der örtlichen Disco Casablanca auf dem Programm. Ich weiß nicht mehr, ob uns mal wieder Ralfs Flirtereien in Teufels Küche gebracht haben, aber auf einmal fliegen die Fäuste. Und nicht nur die meines Bruders und meine. Niketta ist mittendrin, als die Hennefer Dorfjugend um eine Abreibung bettelt. Respekt, unser Zimmerkollege mag vielleicht eine kleine Geizmacke haben. Aber auf ihn ist Verlass. Letzteres gilt auch heute noch. Von Geiz allerdings ist schon lange keine Rede mehr. Aus Tradition bringt Klaus seit Jahren zu jedem unserer Treffen eine Tafel Schogetten mit. Auch wenn Ralf und ich die Dinger mittlerweile nicht mehr sehen können.

## Mit der Wasserschutzpolizei zur Party

Solch einen Pfundskerl aus alten Boxtagen nochmals zu finden ist keine leichte Sache. Ich bin eher der Typ Einzelgänger, will mich nicht vereinnahmen lassen. Weder von anderen Kämpfern noch von Promotern oder Funktionären. Wenn es unter den Offiziellen eine positive Ausnahme gibt, dann noch am ehesten Jean-Marcel Nartz. Der Matchmaker, der zunächst für Sauerland, später für Kohl tätig ist, hat mich wohl irgendwie ins Herz geschlossen. Und das, obwohl ich ihn im Laufe der Jahre sicherlich einiges an Nerven gekostet habe. Nicht nur im Ring. Selbst an seinem fünfzigsten Geburtstag jage ich seinen Adrenalinspiegel in die Höhe.

Nartz lässt die Riesensause im Mai 1996 auf einem Rheindampfer steigen. Doch als das Ding ablegt, fehlt noch einer seiner Gäste. Also muss ich mir etwas einfallen lassen, um doch noch mit ihm anstoßen zu können. Der Jubilar staunt nicht schlecht, als sein Kahn plötzlich von der Wasserschutzpolizei gestoppt wird und ich grinsend an Bord springe. Manchmal klappt's dann doch mit unseren sogenannten Freunden und Helfern. Nartz schüttelt nur ungläubig den Kopf. Für ihn ist es eine meiner zahlreichen Anekdoten, die ihn darin bestärken, dass »die wahre Rocky-Story« eines Tages verfilmt und zum Kinoknüller oder Quotenrenner wird.

»Man muss ihn lieben oder hassen. Oder beides zugleich«, sagt Nartz in der »Sport Bild«-Ausgabe von 4. Februar 1998 über mich. Auf ihn trifft sicherlich Letzteres zu.

Ansonsten gibt's nur wenige Boxgrößen, mit denen ich privaten Umgang pflege. Maske und Michalczewski stehen mir im Ring als Kontrahenten gegenüber und sind privat nicht gerade meine Kragenweite. René Weller, Sauerland-Stallgefährte von mir während meiner ersten Profijahre, ist einer, der auf mich leider unfreiwillig komisch wirkt. Wenn er in seinen hautengen Hosen durch den Ring stolziert, muss ich den Kopf schütteln. Er ist und bleibt ein Typ, den ich nicht ernst nehmen kann.

Ganz im Gegensatz zu Peter Hussing, der große Name des bundesdeutsche Amateurboxens in den achtziger Jahren. Der

Schwergewichtler ist eine ehrliche Haut. Ein Onkeltyp, ein Bärchen, so richtig zum Knuddeln. Als er im reifen Boxeralter von 36 Jahren doch noch zu uns Profis wechseln will, verweigern sie ihm die Lizenz. Für mich völlig unverständlich. Der war fit und bärenstark, hätte auch mit Ende dreißig bestimmt noch das Zeug zum Europameister gehabt. Damit wäre er immerhin der zweite deutsche Schwergewichtler nach Max Schmeling gewesen, der es zu Titelehren hätte bringen können.

So bleibt diese Möglichkeit Axel Schulz vorbehalten. Doch der scheitert leider je dreimal beim Griff nach der EM- beziehungsweise der WM-Krone. Einmal, gegen »Big« George Foreman, der im stolzen Alter von 45 Jahren noch mal Weltmeister geworden ist, wird er allerdings voll verladen. Der Fight im Spielerparadies Las Vegas steigt fünf Wochen vor meinem ersten Duell mit Henry Maske. Und so weiß ich natürlich bestens, was Schulz meint, als er nach dem Kampf gegen Henry plötzlich in meiner Kabine steht und versucht, mich zu trösten: »Mach dir nichts draus, ich habe den Scheiß auch gerade erlebt.«

Eine Geste, die nicht selbstverständlich ist und mich deshalb auch besonders freut. Schließlich ist Schulz Maskes Stallgefährte und wird ebenfalls von Manfred Wolke trainiert.

### Gegen die Wand gelaufen

Axel ist ein feiner Kerl, schade, dass er sich Ende November 2006 viele zuvor gewonnene Sympathien verscherzt. In seinem groß angekündigten Comebackversuch wird er von dem zweitklassigen Brian Minto nach Strich und Faden verprügelt. Keine Ahnung, was Axel und sein Umfeld sich dabei gedacht haben. Das ist so schlecht, dass man die Augen schließen muss. Als er seinen Mantel auszieht, denke ich, da steht ein alter Mann im Ring. Wenn er wirklich elf Monate lang in den USA trainiert hat und dann in solch einem erbärmlichen Zustand in den Ring klettert, dann gehören die Trainer im Atlantik versenkt. Manch einer, sogar Axel selbst, will uns im Anschluss an das Debakel weismachen, er sei zwar gut trainiert gewesen, lediglich die Psyche habe nicht mitgespielt. Blödsinn. Wie können einen 12.000 Fans im Gerry-Weber-Stadion in Halle (Westfalen) blockieren, wenn einen 15.000 Amerikaner im MGM Grand Hotel von Las Vegas gegen Foreman zur besten Leistung der Karriere getrieben haben? Wer mit solch einer stimmungsvollen Kulisse nicht klarkommt, hat beim Boxen nichts verloren. Das weiß man aber vorher und das fällt einem nicht erst am Kampfabend ein, wenn man in die Halle einmarschiert und »gegen eine Wand läuft«, wie Axel es ausgedrückt hat.

Niemand wird ihn jetzt noch als guten Schwergewichtler in Erinnerung behalten, sondern immer als den, der zum Karriereende furchtbare Dresche bezogen hat. Ganz anders also als Max Schmeling, der auch heute noch verehrt wird wie kein zweiter deutscher Boxer. Den großen alten Herrn des deutschen Boxens lerne ich, im Gegensatz zu manch anderem meiner Boxergeneration, übrigens nie persönlich kennen. Bei Schmeling dürfen nur die tadellosen Schleimer vorsprechen, die von den Promotern Sauerland und Kohl ausgewählt werden. Neben Maske und Michalczewski gehören wie selbstverständlich auch Wladimir und Vitali Klitschko dazu. Mit den beiden habe ich nicht viel am Hut. Wenn man einmal von der Tatsache absieht, dass sie einen Manager haben, der auch mir bestens bekannt ist.

Der grau melierte Sonnyboy Bernd Bönte ist ein ehemaliger Reporter des Pay-TV-Senders Premiere, mit dem ich von Mitte der 90er Jahre bis 2002 nicht nur beruflich viel Zeit verbringe. Bönte ist einer der wenigen Journalisten, mit denen ich auch privat gerne ein paar Worte wechsle. Unser Verhältnis ist offen und vertrauensvoll. Er lässt sich nicht den Mund verbieten. Selbst dann nicht, wenn etwas anderes von ihm erwartet wird. Das gefällt mir. Bei meinem umstrittenen Kampf gegen Michalczewski hat er mich als Live-Reporter auf seinem Punktzettel klar vorne.

Und ein paar Tage später in der TV-Sendung von Margarethe Schreinemakers erklärt er – direkt neben Michalczewski sitzend –, dass dieser im Duell mit mir eine oscarreife Schauspieleinlage hingelegt habe. Respekt! Dass der Tiger ihn nicht vor laufender

Kamera gefressen hat, überrascht mich noch heute. Drei Jahre später kuscheln die beiden allerdings im gleichen Käfig. Ich bin stinksauer, Bönte gibt seinen Premiere-Job als Ressortleiter Boxen auf und wechselt zu Universum Box-Promotion. Sein neuer Chef heißt Klaus-Peter Kohl. Ich fasse es nicht. Drehen denn früher oder später alle durch, mit denen ich gut klarkomme?

Allerdings lässt Bönte sich auch durch seinen neuen Stallgeruch nicht verbiegen. Als ich im April 2000 die Revanche gegen Michalczewski verliere, gehört er anschließend zu denen, die mit mir zusammen den Frust über die Niederlage im Alkohol ertränken, anstatt mit seinem Boss die rauschende Siegesnacht zu feiern. Dass einer wie Bönte im Umfeld von Kohl und Michalczewski nicht glücklich werden kann, ist mir von vornherein klar und auch er steht nicht allzu lange auf der Leitung. Nach nur einem Jahr packt er wieder seine Sachen, wechselt zu Sportfive und übernimmt für den Sportrechtevermarkter die Betreuung der Klitschkos. Echt rasant, wie schnell sich das Karussell in der Boxbranche dreht. Knapp drei Jahre zuvor, im Frühjahr 1998, hat Bönte mit mir noch über einen Megadeal mit Premiere verhandelt. Der löst sich dann zwar in Schall und Rauch auf, weil ich mich nach meinem WM-Sieg gegen Michael Nunn nicht wirklich Weltmeister nennen darf. Doch im Gerichtsduell mit dem WBC wird Bönte später trotzdem eine Schlüsselrolle spielen. Zudem sorgt er auch dafür, dass ich den heimischen Prunkpalast von Don King kennenlernen darf. Aber der Reihe nach.

### GRACIANO, MY GERMAN BROTHER

Frühling in Florida – das ist der Hammer. Auch 1998. Nicht zu heiß, strahlend blauer Himmel, da hat man automatisch gute Laune. Ein leicht flaues Gefühl schleicht trotzdem in meinem Magen herum, als Bönte, meine Frau Christine und ich uns in Palm Beach dem Anwesen von Don King nähern.

Es ist nicht einmal zwei Jahre her, dass ich dem berüchtigtsten Promoter einen Korb gegeben und mich doch lieber noch einmal auf Wilfried Sauerland eingelassen habe. Jetzt, nach meinem Sieg gegen Nunn, stehen mir wieder alle Türen offen. Premiere hat die Fühler nach mir ausgestreckt. Auf meine alten Tage winkt der lukrativste Vertrag meiner Karriere. Sogar die großen Fightnights in Übersee scheinen keine Illusion. Las Vegas oder New York, Caesars Palace oder Madison Square Garden: Ich als zweiter Hauptkämpfer hinter Schwergewichtsgrößen wie Mike Tyson oder Evander Holyfield, das ist es, was Premiere vorschwebt. Alleine bei der Vorstellung bekomme ich leuchtende Augen. Leider kommt man bei der Umsetzung eines solchen Plans nur schwerlich an Don King vorbei.

Gleiches gilt übrigens für die Security-Typen, die vor der Eingangspforte seines imposanten Anwesens wachen. Unangemeldet hat man keine Chance auf Einlass. Wir werden freundlich durchgewunken, können uns im Empfangsbereich die Wartezeit mit einem auf einer Leinwand übertragenen Basketballspiel der NBA verkürzen.

»Ein wirklich schönes Haus«, sage ich zur Begrüßung, als Don King mir die Hand schüttelt.

»Oh, danke schön. Aber das ist nur mein Gästehaus«, strahlt er mich bis über beide Ohren an. Beim anschließenden Rundgang wird der Name des Gastgebers zum Programm. King wohnt wahrhaft königlich. Allein seine Jade- und Elfenbeinsammlungen sind ein Vermögen wert. Mich interessieren allerdings mehr die Details, die sich ums Boxen drehen. Sein riesiger Swimmingpool hat die Form eines Boxhandschuhes, sein Schlafzimmer wird von dem Originalgemälde LeRoy Neimans geschmückt, das der US-Künstler als Plakatvorlage für den legendären »Rumble in the Jungle« zeichnete. Der K.o.-Sieg Alis gegen George Foreman am 30. Oktober 1974 in Kinshasa begründete Kings Aufstieg zum weltweit mächtigsten Promoter.

Jetzt schmiert er mir Honig um den Bart. So wie man ihn kennt, mit Sprüchen, die mittlerweile fast jedem Boxfan durch die TV-Übertragungen aus den Ohren quellen. King liebt alle, alle sind seine Freunde und jeder Weltmeister ist der beste aller Zeiten.

»Graciano, mein Freund, mein deutscher Bruder. Du bist der größte Weltmeister aller Zeiten!« Der Typ ist echt schmerzfrei und sich für nichts zu blöde. Fairerweise muss ich aber auch erwähnen, dass er sich als perfekter Gastgeber präsentiert. Das Barbecue, das er uns zu Ehren auf der Terrasse kredenzt, lässt keine Wünsche offen. Seine Haifischzähne, die er bei Vertragsverhandlungen entblößt, lässt er stecken, zeigt uns sein strahlend weißes Gebiss nur dann, wenn er einmal mehr übertrieben lacht. Und das tut er fast laufend, schließlich will er mit uns ins Geschäft kommen. Wahrscheinlich wäre ihm das sogar gelungen, wenn die WBC uns nicht die Grundlage unserer Gespräche entzogen hätte – meinen WM-Titel.

Ohne den Gürtel der WBC bin ich uninteressant. Für Don King. Und auch für Premiere. Der Deal mit Bönte und seinen Jungs vom Bezahlfernsehen platzt. Vier Jahre später spielen die damaligen Verhandlungen aber trotzdem eine wichtige Rolle. Beim Prozess gegen den WBC. Denn als es darum geht, dem Richter und den Geschworenen klarzumachen, was mir durch den Titelraub alles durch die Lappen gegangen ist, wird Bönte zu einem wichtigen Zeugen. Er kann der Jury glaubhaft darlegen, wie sich die Premiere-Millionen nach der Titelaberkennung für mich in Luft aufgelöst haben. Dafür bin ich ihm rückblickend wirklich dankbar.

Anno 2002 bin ich allerdings noch sauer, regelrecht angepisst. Bönte verlangt im Vorfeld des Prozesses 10.000 Mark und einen Businessflug. Ich zahle, mache aber die Schotten dicht. Funkstille. Das versteht er also unter Freundschaft? Ich wundere mich zwar, dass auch von seiner Seite im Anschluss an den gemeinsamen US-Trip kein Lebenszeichen mehr kommt, sehe aber keine Veranlassung, von mir aus auf ihn zuzugehen. Erst Jahre später, als Bönte schon nicht mehr für Sportfive, sondern als Geschäftsführer der Klitschko Management Group agiert, haben wir eher zufällig die Möglichkeit, die Sache auszuräumen. Ich erfahre, dass sein Auftritt als Zeuge bei weitem nicht alles war, was er im Zusammenhang mit der Gerichtsverhandlung für mich geleistet hat. Bereits im unmittelbaren Vorfeld des Prozesses ist er mehrmals in die USA gereist, um meine US-Anwälte zu beraten. Richard Dolan und der heute leider schon verstorbene Peter Schlam können ebenso auf Böntes Insiderwissen zurückgreifen wie mein Berliner Anwalt Björn Ziegler. Um das Ganze zeitlich überhaupt bewältigen zu können, nimmt Bönte sogar Urlaub und verzichtet in dieser Zeit auf Einnahmen aus seiner Tätigkeit für Sportfive.

Von alldem habe ich keinen blassen Schimmer, ich sitze im Knast, verlasse mich darauf, dass meine Frau Christine mit Hilfe der Anwälte alles in die richtigen Bahnen lenkt, und hoffe, dass ich zum Prozess rüberjetten darf. Bönte dagegen rödelt hinter den Kulissen, so gut er kann. Für ihn ist die Zahlung der 10.000 Märker gerade mal eine Aufwandsentschädigung, um seinen Verdienstausfall und seine Kosten vor Ort auszugleichen. Und so wundert er sich in New York sicherlich nicht ganz zu Unrecht, warum er von mir nicht mal ein Dankeschön bekommt.

Mittlerweile haben wir die Sache aus der Welt geräumt und dabei erkennen müssen, dass ein Missverständnis und zwei Sturköpfe für jahrelanges Schweigen sorgen können. Schade eigentlich. Zum Glück gibt es auch Freundschaften, die funktionieren, ohne dass große Reden geschwungen werden.

## Mein treuester Freund hat vier Beine

Achtung: Die treueste Seele in meinem Leben ist eine Sie! Freut sich immer, wenn ich nach Hause komme. Hat nie was zu meckern und ist schon glücklich, wenn ich nur mit ihr um die Häuser ziehe. Sie quatscht kein blödes Zeug und hat immer ein offenes Ohr für mich. Als ich das erste Mal in ihre Augen schaue, erobert sie mein Herz im Sturm. Und das Beste: Meine Frau Christine ist nicht mal eifersüchtig. Ganz im Gegenteil. Als ich mit ihr am 30. August 1996, einen Tag vor Torsten Mays brutaler Niederlage gegen den US-Amerikaner Adolpho Washington, in einem Einkaufszentrum auf Mallorca shoppen gehe, ist es um sie genauso geschehen wie um mich. Silber-weißes Fell und der so charakteristische Huskyblick aus strahlend braun-blauen Augen.

Als wir das zehn Wochen junge Baby in der Zoohandlung erblicken, sind wir sofort einer Meinung: Diesen Hund oder keinen. Auf der Rückreise sind wir zu dritt. Der Name für unseren neuen Schatz ist schnell gefunden: Blue. Wer einmal in sein linkes Auge geschaut hat, weiß, warum.

Blue ist fortan meine ständige Begleitung, wenn ich zum Joggen an die frische Luft gehe. Fuß an Pfote drehen wir unsere Runden, meistens am Schlachtensee. Blue ist von Beginn an nicht nur eine echt treue Seele, sondern auch ein wirklich feines Mädchen. Es sei denn, sie wittert auf unseren Ausflügen ein wildes Tier. Dann ist sie nicht mehr zu halten und geht auf die Pirsch. Da hilft kein Rufen und kein Pfeifen. Weg ist sie. Während Blue den Wald nach Wildschweinen oder Hirschen umpflügt, bin ich zum Warten verurteilt. 15 Minuten, halbe Stunde. Langsam werde ich sauer. Eine Stunde. Mein Hals ist dick. Warte, Mädel, wenn du dich wieder blicken lässt! Ich stehe hier wie bestellt und nicht abgeholt in der Gegend herum. Bin geladen, auf 180. Dann kommt sie um die Ecke getrottet. Die Zunge hängt vor Erschöpfung weit aus der Schnauze, ihre braun-blauen Augen schauen mich mit dem typischen »Entschuldige-fürs-Warten-Blick« an, und mein Ärger ist verflogen. Es ist wie verhext. Ich kann ihr einfach nicht böse sein.

Ähnlich ist es bei unserem zweiten internationalen Familienzuwachs. Im Jahr 2000 genießen Christine und ich unseren Sommerurlaub an der Algarve in Portugal. In einer Strandbar, ganz in der Nähe unseres Golfhotels, lassen wir uns das landestypische Reisgericht mit Piri-Piri schmecken. Es dauert nicht lange, da schwänzelt eine Spitz-Dackel-Mischung um unseren Tisch, die fast so ausschaut wie ein kleiner, kränkelnder Fuchs. Ein Streuner, der mächtig Hunger hat. Ihm muss das Piri-Piri ähnlich gut geschmeckt haben wie uns. Zumindest weicht er uns anschließend nicht mehr von der Seite. Egal, wo wir auch hinmarschieren, er dackelt uns hinterher. Wohl in dem festen Glauben, wir meinen es gut mit ihm. Er soll recht behalten. Wir bringen es nicht übers Herz, ihn einfach wieder wegzustoßen. Doch bevor er mit nach Hause darf, steht erst noch ein Arztbesuch an. Der

Doc gibt grünes Licht, hat keine Einwände gegen eine Luftveränderung. Auch der Name für unseren zweiten Hund ist schnell gefunden: Piri-Piri.

Was uns am meisten freut: Blue hat keine Probleme damit, nicht mehr alleine im Mittelpunkt zu stehen. Die beiden verstehen sich prächtig. Christine und mir ist allerdings bereits im Vorfeld klar, dass wir uns da auf sie verlassen können. Wir haben ihre Duldungsfähigkeit nämlich schon aufs Ernsteste geprüft. Mit zwei Katzen.

### Eine Wohngemeinschaft mit Clay und Frazier

»Was war das denn?« Als Christine und ich uns in der Spandauer Laube ihrer Schwester Marion im Sommer 1991 ein paar verträumte Stunden machen, reißt uns ein herzergreifender Schrei aus unserer Ruhe. Kaum auszumachen, wer oder was solche Geräusche von sich geben kann. Ich tippe auf einen Vogel. Christine ist sich sofort sicher: »Hier muss irgendwo ein kleines Kätzchen sein.«

Die immer wiederkehrenden Schreie geben uns bei der Suche die Richtung vor. Hinter einer Eistruhe, die im Garten steht, entdecken wir sie dann: drei süße, kleine Katzenbabys. Wer bringt es nur übers Herz, solch wehrlose, noch nicht überlebensfähige Geschöpfe auszusetzen? Doch es macht wenig Sinn, sich jetzt darüber Gedanken zu machen. Viel wichtiger ist es, die drei in sichere Obhut zu geben. Der festen Überzeugung, dass die Babys bei Marion in besten Händen sind, überlassen wir das Trio zunächst Christines Schwester. Eine Fehlentscheidung.

»Christine, ich weiß nicht mehr, was ich machen soll. Eines der Kätzchen ist schon ganz steif.« Die Verzweiflung in Marions Stimme am Telefon steht Christine ins Gesicht geschrieben.

»Mach jetzt am besten gar nichts mehr, bring sie einfach hierher.«

Als es ein paar Minuten später bei uns klingelt, fährt uns der Schreck in die Glieder. Marion hat nicht übertrieben. Die

Kätzchen sind wirklich schon erstarrt. Wir beginnen sofort, sie warmzurubbeln. Nicht ganz einfach, denn man darf auch nicht zu fest zudrücken bei den Winzlingen. Eigentlich wollte Marion sie doch nur so richtig verwöhnen, hat sie shampooniert und durchgewaschen. Das ist den kleinen Dingern leider ganz und gar nicht bekommen.

Zunächst scheint es so, als könnten wir alle drei retten. Doch am nächsten Morgen haben nur zwei den Überlebenskampf gewonnen. Wir benennen die zwei siegreichen Fighter nach großen Vorbildern: Clay und Frazier. Länger als fünf Jahre bleiben die beiden unser einziger Familienzuwachs, bis sich im Sommer 1996 Blue dazugesellt. Das Huskybaby ist gerade mal zehn Wochen alt, als es die beiden Katzen kennenlernt. Unsere gemischte WG funktioniert besser als erwartet. Bis zu dem Zeitpunkt, als Blue schwanger wird und Frazier an Epilepsie erkrankt. Geschwächt und von Krankheit gezeichnet, hat man kaum eine Chance, in der Welt der Tiere zu überleben. Das ist neben Blue nicht anders. Kurz darauf sind wir wieder zu dritt. Denn nach dem Tod Fraziers stirbt auch Clay. An gebrochenem Herzen.

Auch ich muss später erfahren, was echter Trennungsschmerz bedeutet. Und zwar in doppelter Hinsicht. Als ich unter die zwölf gemeinsamen Jahre mit Christine einen Schlussstrich ziehe und meine Siebensachen packe, heißt es auch Abschied nehmen von Blue und Piri-Piri. Die zwei Hunde bleiben in ihrem gewohnten Umfeld, und ich muss mich damit begnügen, dass sie mich freudig begrüßen und mit mir herumtoben, wenn ich auf einen Besuch vorbeischaue. Die beiden gehören eindeutig in die Kategorie von Freunden, die mir auch verzeihen, wenn sie eine Zeit lang vernachlässigt werden. Das ist mit Menschen schon weitaus schwieriger. Beziehungen zu Zweibeinern muss man hegen und pflegen. Da das nicht gerade zu meinen Stärken zählt, beruhige ich mein Gewissen ab und an damit, den Bedürftigen in meiner Heimatstadt zu helfen. Anfang der 90er Jahre zum Beispiel ziehe ich an den arschkalten Wintertagen durch die Berliner Bezirke, um die Obdachlosen in den Heimen mit Decken, Jeans, Pullis und Socken auszustatten. Damit auch wirklich etwas bewirkt wird, habe ich zuvor Klaus Speer, meinem Kompagnon für diese Aktion, 10.000 Mark in die Hand gedrückt, der unseren Transporter bis unters Dach bestücken sollte. Es gibt kaum ein erfüllenderes Gefühl, als in die dankbaren Gesichter der Beschenkten zu blicken.

Ebenso wie Speer, der im Kiez eher durch andere Dinge Bekanntheit erlangt hat, bin ich keiner, der seine guten Taten an die große Glocke hängt. Dem »Bild-Zeitung«-Reporter Walter Straten, mit dem ich sonst bestens klarkomme, biete ich sogar Schläge an für den Fall, dass er seine Ankündigung wahr macht und einen Fotografen schickt, der Bilder davon schießen soll, wie ich in Obdachlosenheimen die Klamotten verteile.

Wenn Sie sich jetzt fragen: Warum schreibt er es denn dann in seiner Autobiographie, wenn er es sonst im Stillen und unbeobachtet tut?, dann gebe ich Ihnen die gleiche Erklärung wie in Runde sieben dieses Buches, als ich die lange geheimgehaltene Rückenverletzung vor dem zweiten Kampf gegen Henry Maske im Detail beschrieben habe. In einer Autobiographie gibt man einen möglichst umfassenden Überblick über sein Leben. Dazu gehören die unterschiedlichsten Facetten. Ich muss in den 15 Runden leider oft genug einräumen, Mist gebaut zu haben, da kann ich doch auch ruhig zum Besten geben, wenn es etwas gibt, worauf ist stolz bin – oder?

Und schließlich habe ich an anderer Stelle gerade in meinem sozialen Verhalten nicht selten Schwächen offenbart. Besonders dann, wenn es darum ging, aus einem ersten Kennenlernen, einem Gefühl der Sympathie, mehr werden zu lassen als eine lockere, flüchtige Bekanntschaft. Zwei sehr gute Beispiele dafür sind meine Feierrunden mit zwei ganz Großen des deutschen Sports: Boris Becker und Stefan Effenberg.

### Grenzgänger im Kofferraum

Die Mauer ist auf. Seit 49 Tagen können die Ossis zu uns kommen und einmalig 100 D-Mark Begrüßungsgeld kassieren. Und wir Wessis dürfen rüber, ohne unsere harte Währung als Eintrittsgeld wechseln zu müssen. Dass wir in den 80er Jahren gezwungen werden, bei der Einreise 25 DM zum Kurs von 1:1 gegen das Ost-Spielgeld umzutauschen, gehört wohl zum größten Straßenraub in der internationalen Staatengeschichte und hilft, das schon seit Jahren marode Ostblocksystem künstlich am Leben zu erhalten.

Schwarz wird damals in der DDR-Hauptstadt 1:7 oder 1:8 getauscht. Da kann man anschließend für kleines Geld schon ganz schön die Puppen tanzen lassen. Nervig ist allerdings die mühsame Ein- und Ausreise. Und der Bammel, die Vopos könnten einen an der Grenze schikanieren. Da haben wir in der Jugend während unserer Boxausflüge nach Bayern einschlägige Erfahrungen sammeln können. Mittlerweile läuft das alles relativ easy. Als wir am 29. Dezember 1989 rübermachen, um meinen sechsundzwanzigsten Geburtstag im historisch angehauchten Operncafé, heute Opernpalais Unter den Linden, unweit des Alexanderplatzes in Berlin-Mitte, zu feiern, ist das Passieren der Grenze ein Kinderspiel. Vorausgesetzt, man hat gültige Papiere dabei. Und genau da beginnt mein Dilemma.

»Los, Jungs. Zückt schon mal eure Ausweise.«

Als Dirk, der am Steuer unseres mit fünf Mann voll besetzten grünen Opel Kadett sitzt, das Kommando gibt, durchzuckt es mich. Mann, Graciano, schießt es mir durch den Kopf. Das ist mal wieder typisch. Willst drüben 'ne richtige Sause feiern und denkst nicht daran, dass du deinen Reisepass brauchst. Jetzt noch mal zurück nach Hause? Darauf habe ich keinen Bock. Geht alles ab von der Partytime. Zumal mir auch nicht einfällt, wo das kleine grüne Ding überhaupt liegen könnte. Da steige ich lieber kurz um und mache es mir im Kofferraum gemütlich. Die Zeit der strengen Grenzkontrollen ist schließlich seit sieben Wochen, seit der Öffnung der Mauer, Vergangenheit.

Im Operncafé werden wir bereits erwartet. Der damalige Chef, Alexander Fupolus, will erst mal den PR-Kram erledigen: »Rocky, hättest du etwas dagegen, mit Boris Becker ein gemeinsames Foto zu machen?«

Habe ich natürlich nicht. Warum sollte ich auch? Becker hat damals bereits dreimal Wimbledon gewonnen und gilt als einer der wenigen deutschen Superstars des Sports. So einen lernt man nicht alle Tage kennen. Ich habe das Gefühl, er ist etwas verdattert, als er plötzlich gemeinsam mit mir in der Küche stehend ins Blitzlicht grinst. Überhaupt zählt er anscheinend – wie ich auch – nicht gerade zu den großen Plauderern der Szene. Knapp drei Jahre zuvor hat er sich von Trainer Günther Bosch getrennt, um mehr persönlichen Freiraum genießen zu können. Zwar wird er von Manager Ion Tiriac immer noch so gut wie möglich behütet, doch ich erkenne sofort ein neugieriges Flackern in den Augen, als ich ihn frage, ob er nicht mit zu uns rüberkommen möchte, um meinen Geburtstag mitzufeiern.

»Geht klar«, grinst er mich an, wohl wissend, dass es für ihn nun doch nicht so ein langweiliger Abend werden wird, wie er wahrscheinlich noch vor wenigen Minuten vermutet hat. Becker ist zwar eigentlich in Begleitung von Günther Jauch und Freundin gekommen, doch da diese beiden sich meistens auf der Tanzfläche vergnügen, leistet Boris lieber mir und meinen Freunden Gesellschaft. Daran ändert auch die Tatsache nichts, dass wir saufen und kiffen, als ob es morgen nichts mehr gäbe. Es ist eine von jenen Partys, auf denen ich es gemeinsam mit meinen Kumpels Chris, René, Peter und Dirk so richtig krachen lasse. Alkohol, Joints und flirtwillige Weiber. Alles, was das Herz begehrt. Man wird schließlich nur einmal 26!

Immer mittendrin, aber trotzdem irgendwie außen vor: Bum-Bum-Boris. Obwohl nur vier Jahre jünger als ich, ist unser Gelage für den damals erst 22-Jährigen eine andere Welt. Ganz und gar nicht passend zu seinem Umfeld, das damals eher von Disziplin, Enthaltsamkeit und Erfolg geprägt ist. Doch er fühlt sich wohl, das spürt man schnell, ist fasziniert von dem Blick in eine exzessive Welt, die ihm bis dato wohl noch fremd ist. Aber dass Boris ein Junge aus dem Leben ist, bleibt keinem verborgen. Auch ihm nicht. Später entdeckt er selbst, was es heißt, einen draufzumachen. Und das nicht zu knapp. Mir gefällt seine Einstellung. Er macht sein Ding, ohne sich einen Kopf darüber zu machen, was andere von ihm denken oder über ihn schreiben. In diesem Punkt ist der Junge offenbar ähnlich schmerzfrei wie ich.

Als unsere gemeinsame Partynacht ein Ende findet, wünsche ich mir, ich hätte es ihm auch an diesem Abend gleichgetan. Denn dann würde ich gegen vier Uhr in der Frühe mit einem halbwegs klaren Kopf im Kofferraum liegen, als wir auf der Rückfahrt erneut die Grenze passieren wollen. Doch so bin ich stramm wie ein Amtmann und das ist in dieser Situation nicht gerade von Vorteil. Das Ruckeln schlägt mir auf den Magen. Mir ist hundeübel, ich habe das Gefühl, jeden Moment kotzen zu müssen. Der Gedanke daran, dass dies hier in der abgeschlossenen Enge passieren kann, lässt mich leicht panisch werden. Als wir endlich stoppen, schlage ich von innen mit der Faust gegen die Kofferraumhaube.

»Was war das denn«?, fragt draußen der Grenzer.

»Nichts weiter, das muss aus dem Radio gekommen sein«, antwortet der einzig Nüchterne im Wageninnern. Dirk muss fahren und hat deshalb nicht zu tief ins Glas geschaut. Doch ich mache seine Ausrede mit dem nächsten Schlag gegen das Blech zunichte. Und noch mal. Und noch mal. Ich halte es nicht mehr aus. Ich muss hier raus, sonst kübele ich mich selbst voll. Und darauf habe ich nicht den geringsten Bock.

»Das Klopfen kommt von da hinten, machen Sie sofort den Kofferraum auf.«

Na endlich, es geht doch! Wird auch höchste Zeit. Ich strecke den Kopf aus meinem Versteck und kann nicht mehr an mich halten. Die Bröckchen spritzen auf die Sandkrugbrücke am Grenzübergang Invalidenstraße. Direkt hinter das Auto. Und auf die Stiefel des Vopos.

»Macht's mal gut, Jungs. Ihr müsst nicht auf mich warten«, gebe ich meinen Geburtstagsgästen freies Geleit. Ohne Papiere im Kofferraum – als wenn das nicht schon schlimm genug wäre! Ein Blick in das Gesicht des im wahrsten Sinne des Wortes bekotzten Grenzers genügt und ich weiß, dass das hier für mich noch eine längere Angelegenheit wird. Ich liege richtig. Geschlagene vier Stunden lässt er mich in der winterlichen Dezemberkälte draußen stehen, ehe ich den Fußmarsch nach Hause antreten darf. Dass ich diese Nummer überstehe, ohne anschließend mit einer Grippe flach zu liegen, unterstreicht einmal mehr das alte Sprichwort: Was uns nicht tötet, macht uns nur noch härter! In diese Kategorie würde ich auch meine nächste prominente Sportlerbekanntschaft einordnen. Denn über Stefan Effenberg kann man sicherlich vieles sagen, aber nicht, dass er zu den Weicheiern seines Sportes zählt. Sonst hätte er wohl kaum den Mut aufgebracht, mich zum Duell herauszufordern!

### Effe als Henry Maske

Diese Schnulzenmusik kenne ich doch irgendwoher? Ich komme so schnell nicht drauf. Erst als ich ihn plötzlich sehe. Bademantel, Boxhandschuhe und ein freches Grinsen.

»Komm, Rocky. Ich bin Henry, komm.«

Jetzt übertreibt er aber wirklich. Stefan Effenberg hat den Vangelis-Titel »Conquest of Paradise«, die Walk-in-Musik von Henry Maske, aufgelegt, steht vor mir und fuchtelt mit Boxhandschuhen vor meiner Nase herum.

Effe und ich haben uns erst drei Wochen zuvor, am 7. Dezember 1996, auf der Fuxx-Verleihung von Sat.1 in Frankfurt kennengelernt. Der private TV-Sender ist damals mit der Sendung »ran« noch im Besitz der Bundesliga-Rechte und kürt nun die besten Profis des Jahres. »Super-Fuxx 1996« wird zwar nicht Effenberg, sondern Thomas Häßler, auf der anschließenden Party läuft Effe trotzdem zur Höchstform auf.

Er ist aus dem gleichen Holz geschnitzt wie ich. Einer, der sich nichts gefallen lässt, der dagegenhält, wann immer er es für nötig erachtet. Das gilt auf dem Platz genauso wie außerhalb. Deshalb ist er auch schon das eine oder andere Mal angeeckt, wurde während der WM 1994 wegen seines berühmten Stinkefingers aus der Nationalmannschaft geworfen und durfte sich zudem intensiv mit unserem Rechtssystem auseinandersetzen, weil einige Polizisten oder dubiose Typen meinten, mit seinem Namen für Schlagzeilen sorgen zu können. Das kommt mir irgendwie bekannt vor.

Effenberg ist schnörkellos, sagt offen seine Meinung und hat einen trockenen Humor. Kein Wunder, dass es Spaß macht, mit ihm zu feiern. Gemeinsam mit unseren Frauen endet unser geselliger Kennenlernabend in Frankfurt erst in den frühen Morgenstunden. Wir haben so viel Spaß zu viert, dass wir die Runde am liebsten sofort in die Verlängerung schicken würden.

»Wir fliegen gleich nach Miami. Wollt ihr nicht mitkommen?« Die Frage kommt zwar überraschend, doch mangelnde Spontanität konnte man Christine und mir noch nie nachsagen.

»Na klar, warum nicht!«

Dummerweise haben wir keine Reisepässe dabei, sodass wir unser nächstes Treffen um ein paar Tage verschieben müssen. Auf die Silvesternacht. Christine und ich sind begeistert, als wir die telefonische Einladung aus Florida bekommen, den Jahreswechsel bei ihm zu Hause mit seinen Freunden zu feiern. Als uns Effe am Morgen des 31. Dezember 1996 vom Flughafen Düsseldorf abholt, schlägt meine Vorfreude aber erst mal in ein flaues Gefühl in der Magengegend um.

Es dauert keine zwei Minuten, da krallt sich meine rechte Hand ganz automatisch um den Angstgriff an der Beifahrertür seines schwarzen Mercedes. Der damalige Kapitän von Borussia Mönchengladbach ist nicht nur der Herrscher des Fußballplatzes, sondern auch der Autobahn. Zumindest fährt er so. Er brettert die knapp 50 Kilometer zu seinem neuen Haus nach Heyen dermaßen herunter, dass man meinen könnte, im Rheinland wird nicht um Mitternacht, sondern gegen High Noon das neue Jahr begrüßt. Ich bin froh, als die Karre steht und wir wieder festen Boden unter den Füßen haben.

Die Hütte der Effenbergs ist nicht übel. Drei geräumige Etagen. Parterre ist ein Fitnessstudio eingerichtet, das von der Größe her für ein eigenes kleines Gym reichen würde. Direkt daneben gibt es eine geräumige Sauna. So lässt es sich aushalten. Zur Einstimmung auf unsere feucht-fröhliche Party schauen wir uns zunächst meinen ersten Kampf gegen Henry Maske an. Ich habe Effe ein Video davon mitgebracht, da er den Fight nicht live sehen konnte.

»Das Ding hast du eigentlich gewonnen!« Der Kerl wird mir langsam richtig sympathisch. Jetzt hat er auch noch Ahnung vom Boxen. Und trinkfest ist er allemal. Nur bei seiner edlen Auswahl an hochprozentigen Schnäpsen zieht er etwas den Schwanz ein. Der Inhalt der Pullen, die Effe als Party-Mitbringsel von seinem Kumpel Alfons Schuhbeck geschenkt bekommt, schlägt nicht nur Flammen, wenn er angezündet wird, sondern brennt auch im Hals herrlich nach.

»Ich verstehe nicht, wie ihr das Zeug saufen könnt«, schaut er Christine und mich mit großen Augen an. »Ich würde lieber eine ganze Kiste Bier trinken als eine von den Flaschen.«

Schwer zu sagen, ob er tatsächlich bereits eine ganze Kiste intus hat, als er mich plötzlich als Henry Maske herausfordern möchte. Einiges an Mut hat er sich aber mit Sicherheit schon angetrunken: »Komm, Rocky. Ich bin Henry.«

Ich bin mir sicher, es ist besser, die Fäuste vor meiner Nase einfach zu ignorieren.

»Junge, lass das lieber. Zieh die Handschuhe aus, sonst hast du gleich ein Problem.«

Ein gut gemeinter Tipp, der auch sofort beherzigt wird. Und so bleibt es meiner Frau vorbehalten, in jener Nacht die Schlagkraft der Rocchigianis unter Beweis zu stellen. Es spricht für die Effenbergs und ihre Freunde, dass Christines K.o.-Sieg gegen ihre kurzzeitige Nebenbuhlerin auf dem Gäste-WC nicht herumgetratscht wird. Nicht einmal in Effes Autobiographie findet sich später eine Zeile darüber wieder. Das unterstreicht: Auf den Jungen ist Verlass. Auf dem grünen Rasen genauso wie im Privatleben.

Schade, dass wir uns so schnell wieder aus den Augen verloren haben. Vielleicht hat er ja irgendwann mal Lust, sich nochmals das Henry-Kostüm überzustreifen und mit mir zum Sparring in den Ring zu steigen. Im Gegenzug würde ich ihm dann auch nicht vorenthalten, was ein italienischer Weltmeister so alles am runden Leder drauf hat.

Davon konnten sich Effes Nachfolger schon während der WM 2006 ein nachhaltiges Bild machen. Doch auch wenn die Klinsmänner im Halbfinale ihren grün-weiß-roten Meister finden, entfachen sie in Deutschland eine Euphorie, wie ich sie hierzulande noch nicht erlebt und auch nicht für möglich gehalten habe. Schwarz-rot-gold, wohin das Auge schaut. Und manchmal schaut beziehungsweise staunt es nicht schlecht. Hot Pants und dazu aufgemalte Strapse in den deutschen Nationalfarben. Ein echter Hingucker.

So sieht es auch Marcus, der Mann von Deutschlands bester Winterolympionikin, Claudia Pechstein, der zu meinen zahlreichen WM-Freundschaften zählt. Mit ihm und seinem Kumpel Lars bin ich zu Gast auf Schalke. Marcus zückt sofort seine Digitalkamera, um die schwarz-rot-geile Rarität festzuhalten. Seine Frau quält sich zur gleichen Zeit im Radtrainingslager in den französischen Bergen von Font-Romeu. Das Leben kann also nicht nur herrlich, sondern auch ungerecht sein.

Aber die Rückansicht der bestrapsten unbekannten Schönheit ist wirklich einen Blick und ein Erinnerungsfoto wert. Zumal man eine solche Aussicht nicht unbedingt erwartet, wenn man eine Viertelfinalbegegnung ohne deutsche Beteiligung besucht. England gegen Portugal heißt unsere WM-Party, die wir live im Stadion verfolgen dürfen. Das Spiel in der Schalke-Arena ist beschissen, die Stimmung super. Als die Engländer einmal mehr im Elferschießen versagen, weinen die meisten der rund 50.000 Fußballfans.

Auch die Stimmung von Marcus, Lars und mir ist nicht gerade himmelhoch jauchzend, haben wir doch den Tommys die Daumen gedrückt. Gut, dass mich ein vor einer Getränkebude vorne in der Schlange stehender englischer Fan erkennt und mit mir ein paar Worte wechseln möchte. So dauert es nicht einmal zwei Minuten, bis wir unseren Frust mit einem kühlen Pils herunterspülen können.

Ich bin jedes Mal aufs Neue erstaunt, wie viele Engländer mir seit meinem Kampf gegen Chris Eubank Sympathien entgegenbringen. Manchmal bringt das sogar echte Vorteile. Zum Beispiel eben dann, wenn es die Wartezeit auf ein Bier drastisch verkürzt. Mit Marcus und Lars kann man eine Menge Spaß haben, nur wenn das anstehende Halbfinale Deutschland gegen Italien zum Thema wird, kommen wir nicht auf einen Nenner. Wirklich, ich freue mich über jeden Sieg der Deutschen, aber nur solange sie nicht gegen Italien spielen.

Schon am Morgen des Semifinaltages habe ich mein blaues Trikot der Squadra Azzurra übergezogen und provoziere meine deutschen Freunde mit lässig zur Schau getragener Siegeszuversicht. Und selbst als die entscheidenden Tore erst in den Schlussminuten der Verlängerung fallen, kann ich für die Verlierer kein Mitleid empfinden.

Zu groß ist meine Glückseligkeit. Natürlich gibt es auch einige deutsche Fußballfans in meinem Freundeskreis, die keinen großen Bock auf meinen Siegestaumel haben und lieber ihr Handy ausschalten, als sich meine Sprüche anzuhören. Aber auch für die halte ich eine Überraschung bereit. Sie dürfen sich am nächsten Tag eine echte Rarität auf ihrer Mailbox anhören: die italienische Nationalhymne – gesungen von Graciano Rocchigiani. Wenn das nichts ist!

Fünf Tage später liege ich flach. Nicht etwa vor Glück über den vierten italienischen WM-Triumph, sondern nahezu bewegungsunfähig. Ich habe mir während des Trainings den Rücken verrenkt und kann den Erfolg im Elfmeterschießen über Frankreich nur im Liegen verfolgen. Scheiß Schmerzen. Nicht einmal das Siegesbier will mir wirklich schmecken. Mein schwarz-rotgoldener Freundeskreis meint, das sei die gerechte Strafe für meinen euphorischen Halbfinaljubel. Seis drum: In ein paar Tagen geht's mir wieder besser und Italien ist immer noch Weltmeister...

Und wenn wir schon beim Fußball sind: Einen »Freund« hätte ich ja fast vergessen.

## So wird man zum Ex-Kumpel

Normalerweise wollte ich über den Burschen kein einziges Wort mehr verlieren. Aber da ich ihn in Runde vier erwähnte, komme ich wohl nicht drum herum, zu verraten, wann mein »Freund« Axel Kruse zu meinem Ex-Kumpel wurde.

*

Stellen Sie sich vor, Sie sitzen im Knast. Ich weiß, nicht für jeden ist das so einfach vorstellbar. Aber versuchen Sie es bitte. Sie sitzen hinter Gittern. Fühlen sich ungerecht behandelt, können nicht nachvollziehen, warum man Sie als Schwerstkriminellen eingestuft und vom Offenen Vollzug in den Geschlossenen gesteckt hat.

Und jetzt stellen Sie sich vor, Sie haben einen Kumpel. Einen, mit dem Sie immer gut klönen, ein Bierchen zischen oder 'ne Zigarette qualmen konnten. Einen, bei dem Sie ständig das Gefühl hatten, er könne Ihre Sache mit dem Knast genau so wenig verstehen wie Sie. Und genau in dieser Situation hocken Sie in Ihrer kleinen, mickrigen Zelle und werfen schlecht gelaunt einen ungläubigen Blick auf Ihre Glotze. Auf die mit der 37 Zentimeter kleinen Bildschirmdiagonale. Da sehen Sie Ihren Kumpel. In einer Talkshow. Strahlend, im Mittelpunkt stehend. Locker drauflos plaudernd. Und er wird gefragt, ob er Ihnen denn helfen könne, jetzt, wo Sie doch im Knast säßen. Und was macht ihr Kumpel?

Er antwortet: Sie müssten sich jetzt selbst helfen. Sie seien zwar lieb und nett. Aber Sie hätten viel Müll gemacht und seien auf einen falschen Weg gekommen. Ich frage Sie: Wäre für Sie noch irgendetwas unklar? Für mich nicht. Ich habe seit diesem Tag mit Axel Kruse kein einziges Wort mehr gewechselt.

## RUNDE 12

# MEINE SKANDALE

Ich muss eine Bestie sein. Ich habe Polizisten verprügelt, Taxifahrer, Hausmeister, sogar Frauen. Mir ist klar, dass viele schon zusammenzucken, wenn sie nur meinen Namen hören. Ich staune selbst nicht schlecht, wenn ich mir vor Augen führe, was über mich bereits alles berichtet wurde. Mit dem Unterschied, dass ich genau weiß, was sich wirklich abgespielt hat. Und ich bin mir sicher, viele würden hier und da ungläubig den Kopf schütteln, wenn sie live dabei gewesen wären und anschließend erlebt hätten, wie die Dinge in der Öffentlichkeit dargestellt werden. Die Legendenbildung um den Skandalboxer Graciano Rocchigiani beginnt 1987, in den frühen Morgenstunden des 22. Dezember.

\*

Nur noch zweimal schlafen, dann kommt der Weihnachtsmann. Doch ich fühle mich schon längst beschert. Meine Glücksgefühle lassen immer noch nicht nach. Nur noch ein Sieg, und mein großer Traum erfüllt sich. Weltmeister. Siebzehn Tage ist es mittlerweile her, dass ich Mustafa Hamsho in der ersten Runde ausgeknockt und mir mit diesem Sieg im offiziellen WM-Ausscheidungskampf meinen ersten echten Titelfight verdient habe. Noch bleiben mir circa zwei Wochen Zeit für Partys und gute Laune, ehe mich der harte Trainingsalltag einholt und die Vorbereitung auf den wichtigsten Kampf meiner bisherigen Karriere beginnt. Gemeinsam mit meinem Bruder ziehe ich in jener Nacht einmal mehr durch unsere Berliner Lieblingsläden. Vom Cotton Club aus lassen wir uns mit dem Taxi kurz um die Ecke chauffieren. Nächste Station soll mal wieder die Disco Big Eden sein. Okay, die Strecke ist kurz. Nicht gerade etwas, was die Laune eines Taxifahrers steigert, wenn er nachts auf eine lukrative Fahrt hofft. Also gebe ich gutes Trinkgeld, stocke die fünf Mark auf einen Zehner auf. Während ich zahle, ist Ralf schon im Eingang des Big Eden verschwunden.

»Mutterficker.«

Ich glaube nicht, was ich da eben gehört habe. Kurz bevor ich die Disco betrete, drehe ich mich um.

»Was hast du da gerade gerufen?«, frage ich ungläubig.

Mittlerweile hat sich der Fahrer neben seinem Taxi aufgebaut, schlägt mit seiner linken Hand in die rechte Armbeuge und schickt mir so einen ganz persönlichen Abschiedsgruß hinterher.

»Mutterficker.«

Diesmal gibt es keinen Zweifel. Ich habe mich also doch nicht verhört. Du kannst einem Italiener ja viele Kraftausdrücke an den Kopf werfen. Aber bei diesem einen sehen wir sofort rot. Unsere Mütter sind uns heilig. Da wird keine Beleidigung geduldet. So geht mein südländisches Temperament sofort mit mir durch. Wutentbrannt flitze ich zurück. Ruckzuck sitzt der Typ wieder in seinem Wagen und verriegelt die Tür. Ich rüttele am Griff, nichts zu machen.

»Komm raus, du Penner«, brülle ich gegen die Scheibe auf der Fahrerseite. Mein neuer Freund denkt natürlich nicht daran, meinen Wunsch zu erfüllen. Im Gegenteil. Mit dem Funksprechgerät in der Hand und locker drauflos plaudernd schaut er sich interessiert an, wie ich meine Wut an seinem Wagen auslasse. Die drei, vier Tritte in seine Taxitür tun zwar meinen Cowboystiefeln nicht gut, dafür aber meinem Seelenleben. Mit den Dellen im beigefarbenen Blech bin ich ganz zufrieden. Nachdem ich mich abreagiert habe, folge ich meinem Bruder nun endlich ins Big Eden. Doch den Trip hätten wir uns sparen können. Leer, tote Hose. Ralf sitzt alleine am Tresen vor einem Drink. Ich leiste ihm Gesellschaft, wir nehmen einen Scheidebecher, dann treten wir den Heimweg an. Als wir die Tür aufstoßen und uns die kalte Dezemberluft um die Nase weht, weiß ich, dass die Nacht kein gutes Ende finden wird.

»Kann ich mal Ihren Ausweis sehen?«
»Wieso das denn?«
Das Frage-und-Gegenfrage-Spiel gefällt mir überhaupt nicht. Direkt vor der Tür geht es für Ralf, der vor mir auf den Ausgang zugesteuert ist, nicht mehr weiter. Polizei. Mist, schießt es mir durch den Kopf. Vielleicht wäre es besser gewesen, Ralf von meiner emotionalen Begegnung mit dem Arsch von Taxifahrer zu berichten. Dann würde ihn das Bullenquiz jetzt nicht völlig überraschen.
»Zeigen Sie jetzt mal Ihren Ausweis her.«
»Ich denke gar nicht dran. Sagen Sie doch erst mal, was Sie überhaupt von mir wollen.«
Der Wortwechsel nimmt an Schärfe zu. Kein gutes Zeichen bei Ralf. Ich merke, die Sache entwickelt sich in die falsche Richtung. Hätte ich doch bloß was erzählt, aber für mich war der Drops doch längst gelutscht. Für unsere Ordnungshüter allerdings noch lange nicht.
»Los jetzt, her mit dem Ausweis!«
Auch der dritte Versuch kann meinen Bruder nicht wirklich überzeugen. Für unseren Vertreter von Recht und Ordnung Grund genug, mit Nachdruck auf die Richtigkeit seiner Forderung hinzuweisen. Und das geschieht nicht nur durch schöne Worte, sondern durch Handgreiflichkeiten.
»Keine gute Idee«, schießt es mir noch durch den Kopf, da macht der Bulle schon den Abflug. Das Glas zersplittert, als er in einer der mannshohen Werbevitrinen landet, die alle paar Meter auf dem Bürgersteig am Ku'damm platziert sind. In solchen Situationen ist mit Ralf nicht zu spaßen. Das bekommt auch der zweite Uniformierte zu spüren, der den gleichen Weg wie sein Partner findet. Erst jetzt öffnet sich unser Blick für die nähere Umgebung. Und was wir sehen, macht uns sprachlos. Acht Mannschaftswagen, Bullen, wohin wir auch schauen. Dreißig mindestens, vielleicht sogar vierzig. Und das alles wegen ein paar Tritten gegen ein Taxi. Die spinnen, die Bullen.
Reflexartig nehmen Ralf und ich Boxerstellung ein, als wir von den Herrschaften in Grün umstellt werden. Die nächsten Mi-

nuten werden tränenreich. Der ersten Pfefferspray-Attacke kann ich noch mit einer geschmeidigen Meidbewegung zur Seite ausweichen. Das beißende Zeug trifft einen der hinter mir postierten Angreifer mitten ins Gesicht. Volltreffer. Meine Schadenfreude ist nur von kurzer Dauer. Sekunden später sind Ralf und ich überwältigt, sitzen in einer der Wannen und heulen uns die Augen aus dem Kopf. Unsere Freunde und Helfer haben den Innenraum zuvor mit einer vollen Ladung Tränengas präpariert. Nun stehen sie draußen und feixen sich einen. Zum zweiten Mal sitze ich in einem Polizeiwagen. Beim ersten Mal wegen ein paar zerdepperter Blumentöpfe, diesmal wegen einer demolierten Taxitür.

### »Zwei Boxer schlugen acht Polizisten k.o.«

»Eine links, eine rechts, und dann eine unter die Gürtellinie. Mitten auf dem Berliner Kurfürstendamm ließen gestern die Profiboxer Graciano und Ralf Rocchigiani ihre Fäuste fliegen.« So textet am nächsten Tag das »Hamburger Abendblatt« unter der Überschrift »Zwei Boxer schlugen acht Polizisten k.o.«. Die Berichterstattung macht uns zu echten Haudrauf-Schlägern. Sicher, von einigen unserer Kumpels gibt's dafür auch Schulterklopfer.

Bei unserem Lieblingsitaliener Angelo können wir nach dem nächsten Essen in seinem Schöneberger Restaurant Mau Mau sogar die Kohle stecken lassen. Als Belohnung für die in der Presse breitgetretene Ku'damm-Einlage. Doch ich brüste mich nicht gerne mit frei erfundenen Geschichten. Vor allem dann nicht, wenn ich nicht ein einziges Mal zugeschlagen habe. Ich verstehe die Welt nicht mehr.

Irgendwie müssen diese Infos doch an die Presse gelangt sein. Ralf und ich fallen als Informanten aus. Damals kann ich mir noch keinen Reim drauf machen und beim besten Willen nicht vorstellen, dass es Typen gibt, denen es Freude bereiten muss, Prominente öffentlich in die Pfanne zu hauen. Darüber hinaus bleibt es mir ein Rätsel, warum die Bullen so gereizt reagiert haben.

Ich bin noch nie ein Unschuldslamm gewesen und habe auch schon vor jenem 22. Dezember 1987 Erfahrungen mit der Polizei sammeln dürfen. Zweimal ist eine Schlägerei der Ausgangspunkt. Zweimal gibt's anschließend keine Probleme. Allerdings werde ich zum Zeitpunkt dieser Vorfälle auch noch nicht als kommender Weltmeister gehandelt.

### Spencer und Hill hätten ihre Freude

Ich kann kaum so schnell gucken, wie Ralf die Sache erledigt hat. Den ersten trifft er nur einmal, allerdings genau auf den Punkt. Jetzt sitzt der Typ vor der Jukebox auf dem Hosenboden. Die Augen sind weit aufgerissen, trotzdem hält er ein kurzes Schläfchen. Der zweite ist nach einer Kombination gegen den Tresen geknallt. Der Dritte im Bunde liegt mitten in der Kneipe. Im Weddinger Kiez gibt's schon merkwürdige Kandidaten. Nur weil ich meine Kippe auf den Boden schmeiße und mit dem Schuh ausdrücke, werde ich plötzlich angepöbelt, richtig blöde angemacht. Ich fühle mich nicht wohl in meiner Haut. Erst drei Monate zuvor habe ich mir im Sparring die linke Schlaghand gebrochen. Bei meinem Treffer mitten auf die Stirn von Uli Unger hat es plötzlich knack gemacht und der Mittelhandknochen streckt sich mir entgegen, als ich den Handschuh abstreife. Meine erste schwere Verletzung als Jungprofi. Mit noch nicht mal zwanzig Jahren muss ich plötzlich drei Monate mit dem Boxen pausieren. Ärgerlich. Noch viel ärgerlicher ist es aber, dass ich nun in solchen Stresssituationen auf die Hilfe anderer angewiesen bin, weil ich noch Angst habe, mit der lädierten Hand auszuteilen. Da ist es schon beruhigend, mit meinem Bruder unterwegs zu sein. Es gibt anscheinend Typen, die ziehen abends nur deshalb los, weil sie sich abreagieren und irgendjemanden aufmischen möchten. An solche sind wir gerade ohne Frage geraten. Doch es besteht halt immer die Gefahr, dass man sich auch einmal den Falschen aussucht. Für das Schlägertrio ist dieser Tag gekommen. Ralf macht kurzen Prozess. Trocken und souverän. Wenn jemand mitgedreht hätte, wäre die

Szene bestens für einen Film mit Bud Spencer und Terence Hill geeignet gewesen, die sich damals großer Beliebtheit erfreuen.

»Man wird sich ja wohl noch verteidigen dürfen«, lautet der knappe Kommentar von Ralf, als die vom Gastwirt gerufene Polizei herbeieilt. Die hart getroffenen Typen sind zwar noch nicht richtig vernehmungsfähig, aber die übrigen Gäste der Kneipe bestätigen unsere Aussagen.

»Die anderen haben angefangen.«

Damit ist der Fall erledigt. Kein Stress, keine Presse. So wie es sich gehört. Was wäre wohl passiert, wenn sich diese Szene zehn oder zwanzig Jahre später abgespielt hätte? Ich möchte nicht darüber nachdenken. Gleiches gilt für meinen feucht-fröhlichen Eishockey-Besuch zwei Jahre später.

### Bierdusche mit Folgen

Der BSC Preussen kämpft um den Aufstieg. Im Winter 1985/86 spielen die Fans in der Jafféhalle des Berliner Bezirks Charlottenburg verrückt. Nur zwei Jahre nach der Vereinsgründung klopfen die Puckjäger ans Tor zur Ersten Liga. Es ist »in«, zum Eishockey zu gehen. Die Stimmung ist super, die Truppe um Nationalspieler Lorenz Funk begeistert die Massen. In der Aufstiegsrunde drängeln sich stets 6.000 Fans im ausverkauften Hexenkessel der Preussen. Mittendrin Wolfgang Wilke mit seiner Freundin, mein Bruder Ralf und ich.

»Was ist denn mit dir passiert? Und wo ist das Bier?«

Achselzuckend stehe ich vor meinem Trainer. Ich sehe aus wie ein Schwein und stinke auch fast so erbärmlich. Kurz zuvor habe ich in der Drittelpause versucht, mich mit vier Bierbechern in den Händen zurück in unseren Block zu schlängeln. Plötzlich kommt so ein Jungspund und rempelt mir mit voller Wucht unsere Pausenerfrischung, die ich links und rechts jeweils mit gespreizten Fingern von oben im Griff habe, aus den Händen. Das Bier schwappt mir über die Ärmel, auf die Hose und den Pulli, den ich unter meiner geöffneten Jacke trage. Das dämliche Grinsen, das ich dafür auch noch ernte, ist zu viel des Guten. Mit einem Satz habe ich den Typen unter meinem rechten Arm im Schwitzkasten und verpasse ihm mit der linken Faust eins auf die Zwölf. Als Reaktion erhalte ich einen vollen Stoß gegen meine Brust. Den zweiten Typen habe ich übersehen. Ich falle rückwärts die Treppe runter, habe Glück, dass ich mir nicht die Gräten breche, und bin jetzt nicht nur klitschnass, sondern auch noch dreckig wie ein Schwein. Zu allem Überfluss rieche ich, als hätte man mich gerade aus einem Fass Bier gezogen.

»Super, Papa. Der hat 'nen vollen Abgang gemacht«, freut sich der Bengel, dem ich kurz zuvor noch eine verpasst habe.

Tolles Vorbild, der Alte, denke ich mir, als ich mich aufraffe und die Sache wieder geradebiegen will. Doch mittlerweile sind die Gestalten sogar zu viert, machen mit vor der Brust verschränkten Armen einen auf Berliner Mauer, um mir den Durchlass zu verweigern. Zudem sind sie jetzt umringt von zahlreichen Fans, die kurz vor Wiederanpfiff in den Block zurückgeströmt sind. Die Lage ist aussichtslos. Wie ein begossener Pudel mache ich kehrt, begleitet von dem Gelächter der Rowdy-Familie.

»Los, zeig mir die Typen. Das kann's ja wohl nicht sein.«

Die Reaktion meines Trainers überrascht mich. Sonst zwar ein manchmal grummelnder, aber trotzdem ein eher ruhiger Vertreter, schäumt Wilke vor Wut. Zunächst glaube ich noch, dass er sich ein Späßchen erlauben möchte, als er von mir verlangt, ich solle ihm den Typen zeigen, der mich die Treppe heruntergestoßen hat. Dann trifft Wilkes Faust den schubsenden Vater mitten im Gesicht und ich weiß, dass mit meinem Trainer heute nicht gut Kirschen essen ist. Der wuchtig und völlig überraschend Getroffene hält sich sofort mit beiden Händen die Nase, während seine Söhne völlig perplex sind. Nach einer mehrsekündigen Schockphase erkennen sie mich wieder. Zwei der Bengel, vielleicht 15 und 17 Jahre alt, versuchen noch, sich an mir zu rächen. Doch diesmal habe ich die Sache schnell unter Kontrolle. Den Vierten im Bunde hält der Trainer in Schach. Ralf muss diesmal nicht eingreifen, mein älterer Bruder schaut sich das Handgemenge schmunzelnd an.

Ein Lachen können sich auch die Polizisten nicht verkneifen, die sich anschließend mit unserer kleinen Meinungsverschiedenheit auseinandersetzen dürfen. Die angriffslustige Familie hat keine guten Karten. Mehrere der umherstehenden Preussenfans geben zu Protokoll, dass der Vater zunächst mich rücklings zu Boden geschickt hat, ehe er dafür von meinem Coach abgestraft wird. Pech für die Jungs samt Daddy.

Zwei Jahre später, im Frühjahr, steigen die Preussen auf. 1989 ziehen sie erstmals in die Play-Offs ein. Zu diesem Zeitpunkt habe ich schon dreimal erfolgreich meinen WM-Titel verteidigt und musste mich bereits zweimal vor Gericht verantworten. Von daher erlaube ich mir auch an dieser Stelle die Frage: Wie hätte unsere Justiz wohl reagiert, wenn der dann bereits »polizistenverprügelnde« Graciano Rocchigiani nicht in der Saison 1985/86, sondern im Winter 1988/89 im Fanblock der Jaféhalle in eine Rauferei verwickelt worden wäre?

## Diesmal geht es ans Eingemachte

»Vorwürfe wie Faustschläge: Menschenhandel, Zuhälterei und Erpressung«. Dieses Zitat aus der Berichterstattung der »Berliner Morgenpost« vom 12. Juni 1989 unterstreicht die Ernsthaftigkeit meines nächsten Problems. Diesmal dreht es sich nicht um ein Handgemenge. Diesmal geht es ans Eingemachte. Es klicken die Handschellen.

Ausgangspunkt ist der 8. April 1989. Während des Europameisterschaftsfights zwischen dem Niederländer Jan Lefeber und meinem Bruder Ralf im Berliner Palais am Funkturm treffe ich Hasan wieder, der früher auch geboxt hat.

Ralf muss sich gegen den Titelverteidiger zwar mit einem Unentschieden begnügen, die Party nach dem Kampf hat es trotzdem in sich. Hasan ist genau meine Kragenweite. Als ehemaliger Amateurboxer versteht er etwas von meinem Job, ist ein lustiger Zeitgenosse, kann trinken und feiern. Zudem teilt er meine Vorliebe fürs Kiffen. Das passt perfekt. Glaube ich jedenfalls und lasse mich von meiner Einstellung auch nicht abbringen, als ich von mehreren Seiten höre, mein neuer Kumpel sei ein schräger Vogel und es sei besser, die Finger von ihm zu lassen. Ich bin ein sturer Hund und habe es nicht gerne, wenn man mir reinquatscht. Das gilt nicht nur fürs Boxen, sondern auch für mein Privatleben. Und als wollte ich es den ganzen Nörglern nun erst recht zeigen, plane ich mit Hasan ein außerplanmäßiges Trainingslager in Rimini.

Rückblickend kann ich mir nur an den Kopf fassen. Ich reise mit einem Typen, der, wie er mir selbst erzählt, ein paar Weiber laufen hat, ausgerechnet nach Rimini, der sogenannten »Partystadt« an der Adria, die nicht nur von zahlreichen Jugendlichen aus Deutschland, Österreich, der Schweiz und den Niederlanden geschätzt wird, sondern in der auch viele Italienerinnen ihren Urlaub verbringen. Ins Trainingslager nach Rimini. Na klar, Graciano. Super Idee!

Für die Zugfahrt nach Italien packen wir uns extra viel Shit ein, damit wir uns mit Kiffen die Zeit vertreiben können. Vor Ort gibt's erst mal 'ne schicke Begrüßungsparty. Inklusive einer Runde Poppen, um den Ankunftstag so richtig abzurunden. Am ersten Morgen gehen wir dann sogar noch laufen, wollen unseren Trainingslagergedanken nicht gleich aus den Köpfen streichen. Hasan ist in einem erbärmlichen Zustand, pfeift schon nach ein paar hundert Metern aus dem letzten Loch. Und auch ich bin völlig fertig nach einer Strecke, die mir sonst gerade mal zum Warmwerden reicht. Das kann ja heiter werden. Wird es auch, aber nur weil wir mit unserer ständigen Kifferei die Stimmung hochhalten. Nach ein paar Tagen ist allerdings Schluss mit lustig, der Stoff ist aufgeraucht. Wir ziehen auf die Piste, um zu erkunden, wo wir was zu paffen herbekommen. Hasans Spürnase führt uns schnell zu ein paar Halbseidenen, wie sie im Buche stehen. Schmierige Frisur, Kette, Armband, Brillantuhr. Die haben nicht nur Stoff für uns, sondern interessieren sich auch für Hasans Nutten im heimischen Berlin.

## Zweieinhalb Sekunden = zweieinhalb Jahre?

»Graciano, einer von den Jungs aus Rimini ist da. Ich treffe mich am Nachmittag mit ihm. Willst du mitkommen?« Hasans Anruf kommt mir nicht ungelegen. Unser Ausflug nach Rimini ist eine runde Sache gewesen. Zwar kein Sport, dafür aber Party und Spaß. Jetzt bin ich wieder im Berliner Alltag angelangt. Da kommt ein bisschen Abwechslung gerade recht.

Bei der Begrüßung staune ich nicht schlecht. Der österreichische Schmierlappen aus Rimini hat Frau und Kind dabei, macht einen auf solide. Das ändert aber nichts daran, dass die beiden Luden schnell zur Sache kommen. Ein kurzes Telefonat zwischen Hasan und Sabine – eines seiner Hühner, das schon seit Jahren an der Nadel hängt – und sie kommt angewackelt.

»Die kannst du mit nach Rimini nehmen«, erklärt Hasan. Unsere Urlaubsbekanntschaft nickt zustimmend. Mich interessiert das ganze Gequatsche nur am Rande. Das Einzige, was mich wirklich erstaunt, ist, dass eine rauschgiftsüchtige Nutte, die so scheiße aussieht, trotzdem noch anschaffen gehen kann. Da setzt bei mir sofort die Mitleidsphase ein. Bevor das Mädel sich mit dem Typen Richtung Italien aufmacht, drücke ich ihr noch 200 Mark Taschengeld in die Hand.

»Stell dir vor, Sabine hat angerufen. Sie sagt, der Lude hat sie vergewaltigt. Sie will nicht weiter auf den Strich gehen. Weder für ihn noch für mich. Sie ist schon auf dem Rückweg.« Was soll ich antworten? Irgendwie sind mir seine Weibergeschichten schnuppe, aber dass der Österreicher die Drogenschlampe vergewaltigt haben soll, kann ich mir beim besten Willen nicht vorstellen. Die Story möchte ich mir dann doch mal ganz gerne anhören.

Als ich Sabine 14 Tage nach ihrer Abreise wiedersehe, muss ich mir erst mal ungläubig die Augen reiben. Gut genährt, braun gebrannt, neue Klamotten. Der einst ausgemergelte Junkie ist kaum noch zu erkennen. So ganz schlecht können die Freier in Rimini nicht gezahlt haben. Zu meiner Verwunderung spielt die angebliche Vergewaltigung plötzlich gar keine Rolle mehr. Es geht ums Geschäft. Die beiden kriegen sich in die Haare.

Ich schalte auf Durchzug, habe keinen Bock auf das Gezicke, ziehe mich zurück und setze mich vor die Glotze. Erst später, vor Gericht, erfahre ich, dass Hasan ein paar Tausender von seiner Ex-Nutte verlangt haben soll. Seinen Anteil aus ihren vermeintlichen Freiergeschäften im sonnigen Südeuropa. Doch sie denkt wohl nicht daran, auch nur noch eine einzige Mark an ihn zu zahlen. Die Diskussion der beiden wird jedenfalls hitziger. Das bekomme sogar ich mit, der derweil immer noch gelangweilt vor dem Fernseher hockt. Als wir uns wieder auf die Socken machen, entgeht mir nicht, dass Hasan nicht gerade bestens gelaunt ist. Ich möchte die Wogen gerne glätten und gebe Sabine einen wirklich freundschaftlich gemeinten Tipp: »Mach doch lieber, was er sagt, sonst kriegst du doch nur Stress.«
Ein kurzer Satz. Vielleicht zweieinhalb Sekunden.
Zweieinhalb Sekunden, die mich fast zweieinhalb Jahre meines Lebens kosten. Sabine geht zur Polizei. Sie fühlt sich bedroht. Am 12. Juli 1989 rücken Beamte des Sondereinsatzkommandos (SEK) an. Sie verhaften Hasan. Doch nicht nur ihn. Auch mir legen sie silbernen Handgelenkschmuck an. 24 Stunden später bin ich zwar vorläufig wieder frei, doch jetzt wartet eine weitere völlig neue Erfahrung auf mich. Und die heißt Trittbrettfahrer.

## Tanzeinlage mit Presseecho

»Boxer Rocky hat mich bewusstlos geschlagen! 30-Jährige stellt Strafanzeige.« Langsam, aber sicher fangen sogar meine Freunde an zu glauben, ich hätte nicht mehr alle Tassen im Schrank.
»Was hast du denn jetzt schon wieder angestellt?«, fragt mich mein Kumpel René am Telefon.
»René, ich weiß nicht, was ich dir sagen soll, die Alte hat sie nicht alle. An der Sache ist nichts dran.«
»Na klar, Graciano. Du bist ja nie schuld.«
»Okay, wenn du mir nicht mehr glaubst, dann leck mich!«
Stinksauer knalle ich den Telefonhörer auf. Solche Freunde kann ich wirklich nicht gebrauchen. Andererseits: Was sollen

René und die anderen auch von mir denken? Erst werde ich wegen angeblichen Menschenhandels verhaftet, jetzt lesen sie in den Zeitungen, dass ich auch noch in aller Öffentlichkeit eine Frau ausgeknockt haben soll.

*

Ich tanze. Also muss ich schon ein paar gebechert haben. Denn nüchtern bekommen mich keine zehn Pferde auf die Tanzfläche. Aber die Mucke im Charivari lässt meine Hüften kreisen. Der Tanzschuppen in der Lietzenburger Straße ist gut besucht. Der erste kleine Schubser irritiert mich nicht weiter. Ich drehe mich um, sehe hinter meinem Rücken eine Blondine im Takt wippen. Kann passieren, im Eifer des Gefechts. Kurz darauf der nächste Schubser. Drehe mich um, wieder das gleiche Mädel. Spinnt die? Der nächste Schubs bringt mich ganz schön ins Wanken. Selbst ohne Alkoholeinfluss wäre ich nach diesem Kontakt aus dem Gleichgewicht gekommen. Ich drehe mich um und tippe ihr mit dem Zeigefinger auf die Schulter.

»Hey, lass das mal lieber, sonst werde ich noch sauer«, gebe ich zum Besten und tätschele ihr dabei leicht die Wange. Dann widme ich mich wieder den Rhythmen aus der Lautsprecheranlage. Allerdings nur für kurze Zeit. Plötzlich liegt das Blondchen auf dem Discoboden. Bäuchlings, ihren Kopf unter dem rechten Arm versteckt.

»Rocky, hau mal lieber ab, ich glaube, die Bullen sind schon unterwegs.«

Der Türsteher ist in Ordnung, den habe ich schon öfter beim Boxen getroffen. Aber hat der plötzlich auch einen siebten Sinn? Wie soll das gehen? Die Olle legt gerade eben auf dem Fußboden eine Schauspieleinlage hin, schon ist die Polizei unterwegs? Blitzschnell bekomme ich wieder einen klaren Kopf. Hier läuft ein ganz krummes Ding. Auf die Bullerei habe ich nicht den geringsten Bock, beherzige also den Tipp des Türstehers, mache mich vom Hof und schmeiße mich zu Hause erst mal in die Federn. Ausschlafen.

Am nächsten Morgen bollert es in der Zillestraße gegen die Wohnungstür, hinter der ich seit einiger Zeit gemeinsam mit Katrin wohne. Ich denke, jeden Moment wird das Holz zersplittern. Doch dann erkenne ich die Stimmen meines Vaters und meines Bruders.

»Graciano, mach auf, wir müssen los.«

Los? Wohin? Auf dem Weg zur Tür muss ich zunächst meine Gedanken sortieren. Völlig verpennt lasse ich die beiden rein.

»Wir müssen zur Polizei, da liegt wohl eine Anzeige gegen dich vor«, erklärt mir mein alter Herr. Ich glaube es nicht, jetzt hat die dusselige Kuh mich auch noch angezeigt. Bei der hakt es wohl! Ich bin erstaunt, wie schnell sich so ein Mist herumspricht. Vor ein paar Stunden erst passiert, schon steht meine Familie auf der Matte. Berlin ist halt doch ein Dorf.

Auf den Polizeidienststellen ernten wir allerdings nur Kopfschütteln. »Nein, hier liegt keine Anzeige vor.« – »Nee, hier hat Sie niemand angezeigt.« Mein Vater eilt mit mir und meinem Bruder von einem Revier zum nächsten. Und wieder Fehlanzeige.

Am Ende entpuppt sich das Ding als völlige Seifenblase. Keine Anzeige, keine Ermittlungen. Die Presse ist trotzdem zur Stelle, berichtet über einen Vorfall, der sich so nicht abgespielt hat, schreibt von einer Anzeige, die es nie gegeben hat. Nur weil die Bankangestellte Erna-Martina E. aus Wilmersdorf – zumindest wird sie so in der Zeitung betitelt – behauptet, sie habe mich angezeigt. Zur Krönung der schönsten Stunden lässt sich Erna-Martina E. für die Berliner Boulevardzeitung »B.Z.« auch noch fotografieren. Allerdings ohne ihr Gesicht zu zeigen, das ich angeblich so hart getroffen habe.

Mit betretener Miene sitzt ein Mann daneben, der in der Bildunterzeile als der Discobesitzer bezeichnet wird. Was macht der auf dem Foto und in der Zeitung? Eine preiswertere Werbung für seinen Schuppen hat der noch nie bekommen. Und wird er wohl auch nicht wieder. Ein Schelm, wer Böses dabei denkt.

## Hausverbot mit Erinnerungsfoto

Mir kommt die Sache allerdings nicht ganz unbekannt vor. Erst ein paar Tage vorher ist mir Ähnliches passiert. Auf Einladung von Leo, dem ehemaligen Besitzer des Cotton Clubs, bin ich Ehrengast bei der Eröffnungsparty seines neuen Ladens, des Annabelle's. Gegen 23 Uhr gibt es ein kleines Blitzlichtgewitter. Der Chef lässt sich mit Rocky, dem Boxweltmeister, fotografieren. Mir ist der Trubel zu groß, gemeinsam mit meinem Boxkollegen Kalle Heistermann ziehe ich ein bisschen um die Häuser, ehe wir gegen 3 Uhr zurückkehren. Leo hat noch 'ne schöne Sause mit ein paar schicken Mädels in Aussicht gestellt. Doch am Eingang verweigert mir der Türsteher den Einlass. Ehe ich fragen kann, was das denn bitte schön jetzt soll, tippt mir plötzlich einer meiner uniformierten Freunde auf die Schulter.

»Herr Rocchigiani, Sie gehen jetzt besser, Sie haben hier Hausverbot!« Weshalb? Warum? Keine Erklärung. Kein Vorfall, keine Anzeige, keine Ermittlung. Aber wieder ein Foto in der Zeitung. Club-Besitzer Leo mit Boxweltmeister Rocky. Die Story zum Bild: Hausverbot im Annabelle's für Rocchigiani.

Für die Nutzung meiner Persönlichkeitsrechte müsste ich langsam eine Stange Geld fordern. Aber ich bin damals einfach noch zu blöde und unerfahren. Anstatt mir anwaltlich helfen zu lassen und gegen die Schmarotzer vorzugehen, bin ich froh, meine Ruhe zu haben und mich nicht weiter mit der Justiz beschäftigen zu müssen. Hauptsache, raus aus den Schlagzeilen.

Und noch etwas Gutes hat das Schweigen im Blätterwald. Mein Kumpel René merkt, dass an den jüngsten öffentlichen Beschuldigungen tatsächlich nichts dran ist und greift zum Telefon: »Entschuldigung, Graciano.«

## Prüfung mit Folgesperre

Ich freue mich natürlich darüber, Freunde zu haben, die wissen, wann sie einen Schritt zu weit gegangen sind. Ich weiß aber auch, dass Renés ursächliche Kritik nicht ganz falsch ist. Denn ich bin keineswegs ein lammfrommes Bürschchen. Doch kurioserweise spielen ausgerechnet die Situationen, in denen die Gäule wirklich mit mir durchgehen, in der Presse keine große Rolle. Die zerlegte Suite im Hotel vom April 1997 ist nicht der einzige Beleg dafür. Ein weiterer ist der Vorfall, der sich nach meiner dritten erfolgreichen WM-Titelverteidigung gegen Thulane Malinga ereignet. Im Frühjahr 1989, gerade mal ein Vierteljahr vor dem schlagzeilenträchtigen Juli.

\*

»Erklären Sie mir doch wenigstens, warum ich durchgefallen bin.« Keine Antwort.

»Hallo, ich habe Ihnen eine Frage gestellt. Warum lassen Sie mich durchfallen?«

Der Schlipsträger bekommt den Mund nicht auf.

»Ist es wirklich zu viel verlangt, wenn ich Sie nach einer Begründung frage?«, bleibe ich hartnäckig, während ich mich nach hinten drehe. Und was sehe ich, als ich über die Rücklehne des Fahrersitzes blicke? Der Fahrprüfer füllt völlig unbeteiligt das Formular aus. Das kenne ich schon. Gleich reicht er mir den Zettel nach vorne mit einem Terminvorschlag für meinen nächsten Anlauf. Den dritten. Beim ersten Mal ist es eine klare Sache. Rechts vor links missachtet. Bitte rechts ranfahren und aussteigen. Das war's. Aber diesmal, beim zweiten Mal? Wegen des Bauwagens auf dem Gipfel der kleinen Anhöhe kann man die Gegenfahrbahn nicht einsehen. Als ich links blinke, um vorbeizufahren, kommt mir mitten in der Siedlung ein Raser entgegen. Mit bestimmt 90 oder 100 Sachen drauf. Mein Fahrlehrer neben mir zuckt ängstlich zusammen, der Prüfer hinter mir pustet erleichtert durch, als ich geistesgegenwärtig das Lenkrad herumreiße und vor dem Bauwagen rechtzeitig wieder in die rechte Spur finde. Gut gemeistert, diese Stresssituation. Auch in der letzten Viertelstunde der Prüfungsfahrt unterläuft mir kein Schnitzer mehr. Und jetzt das.

»Das war schon ganz gut, aber das da oben, auf der Kuppe des Berges, das kann ich Ihnen nicht durchgehen lassen.«
Ich kämpfe mit mir, muss meine Nerven wieder unter Kontrolle bringen, sonst knallt es gleich.
Ich verliere den Kampf.
Blitzschnell greife ich nach hinten, entreiße dem Typen seinen Zettel, zerknülle das Blatt und werfe es aus dem Fenster an meiner Fahrerseite. Ich reiße die Tür auf, mache einen Satz nach hinten. Der Griff zur Hintertür und der an die Krawatte dieses arroganten Prüfers erfolgen fast zeitgleich. Ich packe ihn am Schlafittchen, zerre ihn raus und schubse ihn weg. Der Typ kommt ins Stolpern, landet auf dem Hosenboden.
»Und jetzt verpiss dich, du Penner.«
Sein Koffer, mit dem ganzen Unterlagenmüll, segelt ihm im hohen Bogen hinterher.
»Und Sie mischen sich jetzt besser nicht ein«, raunze ich meinen Fahrlehrer an, als er den Versuch starten möchte, mich zur Ordnung zu rufen.
»Die ganze Zeit haben Sie die Klappe nicht aufgekriegt, dann können Sie sie jetzt auch halten.«
Schweigen im Walde. Und Funkstille für die nächsten zwei Jahre. Prüfungssperre!

### Ein grünes Mofa als Trostpflaster

Am nächsten Morgen marschiere ich schnurstracks ins nächste Mofageschäft. Die Kohle für die grüne Honda, eine komplette Montur und einen Harley-Helm lege ich cash auf den Tisch. Frisch frisiert schnurrt mein neues Spielzeug wie eine Nähmaschine und bringt stolze 35 Sachen. Für ein Mofa gar nicht so schlecht. Zu dem BMW-Cabriolet, das an der roten Ampel direkt neben mir an der Kreuzung Uhlandstraße, Ecke Lietzenburger hält, aber natürlich kein Vergleich.
»Hey, Grace. Wie geht's dir denn? Schön dich zu sehen...«
Die Ampel springt auf Gelb.

»... gut siehst du aus ...«
Grün.
»... war schön, dich mal wieder getroffen zu haben.«
Der BMW braust davon.
Ich surre hinterher. Habe meinen ehemaligen Kollegen von der Realschule kaum erkannt, mich aber gefühlt wie ein Volltrottel. 25 Jahre, Box-Weltmeister, die Taschen voller Kohle. Und dann mit Mofa und Harley-Helm unterwegs. Graciano, du bist ein toller Champ!

*

Es müssen wohl doch ein paar Bierchen zu viel gewesen sein. Meine Honda möchte nicht ganz so, wie ich es will. Die Schlangenlinien auf der Kurfürstenstraße sind unübersehbar. Auch für den Streifenwagen, der hinter mir herfährt. Die Jungs sind superfreundlich.
»Stellen Sie das Mofa mal lieber hier ab und gehen Sie zu Fuß weiter. So wird das ja doch nichts.«
Die Aufforderung klingt nett, ist zugleich aber unmissverständlich.
»Klar doch«, antworte ich höflich. Ich steige ab, stelle meinen Flitzer zur Seite und befolge den Rat der Polizisten. Allerdings nur bis zur nächsten Kreuzung. Dann linse ich um die Ecke, um mich zu vergewissern, dass der Polizeiwagen sich aus dem Staub gemacht hat. Die Luft ist rein. Also kehre ich um. Auf dem Weg von meiner Stammkneipe in Friedenau bis zu dem heißen Feger, dem ich heute Nacht noch in der Potsdamer Straße einen Besuch abstatten will, ist es immerhin noch ein ganzes Stückchen. Das kann ich unmöglich zu Fuß absolvieren. Also wieder rauf auf die Karre. Klappt doch. Allerdings nur bis zur nächsten Kurve.
Ich blicke in bekannte Gesichter.
»Hatten wir Ihnen nicht gesagt, so wird das nichts? Sorry. Jetzt müssen wir leider Ernst machen.«
Als mir auf der Wache Blut abgenommen wird, bleibt mir nichts anderes übrig, als über meine eigene Dummheit den Kopf

zu schütteln. An der Wand hängt ein Kalender. 13. Mai 1989. Trotzdem bleibt mir dieser 13. nicht unbedingt als Unglückstag in Erinnerung. Immerhin fahren mich die Cops noch zu meiner nächtlichen Verabredung. Wenn das kein Service ist. Herzlichen Dank. Leider fällt meine nächste Erfahrung mit der deutschen Verkehrspolizei ganz und gar nicht so erfreulich aus.

\*

Man mag es kaum glauben. Sieben ruhige Jahre. Ja, auch das hat es gegeben im Leben von Graciano Rocchigiani. Keine Auffälligkeiten. Keine Skandale. Und auch keine neuen Schlagzeilen. Abgesehen von der sportlichen Berichterstattung natürlich. Aber irgendwie scheint das siebte Jahr nicht nur in manch einer Ehe verflixt zu sein. Denn zwei Ereignisse im siebten Jahr nach meiner Verhaftung 1989 bescheren mir letztlich zwei Haftstrafen.

### DER PINGELFRITZE

Auf den Tag genau vor vier Monaten habe ich mich im Revanchekampf gegen Henry Maske verheizen lassen. Nicht wenige sogenannte Experten haben mein Karriereende im Falle einer Niederlage prognostiziert. Weit gefehlt. Der nächste Kampf ist für den 6. April 1996 bereits fest terminiert. Gewinne ich, winkt mir ein Titelfight gegen WBO-Titelträger Dariusz Michalczewski. Das Tischtuch zwischen mir und meinem langjährigen Coach Wilke ist zerschnitten. Für die Vorbereitung auf den Kampf gegen den Italiener Pietro Pellizzaro engagiere ich den ehemaligen Kickbox-Weltmeister Michael Kuhr als Trainer.

Das Wetter an jenem 14. Februar 1996 ist nicht gerade einladend. Trotzdem haben Michael und ich unser morgendliches Lauftraining ohne zu murren durchgezogen. Jetzt bringe ich ihn noch schnell zu Hause vorbei, ehe ich mir ein Stündchen Mittagsschlaf gönnen werde. Die richtige Bettschwere habe ich jedenfalls.

Bei ihm um die Ecke, in der Krummen Straße, ist ausgerechnet heute Markt. Ich versuche trotzdem, möglichst zügig durchzukommen, fahre anstatt Schritttempos mit knapp 30 Stundenkilometern durch die verkehrsberuhigte Zone. Am Straßenrand kontrolliert ein Uniformierter die Papiere eines Lkw-Fahrers. Als er meine S-Klasse wahrnimmt, beginnt er wild mit den Händen zu gestikulieren.

»Was ist denn los?«, frage ich ihn, als ich die Fahrerscheibe herunterkurbele.

»Sie waren viel zu schnell.«

»Aha.«

»Und außerdem sind Sie nicht angeschnallt«, blafft er mich an, als er zu mir ins Auto schaut.

Obwohl nicht gerade gut gelaunt, lächle ich ihn an und lege mir den Gurt um. »Na klar bin ich angeschnallt«, entgegne ich mit einem Augenzwinkern.

»Sind Sie nicht.«

»Bin ich wohl.«

»Ja, aber das haben Sie gerade erst gemacht.«

»Ist ja gut...« Warum muss ausgerechnet ich wieder an einen solchen Pingelfritzen geraten?

»Zeigen Sie mir Ihre Papiere. Führerschein und Fahrzeugschein.«

»Die habe ich nicht dabei«, erwidere ich und schicke ein Schimpfwort hinterher. Ich flüstere es lediglich als eine Art Stoßgebet, doch der Knöllchenschreiber hat bessere Ohren als gedacht.

»Was haben Sie da gerade gesagt?«, fragt er nach.

Wenn er mich schon fragt, wiederhole ich meinen Fluch gerne. Was soll schon groß passieren? Der penible Uniformierte ist allein auf Streife. Ich sitze allein im Auto. Im Zweifel steht Aussage gegen Aussage. Was will er da machen?

Er geht hoch wie ein HB-Männchen.

»Fahren Sie sofort rechts ran«, brüllt er mich an, während er mir mit dem gestreckten Zeigefinger die Richtung vorgibt. Ich schalte die Automatik meines schweren Daimlers von P auf D.

Der Wagen ruckelt kurz an, der Typ springt mir vor die Stoßstange, ich trete sofort auf die Bremse. Der Wagen steht!
»Haben Sie das gesehen? Er hat mich angefahren!«
Der Passant am Straßenrand weiß gar nicht, wie ihm geschieht. Ich steige aus und schüttele den Kopf.
»Was ist das denn für eine Show? Was wollen Sie hier eigentlich provozieren?«
15 Minuten später nehmen zwei über Funk informierte Streifenpolizisten seine Aussage zu Protokoll. Er erstattet Anzeige. Ein Jahr später treffe ich ihn wieder. Vor Gericht.

### Ein standhafter Hausmeister

Meine ansatzlos geschlagene Gerade hinterlässt Spuren. Ein tiefer Cut direkt auf dem Nasenbein schmückt das Gesicht des Vaters, der gerade bewiesen hat, dass er keine gute Kinderstube genossen hat. Sein Sohn schaut erst ungläubig, dann kullern die Tränen. Die Ehefrau läuft wie eine Comicfigur, die Arme zum Himmel gestreckt und wild wedelnd, Richtung Straßenrand.
»Hiiilllfe! Hiiilllfe. Polizei!«
Na prima, der Tag fängt ja gut an. Wien ist eigentlich eine wunderschöne Stadt. Vor allem die riesigen Grünflächen im Prater, dem Park mitten in der City, lassen einen schnell das Grummeln über den frühzeitigen Weckruf vergessen. Nach dem Punktsieg von Axel Schulz im Schwergewichtskampf gegen den Kubaner José Ribalta am späten Abend zuvor zieht mich morgens mein sechs Monate junger Husky Blue vor die Tür. Christine und ich haben geknobelt, wer raus aus den Federn muss und sich an diesem 8. Dezember 1996 die kühle Winterluft um die Nase wehen lassen darf. Ich habe verloren. Dumm gelaufen. Nicht nur für mich, sondern auch für Johannes W., einen 33-jährigen Hausmeister aus der österreichischen Hauptstadt.
»Nimm sofort deinen Köter an die Leine. Hast du die Schilder nicht gesehen? Hier ist Leinenzwang!«
»Leg du doch deinen Sohn an die Leine.«

Meine Antwort macht ihn einen Moment sprachlos.
»Siehst du denn nicht, wie süß sie ist? Blue ist noch nicht mal ein halbes Jahr alt. Die tut keiner Fliege was zuleide«, lege ich nach, um ihm verständlich zu machen, dass er sich seine Anmache schenken kann. Bestimmt eine halbe Stunde vergnügt sich Blue schon im Park, seitdem wir mit dem Taxi hierher gefahren sind. Drüben, auf der großen Wiese, ist sie während eines Fußballspiels dem Leder hinterhergetollt. Alle hatten Spaß, ist ja auch toll, wenn so ein flauschiges Husky-Baby einen Ball jagt. Es fällt kein einziges böses Wort. Trotz der Leinenpflicht-Schilder. Johannes W. und sein Sohn spielen auch Fußball. Erst zu zweit. Als Blue sich einmischt, zu dritt. Jetzt spielt keiner mehr. Blue schleicht um meine Beine. Der Vater blutet, sein Junior heult, die Mutter schreit um Hilfe. Und alles nur, weil der Typ keine Ruhe geben will.

Mit »Idiot« und »Spinner« beschimpft er mich. Die Leinenempfehlung für seinen Sohn scheint ihm nicht gefallen zu haben. Ich rücke nah an ihn ran.

»Schämst du dich gar nicht? Was redest du denn da? Wenn dein Sohn nicht dabei wäre, würde ich dir eine scheuern.«

Ich drehe mich weg und marschiere weiter. Blue folgt mir.
»Piefke, schleich dich.« Der Ösi lässt nicht locker. Ich ignoriere ihn, er folgt mir.

»Dein Köter gehört erschossen.«

Jetzt ist es aber genug. Ich drehe mich um.

»Was hast du gerade gesagt?«, will ich wissen.

Der Typ stürmt auf mich zu und zieht plötzlich seine Hände aus den Jackentaschen. Keine Ahnung, ob er wirklich zuschlagen will. Ich verspüre nicht die geringste Lust, das abzuwarten. Reflexartig schieße ich eine Kombination raus. Nasenbeinbruch. Aber der Hausmeister hat Nehmerqualitäten, geht nicht zu Boden. Alle Achtung. Die 70.000 Schilling, umgerechnet knapp 5.400 Euro Schmerzensgeld hat er sich redlich verdient.

Meine nächste Eskapade wird deutlich kostenintensiver. Einen satten Fünfsteller kostet mich das Überkopfeinparken auf der B76 bei Scharbeutz in der Nähe des Timmendorfer Strands.

## Perfekt eingeparkt

Mehr als vier Jahre sind seit der Sache im Wiener Prater vergangen. Ich bin ruhiger geworden, gelassener. Muss mit dem Älterwerden zusammenhängen. Gemeinsam mit meiner Frau Christine bin ich in den Norden gezogen, wir haben im schleswig-holsteinischen Offendorf ein Häuschen gemietet. Weit weg vom Trubel. Weit weg von der Szene und vom Kiez, wo ständig irgendwelche Gefahren auf einen wie mich lauern.

Gemeinsam mit Christian Honhold, ehemaliger deutscher Meister im Schwergewicht, will ich auch beruflich eine neue Aufgabe angehen. Honhold baut in Lübeck ein Boxstudio auf, möchte mich und meinen Namen zu Werbezwecken nutzen. Das hört sich – und lässt sich auch – gut an. Am Donnerstag, dem 11. August 2000, kommen wir von einer Einkaufstour fürs Studio zurück und stärken uns im Restaurant Brauhaus im Herzen der Hansestadt. Honhold regelt nebenbei auch noch die Sicherheitsfragen der Timmendorfer Discothek Nautic. Dort hat sich für den späten Abend Jürgen Drews als Gast angekündigt. Und mit dem »König von Mallorca« soll beim Feiern bekanntlich so richtig die Post abgehen. Da im beschaulichen Offendorf sonst eher gegen 22 Uhr die Bürgersteige hochgeklappt werden, bin ich dabei. Mal wieder ganz wie in den alten Zeiten.

Die Musik ist laut, Drews und Frau sind gut drauf. Die Whiskey-Cola schmecken immer besser. Und ich bin die Attraktion des Abends. Es ist immer wieder ein schönes Gefühl, beim normalen Volke so gut anzukommen. Wenn einem dann noch ein attraktives Mädel schöne Augen macht, fühlt sich jeder Mann geschmeichelt. Wer etwas anderes behauptet, sagt nicht die Wahrheit. Ehe ich mich versehe, stecke ich schon wieder bis zum Hals in Schwierigkeiten. Dem dazugehörigen Kerl gefällt die Flirterei vor seinen Augen überhaupt nicht. Mit mehr als zwanzigjähriger Verspätung kann ich endlich nachvollziehen, dass Ralf als jugendlicher Schwerenöter keinen leichten Stand hatte.

Doch ich verspüre nicht die geringste Lust auf die damals angesagte Hundert-Mark-Aktion. Ein kleiner Tumult, ein kurzer

Haken zum Kopf, ein Sturz und im Nautic gibt's ein riesiges Tohuwabohu.

»Komm, Graciano. Nichts wie raus hier.« Honhold macht mir klar, dass es Zeit ist, zu gehen. Als die Polizei anrollt, sitze ich schon zu Hause. Auf dem Küchentisch vor mir ein heißer Pott Kaffee. Ich versuche, den Alkohol im Blut und im Kopf zu bekämpfen. Mein Blick schweift nach draußen. Unsere Außenbeleuchtung wirft ein Licht auf den Platz in der Einfahrt. Leer.

»Wo ist mein Auto?«

Wenn ich erklären könnte, welcher Teufel mich geritten hat, ich würde es verraten. Aber ich weiß es nicht. Beim besten Willen nicht. Eine Viertelstunde später sitze ich im Taxi, auf dem Weg zurück ins Nautic.

»Entschuldigung. Mit mir sind die Pferde durchgegangen. Ich habe überzogen reagiert. Tut mir wirklich leid.«

Mittlerweile ist es circa 5.30 Uhr. Die Disco ist leer. Nur der Herr des Hauses und sein Personal schieben noch Dienst, erledigen die Aufräumarbeiten. Meine Entschuldigung kommt anscheinend gut an, ich werde noch auf einen Kaffee eingeladen. Ein paar Minuten später sitze ich am Steuer meines Mercedes. Wie kann ich nur so bekloppt sein und mich besoffen auf den Fahrersitz schwingen? Vielleicht rede ich mir ein, dass die paar Tassen Koffein mich wieder klar im Kopf gemacht haben. Sicher beruhige ich mich selbst damit, dass in aller Herrgottsfrühe schon nichts passieren wird, schließlich ist ja kaum jemand auf den Straßen unterwegs. Alles Bullshit. Mit rund zwei Promille, so viel wird später beim Bluttest festgestellt, hat niemand etwas am Steuer zu suchen. Eine Erfahrung, die ich teuer bezahlen muss.

»Scheiße«, brumme ich noch vor mich hin. Dann trägt es mich aus der Kurve. Die Straße ist nass und glitschig. Ich bin zu schnell. Als die Reifen den Bodenkontakt verlieren, verlässt mich mein Erinnerungsvermögen. Ich weiß nicht, ob ich mich einmal überschlage, zwei- oder dreimal, wie viele Meter ich schwerelos zurücklege oder wie hoch die Karre durch die Luft segelt. Meine Festplatte hat diese Informationen gelöscht. Als sie wieder zu

arbeiten beginnt, versuche ich mit der rechten Hand den Zündschlüssel zu drehen, um die Parklücke zu verlassen. Vor mir steht ein Wagen, hinter mir auch. Aber mein Mercedes springt nicht an. Verdammt. Langsam schaue ich nach links, nach rechts und nach oben. Der ganze Wagen ist verzogen und verbeult. Plötzlich greift eine Hand nach meiner Fahrertür und zerrt sie auf.
»Alles in Ordnung?«, höre ich eine Frauenstimme merkwürdig entfremdet. Ich versuche, wieder einen halbwegs klaren Gedanken zu fassen. Da nehme ich aus der Ferne bereits die schrillen Signaltöne wahr. Kurz darauf sehe ich das flackernde blaue Licht. Meine Freunde sind auch schon unterwegs. Irgendwie scheinen die doch zu riechen, wenn es bei mir nach Scheiße stinkt. Ich klettere aus dem Wagen, der eher einem Wrack als meinem Mercedes ähnelt. Mein Blick richtet sich nach vorne, dann nach hinten. Beide Wagen, die die Begrenzung für meinen Stellplatz abstecken, sind völlig unbeschädigt. Ich weiß zwar nicht wie, aber ich habe perfekt eingeparkt!

### Ungewöhnlicher Schlafplatz

»Hey, aufwachen. Kommen Sie aus dem Wagen raus.« Etwas beschämt blinzele ich den Polizisten an.
Wo bin ich?, schießt es mir durch den Kopf. Ich muss meine Gedanken ordnen. Gut 16 Monate nach meinem Crash kann ich ein zweites Mal nicht alles abrufen, was sich abgespielt haben muss. Ausgangspunkt ist der Kampf von Dariusz Michalczewski gegen Richard Hall im Berliner Estrel Hotel. Der Tiger sieht im Gesicht zwar aus, als wäre er gerade gerissen worden, in der elften Runde erklärt ihn der Ringrichter trotzdem zum Sieger durch Technischen K.o. Herzlichen Glückwunsch. Mit meinem Begleiter Erwin wird die Nacht anschließend lang und länger. Ich wohne mittlerweile wieder in Berlin. Meine Beziehung mit Christine ist beendet. Wir haben uns getrennt, das Häuschen in Offendorf ist gekündigt. Mein neues Domizil liegt in der Karl-Marx-Allee in Berlin-Mitte. Als Erwin mich zu Hause absetzt, ist die Bude

leer. Marlene ist ausgeflogen. Alleine will ich die Zeit am Sonntag auch nicht totschlagen, also nichts wie raus, zurück auf die Piste. Doch ich bin platt. Die Müdigkeit ist stärker. Ich suche mir einen Platz zum Schlafen. Meine Suche findet auf der Rückbank dieses Autos ein Ende. Keine Ahnung, wem die Karre gehört. Kurz darauf bin ich schlauer. Ein älteres Pärchen bedankt sich bei den Polizisten, dass es sich auf den Weg machen darf. Die beiden hatten vergessen, die Beifahrertür ihres roten Opel Corsa abzuschließen. Ich muss diese Chance genutzt haben, um meine müden Knochen auszuruhen.

Gerade raus aus dem Auto, soll ich schon wieder einsteigen. Und zwar in eines, das mir farblich ganz und gar nicht zusagt. Grün und weiß.

»Nein, da bekommt ihr mich nicht rein!«

Ein Irrtum. Wenn die Jungs wirklich wollen, habe ich keine Chance. Schon gar nicht mit 2,2 Promille im Blut. Meine Andenken kann ich in den nächsten Tagen ein ums andere Mal im Spiegel bewundern. Und stets in anderen Farben: grün, blau oder gelb. Meine Gelenke an Armen, Beinen und Hüften leuchten wirklich kunterbunt. Doch vor Gericht dreht es sich später hauptsächlich um Prellungen und Schürfwunden, die einer der gegnerischen Garde davongetragen hat.

Graciano, so geht es nicht weiter: besoffen und müde durch den Kiez schleichen. Auf der Suche nach einem Schlafplatz in einem fremden Auto landen und anschließend von der Polizei auch noch Prügel einstecken. Das klingt, als wäre hier ein Penner unterwegs gewesen. Diese Nummer rüttelt mich mal wieder richtig durch. Zeit zum Nachdenken bekomme ich anschließend ohnehin genug. Fast zehn Monate sitze ich vom 29. Januar 2002 an hinter Schloss und Riegel. Als ich am 10. November aus der geschlossenen Haftanstalt in Tegel entlassen werde, bin ich geläutert. Nach meiner Abschiedsvorstellung im Ring ein halbes Jahr später gegen Thomas Ulrich trete ich kürzer, konzentriere mich mehr auf das Familienleben mit Marlene* und ihrem Sohnemann, den alle Welt nur Mäxchen* nennt. Das bekommt mir gut. Obwohl zurück in Berlin, zurück im Kiez und im Milieu, wird es wieder ruhiger um mich. Keine Provokationen, keine Tumulte. Schon zwei Jahre keine Negativschlagzeilen mehr. Zum Glück. Bis zu jenem Tag, als ich erneut die beißende Erfahrung von Pfefferspray in meinen Augen machen muss. Und diesmal ist der Absender nicht uniformiert.

### Der Taxifahrer mit dem Pfefferspray

»Haben Sie überhaupt Geld dabei?« Die Frage kommt überraschend. Fast genauso unvorhersehbar wie der abrupte Stopp des Taxis. Von der Karl-Marx-Allee gerade erst losgefahren, stehen wir vor dem Radisson Hotel, in unmittelbarer Nähe des Alexanderplatzes. Ich erkenne den Schuppen sofort wieder. 36 Euro Eintrittsgeld für mich, Marlene und Mäxchen haben sie mir hier neulich abgeknöpft, als wir uns das neue, hoch angepriesene Aquarium anschauen möchten. Eine Frechheit. So viel Geld für ein paar Süßwasserfische aus der Havel.

»Natürlich kann ich zahlen.« Ich ziehe einen Zweihunderter aus der Tasche und halte ihn hoch, sodass der Fahrer den Schein durch einen Blick in seinen Rückspiegel gut erkennen kann.

»Den kann ich nicht wechseln.«

Ja und nun?, denke ich mir. Was willst du mir damit sagen? Die Antwort kommt, als könne er Gedanken lesen.

»Wenn Sie es nicht kleiner haben, müssen Sie hier aussteigen.«

»Nun mach mal nicht so einen Stress.« Ich beuge mich leicht nach vorne und tätschele ihm die Schulter.

»Wir fahren doch zu meinem Bruder in die Kneipe. Da wartest du kurz davor. Ich gehe rein, wechsle den Schein und schon hast du deine Kohle.«

Während ich ihm meine Vorstellungen bezüglich der Bezahlung vortrage, merke ich, wie er mit seiner rechten Hand die Ablage vorne in seinem Wagen abtastet. Als ich mich weiter nach vorne neige, um zu sehen, was er dort sucht, ist es auch schon zu spät. Ich höre ein Zischen, dann beißt es in meinen Augen. Reflexartig schicke ich eine kurze Linke ab, treffe den Fahrer mit einem Wischer am Mund. Mein nächster Griff geht zur Tür. Nichts wie raus hier. Das Zeug tut nicht nur höllisch weh, sondern macht auch noch blind. Ich reibe mir die Augen, während ich vor Wut mehrmals in die Fahrertür trete, der Typ sprüht weiter. Ich schlage noch mal zu, durch das offene Fenster seiner Fahrerseite. Treffer, aber leider nicht genau auf den Punkt. Kein Wunder, schließlich kann ich kaum was sehen. Der Fahrer ist irre. Der reißt die Tür auf, eilt mir nach und sprüht immer weiter. Ich bin auf der Flucht, nichts wie rein ins Hotel. Endlich ist Schluss, der Concierge benachrichtigt die Polizei. Selten war ich so froh, die Jungs in Uniform zu sehen. Am Ende bin ich trotzdem der Arsch. Mittlerweile, so scheint es mir, reicht schon der Name Graciano Rocchigiani aus, um einen Termin vor Gericht zu bekommen.

## »ICH BIN DOOF«

Es drängt sich mir der Eindruck auf, als wäre meine Glückssträhne schon wieder vorbei. Die Sache mit dem pfeffersprühsprühenden Taxifahrer entwickelt sich in die falsche Richtung. Das spüre ich. Mir wird der Prozess gemacht und der Idiot kommt ungestraft davon. Das ist mal wieder typisch. Auch zu Hause läuft es nicht mehr rund. Beziehungsprobleme nennt man so etwas wohl.

Ich muss auf andere Gedanken kommen, raus aus den eigenen vier Wänden. Mit Höffi, meinem zockenden Taxifahrerkumpel, miete ich mich gleich zu Beginn der Woche im Hotel Esplanade in Bad Saarow ein. Ein Örtchen mitten in der Idylle. Direkt am brandenburgischen Scharmützelsee gelegen. Ein Paradies, um auszuspannen und die Seele baumeln zu lassen. Wir treiben ein bisschen Sport, legen einige Saunagänge ein, schauen uns in der Gegend ein paar Boote an, genießen die tolle Luft und lassen den lieben Gott einfach mal einen guten Mann sein.

Mittwoch ist Fußballtag. Am Abend steigt das Champions-League-Finale. Mit italienischer Beteiligung. Der AC Mailand trifft auf den FC Liverpool. Die Vereinsmannschaften meiner grün-weiß-roten Liebe interessieren mich zwar bei Weitem nicht so wie die Nationalelf, die Squadra Azzurra, doch diese Endspielpaarung weckt mein Interesse. Italien gegen England. Da messen sich die besten Teams zweier Fußballgroßmächte.

»Komm, Höffi, wir fahren nach Frankfurt an der Oder. Da gibt's bestimmt 'ne Sportsbar, in der wir uns das Spiel auf einer Großleinwand anschauen können.«

Länger als eine gute halbe Stunde dauert es nicht, dann sind wir da. Die Sonne lacht, die vergangenen zwei Tage sind mir gut bekommen. Wir sitzen in einem Straßencafé und genießen das sommerliche Wetter.

»Guten Tag, kann ich wohl ein gemeinsames Foto bekommen?« Die Frage ist nicht neu. Mein Gesicht ist durch meine lebhafte Vergangenheit nicht nur unverwechselbar geworden, sondern für viele Passanten und Boxfans leicht wiederzuerkennen.

»Na klar, kein Problem.« Im Umgang mit den Fans habe ich eine ganz klare Devise: Immer freundlich und die Wünsche erfüllen. Das sind die Jungs, die es ermöglicht haben, dass ich in der Vergangenheit wirklich gutes Geld verdienen konnte. Und so ist es eine Selbstverständlichkeit für mich, dass ich auch seine Kumpels heranwinke, die sich im Moment noch etwas unbeholfen und schüchtern im Hintergrund halten.

So wird aus unserem Zweierausflug im Laufe des Nachmittags und Abends eine launige, bierselige Gesellschaft. Eigentlich fühle ich mich richtig wohl in der Runde, wenn nur der Typ, der zu Beginn unserer Bekanntschaft als Erster nach dem Foto gefragt hat, nicht solch ein Dampfplauderer wäre. Je länger wir zusammensitzen, desto weniger gefällt mir sein Umgangston. Nicht unbedingt mir gegenüber, mir missfällt vielmehr, wie abfällig er mit und über seine Freunde quatscht. Selten ein Satz, der ihm ohne Beleidigung über die Lippen kommt. Aber anscheinend ist er der Anführer der Truppe, zumindest hat er keine großen Widerworte aus seinem Gefolge zu erdulden. Als wir vom Café in die Sportsbar wechseln, nehme ich ihn mir vor versammelter Mannschaft zur Brust.

»Pass auf, ich will keinen Stress. Aber mir gefällt dein Ton nicht. Lass uns einfach einen netten Abend verbringen.«

Er guckt zwar etwas mürrisch, doch anschließend geht alles gesittet zu. Die Jungs haben Spaß. Genau wie ich, denn Mailand liegt zur Pause 3:0 in Führung. Die Sache ist gelaufen. Die Italiener haben während der gesamten Champions-League-Saison kein einziges Mal mehr als zwei Treffer kassieren müssen. Und jetzt sind nur noch 45 Minuten zu spielen.

Falsch gedacht. Das Spiel wird um zweimal 15 Minuten verlängert. Drei Gegentore in einer Halbzeit. Meine Landsleute wirken wie ferngesteuert. Ich bin froh, dass es wenigstens zum Elferschießen kommt. Schließlich sind die Engländer nicht gerade bekannt für ihre Abschlussstärke vom Punkt. Doch ihr spanischer Coach Rafael Benítez ist clever, lässt nur Legionäre ran und die verwandeln sicher. Der Pott geht auf die Insel. Ich habe genug gesehen, will zurück nach Bad Saarow. Leider habe ich auch genug getrunken. Mehr als genug. Der Tag war lang, das Spiel spannend, die Biere kühl. Die Runde geht auf meine Rechnung. Als kleines Dankeschön für den netten Abend.

»Guck doch mal ein bisschen freundlicher, Mädel. Dann gibt es auch mehr Trinkgeld.«

Ich kann nicht verstehen, wenn eine Kellnerin mit herunterhängenden Mundwinkeln zur Kasse bittet. Sie war während des gesamten Abends schon nicht besonders gut gelaunt. Ich bin froh, dass sie mir wenigstens meinen Wunsch nach einem Taxi erfüllt.

Als der Wagen vorfährt, setzen bei mir plötzlich wieder ein paar Gehirnwindungen aus. Ich stelle mir gerade vor, ich wache morgens im Hotel auf und mein Wagen steht immer noch rund 40 Kilometer entfernt in Frankfurt. Da habe ich keinen Bock drauf. Wird schon schiefgehen.

»Fahren Sie mich zu meinem Wagen, da vorne auf dem Parkplatz.« Die Anweisung an den Fahrer ist kurz und präzise. Und einmal mehr verhängnisvoll.

Kaum mehr als 100 Meter rollen Höffi und ich auf der Heimfahrt. Da sehe ich auch schon die Kelle.

»Ich bin doof.«

Diesen Satz bringe ich in der Nacht auf der Wache zu Papier, als die Polizei mir Stift samt Zettel reicht und eine Schriftprobe von mir möchte. Ich kann es nicht begreifen. Wie doof muss ich eigentlich sein, wieder den gleichen Fehler zu begehen? Mittlerweile müsste ich doch wirklich gelernt haben, dass die Bullen nur für mich einen speziellen Radar haben müssen. Ganz gleich, wo ich Mist baue, sie sind schon da, um ihn aufzusammeln.

Drei Tage später sehe ich ein Bild von mir in der Zeitung. Der Typ neben mir kommt mir bekannt vor. Am Mittwoch habe ich ihn und seine Jungs in der Frankfurter Sportsbar zum Saufen eingeladen. Am Abend erblicke ich ihn schon wieder. Im Fernsehen. Seine Interviews kennen nur ein Thema: Meine Saufnacht mit Rocky.

Ganz ehrlich: Ich kenne Leute, die haben sich schon netter dafür bedankt, dass ich ihre Zeche gezahlt habe. Für mich, das wird mir spätestens jetzt klar, wird die Rutsche noch richtig teuer. Sieben Monate später muss ich dann tatsächlich noch einmal bezahlen. Mit sechs Monaten Freiheitsentzug.

## Keine Ruhe auf dem stillen Örtchen

Beerdigungen sind nicht meine Sache. Und diese ganz besonders nicht. Der Tod von Eckhard Dagge hat mich berührt, tief berührt sogar. Mein Besuch am Sterbebett im Hospiz Leuchtfeuer auf St. Pauli werde ich so schnell nicht vergessen. Das geht einem an die Nieren.

Klaus-Peter Kohl, Dariusz Michalczewski, Hagen Doering, der Sportdirektor von Sauerland Event, und auch Bodo Eckmann, Präsident des Bundes Deutscher Berufsboxer (BDB): Sie alle erweisen Dagge am 12. April 2006 auf dem Friedhof in Scharbeutz die letzte Ehre. Selbstverständlich verabschieden sich auch mein Bruder Ralf und ich vom zweiten Deutschen Profibox-Weltmeister nach Schwergewichtslegende Max Schmeling.

Auf der anschließenden Trauerfeier werden nicht nur einige Tränen verdrückt, sondern auch der Abschiedsschmerz im Alkohol ertränkt. Diesmal bin ich aber schlauer. Eine Rückfahrt per Pkw nach Berlin steht von Beginn an nicht zur Diskussion. Zum einen, weil der Promillegehalt auf der Rückfahrt eindeutig über dem Grenzwert liegt, zum anderen, weil ich überhaupt keine Fahrerlaubnis besitze. Letzteres hat mich zwar zu einem anderen Anlass auch nicht davon abgehalten, hinterm Steuer Platz zu nehmen, doch aus Fehlern wird man ja bekanntlich klug. Manche etwas früher, andere etwas später.

»Öffnen Sie die Tür.«

»Ich sitze auf dem Klo. Was ist denn los?«

Kann man hier nicht mal mehr sein Geschäft in Ruhe verrichten? Anscheinend nicht.

»Öffnen Sie sofort die Tür. Fahrscheinkontrolle.«

Das ist mal wieder typisch Rocchigiani. Seit der Abfahrt des Zuges sitze ich die ganze Zeit brav auf meinem Platz und warte auf den Schaffner, damit ich eine Fahrkarte lösen kann. Kaum bin ich auf dem Topf, sind die Kontrolleure mir auf den Fersen. Doch nicht nur die. Der Sekundenzeiger hat vielleicht gerade mal eine volle Umdrehung hinter sich gebracht, da wird der Ton schärfer.

»Polizei, öffnen Sie sofort die Tür, aber ganz schnell, sonst kommen wir rein!«

Es gibt Momente, da könnte ich wie ein HB-Männchen in die Luft gehen. Was, bitte schön, haben jetzt schon wieder die Bullen hier verloren?

»Spinnt ihr, ihr Penner? Ich werde doch wohl noch zu Ende scheißen dürfen?«

Keine Ahnung, was in die gefahren ist. Es pocht gegen die Tür, es rüttelt an der Klinke. Gleich haben sie das Ding aus den Angeln gehoben. Ich schwinge meinen Arsch von der Toilettenbrille, ziehe notdürftig die Hose hoch und drehe den Knauf des Schlosses rum. Ich glaube es einfach nicht. Vier, fünf Uniformierte drängeln sich auf den ein, zwei Quadratmetern vor dem Klo. Mir steht die Zornesröte ins Gesicht geschrieben. Meine Halsschlagader droht zu platzen. Der Alkohol lässt fast sämtliche Hemmschwellen brechen. Am liebsten würde ich jetzt jedem

Einzelnen Manieren beibringen. Aber ich behalte meine Hände lieber unter Kontrolle. Nicht aber mein freches Berliner Mundwerk. Ich weiß wirklich nicht mehr, was ich meinen Türstehern und Toilettenspannern alles an den Kopf werfe. Aber es dürften keine Liebeserklärungen gewesen sein.

In Perleberg ist für mich bereits Endstation. Raus aus dem Zug, rauf auf die Wache. Auf meinen Anwalt wartet einmal mehr Arbeit. Er macht einen guten Job. Verfahren eingestellt, keine Anklage!

Mir bleiben solche Erfahrungen einfach ein Rätsel. Vielleicht leide ich ja wirklich manchmal schon unter Verfolgungswahn. Aber wie geht so etwas? Ich steige in einen Zug. Zugegeben, ohne Fahrkarte. Aber das Lösen eines Tickets während der Fahrt ist heute ja kein Problem mehr. Da hat die Bahn ihren Service deutlich verbessert. Kaum suche ich die Toilette auf, steht nicht nur der Schaffner, sondern auch die Polizei vor der Tür. Hexerei? Zufall? Oder doch ferngesteuert? Einmal ja, zweimal okay. Aber stetig und ein ums andere Mal? Klar, mir fehlen die handfesten Beweise. Aber mein Bauchgefühl spricht eine deutliche Sprache!

Aber wehe, ich könnte die Bullen selbst einmal gut gebrauchen. Dann lässt sich nur ganz selten einer blicken. Zum Glück gibt es aber in unserem Land ab und an noch ein paar Zeitgenossen, die mit dem Begriff »Courage« etwas anzufangen wissen. Ansonsten hätte ein abendlicher Ausflug in meiner neuen Heimatstadt Duisburg noch schlimmere Folgen als ein paar blaue Flecken und den Verlust von knapp 9.000 Euro haben können.

## Von wegen friedliche WM

Deutschland liegt sich in den Armen. Odonkor eilt auf der rechten Seite allen davon, flankt scharf vors Tor. Von hinten kommt Neuville angerauscht und drückt das Leder mit der Sohle in die Maschen. 1:0! Die Polen sind geschlagen, in der Nachspielzeit. Im Nachhinein kann man wohl getrost behaupten, dass dieser Treffer im zweiten Vorrundenspiel der Deutschen der Auslöser für die schwarz-rot-geile WM 2006 ist. Danach ist nichts mehr, wie es war. Autokorsos, Straßenfeste, Partys, wohin man auch schaut. Selbst ich, der große Italien-Fan, kann mich dieser Deutschland-Euphorie nicht entziehen. Noch am darauffolgenden Abend, als ich mich mit ein paar neuen Bekanntschaften aus der Siegesnacht bei meinem damaligen Duisburger Stammitaliener treffe, ist der Last-Minute-Sieg der Klinsmänner in aller Munde. Nachdem wir alles nochmals bis ins Detail analysiert und uns die Bäuche vollgeschlagen haben, schauen wir in der benachbarten Tabledancebar vorbei, ehe wir zu einem Scheidebecher ins »Sitting Bull« einrücken. Dass ich den ganzen Tag mit den Taschen voller Geld herumlaufe, wird mir erst wieder kurz vor der Nachtruhe bewusst.

»Zahlen, bitte.« Beim Griff an die Hosentasche spüre ich das Bündel. Und das nicht zu knapp. Am Morgen habe ich meinen 5er BMW verkauft, anschließend ein paar Bezahlungen erledigt, den Rest, immerhin schlappe 9.000 Euro, schleppe ich noch mit mir rum. Ich ziehe einen der Fünfhunderter raus, um unsere letzten Deckel des Abends zu begleichen: 33 Euro.

»Mach vierzig.« Die Bedienung ist nett, da gebe ich gerne ein paar Euro Trinkgeld. Sie wechselt den »Riesen« auch, ohne zu murren. Noch ein paar Abschiedsworte, dann mache ich mich auf den Weg. Gemeinsam mit Sonia wohne ich in einem kleinen Hotel. Der Weg ist nicht weit. Doch diesmal ist er kürzer als sonst. Verdammt kurz.

Die Bombe trifft mich aus heiterem Himmel. Völlig unvorbereitet. Und direkt ins Gesicht. Danach prasselt es nur so auf mich nieder. Acht, neun, zehn Fäuste gleichzeitig. Dann kommen die Tritte dazu. Längst liege ich am Boden und mache einen auf Schildkröte. Beine ran an die Brust, Arme schützend über den Kopf. Die Dreckskerle kennen kein Erbarmen, schlagen und treten auf mich ein. Am meisten schmerzt mich aber der gezielte Griff an meine Hosentasche.

Erst als die Bistrotür des Sitting Bull aufgerissen wird, ist die hinterhältige Prügelattacke plötzlich genauso schnell vorbei, wie sie begonnen hat. Als mir die Jungs, mit denen ich gerade noch am Tresen gesessen habe, zu Hilfe eilen, machen sich die Schläger blitzschnell aus dem Staub. Ich kann wohl noch von Glück reden, dass die Bedienung durch einen Blick aus dem Fenster erkennen kann, was da draußen abgeht, und die Tresengäste den Mut haben, mir helfen zu wollen. Keine Ahnung, wann die Typen sonst von mir abgelassen hätten.

Eines muss ich mir aber zugestehen, ich bin immer noch hart im Nehmen. Ungefähr eine Woche lang sehe ich zwar aus wie ein Teller bunte Knete, doch die Blessuren vergehen, die Kohle dagegen ist auf Dauer weg. Knapp 9.000 Euro, fast 18.000 Mark. Ich habe mir zwar längst abgewöhnt, umzurechnen, aber in diesem Moment schießt es mir trotzdem durch den Kopf. 18.000 Mark. Weg. Einfach futsch. So, als hätte ich sie in den Ofen geworfen, verbrannt. Und das wäre nicht auch noch mit einer Tracht Prügel verbunden gewesen.

»Ich kann mir auch nicht erklären, woher die wussten, dass ich so viel Kohle dabeihabe.«

Polizisten können merkwürdige Fragen stellen. Ich kann nur spekulieren.

»Vielleicht hat es jemand durchs Fenster gesehen, als ich bezahlt habe. Möglich ist auch, dass ich im Laden dabei beobachtet wurde und dann ruckzuck ein paar Schläger vor die Tür bestellt wurden. Ich weiß es wirklich nicht.«

Die Polizei protokolliert eifrig, als ich am nächsten Tag auf die Wache marschiere. Ich zögere auch nicht, meinen Oberkörper zu entblößen und im wahrsten Sinne des Wortes die Hosen herunterzulassen, um den Beamten die Farbenpracht meines malträtierten Körpers zu zeigen. Ich erstatte Anzeige. Gegen unbekannt. Mir ist völlig klar, dass ich meine Kohle nie wiedersehe. Was mich allerdings überrascht, ist das anschließende Presseecho.

### Bin ich nur als Täter interessant?

Nichts. Null. Keine einzige Zeile. Die Reporter in Duisburg müssen echte Schnarchnasen sein. Schließlich gibt es doch für die

Presse einen täglichen Polizeireport, einen Überblick über die jüngsten Geschehnisse. Oder haben meine Freunde und Helfer den Vorfall einfach unter den Teppich gekehrt, weil sie keinen Presserummel wünschen?

Als ich für dieses Buch hier das vielversprechende Kapitel »Meine Skandale« aufbereite, wird meine Neugierde angestachelt. Unter www1.polizei-nrw.de/duisburg/start/presseberichte/ kann sich im Internet jedermann alle Presseberichte der Duisburger Polizei zum fraglichen Zeitpunkt anschauen. Und? Fehlanzeige. Nichts zu lesen von meiner »kleinen Rauferei«. Nicht nur, dass mein Name nirgendwo auftaucht. Der ganze Vorfall wird verschwiegen. Einfach nichts passiert.

Ich komme ins Grübeln: Was wäre passiert, wenn mich der erste Schlag nicht so hart getroffen hätte und ich in der Lage gewesen wäre, die Angreifer abzuwehren und aufzumischen? Wäre es dann auch so ruhig geblieben? Oder wäre dann die altbekannte Maschinerie wieder auf vollen Touren gelaufen?

»Wieder ausgerastet: Rocky verprügelt fünf hilflose Passanten!« Oder: »Rocky kann es nicht lassen: Ex-Weltmeister schlägt fünf Nachtwanderer k.o.!« Oder: »Unverbesserlicher Rocky: Fünf Spaziergänger blutend vor der Kneipe!«

So oder so ähnlich hätten die Schlagzeilen lauten können, wenn ich nicht auf die Fresse bekommen hätte. Für den Fall, dass es anders gekommen wäre und ich die Typen erledigt hätte, kann ich mir das Horrorszenario bis ins Detail ausmalen:

1. Die Typen zeigen mich an.
2. Der Staatsanwalt reibt sich die Hände, wenn er meinen Namen hört.
3. Ich lande vor Gericht.
4. Der Richter schaut in die Akten, sieht die Latte meiner Vorstrafen.
5. Ich werde verknackt.
6. Ich lande im Knast.

Traurig, aber wahr: Ich glaube, der »Skandalboxer Graciano Rocchigiani« muss froh sein, die Arschlöcher nicht erwischt zu haben.

RUNDE 13

# MEINE PROZESSE

Ausverkauft. Wer sagt's denn. Wenn ich kämpfe, dann ist die Hütte voll. Auch vor Gericht. Am 16. Dezember 1988 nehme ich zum ersten Mal Platz auf der Anklagebank. Genau genommen ist es ein Stuhl. Neben mir steht noch einer. Auf dem sitzt mein Bruder Ralf. Die beiden Rocchigianis im Kampf vor Gericht. Das mobilisiert die (Reporter-)Massen. Im Saal 768 des Moabiter Gerichtsgebäudes reichen die Sitzplätze nicht aus. Und das, obwohl einige Mitarbeiter des Gerichts anscheinend nicht den blassesten Schimmer haben, wer sich heute bei ihnen die Ehre gibt. Im Aushang des Gebäudes werde ich jedenfalls als »Rachigiani, Graiano« angekündigt.

»Sie machen mich ganz nervös«, lässt Hagen Sendt gleich zu Beginn der Verhandlung die an den Seiten stehenden Journalisten und Fotografen wissen. Und so legt der Vorsitzende des Schöffengerichts zunächst selbst Hand an, trägt noch ein paar Stühle in seinen Verhandlungsraum, ehe er meine Premiere vor Gericht eröffnet.

»Beleidigung, Widerstand gegen die Staatsgewalt, vorsätzliche Körperverletzung und versuchte Gefangenenbefreiung.« Wenn ich die Anklage der Staatsanwaltschaft höre, weiß ich nicht, ob ich lachen oder heulen soll. So ein Aufriss, nur weil uns die Polizei das freie Geleit aus dem Big Eden verweigert? Das steht doch alles in überhaupt keinem Verhältnis. Die beiden Bullen, die unsanft in der Werbevitrine vor der Disco gelandet sind, müssen sich schon an die eigene Nase fassen. Wären sie Ralf gegenüber nicht handgreiflich geworden, als er ihnen seinen Ausweis vorenthalten hat, wäre alles ganz friedlich abgegangen. Im Gegenteil: Eine vernünftige Antwort auf seine Frage, warum seine Papiere plötzlich so gefragt sind, und ich hätte mir wahrscheinlich einen rüffelnden Blick meines Bruders eingehandelt. So geht alles ganz schnell und wir sitzen heulend im Streifenwagen.

Ralf hat echte Gedächtnislücken. Die knapp zwei Promille in seinem Blut haben zwar seine Fäuste nicht außer Kraft gesetzt, sein Erinnerungsvermögen aber schon. Ich sehe keine Veranlassung, dem Gericht dabei zu helfen, Klarheit in die ganze Sache zu bringen.

Die Anklage gibt nicht gerade ein überzeugendes Bild ab. Zwar sitzen draußen, vor unserem Gerichtssaal, sieben Polizisten, die als Zeugen geladen sind, doch Hagen Sendt hat anscheinend keine große Lust, sich deren Aussagen zu Gemüte zu führen. Jeder im Saal kann sich ausmalen, dass die Jungs in Grün sich vorher untereinander abgesprochen haben und sich sicher nicht gegenseitig in die Pfanne hauen werden. Die einzigen unbeteiligten Zeugen, die jene Geschehnisse in der Nacht zum 22. Dezember 1989 eher zufällig beobachtet haben, können dem Gericht nicht glaubwürdig darlegen, wer nun wen zuerst geschlagen oder beschimpft hat. Unstrittig ist lediglich, dass ich einer polizeilichen Pfefferspray-Attacke geschmeidig ausweichen konnte und das beißende Zeug so den Weg in das Gesicht eines Beamten gefunden hat, ehe wir doch noch unsanft überwältigt und mit Tränengas eingedeckt werden. Womit bewiesen wäre, dass unsere Freunde und Helfer nicht gerade zimperlich mit uns umgesprungen sind. Außerdem gibt es da noch einige Dinge, die gleich mehrere Fragen aufwerfen. Warum rückt die Polizei so massiv an, wenn ein Taxifahrer anruft und berichtet, »irgend so ein besoffener Spinner« habe in seine Tür getreten? Ist den Beamten vielleicht doch von vornherein klar gewesen, mit wem sie es zu tun haben? Wenn dem tatsächlich so wäre, warum wollen sie dann die Papiere sehen? Darf man das Ganze vielleicht als gezielte Provokation verstehen?

Fakt ist dagegen, dass auch die Rocchigianis nicht ganz unschuldig sein können. Schließlich habe ich bereits im Vorfeld den Taxischaden bezahlt. 3.288 Mark hat mich der Spaß gekostet. Es kotzt mich zwar an, so tief in die Tasche zu greifen, obwohl ich es bin, der übel beleidigt wurde. Der Empfehlung meines Anwaltes bin ich trotzdem gefolgt. Und es scheint nicht der schlechteste Tipp gewesen zu sein. So hat der Fahrer schon im Vorfeld der Verhandlung seinen Strafantrag zurückgezogen. Das Schöffengericht schüttelt angesichts dieses Wirrwarrs genervt den Kopf und regt die Einstellung des Verfahrens an. Allerdings nicht ohne darauf hinzuweisen, dass es davon ausgeht, Ralf und ich würden uns sicherlich damit einverstanden erklären, eine freiwillige Spende zugunsten gemeinnütziger Organisationen zu leisten. Natürlich hat das Gericht auch gleich konkrete Vorschläge zu bieten, mit denen sich der anfangs noch etwas bockige Staatsanwalt, Ralf und ich schließlich einverstanden erklären. So spendet mein Bruder 6.000 Mark an die Deutsche Multiple Sklerose Gesellschaft, bei mir sind es 20.000 Mark für einen Verein für leukämie- und tumorkranke Kinder. Mir stinkt es zwar gewaltig, zwanzig Riesen hinzublättern, obwohl ich kein einziges Mal zugeschlagen habe, aber die Spenden sind abhängig vom Einkommen. Und da geht das Gericht zu Recht davon aus, dass meine Börsen als Weltmeister höher einzuschätzen sind als die meines Bruders.

Zwei gute Seiten hat dieses Urteil, das viele anschließend als »Hornberger Schießen« beschreiben, dann aber doch. Erstens dient unser Geld wirklich einem guten Zweck, zweitens bleiben Ralf und ich nach dieser Gerichtspremiere nach wie vor ohne Vorstrafe.

Nur eines will mir nicht in den Kopf: Warum darf man in diesem Land jemanden ungestraft als »Mutterficker« beschimpfen?

## 800 Mark Nachlass auf 0,9 Promille

Meine nächsten zwei Erfahrungen vor Gericht liegen zeitlich gesehen zwar gerade einmal vier Wochen auseinander, könnten unterschiedlicher aber nicht sein.

Der Strafbefehl flattert schriftlich ins Haus. 2.000 Mark soll ich dafür berappen, im Mai des vergangenen Jahres mit 0,9 Promille im Blut nicht schnurstracks geradeaus mit meinem Mofa

über die Kurfürstenstraße getuckert zu sein. Die Summe kommt durch eine Milchmädchenrechnung der Behörde zusammen.
»Das Strafmaß beläuft sich auf zwanzig Tagessätze, multipliziert mit der Höhe des geschätzten täglichen Einkommens«, heißt es in der Begründung. Und dieses Einkommen wird bei mir im Januar 1990 auf 100 Mark pro Tag geschätzt.
»Ganz schön happig, Frau Vorsitzende. Ich habe zurzeit kein Einkommen und keine Ersparnisse«, begründe ich am 3. Februar 1990 vor Gericht meinen Einspruch gegen den Strafbefehl. Ich bestätige zwar, dass zu diesem Zeitpunkt mein nächster Kampf, zwei Monate später, bereits fest eingeplant sei. Doch nach meinem freiwilligen Titelverzicht müsse ich nun zunächst kleinere Brötchen backen.
»Die Einnahmen sind von den Trainingskosten schon jetzt fast vollständig aufgefressen«, runde ich meine Aussage glaubwürdig ab. Die Richterin zeigt sich einsichtig. Zumindest ein wenig. Statt 2.000 Mark muss ich nun »nur noch« 1.200 Mark berappen. Wie hätte die Geldstrafe wohl ausgesehen, wenn sie hätte ahnen können, dass der avisierte Kampftermin im April gar nicht zustande kommen wird? Und ich stattdessen im Knast sitze? Wegen Menschenhandels!

### Der Bärendienst

Mein Magen krampft sich zusammen. Die härtesten Schläge, die ich im Ring einstecken muss, sind nichts gegen das, was sich hier gerade in Saal 739 des Kriminalgerichts Moabit abspielt. Das ist sein Ende. Und meines gleich mit.
»Herr Richter, ich möchte eine Aussage machen.« Hasan erhebt sich. Die Hände vor dem Bauch verschränkt, den Blick nach unten gerichtet.
»Herr Richter, ich wollte nur sagen...«
Was macht er denn jetzt?
»...Herr Richter, bei allem, was gelaufen ist...«
Was faselt er da bloß?

»... äh, haben wir immer fifty-fifty gemacht, Herr Richter.«
Was soll der Schwachsinn? Hasan ist total übergeschnappt. Drei Tage lang hat er komplett die Klappe gehalten, die Aussage verweigert. Sicherlich das Beste, was er tun kann, schließlich ist die Anklage gegen uns nicht von Pappe: Zuhälterei, Erpressung, Menschenhandel. Und dass diese Vorwürfe nicht gerade aus der Luft gegriffen sind, weiß er ganz genau. Zumindest, was ihn anbelangt. Nur ich, ich habe mit der ganzen Sache nun wirklich nichts zu schaffen. Das weiß Hasan ebenfalls. Genauso gut wie ich.

Ich kann es immer noch nicht glauben. Der Freispruch ist zum Greifen nahe. Nicht nur für mich, sondern auch für ihn. Das ist ja das Kuriose. Die Vorwürfe der Anklage können zwar härter kaum sein, die Beweise der Staatsanwaltschaft dagegen sind dürftig, stützen sich lediglich auf die Aussagen von Sabine, der ehemaligen Nutte, die behauptet, Hasan habe sie zunächst auf den Strich geschickt und dann für ein paar Tausender Ablöse nach Rimini verkauft. Nach ihrer Rückkehr soll er sie dann zum Weitermachen gezwungen haben, obwohl sie längst aussteigen will. Sie rennt zur Polizei, fühlt sich von ihm bedroht. Und angeblich auch von mir. Was den Staatsanwalt auf die glorreiche Idee bringt, mich gleich mit in Sippenhaft zu nehmen. Im Prinzip eine aberwitzige Idee, das hat der ganze Verhandlungsverlauf an den ersten beiden Tagen deutlich gemacht. Insgesamt ist das Tribunal aber auf vier Verhandlungstage angesetzt. Jetzt, nach dem Ende des dritten, muss ich mit dem Schlimmsten rechnen. Ein geständiger Angeklagter, der seinen vermeintlichen Komplizen mitbelastet, ist für den Staatsanwalt natürlich ein gefundenes Fressen. Und so kommt es, wie es nach Hasans Auftritt kommen muss.

## Ein 42 Tage langer Albtraum

Drei Jahre Freiheitsstrafe für Hasan, zweieinhalb Jahre für mich. Und als wäre das Urteil der 16. Strafkammer vom 19. März 1990 nicht schon hart genug, bleibt mir nicht einmal die Zeit, das Nötigste zu regeln. Der Richter glaubt an Fluchtgefahr und lässt mich vom Gerichtssaal aus gleich hinter Gitter schließen. Ich fühle mich wie in einem Albtraum, aus dem es kein Erwachen gibt. 41 Nächte und zwei von drei möglichen Haftverschonungsterminen sind bereits verstrichen, ehe ich aus dieser grausamen Endlosschleife erlöst werde. Der dritte und letzte Haftverschonungstermin bringt mir die Freiheit zurück, gegen 50.000 Mark Kaution. Als ich mich neun Monate später in diesem Fall ein zweites Mal vor Gericht verantworten muss, ist dies keine Berufungsverhandlung, sondern eine Neuauflage. Der Bundesgerichtshof höchstpersönlich hat das erste Urteil in der Zwischenzeit aufgehoben. Die Begründung ist so einfach wie einleuchtend: Die Glaubwürdigkeit der Hauptbelastungszeugin sei nicht intensiv geprüft worden.

Den Fehler will die Berliner Strafkammer kein zweites Mal begehen. Doch Hasans Ex-Prostituierte verweigert sich der Prüfung durch einen Sachverständigen. Das sagt eigentlich schon alles. Auch während der erneuten Vernehmung kann sie nicht unbedingt für die Staatsanwaltschaft punkten. Im Gegenteil: Im Vergleich zu ihren ersten Aussagen, damals vor der Kripo und während des ersten Prozesses, verstrickt sie sich in Widersprüche. Die Anklage fällt in sich zusammen wie ein Kartenhaus. Hasan hat seine Ausgangslage in der Zwischenzeit zwar auch nicht gerade verbessert – er wird wegen wiederholten Kokainbesitzes erneut verhaftet –, doch selbst gegen ihn ist die Beweislage ziemlich dünn. Von der gegen mich ganz zu schweigen. Kein Wunder, dass bereits vor den Schlussplädoyers alle Prozessbeobachter von einem Freispruch ausgehen. Lediglich die Staatsanwaltschaft glaubt bis zum Ende an eine Verurteilung. Zumindest scheint sie dies dem Gericht glaubhaft machen zu wollen. Sie fordert trotz allem 27 Monate für Hasan, 24 für mich. Eine Unverschämtheit!

Das Gericht lässt sich nicht ein zweites Mal verleiten: Freispruch! Nicht nur für mich, sondern auch für Hasan. Als Entschädigung für meinen Albtraum erhalte ich 20 Mark pro Tag.

840 Mark für 42 Tage gestohlene Freiheit. Im Prinzip eine Frechheit. Doch ich bin froh, die Sache endgültig abhaken zu können. Allerdings gibt es etwas, das einen üblen Beigeschmack aufkommen lässt: die Berichterstattung in den Medien. So ist zum Beispiel der »Berliner Morgenpost« der Auftakt zum ersten Prozess eine umfassende Berichterstattung wert. Den Beschuldigungen gegen mich wird ausführlich Platz eingeräumt – auf drei Spalten von je 21 Zentimetern Länge. Die Nachricht meines Freispruches ist der gleichen Zeitung zehn Monate später genau eine Spalte mit 13 Zentimetern wert. Einmal darf geraten werden, welcher Artikel den Lesern wohl nachhaltiger in Erinnerung bleiben wird.

### Wiedersehen mit dem Pingelfritzen

Wo bleibt der Mann bloß? Ich kann mir das nicht erklären. Dr. Reinhard Rauball gilt als die Seriosität in Person. Zwar hat er sich vor allem als Präsident von Fußballbundesligist Borussia Dortmund einen Namen gemacht, doch auch als Strafverteidiger eilt ihm ein guter Ruf voraus. Und jetzt? Jetzt lässt er mich am Prozesstag doch glatt hängen. Ich stehe wie abgesprochen am Flughafen, um ihn in Empfang zu nehmen. Aber von einer Maschine aus Dortmund ist weit und breit nichts zu sehen.

Zeitgleich macht sich auch mein Anwalt so seine Gedanken. Sein Flieger ist pünktlich in Berlin gelandet. Doch sein Klient Rocchigiani ist nicht wie abgesprochen gekommen, um ihn abzuholen. Merke: Wenn zwei das Gleiche meinen, ist es noch lange nicht dasselbe. Denn während wir beide nervös auf die Uhr schauen und fragend umherblicken, stehe ich in Berlin-Tegel, Dr. Rauball in Berlin-Tempelhof. Eine Stadt, zwei Flughäfen. Dumm gelaufen. Zum Glück ist das Zeitalter der Handys schon ein paar Jahren vorher angebrochen und so vereinbaren wir einen zweiten Treffpunkt, das Amtsgericht Berlin-Tiergarten. Der Ort der Entscheidung.

Hier, genauer gesagt im Saal 700, gibt es am 21. Januar 1997 ein Wiedersehen mit dem Pingelfritzen. Der Polizeiobermeister erscheint in voller Montur. Mit Uniform und Mütze. Im Zeugenstand erzählt er, dass ich ihn Advokatenscheißer genannt habe. Dann folgt die gleiche Predigt, die er bereits vor einem Jahr zu Protokoll gegeben hat: »Mit Tempo zehn bis fünfzehn fuhr er gegen mein rechtes Bein. Ich hatte einen zehn Zentimeter großen blauen Fleck.«

Im Amtsdeutsch der Anklage liest sich das so: »Beleidigung, Widerstand gegen einen Vollstreckungsbeamten in Tateinheit mit gefährlicher Körperverletzung.« Kurios ist allerdings die Tatsache, dass der Herr Polizeiobermeister es nach dem Vorfall nicht für nötig erachtet, einen Arzt aufzusuchen, um sich die Folgeschäden meiner angeblichen Attacke bescheinigen zu lassen. Kurios auch, im Polizeiprotokoll ist es mal das linke, mal das rechte Bein. Und der Höhepunkt des Ganzen: Der Herr Polizeiobermeister präsentiert eine Rechnung. Für sage und schreibe fünf Mark musste die beschädigte Hose gereinigt werden.

»Weil er so kleinlich war, nannte ich ihn Advokatenscheißer. Das stimmt. Aber das mit dem Wagen ist gelogen. Der hat sich gar nicht bewegt. Ich verstehe das alles nicht. So viel Theater um so eine Kleinigkeit.«

Ich sage es, wie es ist. In der festen Überzeugung, dass mir aus dieser Lappalie unmöglich ein Strick gedreht werden kann. Dr. Rauball sieht es ähnlich. Nicht nur die Angaben im Protokoll sind widersprüchlich, auch zwei geladene Zeugen kommen in ihren Aussagen nicht auf einen Nenner. Mein Anwalt geht in die Offensive, fordert die Einstellung des Verfahrens gegen Zahlung einer Geldbuße. Letzteres ist für mich das höchste der Gefühle. Aber auch nur dann, wenn es wieder schwerkranken Kindern zugute kommt. Dann macht diese ganze Farce – und eine solche ist diese Verhandlung für mich ohne Frage – wenigstens nachträglich noch einen Sinn.

Aber der Richter zögert. Mittlerweile sind bereits drei Stunden verstrichen. Ich dränge auf den Urteilsspruch, schließlich habe ich am Nachmittag noch ein hartes Trainingspensum zu absolvieren. Doch der Richter lässt sich Zeit, setzt eine zweite Verhandlungsrunde an.

Zwei Tage später geht dann alles ganz schnell. Die Beweisaufnahme ist bereits abgeschlossen. Der Staatsanwalt fordert den Einzug meiner Fahrerlaubnis für ein Jahr.

Ich schüttele den Kopf.

Doch das ist noch nicht alles. Der nächste Satz schlägt dem Fass den Boden aus: »Darüber hinaus fordere ich eine Haftstrafe von acht Monaten, die für zwei Jahre auf Bewährung ausgesetzt wird.«

Das kann nur ein Witz sein. Ich kann nicht wissen, ob sich auch der Richter ins Fäustchen lacht, als er sich der Forderung des Staatsanwaltes in seinem Urteil anschließt. Der Pingelfritze feixt sich sicherlich einen. Nur ich finde die Pointe überhaupt nicht komisch.

## Rechtsprechung?

Für mich und Dr. Rauball gibt es keine Frage: Das Urteil wird auf keinen Fall akzeptiert, wir gehen in die Berufung. Aber, man soll es nicht für möglich halten, die zweite Runde am 30. Juli 1997 wird noch skurriler.

Denn diesmal können wir in Saal B 305 dem Landgericht ein Gutachten vorlegen. Demnach, so hat der unabhängige Sachverständige ermittelt, wird ein blauer Fleck in einer Größe von zehn Zentimetern am Bein eines Menschen von einem Auto bereits bei einer Geschwindigkeit von 0,4 (!) Stundenkilometern erzeugt. Noch einmal zum besseren Verstehen: Mein Pkw war weniger als einen halben Stundenkilometer schnell, als ich den Polizeiobermeister brutal am Bein gerammt haben soll. Hallo? Jetzt sollte aber doch wohl der dümmste Bauer wissen, woher der Wind weht. Oder?

Aber das Urteil ist unumstößlich. Die brummen mir wirklich acht Monate auf. Für einmal »Advokatenscheißer« und eine »Körperverletzung« mit 0,4 Stundenkilometern. Ich tobe. »Das ist keine Rechtsprechung. Das ist Verarschung. Eine Frechheit, wie Sie mich hier behandeln!«

Seit dem 10. Februar 1998 ist das Urteil unter dem Aktenzeichen 323 Ds 237/96 beim Amtsgericht in Berlin-Tiergarten rechtskräftig. Ich bin vorbestraft! Lediglich meine Führerscheinsperre wird vom Richter um drei Monate von zwölf auf neun verkürzt. Selten wird mir außerhalb des Boxringes deutlicher vor Augen geführt, dass in unserem schönen, freiheitlichen Deutschland die Begriffe Recht und Gerechtigkeit nicht wirklich etwas miteinander zu tun haben. Mir wird der Hintergrund dieses Richterspruches wohl für immer ein Rätsel bleiben. Meinem Staranwalt, Dr. Reinhard Rauball, kann ich jedenfalls keinen Vorwurf machen. Er hat alle Widersprüche, sowohl im Polizeiprotokoll als auch unter den Zeugen, akribisch herausgearbeitet und zu guter Letzt ein unter normalen Umständen nicht zu schlagendes Gutachten vorgelegt. Vielleicht, so spekulieren einige meiner Freunde anschließend am Stammtisch, ist aber schon die Verpflichtung Rauballs der ursprüngliche, nicht zu korrigierende Patzer gewesen.

»Du weißt doch, wie wir Berliner sind, Rocky«, mutmaßt mein Bruder Ralf. »Als du mit dem Rauball aufgetaucht bist, hattest du schon verloren. Die Jungs haben sich gedacht, jetzt schleppt der auch noch solch einen Wichtigtuer aus Westdeutschland an. Da werden wir ihm mal zeigen, wo der Hammer hängt.«

46 Tage, nachdem das Urteil seine Rechtsgültigkeit erlangt hat, ist meine zweite Haftstrafe auf Bewährung perfekt. Am 25. März 1998 wird am Landgericht der österreichischen Hauptstadt Wien eine viermonatige Freiheitsstrafe, ausgesetzt auf drei Jahre zur Bewährung, in die Akten übernommen. Die Eintragung geht auf das Urteil vom 6. Oktober 1997 zurück. Die vorangegangene Verhandlung ist ein Schnellschuss. Gerade einmal zehn Minuten, dann ist der Spuk vorbei.

### Geklärte Fronten

Puh, das war knapp. Fast hätten Christine und ich den Flieger verpasst. Wir stecken im Stau fest, normalerweise gibt's keine

Chance mehr, die Lufthansa-Maschine um 7.15 Uhr zu erreichen. Doch der Pilot muss ein Rocky-Fan sein. Er wartet extra ein paar Minuten, damit wir noch an Bord hetzen können. Eigentlich wäre meine Anwesenheit gar nicht nötig gewesen. Im »Hausmeister-Prozess« sind die Fronten geklärt. Johannes W. räumt ein, mich provoziert zu haben, ehe ich ihm mit meiner linken Schlaghand die Nase breche. Und ich stehe dazu, zugeschlagen zu haben. Etwas anderes zu behaupten, wäre auch absurd und steht nicht zur Debatte. Einzig zu klärende Frage: Habe ich aus Notwehr gehandelt, als der Ösi mir hinterherläuft, mich als Piefke tituliert, meinen Hund als Köter bezeichnet, der erschossen gehört, nur weil er nicht angeleint im Park umherläuft? Richter Loibl meint: »Nein.«

Ich bin mir zwar sicher, dass der Mann noch nie in der Situation war, dass sich so ein wutschnaubender Typ vor einem aufbaut und dabei plötzlich die Hände aus seinen Taschen zieht. Doch wahrscheinlich muss er nach seinem Kenntnisstand so urteilen.

»Hier liegt ohne Zweifel eine Körperverletzung vor.«

Das Urteil fällt aus seiner Sicht milde aus.

»Vier Monate, weil Herr Rocchigiani zuvor provoziert wurde.«

Es ist ein beschissenes Gefühl, verknackt zu werden. Egal, wann oder wo. Egal, wie hart oder milde der Richterspruch auch klingen mag. Aber diesmal, am Ende der zehn Minuten, bleibe ich ruhig. Mit solch einem Urteil muss man wohl leben, wenn man als Profiboxer jemandem außerhalb des Rings die Nase bricht. Ich nehme das Urteil an.

## BÖSES ERWACHEN NACH DEM KRANKENTRANSPORT

»Graciano, fahr mich ins Krankenhaus.« Es ist der 20. August 1998. Ich bin aus dem Tiefschlaf hochgeschreckt. Kreidebleich und kerzengerade sitzt meine Frau neben mir im Bett. Ihr Herz rast wie verrückt, sie sieht aus, als würde sie mir jeden Moment wegklappen. Nicht das erste Mal, dass wir uns in dieser Situation hilflos ansehen. Erst kürzlich musste ich zum Telefon greifen, um per Notruf Hilfe anzufordern. Ein paar Minuten später parkte damals der Krankenwagen vor unserem Haus, ungeduldig wartete ich an der Haustür, um den Notarzt hereinzubitten.

»Haben Sie sich gestritten?«

Ich runzele die Stirn.

»Kommen Sie doch erst mal rein!«

Der Typ mustert mich, zögert, bleibt draußen stehen und setzt sein Verhör fort.

»Ich frage Sie noch einmal: Haben Sie sich gestritten?«

Mir ist unklar, was er damit bezwecken möchte. Ich habe aus Sorge um meine Frau den Notarzt bestellt und der Clown veranstaltet an der Wohnungstür 'ne Quizshow.

»Nein, verdammt noch mal, wir haben uns nicht gestritten. Was soll der Scheiß?«

»Graciano, lass gut sein. Mir geht es schon wieder besser«, mischt sich Christine aus dem Hintergrund ein.

»Sie haben sich doch gestritten, geben Sie es zu.«

Ich habe die Schnauze voll.

»Hau ab, du Idiot«, sind meine letzten Worte, ehe ich ihm die Tür vor der Nase zuknalle.

Diesen Dialog habe ich noch genau im Kopf, als ich mir nach Christines neuerlicher Panikattacke überlege, ob ich ein zweites Mal die 110 wählen soll. Doch meine Erfahrung vom letzten Mal genügt mir. Was, wenn wieder derselbe Spinner vor der Tür steht? Christine muss das Gleiche denken, sonst hätte sie mich nicht gebeten, sie ins Krankenhaus zu bringen. Also nichts wie runter. Ein paar Minuten später weiß ich, dass ich die richtige Entscheidung getroffen habe. Im Herzzentrum Berlins, auf dem Campus des Virchow-Klinikums im Bezirk Wedding, wird mein Schatz bestens versorgt, nach zwei Stunden können wir uns auf den Heimweg machen. Christine geht es besser, ihr Kreislauf hat sich wieder stabilisiert. Erleichterung steht ihr ins Gesicht geschrieben. Mir auch!

\*

»Ach du Scheiße!« Mir wird heiß und kalt zugleich. Auch Christine weiß sofort, was die Stunde geschlagen hat: »Verdammt!«
Kurz bevor wir auf der Rückfahrt die Stadtautobahn erreichen, kommt die Kelle. Verkehrskontrolle.
Ich sitze am Steuer. Ohne Führerschein. Den haben wir im Eifer des Gefechts nicht etwa zu Hause vergessen. Den konnten wir gar nicht vergessen. Meine Pappe liegt an einem sicheren Ort. Unmöglich für mich zu erreichen. Der Pingelfritze lässt schön grüßen.
Diesmal sind die Beamten zwar höflich. Aber auch höfliche Polizisten schreiben Anzeigen.
»Ja, Herr Rocchigiani. Ich kann ja verstehen, dass Sie sich nur aus Sorge um ihre Frau ans Steuer gesetzt haben. Da hätte ich vielleicht genauso reagiert. Aber spätestens für die Rückfahrt hätten Sie sich ein Taxi nehmen müssen.«
Die Richterin, die am 26. Februar 1999 im Amtsgericht Berlin-Tiergarten den Vorsitz führt, sieht die Sache ganz genauso. Urteil: vier Monate auf Bewährung. Tatbezeichnung: Vorsätzliches Fahren ohne Führerschein.
Damals habe ich noch keine Ahnung, welche Bedeutung dieser Richterspruch knapp drei Jahre später für mich haben wird. Der Leichtsinnsfehler aus Sorge um Christine soll mich noch zehn Monate meiner Freiheit kosten! Als ich im Januar 2002 eine einjährige Haftstrafe antreten muss, hat auch der Pingelfritze erneut seine Finger im Spiel.

## Kostspieliger Urlaub

»Wer Weltmeister wird, hat sich einen Urlaub verdient. 14 Tage nach meinem Sieg vom 21. März 1998 gegen Michael Nunn kann ich mir zwar nicht mehr sicher sein, ob ich überhaupt noch ein echter Champ bin, die Vorfreude auf meinen dreiwöchigen Urlaub mit Christine kann mir trotzdem niemand nehmen. Ich habe einen guten Kampf gemacht, die TV-Quote stimmt, die Börse auch. Ich habe allen gezeigt, dass ich noch nicht zum alten

Eisen zähle. Ich bin wieder im Geschäft. Also nichts wie raus, richtig ausspannen. Unser Feriendomizil ist diesmal richtig bodenständig und liegt am Tegernsee in Bayern.

Das kurze Aufflackern des roten Lichtes irritiert mich nicht wirklich, aber es ärgert mich umso mehr. Noch nicht am Ziel angekommen, bin ich schon pappesatt. Geblitzt mit 160 auf der Autobahn. 120 sind nur erlaubt. Das wird teuer. Dass es sogar wesentlich kostspieliger wird als erwartet, kann ich an jenem 3. April 1998 beim besten Willen nicht ahnen und hat mit der Post zu tun, die ich einige Tage zuvor erhalten habe. Per Einschreiben. Da aber weder Christine noch ich zu Hause sind, um es in Empfang zu nehmen, finden wir nur den Zustellungsschein im Briefkasten. Mitten in der Urlaubsvorbereitung rutscht es uns durch, das Schreiben rechtzeitig abzuholen.

»Das ist Ihr Versäumnis gewesen«, muss ich mir gut ein Jahr später, am 30. April 1999, vor dem Amtsgericht Stadtroda anhören. »Hätten Sie das Schreiben abgeholt, hätten Sie gewusst, dass Ihr Führerschein eingezogen ist und Sie ihn unverzüglich bei der Polizei abzuliefern haben.«

Und wieder mischt der Pingelfritze mit. Seinetwegen wurde mir die Pappe für neun Monate abgenommen. Das soll zum 1. April 1998 geschehen. So jedenfalls steht es in dem Einschreiben, das noch auf der Poststelle liegt, als mich zwei Tage später der Radar erwischt.

Da ich aber nachweislich nicht der Erste bin, der sich so vergesslich präsentiert, komme ich mit einem blauen Auge davon. Das Urteil lautet zwar auf »vorsätzliches Fahren ohne Führerschein«, doch eine weitere Freiheitsstrafe bleibt mir erspart. Stattdessen darf ich 32.000 Mark berappen. 80 Tagessätze zu je 400 Mark Geldstrafe. Der kostspieligste Urlaub meines Lebens.

Sogar noch teurer kommt mich meine Sauferei mit anschließendem Mercedes-Überschlag am Timmendorfer Strand zu stehen. Am 20. November 2000 drückt mir das Amtsgericht Eutin für meinen Crash vom 11. August des gleichen Jahres 120 Tagessätze à 300 Mark aufs Auge. Begründung: fahrlässige Trunkenheit im Verkehr. Doch mit der 36.000-Mark-Geldstrafe ist es noch lange nicht getan. Mein Mercedes ist Schrott, Totalschaden. Wenn Alkohol im Spiel ist, zahlt die Versicherung keinen Pfennig. Also muss ich die 36.000 Märker locker mehr als verdoppeln, um mir vor Augen zu führen, wie saudämlich ich in jener Nacht reagiert habe. Damit ist das Ende der Fahnenstange allerdings noch immer nicht erreicht. Fünf Monate nach der happigen Geldstrafe bekomme ich die endgültige Rechnung. Und die ist mit Kohle nicht zu bezahlen.

## Der längste Kampf meines Lebens

Ein Jahr Gefängnis. Als der Amtsrichter im April 2001 die Bewährung für meine zwei bisherigen in Deutschland kassierten Freiheitsstrafen aufhebt, weil ich mit meinem Saufcrash am Timmendorfer Strand gegen die Bewährungsauflagen verstoßen habe, kann ich im ersten Moment nur sehr mühevoll realisieren, was das tatsächlich bedeutet: Ein Jahr hinter Gittern.

Nur weil ich mich mit einem Pingelfritzen gefetzt und mich voller Sorge um meine Frau ohne Führerschein ans Steuer gesetzt habe? Klingt irreal. Ist es aber leider nicht. Am 29. Januar 2002 muss ich in den Knast. In diesem Moment ist für mich unvorstellbar, dass ich ausgerechnet während dieser Haftstrafe den spektakulärsten Sieg meiner Karriere feiern werde. Und das auch noch vor einem Gericht.

\*

Ich recke die Faust in die Höhe. Es ist das Zeichen des Sieges. Ich stehe am Toilettenfenster des District Courts im New Yorker Stadtteil Manhattan. Meine Glückshormone spielen verrückt. Unten, auf dem Bürgersteig vor dem Gerichtsgebäude, wartet meine damalige Freundin Marlene auf ein Zeichen von mir. Sie versteht sofort, was ich meine. Gewonnen! Ich habe den World Boxing Council (WBC) in die Knie gezwungen. Diese Verbandsfunktionäre haben tatsächlich geglaubt, mir meinen WM-Titel stehlen zu können, ohne dafür bestraft zu werden. Ein Irrtum. Der 21. September 2002 ist ein historisches Datum. Zumindest für den Boxsport. Nie zuvor ist ein Verband dazu verdonnert worden, auch nur einen annähernd so hohen Betrag an einen Boxer zu zahlen, wie der WBC ihn nun an mich zahlen soll. 31 Millionen Dollar!

Auf den Tag genau viereinhalb Jahre zuvor beginnt er, der längste Kampf meines Lebens. Zunächst bin ich davon ausgegangen, dass er nicht länger als eine gute Dreiviertelstunde dauern würde. Also maximal zwölf Runden à drei Minuten, plus elf kurze Erholungspausen von je einer Minute. Macht genau 47 Minuten. Doch mit dem Schlussgong und meinem Punktsieg gegen den Amerikaner Michael Nunn geht es in eine scheinbar endlose Verlängerung. Nur wenige Tage, nachdem ich den WM-Gürtel im Halbschwergewicht des WBC stolz meinen Fans in der Berliner Max-Schmeling-Halle und einem Millionenpublikum an den TV-Geräten präsentieren kann, bin ich kein Weltmeister mehr. Kampflos. Mit einem Handstreich ausgelöscht.

»Interims-Weltmeister« prangt hinter meinem Namen. Ich sitze vor dem Computer und glaube an einen schlechten Witz. Doch auf der Homepage des WBC steht es hochoffiziell. Roy Jones, der vor meinem Kampf gegen Nunn seinen Titel niedergelegt hat, um im Schwergewicht um die Krone zu boxen, steht eine Zeile über mir und wird wieder als Champion geführt. Anscheinend hat er jetzt keine Lust mehr, sich mit den schweren Jungs herumzuprügeln. Da hat ihm WBC-Präsident José Sulaiman den Titel einfach zurückgeschenkt. Und mich degradiert.

Es hat im Boxsport sicherlich schon viele Ungereimtheiten, handfeste Skandale und willkürliche Entscheidungen gegeben. Aber dieser Titelklau ist sicherlich das dreisteste Ganovenstück aller Zeiten. Als ich mit rechtlichen Schritten drohe, soll ich mit einem Fight gegen Jones getröstet werden.

## KAMPFABSAGEN FRESSEN MEIN GELD AUF

Ein Duell mit dem angeblich »Besten der Besten« im Halbschwergewicht? Und dazu noch vor einem Millionenpublikum in den USA? Versüßt mit einer Millionen-Dollar-Gage? Das klingt gut. Doch leider klingt es nur gut, es klingelt aber nicht. Zumindest nicht in meiner Kasse. Im Gegenteil, drei, vier Mal lässt das Management von Roy Jones Kampftermine verschieben oder wie zuletzt, gut vier Wochen vor dem geplanten Kampftag am 6. November 1999, sogar platzen. Begründung: Ich sei nicht bereit, zu einer Pressekonferenz ins New Yorker Nike Town zu reisen. Das stimmt zwar, doch ich biete an, mich im Berliner Nike Town per Videoschaltung den Fragen der Journalisten zu stellen. Niemand kann von mir verlangen, mitten in der Vorbereitung auf einen WM-Kampf nur für eine Pressekonferenz in die Staaten zu fliegen. Das ist grotesk. Es hätte völlig gereicht, eine solche Pressekonferenz zwei, drei Tage vor dem Kampf anzusetzen. Dann sind beide Boxer garantiert vor Ort. Ich werde das Gefühl nicht los, dass ich einem Geisterkampf hinterherjage. Wenn ich tatsächlich geflogen wäre, dann hätten sie sicherlich einen anderen Grund gefunden, den Kampf zu kippen. Ich könnte kotzen. Wieder habe ich eine Menge Geld verbrannt, schließlich kostet jede Vorbereitung, jedes Trainingslager Kohle. Meine Kohle. Ich habe die Schnauze gestrichen voll.

»So ein Prozess kann eine Weile dauern.« Fast könnte man das Gefühl bekommen, Björn Ziegler von der Kanzlei Hogan & Hartson Raue LLP möchte mir von einer Klage gegen den WBC abraten. »Das wird eine Menge Geld kosten.«

Dass der Laden nicht umsonst arbeitet, ist mir schon klar, als ich die Adresse lese. Potsdamer Platz 1. Feudaler geht's in Berlin kaum. Doch wenn ich »El Presidente« ans Fell will, dann genügt mir eine kleine Klitsche nicht. Der Mexikaner Sulaiman spinnt seine Seilschaften als WBC-Boss bereits seit 1975, da benötige ich echte Profis.

Bei Ziegler habe ich ein gutes Gefühl. Er will das Mandat nicht gleich an sich reißen, sondern weist erst mal auf Gefahren und Risiken hin. Nicht schlecht. Auch seine Visitenkarte hinterlässt Eindruck. Die Kanzlei ist international aufgestellt, hat Büros in der US-Hauptstadt Washington, D.C., in Miami, London, Paris, Moskau, Tokio. Und natürlich in Berlin. Sieht ganz so aus, als wäre der Laden hier genau das, was ich jetzt brauche. »Ich möchte, dass Sie loslegen!«

Wann habe ich diesen Satz das erste Mal bereut? Ich weiß es nicht mehr, aber die folgenden zweieinhalb Jahre sind alles andere als ein Zuckerschlecken. Die Kohle rinnt mir nur so durch die Finger. Gebühren, Vorschüsse, Honorare, alle naselang muss ich eine neue Rechnung bezahlen. Ich denke ans Aufgeben.

»Wenn du einen Rückzieher machst, haben wir alles verloren. Jetzt gibt's nur noch eins: alles oder nichts!«

Meine Frau Christine ist ein echter Mutmacher. Unsere Ehe ist zwar bereits gescheitert, aber der Kampf gegen den WBC und um das große Geld schweißt uns weiterhin zusammen. Wer weiß, ob ich das Ding ohne sie wirklich durchgezogen hätte? Ungefähr zwei Millionen Mark habe ich im Vorfeld des Prozesses auf den Tisch geblättert. Zum Glück gibt's zwischendurch den fetten Zahltag für das zweite Duell gegen Dariusz Michalczewski. Sportlich ist der Kampf von vornherein ein Himmelfahrtskommando, zu schlecht vorbereitet steige ich in den Ring. Aber die Kasse stimmt. Und das hält den Traum vom Sieg gegen den WBC am Leben.

Selten habe ich mich so hilflos gefühlt. Ich sitze im Knast und der Prozesstermin rückt näher. Unaufhaltsam. Und ich weiß nicht, ob meinem Antrag auf Haftunterbrechung stattgegeben wird. Das Warten ist das Schlimmste. Um mir diese Situation möglichst zu ersparen, bin ich vor meinem Haftantritt noch einmal zum Schlichtungsgespräch über den großen Teich geflogen. Doch das Angebot ist nicht mehr als ein schlechter Witz. Die in Aussicht gestellten 100.000 Dollar muss ich wohl als persönliche Beleidigung werten. Ich winke ab und ärgere mich, die Kohle für den Flug aus dem Fenster geworfen zu haben. Das nächste US-Ticket sollte sich besser rechnen.

## Endlich ein Prozess, der Freude bereitet

Als wir am 9. September 2002 in den Flieger steigen, kann ich kaum glauben, dass es jetzt wirklich so weit ist. Die deutsche Justiz legt mir ausnahmsweise keine Steine in den Weg. Wir starten Richtung New York. Das Hotel Waldorf-Astoria ist eine gute Adresse. Leckeres Essen, ein Service, der keine Wünsche offen lässt. Marlene und ich fühlen uns wohl. Für mich eine wichtige Voraussetzung, um den Sitzungsmarathon im Saal 1106 des District Courts durchzustehen.

Von Beginn an habe ich ein gutes Gefühl. Denn der erste Höhepunkt des Prozesses ist eine Videoaufführung. Graciano Rocchigiani gegen Michael Nunn. Die TV-Übertragung des deutschen Privatsenders RTL. In voller Länge. Mit Vorberichten, den zwölf Runden und den anschließenden Analysen. Michael Nunn ist in den USA kein No-Name-Boxer. Die zwölf Geschworenen werden zum Start der Verhandlung Zeuge, wie ich ihren US-Boy bezwinge. Das Publikum im TV-Gerät tobt, »Rocky! Rocky!«-Rufe. Dann hören sie das Urteil, verkündet von Michael Buffer, dem wohl bekanntesten Ringsprecher weltweit. Auch er kommt aus den USA. Spätestens als ich mir im TV-Gerät vor den Augen der Geschworenen den Weltmeistergürtel des WBC umschnalle, ist allen klar, wir reden hier nicht über irgendeinen Pillepalle-Kampf, sondern über einen WM-Fight. Und zwar einen echten. Das Wort »Interim« taucht während der Übertragung kein einziges Mal auf. Wohl aber in einem Fax, das Sulaiman dem Gericht vorlegt, um seine Haut zu retten. Das Schreiben, datiert vom 6. Januar 1998, soll beweisen, dass von vornherein festgestanden habe, dass Nunn und Rocchigiani lediglich einen Interims-Titelträger ausboxen. Adressat: mein Promoter Wilfried Sauerland. Absender: José Sulaiman.

Allerdings können wir dem Gericht auch ein Fax vorlegen. Gleicher Adressat, gleicher Absender, gleicher Inhalt. Auf unserem Beweisstück fehlt lediglich das Wörtchen »Interim«. Und das Datum ist ein anderes. Das Schreiben ist datiert vom 10. März 1998. Zwei kleine Unterschiede nur. Aber sie reichen aus, um

Sulaiman als Lügner zu entlarven. Richter Richard Owen ist mit seinen 81 Jahren zwar nicht mehr der Jüngste, aber ausgesprochen helle und durchsetzungsfreudig. Er ermahnt den WBC-Boss, sich zukünftig streng an die Wahrheit zu halten, ansonsten werde er ihn in Beugehaft nehmen lassen. Treffer! Die Entscheidung ist früh gefallen. Wie in einem Boxkampf, in dem einer der beiden Kämpfer jeweils in den ersten beiden Runden auf die Bretter muss und sich anschließend schwer gezeichnet über die Runden rettet. So einer weiß, dass er den Kampf verloren hat. Was er noch nicht weiß, ist die Höhe des Urteils. So oder so ähnlich muss sich auch »El Presidente« an den restlichen Tagen des knapp dreiwöchigen Prozesses fühlen. Er, seine schmierigen Anwälte, die aussehen, als wären sie einer Mafiakomödie à la Hollywood entsprungen, führen nur noch Scheingefechte. Das lenkt ab und ist langweilig. Nicht selten muss ich schmunzeln, wenn ich die Geschworenen beobachte und den einen oder anderen bei einem kleinen Nickerchen erwische. Aber es gibt auch Momente, in denen alle hellwach sind.

### T-Shirt und Lederjacke statt Anzug

»Worauf wollen Sie denn jetzt hinaus?« Meine Gegenfrage bringt Sulaimans Anwalt nicht aus dem Konzept. Ich weiß genau, was er will. Mich als Knacki vorführen.

»Ich komme direkt aus Berlin.« Bevor er nachhaken kann, setze ich meine Ausführungen fort: »Aus dem Knast. Für diesen Prozess hier habe ich Haftunterbrechung bekommen. Ich muss insgesamt ein Jahr absitzen.« Jetzt ist es raus. Die Geschworenen kleben an meinen Lippen.

»Ich habe einen Knöllchenschreiber beleidigt und bin ohne Führerschein Auto gefahren. Aber jetzt erklären Sie mir doch bitte mal, was das mit unserer Sache hier zu tun hat.«

Gelächter und anerkennendes Nicken. In den Gesichtern meiner zwölf Schicksalsbringer erkenne ich, dass es ihnen gefällt, wie ich auftrete. Ich lasse mich nicht einschüchtern!

Vor dem Prozess plaudere ich mit meinem Anwalt Björn Ziegler noch darüber, ob ich im Anzug erscheinen soll. Ich entscheide mich für T-Shirt und Lederjacke, habe keinen Bock, mich zu verkleiden. Jetzt spüre ich, dass ich alles richtig gemacht habe. Die entscheidenden Frauen und Männer in diesem Gerichtssaal sind keine feinen Pinkel. Das sind einfache Leute. Sie sind auf meiner Seite.

7.876.440 Dollar plus Zinsen für entgangene Einnahmen durch den Verlust meines Weltmeistertitels. Die detaillierte Zeugenaussage Bernd Böntes wird jetzt Dollar für Dollar und Cent für Cent aufgerechnet. Der ehemalige Verhandlungsführer von Premiere hat dem Gericht plausibel erklärt, welche Chancen mir durch den dreisten Titeldiebstahl entgangen sind. Als Weltmeister hätte der Bezahlsender für mich richtig tief in die Tasche gegriffen. Böntes Verlustrechnung ist noch nicht alles. Obendrauf gibt's eine Forderung von weiteren sieben Millionen. Als Strafe für die Machenschaften von WBC-Präsident José Sulaiman. Ein stolzes Sümmchen, was Peter Schlam, US-Kollege meines Anwaltes Ziegler, am Ende seines Plädoyers verlangt. Die Höhe der Forderung überrascht mich nicht wirklich. Erstens ist Amerika bekanntlich das Land der unbegrenzten Möglichkeiten. Hier bekommt man schon mal ein paar Hunderttausend Dollar zugesprochen, nur weil bei McDonald's der Kaffee zu heiß ist und man sich die Zunge verbrannt hat. Zweitens arbeitet Schlam auf Erfolgsbasis. Das heißt, je mehr wir bekommen, desto höher ist sein Honorar. Diese Regelung macht mich ein wenig gelassener. Ich weiß, der bekommt nur seine Kohle, wenn wir gewinnen.

14 Millionen! Ich versuche mir vorzustellen, wie es wäre, wenn wir die tatsächlich bekämen. Das würde für ein Weilchen reichen, selbst wenn alle Vorkosten, Gebühren, Honorare und Provisionen beglichen sind. Die Geschworenen sorgen dafür, dass ich meine Kopfrechnung über den Haufen werfen muss. Ihnen geht unsere Forderung nicht weit genug, sie denken, wir sind zu bescheiden.

»Wissentlich, rücksichtslos und bösartig«, so erklären sie, sei ich vom WBC getäuscht worden. Wo sie recht haben, haben sie recht. Und deshalb packen sie noch ein paar Dollar dazu und runden ein wenig auf. 31 Millionen Dollar! Als Richter Richard Owen die Gesamtsumme verliest, bekomme ich weiche Knie. Dann stürme ich auf die Toilette und recke die Siegesfaust aus dem Fenster.

Vor dem Gerichtsgebäude warten fünf meiner zwölf Glücksbringer aus dem Saal 1106 auf mich. Sie empfangen mich mit nach oben zeigendem Daumen. Ich bin völlig perplex. Die Geschworenen wollen sich persönlich von mir verabschieden.

»Good luck!« Jeder von ihnen drückt mir die Hand. Einer schließt mich sogar in seine Arme, bevor sich unsere Wege trennen. Die Vereinigten Staaten von Amerika sind wirklich ein wunderbares Land!

Am nächsten Morgen geht's zurück nach Berlin. Zurück in den Knast. Als Multimillionär. Zumindest als vermeintlicher. Doch als die Gefängnistür wieder ins Schloss fällt, habe ich keine Ahnung, wann der Rubel, besser gesagt der Dollar, rollt.

»31 Millionen klingt ja super, Rocky. Aber davon siehst du doch sowieso nichts.«

Neider gibt es überall. Auch unter den Knackis. Immer schön gelassen bleiben.

»Ich weiß schon selbst, dass ich nicht alles bekomme. Aber irgendetwas werde ich schon kriegen. Da macht euch mal keine Sorgen.«

Das ist nicht nur ein Spruch. Ich spüre, dass Geld fließen wird. Früher oder später. Aber vorerst zehre ich noch von dem Erfolg, den selbstherrlichen Sulaiman in die Knie gezwungen zu haben. Seit Jahren wird in vielen Bereichen des Boxsports gearbeitet wie bei der Mafia und jetzt kommt so ein kleiner, popeliger deutscher Knacki, im Prinzip pleite, und räumt mal so richtig auf. Ein herrliches Gefühl!

Doch der Weg zum ersehnten Geld ist steinig und lang. »El Presidente« denkt nicht daran, freiwillig zu zahlen. Seine Strategie ist ganz einfach. Er droht mit dem Pleitegeier, für den Fall, dass ich auf Zahlung der Gesamtsumme bestehe. Und so geht die Sache in die Verlängerung. Erneut sind die Anwälte gefragt.

Diesmal um eine Lösung zu finden, die alle Seiten zufrieden stellt. Wie die aussieht? Sorry, aber das kann und darf ich beim besten Willen nicht verraten. Selbst wenn ich wollte. Denn wie üblich in solchen Angelegenheiten gibt es auch hier eine Verschwiegenheitsklausel. Wenn ich gegen die verstoße, wäre das ungefähr genauso dämlich, wie besoffen Auto zu fahren. Und aus Fehlern wird man ja bekanntlich klug. Zumindest dann, wenn man klar im Kopf ist.

Von diesem Zustand bin ich ein gutes Dreivierteljahr zuvor meilenweit entfernt. Dass ich am 16. Dezember 2001 so richtig geladen habe, davon beißt die Maus keinen Faden ab. Mit 2,2 Promille erwischt mich die Polizei im Auto. Zum Glück nicht hinter dem Steuer, sondern schlafend auf der Rückbank eines Opel Corsa. Da es anschließend zu Meinungsverschiedenheiten zwischen mir und der von den Autobesitzern herbeigerufenen Polizei kommt, stehe ich knapp vier Wochen nach meinem großen Sieg erneut vor Gericht. Diesmal allerdings nicht als jubelnder Triumphator, sondern als reuiger Sünder. Die Situation ist mir unangenehm. Zwar kann ich nach dem Vorfall anhand meiner kunterbunten Knochen und Gelenke festmachen, dass auch die Gesetzeshüter nicht gerade zimperlich mit mir umgesprungen sind. Aber Einzelheiten noch im Detail nachzuvollziehen, das fällt mir schwer. Ich muss es mir eingestehen, ich war einfach zu voll.

### Ein echter Filmriss

Jetzt habe ich Schiss. Normalerweise muss ich nur noch gut drei Monate von meiner ursprünglich einjährigen Haftstrafe absitzen. Wenn es schlecht läuft, kassiere ich nun aber einen Nachschlag und kann mich gleich für ein paar zusätzliche Monate in Tegel einbuchen. Mir ist der Ernst der Lage durchaus bewusst. Nicht nur, dass mein kleines Nickerchen in einem fremden Pkw im Amtsdeutsch als Hausfriedensbruch tituliert wird, vor allem das anschließende Gerangel mit den Beamten birgt Gefahren. Mein

Widerstand gegen die Staatsgewalt bezieht sich auf meine Weigerung, aus dem kleinen Corsa in die grüne Minna umzusteigen. Ich neige nun mal zu allergischen Reaktionen, wenn man mich da hineinzwängen möchte. Diese Abneigung muss ich durch einen Faustschlag an den Kopf des 27 Jahre alten Polizisten Stefan S. zum Ausdruck gebracht haben. Da ich mich beim besten Willen nicht mehr an alle Einzelheiten erinnern kann, bringe ich vorsichtshalber mein Bedauern zum Ausdruck. Doch meine Entschuldigung wird demonstrativ abgelehnt. Typisch Bulle. Trotzdem kann ich mir während seiner Ausführungen an einer Stelle ein Schmunzeln nicht verkneifen.

»Ich habe gekontert und traf ihn ins Gesicht. Das hatte aber keinerlei Wirkung. Da wusste ich, dass es wirklich Rocchigiani ist.« Dafür erntet er im Saal lautes Gelächter. Ist ja auch kein schlechter Spruch.

Vielleicht trägt er sogar dazu bei, die Richterin bei Laune zu halten. Denn am Ende des Tages bekomme ich zwar vier weitere Monate aufgebrummt. Doch die werden zum Glück für drei Jahre auf Bewährung ausgesetzt. Meiner planmäßigen Entlassung aus dem Knast in Tegel steht nichts mehr im Wege. Im Gegenteil: Wegen guter Führung darf ich sogar schon früher raus. Am 10. November 2002 bin ich nach insgesamt 297 Tagen wieder ein freier Mann.

Dass sich das nach gut vier Jahren bereits wieder ändern wird, halte ich damals für ausgeschlossen. Doch die Realität sieht anders aus. Am 3. Januar 2007 muss ich wieder einrücken. Schuld daran ist die alte Leier. Mir ist es durch und durch peinlich, darüber zu berichten. Aber das gehört wohl zur Chronistenpflicht. Hätte ich meinen Wagen nach dem Champions-League-Finale des AC Mailand gegen Liverpool doch bloß auf dem Parkplatz stehen lassen! Doch alles Hätte, Wenn und Aber hilft nichts. Das Urteil lautet auf sechs Monate Haftstrafe wegen Trunkenheit am Steuer und 15 Monate Führerscheinentzug.

Dem Amtsgericht Frankfurt (Oder) bleibt nach deutscher Rechtsprechung am 19. Dezember 2005 wohl gar nichts anderes übrig, als mich wieder hinter die sogenannten schwedischen

Gardinen zu schicken. Ich selbst sehe das freilich ganz anders: Ich raube nicht, ich stehle nicht. Ich vergewaltige keine Frauen und überfalle keine alten Opas. Ich bin nur einfach etwas anders als die meisten. Verrückter. Wenn ich getrunken habe, auch blöder. Sicherlich. Aber muss ich deshalb weggeschlossen werden? Was ist mit den Arschlöchern, die kleine Kinder vergewaltigen und immer noch frei herumlaufen, weil sie von irgendeinem beschissenen Gutachter gerettet werden? Und was ist mit Ausländern, die als Gast in unserem Land Hilfestellung für einen sogenannten Ehrenmord leisten und anschließend lachend durch die Straßen Berlins ziehen? Frei!

Und, um wieder den Bogen zu meinen Auftritten vor Gericht zu bekommen: Was ist eigentlich mit den Taxifahrern, die ihren Gästen Pfefferspray ins Gesicht ätzen, nur weil die mit einem 200-Euro-Schein zahlen wollen? Ich jedenfalls kenne einen, der ungeschoren davongekommen ist.

## Vor Gericht steht der falsche Mann

Ich verstehe bis heute nicht, warum der Taxifahrer nicht als Angeklagter vor Gericht steht, sondern ich. Der Droschkenkutscher behauptet dreist, ich habe ihn tätlich angegriffen, obwohl er es ist, der mich am 5. Dezember 2004 attackiert. Zwar nicht mit Fäusten, aber mit einer Flasche Pfefferspray. Wenn man jemandem so ein ätzendes Zeug ins Gesicht sprüht, dann kriegt man eben eine in die Fresse. So einfach ist das. Punkt. Von daher weiß ich überhaupt nicht, was das Gericht noch von mir will.

Aber ich heiße ja bekanntlich immer noch Graciano Rocchigiani, bin bekannt wie ein bunter Hund und einschlägig vorbestraft. So hat man keine Chance. Diese Erfahrung ist bitter, aber so ist es wohl in diesem Land. Dabei bin ich diesmal im Vorfeld des Prozesses vom 11. August 2006 noch guter Dinge. Auf Empfehlung meines Anwaltes habe ich den entstandenen Blechschaden am Taxi in Höhe von knapp 1.500 Euro bereits beglichen. Und auch die Schmerzensgeldforderung des Fahrers, die sich zunächst auf

100.000 Euro beläuft, zwischendurch auf 5.000 Euro gesenkt wird, um dann wieder auf hundert Riesen anzusteigen, habe ich mit einer Zahlung von 2.000 Euro aus der Welt geschafft. Alles, um den Weg für ein möglichst mildes Urteil zu ebnen.

»Sie scheint auf Ihrer Seite zu sein«, berichtet mir mein Anwalt. Das Argument, das ich ihm für das Vorgespräch mit der Richterin mit an die Hand gebe, ist so einfach wie logisch: »Glauben Sie mir, wenn ich zuerst zugeschlagen hätte, dann wäre der Taxifahrer nicht mehr in der Lage gewesen, mir eine Ladung Pfefferspray zu verpassen.«

Wer das nicht versteht, hat keine Ahnung vom Boxen. Die Richterin scheint sich zum Glück ganz gut auszukennen. Zu meinem Unglück wird sie dann allerdings kurz vor Prozessbeginn krank. Zumindest begründet mein Anwalt mir so den plötzlichen Wechsel auf dem Richterstuhl, als ich zwei Tage vor dem Termin in seiner Kanzlei anrufe, um mich nach dem Stand der Dinge zu erkundigen.

»Die Richterin wird kurzfristig ausgetauscht? Wann wollten Sie mir das denn mitteilen? Fünf Minuten vor der Verhandlung?«

Mein gutes Gefühl ist auf einen Schlag verschwunden. Zu Recht, denn es soll noch schlimmer kommen.

»Wenn Sie eine Teilschuld annehmen, gibt's nur vier Monate«, erklärt mir mein Rechtsbeistand unmittelbar vor der Verhandlung im Amtsgericht Tiergarten. Das habe er gerade eben mit der neu berufenen Richterin und dem Staatsanwalt ausgehandelt.

»Was soll der Scheiß? Ich habe nur aus Notwehr zugeschlagen!«

»Ich würde Ihnen raten, zuzustimmen.«

»Was, wenn nicht?«

»Dann können es schnell zwölf Monate werden.«

»Na toll, da habe ich ja eine Riesenauswahl.«

Die neue Richterin, die erst kurzfristig mit meinem Fall betraut wird, wertet meine bereits geleisteten Zahlungen an den Taxifahrer als Teilschuldanerkenntnis. Ich bin alles andere als begeistert: Erst empfiehlt mir der Anwalt die Zahlungen, jetzt verliest er mein Geständnis. Ich sitze schweigend daneben.

»Ich schließe mich meinem Anwalt an.« Das ist der einzige Satz, den ich zum vermeintlichen Tathergang über die Lippen bringe. Ich habe Mühe, meinen Frust hinunterzuschlucken. Erst recht, als ich das Urteil höre.
»Fünf Monate Freiheitsstrafe wegen Körperverletzung und Sachbeschädigung.« Habe ich gerade richtig verstanden? Fünf Monate? Mein Anwalt sagt mir, vier seien ausgehandelt, jetzt sind es plötzlich fünf? Kann man sich jetzt nicht einmal mehr auf das Hohe Gericht verlassen? Hier herrschen Zustände wie in einer Bananenrepublik. Nichts wie raus hier. An der Tür wartet der Gerichtsschreiber meines Verfahrens auf mich und streckt mir seine rechte Hand entgegen.
»Ich wünsche Ihnen viel Glück und für die Zukunft alles Gute, Herr Rocchigiani.«
»Danke schön«, murmele ich während unseres kurzen Händedrucks. Wenigstens einer, der spürt, was hier gespielt wird.

## Eine Reihe unbeantworteter Fragen

Ich fühle mich im Gericht über den Leisten gezogen. Da wäre nicht nur die Frage: Warum kann der Fahrer noch nach dem Pfefferspray greifen, wenn ich es bin, der zuerst zuschlägt? Zu klären wäre doch auch gewesen: Warum steigt der Typ aus dem Wagen aus, wenn ich so schrecklich brutal gegen ihn vorgegangen bin? Warum läuft er mir hinterher, um mir noch eine Ladung von seinem ätzenden Spray zu verpassen? Warum wird der Concierge des Radisson Hotels, vor dessen Augen sich der Vorfall ereignet, nicht als Zeuge gehört? Und, sicherlich besonders interessant: Warum vergisst die Polizei, sich die Überwachungsvideos des Radisson anzuschauen? Weil die Bänder den Vorfall eventuell bis ins Detail hätten aufklären können? Als ich nach einigen Wochen erfahre, dass es eine solche Anlage gibt, ist es leider schon zu spät, um sich alles noch mal anzusehen. Die Aufnahmen werden nur drei Tage lang archiviert. Aber hätten unsere Freunde und Helfer nicht davon wissen müssen? Wenn ja, hätte es nicht zu ihren Ermittlungspflichten gezählt, sich im Radisson zu erkundigen? Schließlich gehört es in solch einem Haus doch zum guten Ton, mit einer entsprechenden Sicherheitsanlage zu arbeiten. Und zu guter Letzt: Warum wird einem Typen Glauben geschenkt, dessen Schmerzensgeldforderungen zwischen 5.000 und 100.000 Euro schwanken, ehe er sich mit 2.000 zufrieden gibt?

Fragen über Fragen, die nun nicht mehr zur Debatte stehen. Ich musste ein Teilgeständnis ablegen und bin erneut verknackt worden. Das Vorstrafenregister von Graciano Rocchigiani ist um ein Aktenzeichen reicher.

RUNDE 14

# MEINE HAFTZEIT

»Es tut mir leid, Graciano. Du hältst mich jetzt bestimmt für ein Arschloch. Ich wollte dich nicht reinreißen. Aber mein Anwalt hat mir dazu geraten. Entschuldige bitte.«
Hasan ist ein Häufchen Elend. Vor wenigen Minuten sind wir direkt aus dem Saal 739 des Berliner Kriminalgerichts abgeführt worden. In Handschellen. Der Richter will kein Risiko eingehen. Nachdem er mir 30 und Hasan 36 Monate wegen »versuchten gemeinsamen Menschenhandels« aufgebrummt hat, glaubt er jetzt an Fluchtgefahr. So bleibt mir nicht mal die Chance, mich ordentlich von meiner neuen Flamme Christine zu verabschieden. Ich bin unschuldig. Unschuldig und verzweifelt. Als ich aus dem Gerichtssaal geleitet werde und in Christines leere Augen schaue, rinnen mir Tränen über die Wangen.
Jetzt flennt Hasan. Und ich tröste ihn. Ich muss spinnen. Der Typ, dem ich den ganzen Scheiß zu verdanken habe, heult sich an meiner Schulter aus. Wir sind zusammen in eine Zelle gesteckt worden. Für ein paar Minuten nur, aber die reichen aus, um Mitleid mit ihm zu bekommen. Eigentlich müsste ich dem Typ eine in die Fresse hauen, für das, was er sich vor Gericht geleistet hat. Er hat mich schwer belastet, obwohl er weiß, dass ich mit der Sache nichts zu schaffen habe. Auf solche Freunde kann ich verzichten. Aber in diesem Moment stehe ich unter Schock. Den Freispruch so gut wie in der Tasche – und jetzt sitze ich im Knast. Zweieinhalb Jahre für nix. Ich kann das Ganze überhaupt noch nicht realisieren, fühle mich wie in einem Albtraum, aus dem ich gleich erwachen werde. Aber es ist niemand da, der mich kneift.
Wie soll man jemandem beschreiben, wie es ist, im Gefängnis zu sitzen? Ich bin mir sicher, nur wer schon einmal erlebt hat, dass

die Zellentür sich hinter einem schließt, kann nachvollziehen, was es heißt, wirklich eingesperrt zu sein. Eingesperrt in einem Raum, der vier Meter lang und zwei Meter breit ist. Den man nicht schnell mal verlassen kann, um irgendetwas zu erledigen. Sei es, um sich etwas zu trinken aus der Küche zu holen, sich die Zeitung vom Wohnzimmertisch zu schnappen oder auf ein Bier in der Kneipe um die Ecke zu verschwinden. Ich fühle mich wie ein kleiner Junge, der böse war und Stubenarrest bekommen hat. Tagein, tagaus. Und wenn du dann noch in die grinsende Visage eines Wärters schaust, der dich nicht leiden kann und sagt: »Gute Nacht, Herr Rocchigiani«, während er die Zelle um kurz vor 22 Uhr zur Nachtruhe verschließt. Dann weißt du, wo du bist. Die Freiheit, für die meisten eine Selbstverständlichkeit, lernt man erst dann richtig zu schätzen, wenn man sie nicht mehr jeden Tag und jede Nacht wie selbstverständlich ein- und ausatmen kann.

Hasan weiß genau, was er mir angetan hat. Er kennt das Gefühl, für ihn sind die dreißig Monate keine Premiere. Bereits an meinem ersten Abend als Knacki stellt er mir unter Beweis, welche Vorteile es bringen kann, wenn man im Knast über eine gewisse Erfahrung und ein eigenes Netzwerk verfügt. Seine Kalfaktoren bringen mir ein Päckchen vorbei. Der Inhalt soll mich milde stimmen. Zu essen, zu trinken und Tabak. Wenigstens etwas. Lediglich den beiliegenden Brief mit einer nochmaligen Entschuldigung und dem Zusatz »du kommst bestimmt bald wieder raus« hätte er sich schenken können. Fragend schaut mich Hasans Bote an, wartet auf eine Antwort, eine kurze Nachricht oder wenigstens eine Geste des Dankes. Aber von mir gibt es keinen Kommentar. Die Freundschaft zwischen Hasan und mir ist Geschichte. Reue hin, Reue her. Der Typ ist für mich gestorben. Seinetwegen verliere ich meine Freiheit. Da gibt es keinen Gesprächsbedarf mehr.

Das Warten ist das Schlimmste. Und das Gefühl, die Hoffnung langsam zu verlieren. Wenn bereits zwei von maximal drei möglichen Haftverschonungsterminen verstrichen sind, dann schwindet der Glaube an die Gerechtigkeit. Dann bekommt man fast Angst vor der dritten und letzten Chance. Angst, dass auch diese ungenutzt verstreicht und der Albtraum insgesamt 880 Nächte dauern wird.

Ich habe mich nie wieder so gefreut, das Gesicht eines Anwaltes zu sehen, wie am 29. April 1989. Schon das Lächeln aus der Ferne sendet ein Signal, das meinen Puls in die Höhe treibt. Ich kann ihn förmlich riechen, den süßen Duft der Freiheit.

### Menschenhandel hängt mir an

50.000 Mark Kaution kostet es, wieder gemeinsam mit Christine einzuschlafen. Und aufzuwachen. Die Kohle ist wirklich gut investiert. Zumal sie nicht verbrannt ist, sondern nur verliehen. Als der Bundesgerichtshof das Urteil gegen mich aufhebt, werden auch die fünfzig Riesen wieder ausgekehrt. Der Glaube, dass der Freispruch am 29. Januar 1991, am Ende des zweiten Prozesses, tatsächlich einen Schlussstrich unter dieses unwürdige Kapitel zieht, erweist sich allerdings schnell als Trugschluss. Auch Jahre später wird in den Medien immer wieder davon die Rede sein, dass ich wegen versuchten Menschenhandels gesessen habe. Wenn ich Glück habe, wird noch das Wörtchen »unschuldig« hinzugefügt.

Und mich würde es nicht wundern, wenn bei den zahlreichen Prozessen, die in der Folgezeit auf mich warten, einige der Staatsanwälte und Richter den »Menschenhändler Rocchigiani« im Hinterkopf haben, als sie Anklage erheben beziehungsweise Urteile verkünden.

Der Freispruch vom Vorwurf des versuchten Menschenhandels gilt nicht nur für mich. Auch Hasan profitiert davon. Er sitzt trotzdem weiter, muss noch eine Haftstrafe wegen anderer Delikte verbüßen. Als er wieder rauskommt, dauert es nicht lange und er hat eine Kugel im Kopf. Der Kampf um die Vormachtstellung in seinem Kiez soll mit seinem Tod ein Ende finden. Soll. Denn er überlebt den Anschlag, der sich direkt an seiner Wohnungstür ereignet. Es klingelt, Hasan öffnet. Dann fällt der Schuss. Eine Story, die ich bislang nur aus Filmen kenne. Der Pate lässt schön grüßen. Mir läuft es eiskalt den Rücken herunter, als die Erzählungen von diesem versuchten Mord in der Szene die Runde machen. Es gibt sogar Typen, die mich in diesen Tagen verächtlich anschauen und mutmaßen, ich habe meine Finger im Spiel. Aus Rache. Doch das kann nur jemand vermuten, der nicht die geringste Ahnung hat, wie ich ticke. Wegen ihm riskieren, lebenslang im Knast zu verschwinden? So schräg könnte ich nicht mal im größten Suff denken!

Meine Gedanken sind kurz bei Hasans Nutte. Sie hatte nicht so viel Glück wie er. Sabine ist bereits tot, hat sich den »goldenen Schuss« gesetzt. Wenn man in solchen Momenten innehält und ins Grübeln kommt, wird einem erst so richtig bewusst, in welche Grotten man sich begeben hat. Und wer sich, wie ich, in diesen Kreisen bewegt, der lebt immer in der Gefahr, selbst erwischt zu werden. Ich darf mich also nicht wundern, wenn es ab und an zum Eklat kommt. Boxen ist Milieu, und im Milieu lebt man gefährlich. Ich bin hier aufgewachsen. Boxen ist mein Leben. Wenn ich das berücksichtige, bin ich in meinem Leben fast noch glimpflich davongekommen. Ich habe nie eine kriminelle Handlung geplant oder jemanden zusammengeschlagen, nur weil ich Bock drauf hatte.

Dass diese Haftzeit nicht meine einzige bleibt, ist zum Teil meiner eigenen Dummheit geschuldet. Wer sich betrunken hinters Steuer setzt, obwohl er weiß, dass er das nicht darf, ist doof. Das habe ich den Bullen sogar schwarz auf weiß gegeben. Andererseits ist bei der Grundsteinlegung für meine Knastkarriere, bei der Verurteilung im Pingelfritzen-Prozess, kein Tropfen Alkohol im Spiel. Hier bin ich der Willkür eines einzelnen Beamten ausgesetzt. Das Image des sogenannten »Skandalboxers« erledigt dann wohl den Rest.

Acht Monate auf Bewährung: Dieses Urteil, gefällt wegen des Wörtchens »Advokatenscheißer« und des angeblichen Anfahrens eines Polizisten mit der Wahnsinnsgeschwindigkeit von 0,4 Stundenkilometern, verfolgt mich über Jahre und bringt mich letztlich, wenn auch mit einiger Verspätung, noch ein zweites Mal hinter Gitter.

## Autogrammstunde im Knast

Sie kommt schleichend. Meine zweite Haftzeit kriecht wie eine gefährliche Schlange an mich heran. Ganz langsam, unaufhaltsam und am Ende nicht mehr abzuschütteln. Am 29. Januar 2002 hat sie mich endgültig im Würgegriff. Um 14.10 Uhr klingele ich an der Gefängnispforte in der Spandauer Kisselnallee.
»Mein Name ist Graciano Rocchigiani. Ich melde mich zum Haftantritt.«
Neun Monate zuvor hat das Amtsgericht die Bewährung für die zwei Haftstrafen aufgehoben, die mir die deutschen Gerichte aufgebrummt haben. Acht Monate gab's bekanntlich für den Pingelfritzen, vier für Christines Krankenhaustour, die ich mir ohne Führerschein leistete. Macht summa summarum zwölf Monate, ein ganzes Jahr. Mein Anwalt versucht alles, um mir diese Scheiße zu ersparen. Er stellt sogar ein Gnadengesuch. Eigentlich unvorstellbar, dass ich in die Situation komme, um Gnade zu flehen. Ergebnis: Abgelehnt. Jetzt kann auch der Anwalt nichts mehr für mich tun. Außer mich zum Knast zu fahren. Seit meinem Crash am Timmendorfer Strand am 11. August 2001 ist meine Pappe weg. Diesen Tag würde ich am liebsten aus meinem Leben streichen. Denn der Sufffahrt muss ich nicht nur meinen Führerschein opfern, sondern auch meine Freiheit. Meine »fahrlässige Trunkenheit im Verkehr«, wie es in der Juristensprache heißt, ist der Grund für die Bewährungsstreichung und den damit verbundenen Haftantritt in der Kisselnallee. Mein Anwalt hat die Außenstelle der Justizvollzugsanstalt Hakenfelde ganz bewusst gewählt. So entgehen wir den lauernden Journalisten und Fotografen, die allesamt in der Zentrale Hakenfelde auf den Häftling Rocky warten. In einer solchen Situation kannst du alles gebrauchen, aber ganz bestimmt keinen Presserummel.
Aber auch in der nur 170 Häftlinge fassenden Knastaußenstelle gibt es bei meiner Ankunft eine kleine Menschentraube. Allerdings sind es hier keine Paparazzi, sondern einige meiner neuen Knastkollegen, die mich empfangen.
»Wollte dich mal persönlich kennenlernen.«

»Kannst du mir ein Autogramm geben?«
»Rocky, schön, dich zu sehen, wie lange bleibst du bei uns?«
Ich bin verdutzt. Das habe ich nicht erwartet. Eigentlich will ich nur meine Ruhe haben. Doch jetzt schreibe ich Autogramme.

»Wenn ich das gewusst hätte, hätte ich ein paar Autogrammkarten mitgebracht«, nuschele ich, während ich mit der linken Hand meinen Namen auf eine Tischtenniskelle kritzele.

Meine erste Nacht verbringe ich auf einer Doppelpritsche, einer Art Hochbett. Ich liege oben. Zum ersten Mal. Zu Hause, als kleiner Knirps, musste ich diesen Platz immer meinem Bruder Ralf überlassen. Für den Knacki unter mir wird die Nacht kein Vergnügen. Eine echte Boxernase sägt nachts ganze Wälder ab.

Einen Tag später habe ich bereits eine Einzelzelle. Von Hakenfelde geht es rüber nach Heiligensee. Bislang ist alles halb so wild. Die Zellentüren stehen offen. Auch nachts. Das beklemmende Gefühl, auf engstem Raum eingesperrt zu sein, bleibt einem erspart. Man hat die Illusion, sich frei bewegen zu können. Freilich nur bis an die Grenzen der Haftanstalt. Beide Gefängnisse regeln auch den offenen Vollzug und den damit verbundenen Freigang. 12 bis 14 Stunden kann man sich als sogenannter Freigänger außerhalb der Gefängnisgrenzen aufhalten und muss nur zum Pennen einrücken. Das schwebt auch mir vor. Doch nur wer einen festen Job nachweist, kommt in den Genuss dieses Privilegs. Ich gehe davon aus, dass man als Berufsboxer raus kann, um dem täglichen Training nachzugehen. Doch da habe ich die Rechnung ohne die Anstaltsleitung gemacht.

»Bei uns gibt es einen Fitnessraum samt Sandsack. Sie können hier trainieren.«

Das ist ein echter Tiefschlag. Nichts ist es mit dem »Kuschelknast«, den mir meine Kumpels vor Haftantritt vorhersagen, um mich bei Laune zu halten. Doch es soll noch schlimmer kommen.

## Judaslohn für den Pressespitzel

Die Bilder, die ich sehe, gefallen mir nicht. Ganz und gar nicht. Sie sind zwar harmlos, zeigen mich lediglich, wie ich gelangweilt in der Gegend herumstehe und eine Zigarette paffe. Aber diese Fotos sind aktuell und ich darf sie in der Zeitung bewundern. Ich werde bespitzelt. Hier im Knast gibt's einen Typen, der mich abschießt und die Bilder an die Presse verkauft. Dem Maulwurf muss ich das Handwerk legen.

Es ist nicht besonders schwer, ihm auf die Schliche zu kommen. Die Perspektive der Bilder lenkt meine Aufmerksamkeit ziemlich schnell auf ein konkretes Zellenfenster. Als der dazugehörige Knastbruder zwei Tage später mit seinem Judaslohn, einem nagelneuen Handy, prahlt, ist die Sache klar.

»Wenn ich den erwische, der mich hier angeschissen und Fotos nach draußen vertickt hat, der wird nicht mehr viel Freude haben.«

Meine Ansprache in die Runde kommt klar und deutlich rüber. Darüber hinaus ist sie auch noch erfolgreich. Was mich besonders freut. Denn ich habe nicht die geringste Lust, im Knast mehr als Worte sprechen zu lassen.

Die neugierigen Reporter werfen die Flinte nicht so schnell ins Korn. Jetzt rückt meine Freundin Marlene in den Fokus der Kameras. Schon seit Tagen bringt sie mir am Abend einen Korb mit Leckereien und Kleingeld zum Telefonieren in den Knast. Sie klingelt an der Anstaltstür, gibt den Korb ab und muss wieder gehen. Ohne mich zu sehen. Wenn wir Glück haben, reicht es zu einem kurzen »Hallo und auf Wiedersehen« am Zaun, der direkt an den Anstaltshof grenzt. Mehr Zeit zusammen verbringen wir nur alle 14 Tage am Samstag. In dem Zeitfenster zwischen 14.30 und 16.30 Uhr darf man eine Stunde lang Besuch empfangen. Der Gemeinschaftsraum befindet sich mit einigen Gefangenenzellen sowie dem Trainings- und Wäscheraum auf der Traktseite gegenüber meiner Zelle. Auf meiner Seite gibt's das Telefon, die Chefzentrale, Toiletten und – ganz wichtig – den Konferenzraum.

## Ein geiler Toilettengang

Hier darf ich meinen ersten Besuchstross empfangen. Meine Geschwister Ralf und Claudia sind gekommen. Mein Schwesterchen hat ihren Freund Frank mitgebracht. Vierte im Bunde ist natürlich Marlene. Während sich die Massen im Gemeinschaftsraum tummeln, haben wir unsere Ruhe. Ich bin angenehm überrascht. Und wittere meine Chance. Die Uhr tickt.

»Ihr wisst ja sicherlich, worum es geht«, erkläre ich nach einer halben Stunde Small Talk über Gott und die Welt. »Seid mal nicht sauer, wenn ich kurz verschwinde.«

Ein Blick zu Marlene und alles ist klar. Die anderen drei müssen grinsen, als ich mir mein Mäuschen schnappe und den Konferenzraum verlasse, um einen kleinen Toilettengang einzuschieben. Oh, was hat mir das gefehlt. Noch nicht mal zwei Wochen sind vorbei, doch es kommt mir vor wie eine halbe Ewigkeit. Im Knast gibt's nicht viel Abwechslung, da fällt es umso schwerer, nicht ans Poppen zu denken.

Der Wärter weiß genau, was die Stunde geschlagen hat. Als Schweigelohn gibt es anschließend ein paar Autogrammkarten und die Sache ist geritzt. Einige der Jungs sind echt in Ordnung. Doch leider gibt es nicht jede Woche den gleichen Dienstplan. 14 Tage später bleibt mein Separee verschlossen. Zwei Wochen lang habe ich mich auf ein schönes Nümmerchen gefreut, und jetzt lungere ich mit den anderen Knackis im Gemeinschaftsraum herum. Der Besuchstag wird zu einer Massenveranstaltung. Ich sitze wie auf glühenden Kohlen. Mann, was bin ich sauer! Meine Gedanken kreisen nur um ein Thema. Wo finde ich jetzt ein Plätzchen, um einen wegzustecken? Zum Glück sind wir im offenen Vollzug. Hier darf man zwischendurch auch mal einen kleinen Spaziergang über den Hof einlegen. Zu mehr als einem Quickie mit der Hand reicht es diesmal nicht. Wir finden beim Rundgang zwar eine Stelle, die nicht so leicht einzusehen ist, doch das Risiko, während des vollen Programms erwischt zu werden, ist zu groß. So ergießt sich meine Ladung in die Hofecke. Da wächst jetzt bestimmt 'ne Riesenpalme! Mit Kokosnüssen!

»Rockys geheimnisvolle Freundin. Jeden Abend bringt sie ihm das Essen in den Knast.« Am 6. März 2002, fünf Wochen nach meinem Haftantritt, hat die »Bild« die Marlene-Story im Kasten. Die Fotografen haben sie abgeschossen, als sie mit dem Essenskorb unterm Arm an der Gefängnistür klingelt. Für die »Bild« ist es eine gute Story, für mich der Aufbruch in harte Zeiten. Die Anstaltsleitung hat genug von dem ständigen Pressewirbel. Der offene Vollzug in Heiligensee ist es nicht gewohnt, im Fokus der Öffentlichkeit zu stehen. Ist es am Anfang vielleicht noch ganz schick, mal einen echten Promi begrüßen zu dürfen, setzen sie mich nun auf die Abschussliste.

Plötzlich macht eine Pressemitteilung die Runde: Die Knastbosse stufen mich als gefährlich ein. Und es taucht eine Psychologin auf, die mir per Gutachten das Borderlinesyndrom bescheinigt. Eine schwerwiegende Erkrankung, die im Grenzbereich zwischen Psychose und Neurose einzuordnen ist. Na prima, jetzt bin ich nicht nur ein gefährlicher Knacki, sondern auch noch ein unberechenbarer Irrer. Und solche Typen haben im offenen Vollzug natürlich nichts zu suchen.

»Herr Rocchigiani, kommen Sie bitte mal mit.«

Am Abend des 11. März 2002 geht alles ganz schnell. Mein grün-weißes Lieblingstaxi bringt mich von Heiligensee nach Tegel. Vom offenen in den geschlossenen Vollzug. In der Sprache der Knackis klingt das so: Umzug vom 5-Sterne-Hotel in die Bahnhofsmission!

»Gute Nacht, Herr Rocchigiani.«

Die Zellentür fällt ins Schloss. Es klickt. Eingesperrt. Der Albtraum beginnt von neuem.

Einzelzelle 153, dritter Stock, Haus sechs. Acht Quadratmeter, inklusive abgetrennter Toilette. An den kargen Wänden hängen ein paar Bilder. Janina, meine Tochter, sagt mir so in der Frühe Guten Morgen und vor dem Schlafengehen Gute Nacht.

Der Tagesablauf wird vom Ticken der Uhr bestimmt. 6.15 Uhr wecken, Morgentoilette, anschließend Frühstück. 7.30 Uhr bis

11.15 Uhr erste Schicht in der Kleiderkammer. Mittagspause. 12.30 Uhr bis 14.30 Uhr zweite Schicht in der Kleiderkammer, 15 Uhr bis 16.45 Uhr Training, 17 Uhr Gefangenenzählung, 18 Uhr Abendessen, anschließend Backgammon-Runden, 21.45 Uhr Zelleneinschluss. Immer und immer wieder. Die Monotonie frisst dich auf. Da kann es sogar vorkommen, dass selbst einer wie ich abends ein paar Tränen wegdrücken muss, ehe er die innere Ruhe findet, einzuschlafen. Besonders die Sommermonate sind hart, wenn du die Sonne durch das Fenster untergehen siehst und die Flugzeuge beobachtest, die vom Flughafen Tegel aus in die Lüfte aufsteigen. In meiner Phantasie geht's dann ab auf eine Sonneninsel. Doch die Gitter vor dem Fenster rauben einem schon bald wieder jede Illusion.

### Mein Ruf eilt mir voraus

Der Knast in Tegel ist ein kleines Dorf für sich. Haus eins bis Haus sechs. Hier verbüßen rund 1.700 Täter ihre Strafen. Und bestimmt auch ein paar Unschuldige. Mehr Häftlinge auf einem Fleck gibt es nirgendwo anders in Deutschland. Der Eingang: eine kleine Kirche. Aus der Luft erinnert die Haftanstalt an den Vatikan. Insgesamt vielleicht ein bisschen kleiner, aber immerhin so groß wie 14 Fußballfelder. Und die Mauern im Vatikan sind höher. Aber schon die Sechs-Meter-Wand in Tegel stellt ein unüberbrückbares Hindernis dar. Hier kommt keiner raus. Es sei denn, die Tore öffnen sich und du wirst entlassen. Bis das bei mir so weit ist, müssen noch zehn Monate verstreichen. Vorausgesetzt, ich baue keinen Scheiß. Die Zeit kommt mir unendlich lang vor. Wie muss es erst sein, zehn Jahre abzubrummen? Dann gäbe es für mich nur eines: Flucht!

Ich kann die Jungs verstehen, die im Knast zugrunde gehen, regelrecht durchdrehen. Besonders schlimm muss es für die sein, die wegen »Kavaliersdelikten« plötzlich hier landen. Stell dir vor, du sitzt als Schwarzfahrer für ein paar Tage im offenen Vollzug, weil du die Kohle für das Strafgeld nicht hast. Dort kommt dir einer dumm, du leistest dir einen Ausraster, und schwupp, landest du in Tegel. Kein Geld, keine Kontakte und lauter echte Knackis um dich rum. Na dann, gute Nacht. Ich habe den Vorteil, dass mir mein Ruf vorauseilt. Sicher, man muss immer damit rechnen, dass es ein paar Spinner gibt, die dich provozieren wollen und sich gerne mit einem Weltmeister messen möchten. Da heißt es cool bleiben. Wer im Knast auf Faustrecht setzt, muss mit Nachschlag rechnen. Und danach steht mir nicht im Geringsten der Sinn.

Freiheit ist durch nichts zu ersetzen. Selbst wenn du im Knast Arbeit bekommst und Fußball spielen kannst. Es ist nicht vergleichbar. In Freiheit sagt dir niemand, wann du Sport zu machen hast, wann du beim Essen sein musst, wann du im Bett liegen musst, wann du von A nach B gehen musst. Draußen hast du die Freiheit, dir deine Freizeit einzuteilen. Das kannst du im geschlossenen Vollzug vergessen. Da wird dir selbst die Freizeit befohlen. Da wird dir eigentlich alles befohlen. Selbst was du essen musst. Und das geht mir ganz besonders auf den Sack. Ich bin wirklich keine Mimose, aber dieser Fraß ist eine Zumutung. Sieht aus wie eine Einheitspampe und schmeckt nach nichts. Kein Salz, kein Pfeffer. Ganz abgesehen von anderen Gewürzen. Und dann weiß man nicht, was die in der Küche damit noch alles anstellen, ehe sie dir das Zeug auf den Teller schlagen. Wenn ich mir die Hungersnot in Afrika vor Augen führe, muss ich mich zwar schämen, so zu denken, aber ich krieg das Knastfutter einfach nicht runter.

## Italienisches Küchenquartett

»Hey, Rocky. Schön, dich kennenzulernen.« Ich habe mich in meiner Ein-Mann-Zelle noch nicht mal richtig niedergelassen, da mache ich bereits die ersten Bekanntschaften. Drei Italiener, Nino, Angelo und Pedro, werden bei mir vorstellig.

»Rocky, du musst unbedingt mit uns zusammen essen. Wir kochen und futtern jeden Tag gemeinsam«, erklärt mir Nino.

Endlich mal eine gute Nachricht. Drei Italiener, da ist die Wahrscheinlichkeit groß, dass einer etwas vom Kochen versteht. Und richtig, Nino stellt sich schnell als passabler Koch heraus. In unserem Zellentrakt befinden sich zwei kleine Gemeinschaftsküchen, ganz am Anfang des langen Flures. Jeder Knacki darf im Monat für 80 Euro Lebensmittel bestellen. Wir vier schmeißen unsere Kohle zusammen, macht also 320 Euro, die wir im Monat ausgeben können. Doch das Geld wird nicht nur in Speis und Trank investiert, davon muss auch der Tabak bezahlt werden, den ich für meine tägliche selbstgedrehte Nikotinration brauche. Da bleiben für unseren Küchenchef nicht gerade Reichtümer übrig, aber ich staune, was man damit alles zaubern kann. Nino hat das wirklich gut im Griff. Er ist zwar kein Sternekoch, doch vor allem die Pastagerichte munden. Und das Wichtigste: Ich kann den offiziellen Gefängnisfraß stehen lassen.

Zum Nachtisch gönne ich mir ab und an eine kleine Leckerei aus dem mit Süßigkeiten gespickten Automaten, der direkt neben der Küche steht. Kleingeld reinwerfen, Auswahl treffen und naschen. Wenn mir Marlene während ihrer Besuche ein paar Münzen mitbringt, freue ich mich jedes Mal wie ein kleines Kind. Wie damals, als mir meine Mutter ein paar Groschen in die Hand drückt, damit ich mir auf dem Weg zur Schule etwas kaufen kann.

Meine Eltern will ich nicht sehen im Knast. Besser gesagt, ich möchte nicht, dass sie mich hier sehen. Eingesperrt wie ein Tier. Ich habe gute Eltern, die müssen nicht Zeuge davon werden, dass ihr Sohn behandelt wird wie ein Assi. Ich würde vor Scham im Boden versinken. Das will ich mir ersparen und meinen Eltern auch. Schon die Sicherheitskontrollen wären für die beiden unzumutbar. Auch Besucher werden hier behandelt wie Schwerverbrecher. Es wird alles getan, dass nichts in den Knast kommt, was hier nichts zu suchen hat.

Messer, Gabel, Löffel, Teller, Tasse, Zahnbürste, Seife, Kopfkissen, Decke, Bettwäsche. Das ist es. Mehr Inventar gibt es zu Beginn nicht. Wer in den geschlossenen Vollzug einmarschiert, wird nur mit dem Notwendigsten ausgestattet. Meine Aufgabe ist es, den Neuankömmlingen ihr Inventar auszuliefern. In der übrigen Zeit nehme ich von meinen Mithäftlingen die dreckige Wäsche entgegen und händige die frische aus. Der »Rocky-Service« liefert sogar bis direkt zur Zellentür.

Die draußen in der Politik häufig diskutierten Ein-Euro-Jobs sind eigentlich eine Knasterfindung. Mehr ist hier nicht drin. Die Anstaltsleitung legt Wert darauf, dass sich die Insassen ihr monatliches Haushaltsgeld selbst verdienen. 80 Euro darf man fürs Telefonieren nutzen, damit die sozialen Kontakte sich nicht auf den halbstündigen Besuch alle 14 Tage reduzieren.

Mein Job in der Wäschekammer ist nicht gerade der anspruchsvollste, trotzdem beinhaltet er Leistungen, die ich einfach nicht bringen kann.

### Keine Lieferung für den Kinderschänder

»Herr Rocchigiani, so geht das nicht.« Der Schichtleiter unter den Wärtern hat mich in sein kleines Sprechzimmer rufen lassen.

»Wenn ich Ihnen vor allen sage, Sie sollen das machen, dann können Sie nicht antworten: ›Nee, das mache ich nicht.‹«

»Ich verstehe ja, was Sie meinen. Aber ich mach das trotzdem nicht. Der kann sich sein Zeug gefälligst selbst holen. Ich bringe dem Kinderficker keine frische Wäsche. Es gibt Dinge, die mache ich einfach nicht.«

Der Wärter erkennt schnell, dass es mir ernst ist. Eine blöde Situation für ihn. Einerseits möchte er seine Autorität nicht verlieren, andererseits kann er niemanden bestrafen, der sich weigert, ein Arschloch von Kinderschänder zu bedienen. Dann wäre er auf einen Schlag bei allen Knackis untendurch. Er ist Diplomat, spricht eine öffentliche Ermahnung aus und verzichtet zukünftig darauf, mich für den Botengang zu den Stationen elf und zwölf einzuteilen. Dort sitzt der Abschaum.

Ich kann nur den Kopf schütteln. Bei uns, in Haus sechs, sind eigentlich die untergebracht, die nur noch ein paar Monate oder ein, maximal zwei Jahre abzusitzen haben. Die, die auf den baldigen Gang in die Freiheit vorbereitet werden sollen. Und mitten unter uns die Kinderficker. Ein Skandal. Einer von ihnen hat 380 Mal seine eigene Stieftochter vergewaltigt. Da kostet es einige Überwindung, die Fäuste stillzuhalten. Wenn ich diesen Mistkerl weghaue, kann meine Zeit hier schnell um ein Jährchen verlängert werden. Normalerweise müsste so einer nebenan in Haus fünf hocken, bei den richtig schweren Jungs. Die würden ihm schon zeigen, was es heißt, einem Schwächeren Gewalt anzutun. Kinderschänder sind dort extrem beliebt. Besonders bei den Langzeitinhaftierten. Bei denen, die schon gar nicht mehr wissen, wie es ist, beim Poppen einen Frauenhintern zu sehen.

Aber statt sich drüben als Frischfleisch vorstellen zu müssen, läuft der Kotzbrocken hier mit einem Wärter an seiner Seite laut lachend durch unseren Zellentrakt. Die zwei unterschiedlichen Typen scheinen im Laufe der Zeit beste Kumpels geworden zu sein. Wer von den beiden ist eigentlich das größere Arschloch? Wenn's nach mir ginge, hätten die zwei gar nicht die Chance bekommen, sich kennenzulernen. Wer ein wehrloses kleines Kind vergewaltigt und somit dessen Leben zerstört, hat auch selbst kein Recht mehr, weiterzuleben. Da lobe ich mir die Todesstrafe. Aber anstatt in der Hölle zu schmoren, grinst der Wichser mir hier feist ins Gesicht.

Ich will hier raus. Marlene und mein Anwalt setzen alle Hebel in Bewegung. Doch auch fünf Gegengutachten, die alle belegen, dass ich nicht schizo bin, bringen mich nicht weiter. Keine Sau interessiert sich hier dafür, ob der offene Vollzug für einen wie mich nicht eine völlig ausreichende Bestrafung wäre.

### Von Topmodels weggeschlossen

Der geschlossene Vollzug in Tegel ist kein Kindergarten, wie viele draußen glauben. Zwar gibt es Diebe wie die, die mir meine Camel-Uhr aus der Sportumkleide stibitzen, überall auf der Welt, doch die gesamten Lebensumstände sind es, die schwer aufs Gemüt drücken. Auf jede kleine Verbesserung musst du beharrlich warten. Die ersten Wochen ohne Fernseher scheinen endlos. Die Langeweile schlägt dich tot. Nie wieder werde ich so gut Backgammon spielen können. Als die Flimmerkiste mit der kleinen 37-Zentimeter-Bildröhre endlich in meiner Zelle steht, ist das wie Weihnachten. Plötzlich sind die acht Programme ARD, ZDF, Sat.1, RTL, RTL II, ProSieben, VOX und TV.Berlin viel abwechslungsreicher, als ich das von meiner Couch zu Hause aus gewohnt bin. Fehlt nur noch ein Pornokanal. Die Zeit ohne Sex ist fast so schlimm wie die gestohlene Freiheit. Selbst die Sexheftchen, die zum Knastklischee dazugehören, sind nicht Standard. Ohne die richtigen Kontakte ist da schwer heranzukommen. Nino, unser Koch, hat gute Kontakte. Er ist einer von denen, die es besonders nötig haben. Es kann passieren, dass du ihn selbst während seiner Flurwischerschicht dabei ertappst, wie er sich einen keult. Den Stiel des Wischmopps in der einen, seinen eigenen in der anderen Hand. Das Pornoheft vor ihm auf der Pritsche aufgeblättert. Dumm nur, dass ich seine Zelle betrete, ohne anzuklopfen.

»Mann, bist du ein geiler Hengst«, überrasche ich ihn lachend. Die Schamesröte schießt ihm ins Gesicht. Peinliche Situation. Dann muss er mitlachen. Nino ist echt in Ordnung. Später, als ich schon entlassen bin, nehme ich ihn bei seinem ersten Schritt in die Freiheit in Empfang und spendiere ihm gleich zum Start ins neue Leben eine Runde Poppen. Als Entschädigung für meinen unangemeldeten Besuch in seiner Zelle. Nino ist völlig aus dem Häuschen. Solch geile Weiber sind im Knast weit und breit nicht zu sehen. Bei den Wärterinnen, die im Gefängnis ihrer Arbeit nachgehen, wendest du dich schon ab, allein bei der Vorstellung, dass diese Schabracken unter deine Pritschendecke krabbeln könnten. Allerdings nur in den ersten Wochen. Dann werden die Damen plötzlich von Tag zu Tag schöner. Und nach ein paar Monaten hast du das Gefühl, von Topmodels weggeschlossen zu werden.

Zum Glück gibt es noch den Sport. Neben den täglichen Trainingseinheiten im Kraftraum bietet vor allem die Kickerei Abwechslung vom drögen Alltag. Die sechs Häuser in unserem

Knast haben ihre eigenen Fußballligen. Die sechs besten Teams spielen in Liga eins den Meister aus. Sechs weitere kämpfen in Liga zwei um den Aufstieg. Neuinsassen müssen normalerweise runter, in die 2. Mannschaft. Doch ich weiß, wie es geht. Erstens bin ich Italiener und zweitens habe ich in der Jugend im Verein gelernt, worauf es ankommt. Die Ballbehandlung stimmt immer noch. Von der Lauf- und Kampfbereitschaft ganz zu schweigen. Ich stehe nach wie vor gut im Saft. Was mir als Knirps nicht vergönnt ist, hole ich jetzt nach. Ausgerechnet im Knast: Meister und Pokalsieger! Doch der Erfolg weckt bekanntlich Neider. Oder wie habe ich es sonst zu verstehen, dass plötzlich das Gerücht die Runde macht, auf mich sei ein Kopfgeld ausgesetzt?

### Mickrige Börse als Kopfgeld?

»Herr Rocchigiani, haben Sie das schon gelesen? In der ›Bild am Sonntag‹ steht, dass 19.200 Euro Kopfgeld auf Sie ausgesetzt sind!« Der Knastdirektor macht wohl Witze. Erstens kann ich mir nicht vorstellen, dass es jemand wagen würde, für so eine mickrige Börse gegen mich anzutreten, und zweitens, wo bitte schön sollte ich so früh am Morgen eine Zeitung herbekommen haben?
»Nee, keine Ahnung. Der Zeitungsjunge hat mein ›Penthouse‹ heute wohl vergessen.«
Wir müssen grinsen.
»Im Ernst jetzt, machen Sie sich mal keine Sorgen. Alles friedlich. Mit mir wird es keinen Ärger geben.«
Ich weiß nicht, wie solche Meldungen in die Zeitung kommen. Da gibt es wohl ein paar Mithäftlinge, die einen auf wichtig machen müssen. Wahrscheinlich kassieren sie für solche Enten auch noch ein sattes Infohonorar. Merke: Auch Journalisten wollen manchmal verarscht werden.
Es gibt keinen ernsthaften Stress. In den wenigen wirklich explosiven Wortwechseln mit den Gorillas irgendwelcher Möchtegern-Gangchefs scheine ich eine solche Gelassenheit auszustrah-

len, dass sich keiner traut, den ersten Stein zu werfen. Und so bin ich im schlimmsten Fall mal das Ziel einiger Frotzeleien, vor denen auch ein Boxchampion nicht verschont bleibt.

»Jungs, was wollt ihr mir denn jetzt erzählen?«

Die nachmittäglichen Trainingseinheiten entwickeln sich mehr und mehr zum Tageshighlight. Nehme ich anfangs das Privileg, den Kraftraum als Profisportler täglich von 16 Uhr bis 16.45 Uhr exklusiv für mich nutzen zu dürfen, tatsächlich in Anspruch, ertüchtige ich meinen Körper mittlerweile mit Nino und ein paar von seinen deutschen Knastfreunden. Die Jungs haben die Muckibude von 15 bis 16 Uhr für sich. Durch unsere Kooperation können wir nun gemeinsam fast zwei Stunden trainieren. Das tut gut, ich fühle mich richtig fit. Einziger Nachteil ist es, dass einem manchmal von dem dummen Cliquengequatsche echt die Haare zu Berge stehen. Besonders, wenn sie einem Halbitaliener wie mir eine Geschichtsstunde erteilen möchten.

»Jungs, was faselt ihr denn da vom Deutschen Reich? Die paar Jährchen sind ja wohl nicht der Rede wert.«

Staunende Blicke, als ich, bekannt als eher wortkarg, plötzlich die Zähne auseinanderbekomme. Doch ich bin mit meinen Ausführungen noch nicht am Ende.

»Schaut mal lieber auf das Römische oder das Osmanische Reich«, verweise ich durch die Blume auf das italienische Blut in mir.

»Das eine dauerte 1.000, das andere 600 Jahre. Und ihr wollt mir etwas vom Deutschen Reich erzählen? Dass euch das nicht peinlich ist.«

»Wenn die Römer so gekämpft hätten, wie du geboxt hast, dann hätten sie auch nicht so lange durchgehalten.«

Der Konter sitzt. Meine Trainingspartner lachen sich im wahrsten Sinne des Wortes schlapp, können kaum noch die Gewichte stemmen. Selbst Nino kann nicht anders als mitzugackern. Der Spruch ist wirklich nicht schlecht, aber den kann ich ihnen unmöglich einfach so durchgehen lassen…

»Die Scheibe musst du gar nicht erst draufpacken. Eure Zeit ist abgelaufen.«

Strafe muss sein. Am Nachmittag des nächsten Tages poche ich nach langer Zeit mal wieder auf meine Privilegien. Keine Ahnung, ob sie sich zuvor schon gefragt haben, warum ich nicht um 15 Uhr auf der Matte stehe. Jetzt kennen sie die Antwort.
»Ab 16 Uhr ist das meine Bude!«
Die 10-Kilo-Scheibe, die vor wenigen Augenblicken noch zusätzlich auf die Hantelstange geschoben werden sollte, bleibt auf der Matte liegen. Die Jungs packen zähneknirschend ihre Sachen und überlassen mir das Feld. Als ich auf der Hantelbank liege und die erste Serie in die Luft stoße, bin ich selbst erstaunt, was mir hier für ein Respekt entgegengebracht wird. Im Knast bin ich anscheinend eine echte Autorität!

### Ein Hauch von Gemütlichkeit

Ich bin reich. 31 Millionen Dollar. Zumindest auf dem Papier. Schon gibt es einige Experten, die öffentlich darüber spekulieren, ich würde mich absetzen und nicht aus den USA zurückkehren, um mir meine restliche viermonatige Haftzeit zu ersparen. Doch daran verschwende ich nicht einen Gedanken. Den Rest meines Lebens auf der Flucht? Kein Wiedersehen mehr mit meiner Familie, ohne das Gefühl zu haben, beobachtet und eventuell gleich erwischt zu werden? Nein, danke! Das übersteigt meine Vorstellungskraft. Ich habe kein großes Problem damit, erneut einsitzen zu müssen. Im Gegenteil, ich will es endlich hinter mich bringen, mit dem Albtraum abschließen. Und siehe da, manchmal gibt es sogar im Knast Momente, die einen Hauch von Gemütlichkeit aufkommen lassen.

Noch nie habe ich einen so fürstlich gedeckten Tisch gesehen. Zumindest hier nicht, in der kleinen Knast-Gemeinschaftsküche. Fleisch, Pasta, Salate und Kuchen zum Nachtisch. Selbstgebacken, versteht sich! Sogar ein paar Frischgedrehte liegen neben meinem Teller. Es ist wirklich an alles gedacht. Abgesehen von einem kühlen Bierchen. Da ist nichts zu machen: Alkohol ist im Knast streng verboten. Aber das ist für mich kein Problem. Daran habe ich mich schneller gewöhnt als gedacht. Für Körper und Geist ist das sogar eine ganz gute Sache.

»Danke, Jungs, das wäre wirklich nicht nötig gewesen«, sage ich sichtlich beeindruckt und auch ein wenig gerührt, während mein Blick über den Tisch schweift. Am Nachmittag nach meiner USA-Rückkehr habe ich auf meine Profi-Privilegien verzichtet und den 16-Uhr-Zapfenstreich für das Cliquentraining wieder aufgehoben. Im Gegenzug darf ich mir jetzt Bauch vollschlagen. Die Jungs wissen, was sich gehört. Eine tolle Geste!

### Titelverteidigung? Nicht mit mir!

Nie zuvor bin ich so erfreut, eine Haftstrafe zu kassieren. Vier Monate sind zwar nicht von Pappe, doch das entscheidende Wörtchen heißt »Bewährung«. Vier Wochen nach meinem »Millionen-Urteil« sitze ich im Amtsgericht Tiergarten als reuiger Wiederholungstäter auf dem Stuhl des Angeklagten. Wieder einmal hat mir ein Saufgelage meine Lebensperspektiven erschwert. Zum Glück beschert mir mein »fahrlässiger Vollrausch«, wie es in der Urteilsbegründung heißt, keine Vertragsverlängerung in Tegel. Unsere Meistermannschaft von Haus sechs würde zwar sicherlich beim »Unternehmen Titelverteidigung« in der kommenden Saison gerne auf mich zurückgreifen, doch ich bin froh, meinen Platz im Team für jemand anderen räumen zu können.

»Mach's gut, Rocky, wir sehen uns wieder!«

Die hämischen Abschiedsworte hätten sich die Wärter schenken können. Als ich am 10. November 2002 wegen guter Führung vorzeitig entlassen werde, würde ich meinen Arsch darauf verwetten, dass sie sich irren.

»Träumt mal schön, Jungs. Das könnt ihr vergessen!«

Die insgesamt 297 Tage Haft haben mich kuriert. Mich sehen die hier nie wieder. Da bin ich mir zu 100 Prozent sicher. Und ich sollte recht behalten. Allerdings anders, als ich es mir vorgestellt habe. Grundlegend anders.

*

»Guten Tag, mein Name ist Graciano Rocchigiani, ich melde mich zum Haftantritt.«

Am 4. Januar 2007 sage ich diesen Satz zum zweiten Mal in meinem Leben. Einrücken muss ich wegen des pfeffersprühenden Taxifahrers. Doch mit den fünf Monaten allein ist es nicht getan, meine diversen Bewährungen werden widerrufen und addiert. Sodass für mich der 11. Mai 2008 als Entlassungstermin errechnet wird. Zum Glück gerate ich endlich mal an eine Anwältin, die weiß, wovon sie spricht, und darauf spezialisiert ist, den Knackis, die bereits einsitzen, mit Rat und Tat zur Seite zu stehen. Ria Rajana Halbritter bleibt permanent am Ball und boxt mich vorzeitig raus. Die Justizvollzugsanstalt bescheinigt mir eine einwandfreie Führung und der Staatsanwalt hat auch keine Bedenken. Meine gerichtliche Anhörung am 25. Oktober 2007 verläuft wie gewünscht. Meiner vorzeitigen Entlassung steht nichts mehr im Wege. Am 6. November bin ich wieder ein freier Mann.

Gut zehn Monate zuvor, zu Beginn der Haftstrafe, kann ich wählen, ob ich in Berlin oder in Bielefeld einrücke. Die Entscheidung für die Stadt in Ostwestfalen fällt nicht schwer. Nichts wäre schlimmer für mich, als nochmals in die siegesgewissen Tegeler Wärterfratzen blicken zu müssen.

Im Vorfeld der Haftzeit habe ich vieles in geordnete Bahnen lenken können. Mein Privatleben ist durch die Beziehung zu Sonia so stabil wie selten. Sie ist nicht nur die Frau in meinem Bett, sondern auch an meiner Seite. Sie ist stark genug, um mit mir Krisen zu meistern, und schwach genug, um einfach nur ihren Kopf an meine Schulter zu lehnen. Mit solchen Charakteren kann man nicht nur Pferde stehlen, sondern auch an der gemeinsamen Zukunft basteln. Ihre Unterstützung ist mir zum Beispiel eine große Hilfe, als es gilt, mir beruflich wieder eine Perspektive zu schaffen. Am 5. November 2006 wird mein eigenes Fitnessstudio samt Boxschule in Duisburg offiziell eröffnet. »Rocky's Gym« ist mein ganzer Stolz. Ich habe es geschafft, bin mein eigener Chef. Allerdings keiner, der faul herumsitzt und zuguckt, wie die anderen sich abrackern. Sondern einer, der jeden Tag selbst Hand anlegt. Als Trainer. So etwas wird auch von der Justiz honoriert. Von

Bielefeld aus werde ich nach Moers verlegt. Ich kann den Knastwechsel kaum erwarten. Schließlich ist er Voraussetzung für meinen Freigang und somit für meinen Trainerjob. Hinzukommt, dass der Knast in Ostwestfalen mich mehr an ein Arbeitslager als an ein Gefängnis erinnert. Aber vor allem will ich den Bielefelder Knast verlassen, weil meine Station durch und durch versifft ist. Sich die Duschen und Toiletten mit Knackis zu teilen, die an Hepatitis erkrankt sind, ist nicht wirklich ein Vergnügen. Schon gar nicht dann, wenn man von der Virusgefahr nichts weiß.

»Ach, Rocky, haben sie dich also auch geimpft, damit du uns bei der Gartenarbeit helfen kannst?«

Hä? Ich verstehe nur Bahnhof.

»Wieso geimpft?«

Die Antwort jagt mir einen kalten Schauer über den Rücken. Hier wimmelt es nur so von Jungs, die an Hepatitis B und C erkrankt sind. Das gibt's doch gar nicht. Mit mir können sie es ja machen. Ich dränge darauf, geimpft zu werden. Sofort! Doch der Doc hat Bedenken, erklärt mir, dass zuvor erst eine umfassende Blutuntersuchung nötig wäre.

Ich glaube, ich stehe im Wald.

»Ich bin gesund«, knalle ich ihm an den Kopf, »spritzen Sie mir schon das Zeug. Ich will mich nicht anstecken!«

Doch so einfach geht das nicht. Erst als ich schriftlich bestätige, dass ich mich auf eigenes Risiko impfen lasse, wird die Nadel angesetzt.

Zum Glück geht in meiner nächsten Unterkunft, der Justizvollzugsanstalt Moers-Kapellen, alles gesitteter zu. Das Einzige, was nervt, ist die Warterei. Kopfschüttelnd muss ich zur Kenntnis nehmen, dass es bei mir viel länger als üblich dauert, bis ich endlich meinen Freigang bekomme. Doch Stress machen bringt keine Punkte, letztlich bin ich froh, als ich tagsüber endlich raus kann. Nach maximal 14 Stunden außerhalb des Knastgeländes ist allerdings Zapfenstreich. Dann muss ich wieder einrücken, mit 0,0 Promille. Party und Alkohol sind während des Freigangs tabu. Es geht schließlich darum, dem Knacki das Arbeiten und damit seine Resozialisierung zu ermöglichen, nicht aber darum, ihm das Leben zu versüßen. Für mich sind diese Regeln kein Problem. Im Gegenteil: Diese Entgiftungskur tut meinem Körper wieder mal ganz gut.

## Maskes feine Geste

Problematischer wird es da schon mit der nächsten Auflage: Meine Freigangerlaubnis ist bis zu meiner vorzeitigen Entlassung daran geknüpft, dass ich mich komplett aus dem öffentlichen Leben zurückziehe. Das ist schon irgendwie kurios: Als ich noch den ganzen Tag weggeschlossen bin, kann ich Interviews geben, wie ich lustig bin, solange ich dies während der Besuchs- oder Telefonzeiten tue. Als Freigänger dagegen habe ich die Klappe zu halten. Diese Regelung ist für mich schwer nachzuvollziehen. Zwar klingt es durchaus logisch, dass die Justiz keinen Bock darauf hat, dass man während des Freigangs irgendwelche Knast-Storys erzählt, doch warum ich mich nicht zum Boxen äußern darf, bleibt mir ein Rätsel. Schließlich ist das Boxgeschäft mein Beruf. Und ich bekomme doch täglich Freigang, um meinem Job nachgehen zu können. Und als Trainer beziehungsweise als möglicher Veranstalter von eigenen kleinen Kampfevents gehört auch eine entsprechende Öffentlichkeitsarbeit dazu.

Besonders bitter wird es dann, wenn mir untersagt wird, vor einem Millionenpublikum Werbung in eigener Sache zu machen. Diese Gelegenheit bietet sich, als mir eine persönliche Einladung von Henry Maske in die Zelle flattert. Der Gentleman lädt mich mit Datum vom 5. Februar 2007 als »alten Weggefährten ganz herzlich ein, sein Gast zu sein«, wenn er am 31. März in München zum Comeback-Kampf gegen Virgil Hill nach zehn Jahren Pause nochmals in den Ring steigt. Respekt. Ich bin überrascht und erfreut. Henry wird doch auf seine alten Tage nicht plötzlich noch ein netter Kerl werden wollen? Zumindest gibt er sich Mühe. Und das nicht zum ersten Mal. Damit meine ich nicht ausschließlich seinen Gratulationsbesuch in der Kabine nach meinem WM-Sieg gegen Michael Nunn im März 1998. Auch knapp acht Jahre später, im Dezember 2005, hat er mich positiv überrascht.

»Graciano, brauchst du vielleicht Hilfe?«

Dass ich diesen Satz im Rahmen des WM-Lachers zwischen Nikolai Walujew und John Ruiz aus dem Mund meines ehemaligen Gegners zu hören bekomme, verdattert mich regelrecht. Aber nur weil ich gerade mal wieder Stress mit der Justiz habe, bin ich noch lange nicht hilfsbedürftig.

»Nee, alles in Ordnung«, antworte ich knapp, »danke der Nachfrage.« Letztlich ist Maskes Interesse sicherlich nicht mehr als eine Geste. Aber eine, die mir gefällt. Er hätte ja nicht fragen müssen, genauso wenig wie er mich zum Kampf gegen Hill nach München hätte einladen müssen. Aber er hat beides gemacht. Das ist es, was letztlich zählt. Rückblickend muss ich natürlich ehrlicherweise sagen, dass ich großes Glück hatte, als mir die Reise nach München untersagt wurde und ich Henry absagen musste. Zwar hätte ich mich gefreut, einige Jungs aus der Boxszene wiederzusehen. Aber während des Kampfes wäre es mir in der Halle nicht anders gegangen als vor der Glotze. Ich hätte Mühe gehabt, nicht einzupennen.

Ich kann wirklich nicht begreifen, wie man um einen solch lahmen 12-Runder einen derartigen Wirbel veranstalten kann. Okay, Henry war austrainiert, körperlich topfit und auch im Kopf voll da. Aber das konnte man, ja musste man wohl auch erwarten. Mir jedenfalls war klar, dass er nicht eine ähnliche Clownvorstellung wie Axel Schulz ein Vierteljahr zuvor abliefern würde. Aber was, bitte schön, hat sich Hill dabei gedacht, mehr oder weniger zwölf Runden kampflos durch den Ring zu tapsen? Die einzige Erklärung für solch eine erbärmliche Leistung eines amtierenden Cruisergewichtschampions der WBA wäre tatsächlich eine Verletzung, die Hill drei Wochen nach dem Fight als Begründung vorgebracht hat. Ich möchte das auf keinen Fall ins Reich der Fabel verweisen, weiß ich doch seit meinem zweiten Duell mit Maske nur zu gut, zu welchem Blödsinn man fähig ist, um einen sogenannten Megakampf nicht kurzfristig platzen zu lassen.

Gut finde ich allerdings, dass Maske sich durch Hills Vortrag nicht zu einem erneuten Rückkampf überreden lässt. Er weiß wahrscheinlich selbst ganz genau, dass man dem Publikum so einen Mist nicht noch einmal zumuten sollte. Der erste Kampf war schon ein echter Langweiler und die Neuauflage hat das Ganze nochmals getoppt. Niemand trifft den Nagel bei der anschließenden Analyse besser auf den Kopf als Boris Herrmann. Der Redakteur der »Berliner Zeitung« beschreibt den sogenannten Boxkampf in der Ausgabe vom 2. April 2007 als »bisweilen friedensnobelpreisverdächtig«.

Herrlich, ein Volltreffer! Henry, nichts für ungut. Aber der Kollege Herrmann hat recht. Das war kein Boxen, das war ein Kaffeekränzchen. Nur der unglückliche Zusammenprall mit euren Köpfen und die daraus resultierende Platzwunde auf Hills Stirn hat verhindert, dass zumindest einer von euch nach dem Tänzchen nicht genau so ausgehen hat wie vor dem ersten Gong. Das kann es doch nun wirklich nicht sein – oder?

### Oldie-Boxen als Samstagabendunterhaltung

Henry, ich habe dir ja schon in Runde sieben dieses Buches angeboten, dass ich noch mal mit dir in den Ring steige. Eines kann ich dir versprechen: Wenn es dir wirklich noch in den Fäusten jucken sollte und wir das Ding nicht in meinem Gym unter Ausschluss der Öffentlichkeit, sondern vor einem Millionenpublikum austragen, dann gibt's wenigstens wirklich was zu johlen auf den Rängen. Überlege es dir ruhig noch mal. Mein Angebot für ein schickes Vierer-Turnier steht nach wie vor. Dann nehmen wir noch den Tiger und Sven Ottke mit dazu und lassen die alten Zeiten aufleben. Allerdings möchte ich mich diesmal nicht auf drei ahnungslose Punktrichter verlassen müssen. Da wir an keine offiziellen Verbandsregularien gebunden sind, könnten wir den TV-Boxfans doch beste Samstagabendunterhaltung bieten. Knallhartes Oldie-Boxen mit einer launigen Portion Show, das würde zur besten Sendezeit um 20.15 Uhr garantiert funktionieren.

Ich kann sogar genau erklären, wie ich mir das vorstelle: Es gibt insgesamt drei Boxabende. Zum Beispiel einen in München, einen in Hamburg und einen in Berlin. Jedes Mal stehen zwei Kämpfe auf dem Programm, so dass im Rahmen des Turniers jeder gegen jeden boxen kann. Die Fights werden auf je zehn Runden angelegt. Da wir ja nicht um eine WM boxen, können wir ohne Probleme um sechs Minuten Kampfzeit verkürzen und die Ringpausen von sechzig auf neunzig Sekunden verlängern. So können wir erstens besser verschnaufen und zweitens locker nach sechs Wochen erneut in den Ring steigen.

Der Sieger eines Kampfes bekommt in unserer eigenen Turniertabelle, so wie beim Fußball, drei Punkte gutgeschrieben. Endet ein Kampf unentschieden, gibt's für jeden einen Punkt. Der Punktbeste ist dann nach drei Monaten der große Oldie-Champion. Bei Punktgleichheit hat der die Nase vorn, der mehr Knockouts auf dem Konto hat. Herrscht auch hier Gleichstand, werden die einzelnen Rundengewinne addiert. Als eine Art Torverhältnis, um beim Fußballvergleich zu bleiben. Und über diese Rundengewinne und damit auch über Sieg und Niederlage lassen wir nicht etwa drei herkömmliche Punktrichter entscheiden, sondern einen bunten Mix von Experten. Insgesamt fünf an der Zahl.

Nummer eins ist ein Profiboxer wie zum Beispiel Wladimir Klitschko, Felix Sturm oder Arthur Abraham. Nummer zwei ist ein Journalist vom Fach, etwa der wortgewandte Werner Schneyder oder der »Sport Bild«-Boxexperte Lars Dobbertin. Nummer drei im Bunde wird ein sogenannter Promi-Experte wie Heiner Lauterbach oder Til Schweiger. Nummer vier sollte einer von Deutschlands Trainerfüchsen sein. Ich denke dabei zum Beispiel an Fritz Sdunek oder Ulli Wegner, vorausgesetzt sie können ihre ehemalige Trainerliebe zum Tiger oder zu Sven Ottke für die Dauer der Kämpfe hinten anstellen. Als besonderen Clou wird für die TV-Zuschauer nach jeder Runde die Wertung von einem unserer vier Ringexperten eingeblendet. Nach der jeweils vierten und achten Runde wird einer der Jungs seine Wertung sogar kurz begründen. Für die Boxfans an den TV-Schirmen könnte es da durchaus wertvolle Tipps geben, die sie gut gebrauchen können. Denn die Rolle des fünften Punktrichters übernehmen die TV-Zuschauer. Nach jeder Runde werden die Telefonleitungen geöffnet und jeder kann von zu Hause aus für Kämpfer A oder B voten. Boxen also mal ganz anders: Als wirkliches Massenspektakel. Und vor allem eines: ehrlich. Keine Verbandshaie, keine Promoterinteressen, keine Boxmafia. Die Zuschauer in der Halle und vor der Glotze würden darauf voll abfahren. Da bin ich mir sicher. Und 'ne Menge Sponsoren könnten wir von dem Konzept sicherlich auch überzeugen.

Je mehr ich darüber nachdenke, desto besser finde ich die Idee. Motto: »Legenden im Ring: Die Rückkehr der Champions!« Klingt doch nicht schlecht. Wenn du bei deinem »never ever« bleibst, kann ich ja mal meinen alten Kontrahenten Chris Eubank fragen. Der wäre als echter Showman eine Traumbesetzung. Und auch Hill könnte dann eine Alternative werden. Hauptsache, ihr beide boxt nicht gegeneinander. Kann mir nicht vorstellen, dass sich das noch mal einer angucken möchte.

Ganz im Gegensatz zur dritten Auflage von Tiger vs. Rocky. Denn kaum bin ich Anfang November 2007 vorzeitig aus der Haft entlassen, nimmt dieses Duell feste Konturen an, völlig unabhängig von meinem Turniergedanken. Die Berliner Brain-Support AG hat Bock darauf, den Klassiker wieder aufleben zu lassen, und lockt uns beide mit guten Börsen zurück in den Ring. Dariusz und ich haben gerade mal die Vorverträge unterzeichnet, schon spielt die Boxwelt verrückt. Wir zwei Boxrentner bestimmen die Schlagzeilen, so als wären wir nie weg gewesen von der großen Bühne. Vor allem der Tiger dreht gleich wieder mächtig auf, beschimpft mich in der »Bild-Zeitung« vom 16. November als »Arschloch« und kündigt an, mich ins Altersheim zurückprügeln zu wollen. Ich schüttele ungläubig den Kopf. Zwischendurch hatte ich echt mal gedacht: So schlimm ist der Typ ja vielleicht gar nicht. Doch als ich mir seine neuesten Sprüche reinziehe, wird mir schnell klar, dass Michalczewski sich wohl nie ändern wird: Es gibt eben immer noch schlaue Polen und dumme Polen.

RUNDE 15

# MEINE ZUKUNFT

Freiheit. Freiheit heißt das Zauberwort, das meine Gedanken bestimmt, wenn ich mir meine Zukunft vorstelle. Freiheit, Freiheit, immer wieder Freiheit. Was nutzt mir die dollste Liebe zu einer Frau, wenn ich sie nicht in Freiheit genießen kann? Was nutzt mir dicke Kohle auf meinem Konto, wenn ich hinter Gittern nur ein paar mickrige Kröten ausgeben darf? Was nutzt mir eine wunderbare Familie, wenn ich ihre Wärme und Geborgenheit nicht auskosten kann? Was nutzen mir lernwillige Nachwuchstalente, wenn ich sie nicht trainieren darf? Die Antwort auf diese Fragen ist einfach und fällt immer wieder gleich aus: Nichts!
Dreimal habe ich bislang im Knast gesessen. Jedes Mal habe ich mir geschworen: Nie wieder! Diesmal natürlich auch wieder. Doch mittlerweile habe ich meine Illusionen verloren. Ich würde jedenfalls keine Kohle darauf verwetten, dass es mich nie wieder erwischen wird. Nicht etwa, weil ich eingesehen habe, dass ich unverbesserlich bin. Nein, im Gegenteil. Ich weiß und spüre, dass ich wesentlich gelassener und einsichtiger geworden bin. Das bringen die Reife und das Alter wohl so mit sich. Was mich trotzdem nicht sicher sein lässt, dass ich meine Zukunft stets in Freiheit verbringen kann, sind die Dinge, die sich einfach nicht ändern werden:
Ich heiße nach wie vor Graciano Rocchigiani. Für viele bin ich immer noch ein schlimmer Finger, ein Schläger, ein Skandalboxer eben. Und warum sollte ich plötzlich fairer behandelt werden von Polizisten, Staatsanwälten oder Richtern, die mich in Gedanken schon verknackt haben, wenn sie nur meinen Namen hören? Oder warum sollte ich plötzlich sicher sein vor abgedrehten Typen, die mir vors Auto springen, mir Pfefferspray ins

Gesicht sprühen oder einfach nur ihre Kräfte mit Rocky, dem Boxchampion, messen möchten? Sollten sie sich auch zukünftig in meinem Leben inszenieren wollen, dann wird es sicher auch für einen etwas gesetzteren Streetfighter nicht ganz leicht, ruhig zu bleiben. Doch ich arbeite daran, habe den festen Vorsatz, mich nicht provozieren zu lassen. Nur eines sollte jedem klar sein: Das Recht auf Selbstverteidigung kann man niemandem nehmen. Also auch mir nicht!

Der feste Wille jedenfalls ist da, meine Fäuste zukünftig nur noch im Ring zu gebrauchen. Als Trainer zu arbeiten, das ist meine Bestimmung. Diese Erkenntnis zu gewinnen ist nicht allzu schwierig gewesen. Als Coach ist der Name Rocchigiani ein Vorteil. Ein großer Vorteil. Die Aufmerksamkeit, die mir meine Schützlinge entgegenbringen, ist höher als bei anderen Einsteigern. Sie lassen sich etwas sagen, kleben förmlich an meinen Lippen. Das gefällt mir und funktioniert auch. Allerdings nur solange ich keinen Blödsinn quatsche und meine Trainingsschüler sich auch wirklich weiterentwickeln. Mundpropaganda ist nach wie vor das A und O. Von daher habe ich keinen Bammel davor, dass ich irgendwann einen Mangel an Trainingsnachkömmlingen beklagen müsste. Wer das Boxen wirklich von der Pike auf lernen will, ist bei den Rocchigianis sicherlich nicht an der schlechtesten Adresse. Mein Bruder Ralf, der mich bei der Aufbauarbeit in Rocky's Gym unterstützt hat, und ich haben bewiesen, dass wir wissen, worauf es beim Faustkampf ankommt. Und wir haben es drauf, unser Wissen weiterzuvermitteln. Das spricht sich herum. Selbst bei den K-1-Kämpfern. Denn in dieser zugegebenermaßen noch härteren Sportart ist es nicht anders als beim Boxen: Mit einer guten Deckung ist schon vieles gewonnen. Stefan Leko, der deutsche Topstar in der internationalen Szene, ist das beste Beispiel.

## Lernen, sich selbst zu schützen

»Danke, Graciano. Ich habe nicht nur das Turnier gewonnen, sondern musste kaum einen harten Kopftreffer einstecken.« Der gebürtige Kroate mit deutschem Pass ist anscheinend selbst verblüfft, wie souverän er in Las Vegas im August 2006 den K-1 World Grand Prix für sich entschieden hat. Drei Kämpfe, drei Siege. Und alle vorzeitig. Das kann sich sehen lassen. Die Vorbereitung auf das Kampfsportspektakel in der amerikanischen Zockermetropole hat er mit mir in den Wochen zuvor im Duisburger Studio Versus durchgezogen. Ich weiß nicht mehr, wie oft ich ihm eingebläut habe: »Nimm die Deckung hoch und die Arme zusammen.« Immer und immer wieder. Zwischendurch ist Leko schon richtig genervt von meiner Anweisung, die ich runterleiere, als hätte ich 'ne Schallplatte verschluckt. Aber das juckt mich nicht. Mir kommt es darauf an, dass der Junge lernt, sich selbst zu schützen.

Niemand in der Branche hätte ihm zugetraut, dass er nochmals ein so hochkarätig besetztes Turnier gewinnen kann, nachdem er im November 2005 brutalst k.o. gegangen ist. Fast ein halbes Jahr klettert er anschließend nicht mehr in den Ring. Als er dann Ende April 2006 beim Comeback seine nächste Niederlage kassiert, ist der Siegertyp Leko für die meisten Geschichte. Umso erstaunlicher sein Erfolg in Las Vegas. Und der Beweis dafür, dass es im Ring nicht nur darauf ankommt, den Gegner zu treffen, sondern auch darauf, nicht getroffen zu werden. Auch für mich ist der Erfolg des K-1-Boxers eine Bestätigung. Meine Arbeit als Trainer trägt erste Früchte. Erst recht als Leko zwei Monate später auch den nächsten Kampf gewinnt und somit die letzte Hürde überspringt, um sich zum Jahresende in Tokio beim World Grand Prix Finale im Kreis der acht weltbesten K-1-Kämpfer zu messen. Ein Wahnsinnserlebnis: 70.000 Fans im Stadion, 30 Millionen Japaner live vor der Glotze. Das übertrifft sogar meine Erfahrungen als aktiver Kämpfer.

Erfahrungen, die durch nichts zu bezahlen sind und von denen meine zukünftigen Schützlinge mit Sicherheit profitieren werden.

Egal ob sie als Berufsboxer im harten Profigeschäft ihr Glück versuchen möchten. Oder als Managertyp aus dem beruflichen Alltagsstress ausbrechen und sich ein Wochenende drillen lassen wollen. Oder als Sesselsportler raus aus dem Trott und sich innerhalb eines halben Jahres eine völlig neue Fitness zulegen möchten. Oder als Jugendlicher weg von der Straße und sich in eine neue Aufgabe verbeißen wollen.

### Kooperation mit einem Fussballclub?

Die Gründe, warum jemand boxt, können sehr vielfältig sein. Ralf und ich haben die unterschiedlichsten kennengelernt. Wir sind beide seit mehr als dreißig Jahren im Geschäft. Und uns etwas vorzumachen ist sicherlich nicht die leichteste Aufgabe.

Das bleibt natürlich auch den großen Boxställen nicht verborgen. Und so dauert es nicht lange, bis Ralf das Universum-Angebot ins Haus flattert, meinen letzten Gegner im Ring, Thomas Ulrich, zu coachen. Ich freue mich für ihn, auch wenn er mir seit Oktober 2007 in meinem Gym nicht mehr so zur Verfügung steht, wie ursprünglich gedacht. Mein Bruder und ich arbeiten mit Begeisterung an unseren Karrieren nach der Karriere. Unterstützt von meiner Freundin Sonia, die nicht nur das Organisatorische im Gym schmeißt, sondern immer mehr zu einer festen Säule in meinem zuvor oft chaotischen Privatleben wird, habe ich ganz konkrete Vorstellungen, wie ich in den kommenden Jahren agieren möchte. Und damit ist nicht nur die Arbeit im Gym oder Fitnessstudio gemeint, sondern auch der ganze Service drum herum.

Vor allem die medizinische Betreuung muss stimmen und alles perfekt abrunden. Angefangen bei Belastungschecks über die Physiotherapie und Massage bis hin zur Ernährungsberatung. Aus diesem Grund kann ich mir auch gut vorstellen, Rocky's Gym in absehbarer Zeit an einen großen Sportverein anzuschließen. Gerade im Fußballbereich wird heutzutage auf diesen Gebieten absolut professionell gearbeitet.

Die Clubs haben nicht nur in neue Stadien, sondern auch in deren Infrastruktur immens investiert. Und wenn sich da Möglichkeiten einer Kooperation anbieten, wäre ich ja schön blöde, diese Chance ungenutzt verstreichen zu lassen. Auf der anderen Seite kann ein gut funktionierendes Gym mit einem guten Namen und erstklassigen Boxern auch zum positiven Image des Vereins beitragen und eine ganz neue Fanklientel erschließen.

Doch das sind nicht die einzigen Überlegungen, die mir durch den Kopf gehen. In jüngster Zeit habe ich in Kooperation mit meiner neuen Vermarktungsagentur, powerplay management GmbH, mehrere Gespräche mit potenziellen Sponsoren geführt. Nicht nur mit Firmen, die Bock drauf haben, mich als Werbeträger zu gewinnen, sondern auch mit Unternehmen, die Interesse haben, im großen Stil ins Boxgeschäft einzusteigen. Unser Sport fasziniert nach wie vor die Massen. Das Duell Mann gegen Mann hat immer noch was vom Glanz der Gladiatorenschlachten im alten Rom. Selbst bei Kämpfen von bestenfalls zweitklassigem sportlichen Wert hocken heutzutage bei ARD und ZDF ab und an vier, fünf Millionen Zuschauer vor der Glotze. Dieses Potenzial gilt es zu nutzen. Und Sponsoren leisten sich mittlerweile ja auch eigene Rennställe im Rad- oder Motorsport, erkaufen sich die Namensrechte an Stadien oder großen Mehrzweckhallen. Warum also sollte sich nicht auch jemand dafür interessieren, erstklassige Boxer unter seiner Flagge in den Ring zu schicken?

Für viele mag das eine Spinnerei Marke Rocky sein. Das ist mir wurscht, ich finde die Idee echt geil. Eines kann ich versprechen: Ich würde mich immer bemühen, die spektakulärsten Kämpfe hinzubekommen. Die Besten müssen gegeneinander antreten. Das ist der Reiz des Boxens. Heutzutage haben die Bosse in den Boxställen doch nur noch Schiss. Schiss, dass sie ihren Weltmeister verlieren und ihr Boxer damit an Marktwert einbüßen könnte. Doch das ist Blödsinn. Wenn der Junge was drauf hat, ist es auch kein Problem, wenn er mal als Verlierer den Ring verlässt. Das beste Beispiel dafür bin ich doch selbst. Habe ich nach meiner Niederlage gegen Eubank an Markwert verloren? Im Gegenteil! Oder nach denen gegen Maske? Im Gegenteil! Selbst nach meiner einzigen vorzeitigen Pleite gegen Michalczewski habe ich noch einen weiteren großen Zahltag bekommen. Warum wohl? Weil ich die besten, die großen Namen geboxt habe. Die sogenannten Big Deals bringen einen nach vorne.

Doch das versteht hier in Deutschland so gut wie keiner. Warum kommt denn Sturm gegen Abraham nicht zustande, obwohl das sicher eine Riesenquote geben würde? Die Boxfans sind heiß auf das Duell, so viel steht fest. Die Promoter können sich trotzdem nicht dafür erwärmen. Weil die Angst da ist, den Kürzeren zu ziehen. Schwachsinn. Schickt sie in den Ring! Und wenn's so gut wird wie erwartet, gleich noch mal zum Rückkampf. Zweimal eine Topquote und die Boxer können riesig abkassieren. So einfach ist das Boxgeschäft, aber für manche scheinbar trotzdem zu schwierig.

Dabei müssen wir doch nur über den großen Teich schauen, um zu sehen, wie es funktioniert. Marvin Hagler, Thomas Hearns, Roberto Durán und Sugar Ray Leonard: Das waren in den 80er Jahren alles herausragende Mittelgewichtler. Da hat jeder jeden geboxt und jeder mal auf die Fresse bekommen. Jeder von ihnen war aber auch Weltmeister und hat sich die Taschen vollgemacht. Ganz einfach. Und das würde jederzeit wieder funktionieren. Auch in Deutschland.

Dass dies im Moment noch Träumereien von morgen und übermorgen sind, ist mir durchaus bewusst. Ich will damit aber aufzeigen, wo man hinkommen kann, wenn man sich fünf bis zehn Jahre auf den Aufbau eines eigenen Boxstalls konzentrieren und die nötigen Finanzmittel bereitstellen würde. Doch selbst wenn es wirklich einmal so weit sein sollte, wird für mich stets eines im Mittelpunkt stehen: die Arbeit am Mann. Das ist es, was ich kann und was mir besonderen Spaß macht.

Vor allem in einem Punkt lasse ich mich dabei am Erfolg messen: Wenn ich jemandem verspreche, aus ihm innerhalb eines halben Jahres einen komplett anderen Kerl zu machen, dann kann er sich darauf verlassen, dass ich Wort halte. Vorausgesetzt, er lässt sich ganz und gar auf sein für ihn persönlich ausgearbeitetes Trainingsprogramm ein. Man kann seine Freunde bescheißen, seine

Frau und auch seinen Trainer, wenn man es drauf anlegt. Aber einen kann man nicht bescheißen: sich selbst. Von daher ist Disziplin die Grundlage aller Arbeit. Jeder, der zu mir kommt, kann sich an mir ein Beispiel nehmen. Seit der Eröffnung von Rocky's Gym bin ich austrainiert, drahtig, muskulös, topfit. Ich lebe das vor, was ich von meinen Schülern verlange. Ich hätte jederzeit die körperlichen Voraussetzungen, um nach einer entsprechend heißen Trainingsphase als eine der »Legenden im Ring« zurückzukehren, um mich boxerisch mit den alten Haudegen meiner Generation zu messen.

Als gutes Beispiel voranzugehen ist etwas, das vor allem gegenüber jungen Boxern unverzichtbar ist. Und ich bin mir sicher, dass ich einer solchen Aufgabe gerecht werden kann. Nicht nur sportlich. Ich habe am eigenen Leibe erfahren, was es heißt, sich mit der Justiz auseinandersetzen zu müssen. Was es heißt, seiner Freiheit beraubt zu werden und in einer kleinen, wenig wohnlichen Zelle der schönen Zeit außerhalb des Knastes nachzutrauern. Ich bin kein diplomierter Sozialarbeiter, der Warnungen ausspricht. Ich selbst bin die Warnung. Zweimal in der Woche will ich mit Kids aus sozial schwächeren Verhältnissen arbeiten, mit jungen Boxern, die auf die schiefe Bahn geraten sind oder Gefahr laufen, dort zu landen.

## Ein neues grosses Ziel

»Knast ist scheiße!« Das ist eine Sprache, die unmissverständlich ist. Eine Sprache, die einer spricht, der drin war. Und das nicht nur einmal. Von mir lässt man sich etwas sagen. Nicht nur zum Thema Knast, sondern auch in Sachen Boxen. Jedem, der in Rocky's Gym kommt, ist der Name Rocchigiani ein Begriff. Und das ist schon eine ganz andere Voraussetzung, als wenn da ein Trainer spricht, den keine Sau kennt.

Doch mir liegt nicht nur die Therapie gefährdeter Kids am Herzen, sondern auch die klassische Nachwuchsförderung. Mein Plan ist es, junge Talente zukünftig alle vier Wochen in Rocky's

Gym zum sogenannten Vorboxen einzuladen. Zehn, maximal zwanzig Jungs und junge Männer im Alter von 15 bis 25 Jahren erhalten dann die Chance, zu zeigen, was in ihnen steckt. Der ehemalige Box-Europameister und Publikumsliebling der 60er Jahre, Bubi Scholz, ist ebenfalls so entdeckt worden. Wenn auch erst im zweiten Anlauf.

Ich bin überzeugt, dass es möglich ist, so den zahlreichen Boxfans in Deutschland auch wieder Kämpfer mit Herz aus dem eigenen Land zu präsentieren, mit denen sie am Ring und am Bildschirm mitfiebern können. Neben den zugereisten wie zum Beispiel Sturm, Abraham, Walujew, Krasniqi oder den Klitschkos müssen auch wieder eigene Talente ganz nach vorne kommen. Ihnen muss klargemacht werden, dass es sich lohnt, sich zu schinden, dass es nichts Geileres gibt, als der Beste auf der Welt zu sein. Diese Jungs zu finden, sie zu formen und ganz nach vorne zu bringen, gerne auch mit eigenen, von Rocky's Gym veranstalteten Kampfabenden, darin sehe ich meine Aufgabe für die Zukunft.

Ich weiß, wovon ich rede. Schon als junger Boxer, an meinem ersten Profitag, kannte ich nur ein Ziel: Weltmeister!

Den 11. März 1988 werde ich deshalb niemals vergessen. Der Moment, als ich mir den Gürtel umschnallen durfte, wird für immer in meinem Gedächtnis eingemeißelt sein. Jetzt habe ich ein neues Ziel: in der Ringecke jubeln, wenn mein Boxer den Gürtel im Blitzlichtgewitter der Fotografen präsentiert. Ich werde erst ruhen können, wenn ich auch dieses Ziel erreicht habe: Weltmeistertrainer!

# Das Urteil

Jetzt liegen sie also hinter mir, die längsten 15 Runden meines Lebens. Ein Seelenstrip, der mir in manchen Phasen mehr abverlangt hat, als ich mir zu Beginn vorstellen konnte. Denn wenn ich mein Leben offenbare, macht es keinen Sinn, mich hinter einer sicheren Doppeldeckung zu verschanzen und nur die Dinge preiszugeben, die mir selbst gefallen. Hier musste ich von Beginn an mit offenem Visier agieren, um die Glaubwürdigkeit vor mir selbst zu bewahren. Es gibt sicher Leichteres, als sich einzugestehen, dass man es selbst war, der sich immer wieder im Wege stand.

Ich habe diese 15 Runden durchgehalten. Nicht wenige von denen, die glauben, mich zu kennen, dachten, ich würde hinschmeißen. Weil es zu intensiv und zeitraubend sein würde. Mir dagegen war von vornherein klar, dass das Ding über die volle Distanz geht. Jetzt warte ich auf Ihr (Punkt-)Urteil. Schreiben Sie mir die Wertung bitte auf meiner Homepage www.gracianorocchigiani.de ins Gästebuch. Ich weiß, dass viele der Boxfans mich nicht als Skandalfighter, sondern als einen von ihnen sehen. Vor allem die, die wissen, was los ist auf der Straße. Was es heißt, sich wehren zu müssen oder sich der Willkür von Beamten oder Behörden ausgesetzt zu fühlen.

Bevor dieses Buch zugeklappt wird, ist es mir wichtig, danke zu sagen. Danke an alle, die mir über Jahre die Daumen gedrückt, mir die Treue gehalten oder es einfach nur mit mir ausgehalten haben. Danke auch an jene, die meine Karriere im Ring ermöglicht haben und auf den zurückliegenden Seiten vielleicht nicht so – oder anders – gewürdigt wurden, wie sie es erwartet hatten.

Jeder von Ihnen, egal ob er mich mag oder mich am liebsten zum Teufel wünschen würde, sollte nie vergessen:

*Ick hab immer jerne für Sie jeboxt!*

Graciano Rocchigiani
# Die Kampfstatistik

       120 Amateurkämpfe (109 Siege)
1978: Deutscher Jugendmeister im Halbfliegengewicht
1979: Deutscher Jugendmeister im Federgewicht
1981: Deutscher Juniorenmeister im Halbmittelgewicht
1982: Deutscher Meister im Halbmittelgewicht

              48 Profikämpfe
41 Siege (19 durch K.o.), 6 Niederlagen, 1 Unentschieden

## Legende der Statistik

| | |
|---|---|
| PTS | Sieg nach Punkten |
| PTU | Unentschieden nach Punkten |
| PTN | Niederlage nach Punkten |
| TKOS | Sieg durch Technischen K.o. |
| TKON | Niederlage durch Technischen K.o. |
| KO | Sieg durch K.o. |
| DQ | Niederlage durch Disqualifikation |
| EBU | European Boxing Union |
| IBF | International Boxing Federation |
| WBC | World Boxing Council |
| WBO | World Boxing Organization |

## Die Profikämpfe

**10. September 1983 in Köln**
Esperno Postl (AUT), TKOS (2. Runde)

**7. Oktober 1983 in Frankfurt/Main**
Marnix Heytens (BEL), TKOS (1. Runde)

**5. November 1983 in Mannheim**
Jan Lefeber (NED), PTS

**14. Januar 1984 in Düsseldorf**
Chaed Ringo (BEL), TKOS (2. Runde)

**10. Februar 1984 in Frankfurt/Main**
Mauro Da Cruz (BRA), PTS

**24. Februar 1984 in Hamburg**
Mick Morris (GBR), PTS

**27. April 1984 in Berlin**
Franz Dorfer (AUT), TKOS (2. Runde)

**15. September 1984 in Dortmund**
Butangi Nzolameso (ITA), PTS

**5. Oktober 1984 in Frankfurt/Main**
Tony Britton (GBR), PTS

**1. Dezember 1984 in Düsseldorf**
Philip Seys (BEL), PTS

**9. März 1985 in Düsseldorf**
Tony Jenkins (GBR), TKOS (6. Runde)

26. April 1985 in Frankfurt/Main
**Steve Johnson (GBR), PTS**

31. August 1985 in Berlin
**Moussa Kassongo Mukandjo (SUI), PTS**

Deutsche Meisterschaft im Mittelgewicht
8. November 1985 in Düsseldorf
**Rüdiger Bitterling (GER), TKOS (3. Runde)**

29. November 1985 in Frankfurt/Main
**Antoine Alcantara (FRA), KO (2. Runde)**

1. März 1986 in Köln
**James Cook (GBR), PTS**

12. Mai 1986 in Hamburg
**Ian Lazarus (GBR), KO (8. Runde)**

Deutsche Meisterschaft im Halbschwergewicht
3. Oktober 1986 in Berlin
**Manfred Jassmann (GER), PTS**

14. September 1987 in Bad Homburg
**Ahmed Laghlali (FRA), TKOS (2. Runde)**

3. Oktober 1987 in Stukenbrock
**Tommy Taylor (GBR), PTS**

17. Oktober 1987 in Gifhorn
**Lahcen M'Hamdi (LUX), TKOS (3. Runde)**

30. Oktober 1987 in Mainz
**John Held (SUR), PTS**

5. Dezember 1987 in Düsseldorf
**Mustafa Hamsho (SYR), TKOS (1. Runde)**

WM-Kampf im Supermittelgewicht (IBF)
11. März 1988 in Düsseldorf (Philipshalle)
**Vincent Boulware (USA), TKOS (8. Runde)**

WM-Kampf im Supermittelgewicht (IBF)
3. Juni 1988 in Berlin (Deutschlandhalle)
**Nicky Walker (USA), PTS**
*Ringrichter: Waldemar Schmidt (CUB),
Punktrichter: Bill Graham (USA) 146:137,
Edmund Horn (GER) 148:140,
Kurt Halbach (GER) 147:137
Letzter Titelkampf der Boxhistorie über 15 Runden.*

WM-Kampf im Supermittelgewicht (IBF)
7. Oktober 1988 in Berlin (Deutschlandhalle)
**Chris Reid (USA), TKOS (11. Runde)**

WM-Kampf im Supermittelgewicht (IBF)
27. Januar 1989 in Berlin (Deutschlandhalle)
**Thulane Malinga (RSA), PTS**
*Ringrichter: Sam Williams (USA),
Punktrichter: William James (USA) 117:111,
Andre Van Grootenbruel (BEL) 119:113,
Heinrich Mühmert (GER) 119:112*

1. Dezember 1989 in Berlin
**John Keys (USA), KO (2. Runde)**

7. September 1990 in Berlin
**Rodrigo Benech (URU), KO (3. Runde)**

7. Dezember 1990 in Berlin
**Mike Sedillo (MEX), PTS**

EM-Kampf im Halbschwergewicht (EBU)
1. März 1991 in Düsseldorf (Philipshalle)
**Crawford Ashley** (GBR), PTS
*Ringrichter: José Vilas Muller (ESP) 116:115,
Punktrichter: Franco Ciminale (ITA) 117:115,
Franz Marti (SUI) 114:115*

EM-Kampf im Halbschwergewicht (EBU)
13. September 1991 in Düsseldorf (Philipshalle)
**Alex Blanchard** (NED), TKOS (9. Runde)

26. Juni 1993 in Hamburg-Alsterdorf
**Lester Yarbrough** (USA), PTS

11. September 1993 in Aachen
**Kevin Whaley El** (USA), TKOS (6. Runde)

15. Oktober 1993 in Berlin
**Ricky Thomas** (USA), PTS

WM-Kampf im Supermittelgewicht (WBO)
5. Februar 1994 in Berlin (Deutschlandhalle)
**Chris Eubank** (GBR), PTN
*Ringrichter: Genaro Rodriguez (USA),
Punktrichter: Cesar Ramos (CUB) 113:115,
Frank Skilbred (USA) 109:118,
Mike Glienna (USA) 113:114*

28. Mai 1994 in Aachen
**Charles Oliver** (USA), KO (6. Runde)

22. Oktober 1994 in Lübeck
**Willie Kemp** (USA), KO (2. Runde)

EM-Kampf im Halbschwergewicht (EBU)
10. Dezember 1994 in Berlin (Sportforum)
**Frederic Seillier (FRA), PTU**
*Ringrichter: Knut Jensen (DEN) 113:114,
Punktrichter: Wilhelm Vogel (AUT) 116:113,
John Kane (GBR) 114:114*

WM-Kampf im Halbschwergewicht (IBF)
27. Mai 1995 in Dortmund (Westfalenhalle)
**Henry Maske (GER), PTN**
*Ringrichter: Robert Ferrara (USA),
Punktrichter: Heinrich Mühmert (GER) 114:116,
Enzo Scala (ITA) 112:116,
Manuel de Casas (ESP) 111:117*

WM-Kampf im Halbschwergewicht (IBF)
14. Oktober 1995 in München (Olympiahalle)
**Henry Maske (GER), PTN**
*Ringrichter: Robert Byrd (USA),
Punktrichter: Richard Villani (USA) 111:117,
Roberto Ramirez (CUB) 112:116,
Al Bennett (USA) 113:115*

6. April 1996 in Hannover
**Pietro Pellizzaro (ITA), PTS**

WM-Kampf im Halbschwergewicht (WBO)
10. August 1996 in Hamburg-St. Pauli (Wilhelm-Koch-Stadion)
**Dariusz Michalczewski (POL), DQ (nachträglich,
Urteil am Kampfabend: Technisches Unentschieden)**
*Ringrichter: Joseph O'Neill (USA),
Punktrichter: José H. Rivera (CUB) 58:56,
Aaron Kizer (USA) 58:56,
Harold Gomes (USA) 58:58
(Wertung zum Zeitpunkt des Abbruchs)*

22. März 1997 in Berlin
**John Scully (USA), PTS**

WM-Kampf im Halbschwergewicht (WBC)
21. März 1998 in Berlin (Max-Schmeling-Halle)
**Michael Nunn (USA), PTS**
*Ringrichter: Daniel Van de Wiele (BEL),
Punktrichter: Richard James Davies (GBR) 118:111,
Ken Morita (JAP) 115:113,
José Juan Guerra (MEX) 113:116*

WM-Kampf im Halbschwergewicht (WBO)
15. April 2000 in Hannover (Preussag Arena)
**Dariusz Michalczewski (POL), TKON (10. Runde)**

10. Februar 2001 in Berlin
**Willard Lewis (CAN), PTS**

10. Mai 2003 in Stuttgart
**Thomas Ulrich (GER), PTN**

BILDNACHWEIS

Titelfoto und Klappen (2): Hauth. Rückseite: Camera4. Bildteil S. I–VI: privat, außer S. III unten: Schirner. S. VII: dpa. S. VIII: Engler. S. IX links oben: Wende (2), rechts oben: privat (2), links unten: Peters, rechts unten: Wende. S. X oben: Horstmüller, unten: privat (2). S. XI oben: privat, unten links: Titelseite Programmheft, rechts unten: Engler (2). S. XII oben: privat, links unten: Wende, rechts unten: Wende (o.), Horstmüller (u.). S. XIII: Engler (3), ganz links unten: dpa. S. XIV: Wende (4), außer ganz links unten: Engler. S. XV oben: dpa (groß), Engler (klein), links unten: Wende, rechts unten: Witters (o.), Engler (u.). S. XVI links oben: Engler (o.), Wende (u.), rechts oben: Roloff (o.), Wende (u.), unten: Engler (4). S. XVII oben u. links unten: privat (2), rechts unten: Succo. S. XVIII oben: Engler (3), links unten: privat (o.), Engler (u.), rechts unten: privat. S. XIX links oben u. unten: Wende, rechts oben und unten: privat. S. XX oben: Engler, links unten: privat (o.), Wende (u.), rechts unten: privat (o.), Wende (u.). S. XXI links oben: privat (o.), Wende (u.), rechts oben: Engler, unten: Hauth. S. XXII links oben: Wende, rechts oben: Hauth (o.), Wende (u.), links unten: Wende (2), rechts unten: Hauth (2). S. XXIII links oben: Horstmüller (o.), privat (u.), rechts oben: Engler (2), links unten: Engler (o.), Witters (u.), rechts unten: Engler (o.), Wende (u.). S. XXIV: Engler. S. XXV bis XXXII: Hauth (9). Trotz großer Sorgfalt konnten die Rechteinhaber des Bildmaterials nicht in allen Fällen ermittelt werden. Es wird gegebenenfalls um eine Mitteilung gebeten. Fotos aus dem Privatfundus von Graciano Rocchigiani sind generell mit »privat« gekennzeichnet.

Hinweis der Autoren: * = Name wurde geändert.

DANKSAGUNG

Das Autorenteam bedankt sich bei den Archivaren des Springer-Archivs, Simon Bergmann, Wilfried Berner, Guido Brandenburg, Matthias Brügelmann, Dietrich Denz, Christian Doering, Jürgen Engler, Ann-Marleen und Kathrin Grengel, Peggy und Uwe Hauth, Christoph Hermanny, Michael Hohlfeld, Rafael Jockenhöfer, Britta Kast, Volker Schultz, Anja Slowik, Roland Weißbarth, Bernd Wende, Karsten Witzmann, Juana-Sonia Petuchow, Renate, Ralf und Zanubio Rocchigiani sowie bei allen Informanten, die lieber nicht genannt werden wollen.

GRACIANO ROCCHIGIANI
ROCKY – MEINE 15 RUNDEN
WER EINSTECKEN MUSS, DARF AUCH AUSTEILEN
Die Autobiographie. Mit Ralf Grengel und René Hiepen
© bei Schwarzkopf & Schwarzkopf Verlag GmbH, Berlin 2007
Lektorat: Nadine Landeck
ISBN 978-3-89602-777-1

1. Auflage November 2007
2. Auflage Dezember 2007

Alle Rechte vorbehalten. Dieses Werk ist urheberrechtlich geschützt. Jede Verwendung, die über den Rahmen des Zitatrechtes bei korrekter und vollständiger Quellenangabe hinausgeht, ist honorarpflichtig und bedarf der schriftlichen Genehmigung des Verlages.

KATALOG
Wir senden Ihnen gern kostenlos unseren Katalog.
Schwarzkopf & Schwarzkopf Verlag, Kastanienallee 32, 10435 Berlin
Telefon 030 – 44 33 63 00 | Fax: 030 – 44 33 63 044
www.schwarzkopf-schwarzkopf.de | info@schwarzkopf-schwarzkopf.de

GRACIANO ROCCHIGIANI IM INTERNET
www.graciano-rocchigiani.de